大 雅 叢 刊

行政救濟與行政法學(一)

蔡

志

方

著

／

三

民

書

局

印

行

國立中央圖書館出版品預行編目資料

行政救濟與行政法學/蔡志方著.--初
版.--臺北市：三民：民82
　　　冊；　公分
ISBN 957-14-1957-5 (一套：平裝)
ISBN 957-14-1991-5 (一套：精裝)

1行政法─論文，講詞等

588.07　　　　　　　　　　81004630

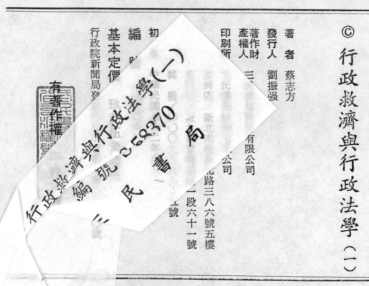

行政救濟與行政法學 (一)

© 行政救濟與行政法學 (一)

著　　者　蔡志方
發 行 人　劉振強
著作財
產權人
印刷所　三民書局

957-14-1960-5 (第一冊：平裝)

自　序

　　行政法爲人性尊嚴之具體化，亦爲落實民主憲政之根本。行政法之發展胥賴學說之不斷分析、檢討、批判與闡揚；歐陸諸國與東鄰之日本，就此已著有令人豔羨之成果，並影響各該國之法治。吾國公法學起步較晚，在諸前輩之努力下，已奠定初步之基礎，對於吾國法治之推展與法學之促進，具有不可磨滅之貢獻。余自習律以來，即甚關心吾國法治之發展，於公法學之研究亦甚有興趣，初乃致力於司法制度之認識，繼而專注於行政救濟制度之鑽研，近則兼及於教育、經濟與財稅法制等之探討。本書所收之論文凡八篇，以歷史及比較之方法，分別探討歐陸各國、日本及吾國（含大陸）行政救濟制度之沿革、現狀、基本精神與發展趨勢，並評騭其優劣得失，冀能供爲吾國制度改革之參考，此無他，一本書生報國之初衷云耳！幸望斯學賢達有以教之！

　　憶余研究司法與行政救濟制度，幸蒙　吾師司法院大法官、國立臺灣大學教授　翁岳生博士之鼓勵、指導與協助，常懷感激之心，今歲七月一日，欣逢　恩師六秩華誕，無以爲祝，謹奉此書恭賀　吾師福壽永康！

蔡　志　方　謹識

民國八十一年歲末於東吳大學法學院

行政救濟與行政法學（一）目次

壹、歐陸各國行政訴訟制度發展之沿革與現狀

一、前　言

二、法國行政訴訟制度發展之沿革與現狀

（一）法國行政訴訟制度發展之沿革
（二）法國行政訴訟制度之現狀
（三）結　語

三、德國行政訴訟制度發展之沿革與現狀

（一）德國行政訴訟制度發展之沿革
（二）德國行政訴訟制度之現狀
（三）德國統一行政訴訟法運動之概況

四、奧地利行政訴訟制度發展之沿革與現狀

（一）奧地利行政訴訟制度發展之沿革
（二）奧地利行政訴訟制度之現狀

五、義大利行政訴訟制度發展之沿革與現狀

（一）義大利行政訴訟制度發展之沿革

壹、歐陸各國行政訴訟制度發展之沿革與現狀

一、前　言

　　行政訴訟，為保障人民對抗違法的公權力侵害之最重要的法律制度，其發展始自歐陸之法國，迤邐而下，輾轉東傳，而為我國所繼受（註一）。近年來，我國致力於大幅度修改行政訴訟制度，以改善素為人所詬病之行政救濟，已獲致初步之成果（註二），正等候立法程序中。歐陸之法、德、奧、義、瑞五國之行政訴訟制度，其發展既較早，近年來亦有不少改進或謀求改善之計畫，懲前毖後，他山之石，可以攻錯，其經驗值得吾人借鏡之處必多，是以在我國新制確立在即之時，擬對上述歐陸五國行政訴訟制度發展之沿革與現狀，做一鳥瞰與回顧，希能對我國行政爭訟制度之推展，有所助益焉! 尚蘄斯學宏達先進有以教之，幸甚!

註　一　關於我國繼受歐陸行政訴訟制度之歷史及概況，請參見蔡志方，我國第一個行政訴訟審判機關，憲政時代，十一卷一期，頁二〇以下。
註　二　司法院於民國七十年七月一日成立「司法院行政訴訟制度研究修正委員會」，歷時四年，完成「行政法院組織法修正草案」，凡四十六條，另費時七年餘，完成「行政訴訟法修正草案」，都三百零七條。

二、法國行政訴訟制度發展之沿革與現狀

(一) 法國行政訴訟制度發展之沿革

法國之行政訴訟制度發展最早，由行政裁判實務形成不尠之重要行政法原則，影響其他大陸法系國家甚鉅，故素有「行政法母國」之美譽（註三）。

法國行政訴訟制度發展之沿革，可分爲孕育期（舊制時代至大革命，卽十三世紀至一七九九年）、萌芽期（執政官、第一帝政至第二共和，卽一七九九年至一八七二年）、成長期（卽第三共和：一八七二年至一九四五年）、轉型期（卽第四共和：一九四五年至一九五八年）及成熟期（卽第五共和：一九五八年六月起）等五階段。前三階段受政治體制之影響最大，後二階段除一九六二年 Canal 等事件導致一九六三年之改革係政治因素外，主要受社會環境結構改變之影響。整體觀之，法國行政訴訟制度之發展，其方向乃由中央往地方延伸，而執政官及第一帝政樹立組織之基本架構（註四），第三共和確立行政訴訟之獨立 性

註 三　請參見翁岳生，行政法與現代法治國家，三版，頁三八三，自刊，六
　　　　十八年十月；阿部泰隆，フランス行政訴訟論，初版，はしがき，頁
　　　　一，有斐閣，昭和四十六年。

註 四　Vgl. A. Fischer, Vergleich des deutschen und französischen
　　　　Verwaltungsprozeβrechts hinsichtlich der Stellung des Vertreters
　　　　des öffentlichen Interesses, in: F. O. Kopp (Hrsg.), Die Vertretung
　　　　des öffentlichen Interesses in der Verwaltungsgerichtsbarkeit,
　　　　S. 69, Universitätsverlag Passau 1982.

（所謂「委任裁判制」"justice déléguée"）, 第四共和在審級制度上有突破性之改革, 第五共和則對人事制度強化積極行政與裁判行政（administration active et administration contentieuse）間之聯繫, 在程序上加強裁判速度及執行之確保。

以下就各期之重要措施, 提玄勒要, 說明法國行政訴訟制度發展之沿革。

1. 孕育期

卡珮王朝（La monarche capétienne, 987-1328 A. D.）倣梅若恩（Le mérovingien）及卡洛琳王朝（Le Carolingien）之皇家法院（Curia regis）, 設皇家諮政院（Le Conseil du roi）（註五）, 其後在內部設分部（Sections）, 訴訟部稱 Parlement; 一二九一年菲力普四世（Philippe IV）以勅令從皇家諮政院分離 Parlement, 使之專司民、刑訴訟之裁判, 唯仍保有法令登錄權（Le droit d'enregistrement）（註六）; 一三一九年菲力普五世（Philippe V）以勅令設分立之審計法庭（La chambre des comptes）, 專司審計訴訟, 爲法國行政裁判制度之濫觴（註七）; 一三八七年查理六世（Charles VI）以勅令設補助稅

註　五　Vgl. F.-K. Koch, Die historischen Grundlagen der Verwaltungsrechtspflege in Frankreich und deren Einfluβ auf die Anfänger der Verwaltungsgerichtsbarkeit in Bayern, S. 28, Diss., Würzburg 1980; C. E. Le Conseil d'Etat son histoire à travers les documents d'êpoque 1799-1974, p. 3, Edition du centre national de la recherche scientifique, Paris 1974.
註　六　Vgl. F.-K. Koch, aaO. (Fn. 5), S. 30.
註　七　參見渡邊宗太郎, 佛國における行政裁判制度の沿革（一）, 法學論叢, 十八卷一號, 頁九二。

法院 (Les cours des aides); 其次，在皇家諮政院設督撫 (L'intendants)，在審計法院外設貨幣法院 (Le cour des monnaies) 及財政總署 (Le bureaux de finance) （註八）；一四九八年路易十二 (Louis XII) 以勅令設大裁判會 (Le grand conseil) 於皇家諮政院外；十六世紀時，亨利三世 (Henry III) 分皇家諮政院爲諮政院 (Le conseil d'Etat)、當事人法院 (Le conseil privé ou le conseil des partie) 及財政法院 (Le conseil des finances)；一六一七年設游徽法院 (Le conseil des dêpeches) （註九）； 一六六一年九月十五日及一六七三年元月三日規定，分皇家諮政院爲高等會議 (Le conseil d'en haut) （爲內閣會議 "Le conseil de cabinet"）、游徽法院及財政法院（註十）。法國大革命後，一七八九年十月二十三日命令廢督撫制度，一七九〇年八月十六日及二十四日法律第十三條宣示行政與司法分立（La séparation des autorités administratives et judiciaires)，曰：「司法與行政不同，應恆分離之。法官不得以任何方式妨礙行政官署之運作，卽使行政人員瀆職應受罰，亦不得傳喚其到庭說明其職務之行使。」（註十一）；一七九〇年十一月二十七日及十二月一日教令第三十條設最高法院 (Tribunal de cassation) 取代當事人法院（註十二）；一七九一年四月二十七日法

註　八　參見渡邊宗太郎，上揭文，頁九四以下。

註　九　參見渡邊宗太郎，前揭（註七）文，頁九五～九八。

註　十　V. Auby/Drago, Traité de contentieux administratif, tome 1, 12. Éd. 146°, Librairie Général de droit et de jurisprudence, Paris 1975.

註十一　原文爲：「Les fonctions judiciaires sont distinctes et demeureront toujours sèparées des fonctions administratives. Les juges ne pourvont, à peine de forfaiture, troubler de queque manière que ce soit les opérations des corps administratifs, ni citer devant eux les administrateuers pour raison de leurs fonctions」.

註十二　V. C. E., Op. cit. supra (Fn. 5), p. 17.

律廢皇家諮議院，同時於四月二十七日及五月二十五日法律設部長會議 (Le conseil des ministres) 、省督政府 (Le directoire de département) 及縣督政府 (Le directoire de district)；一七九一年設審計局 (Le bureaux des comptes) （註十三）。前述制度，於共和二年(L'An II) 以後，又陸續廢棄。

2. 萌芽期

拿破崙 (Napoléon Bonaparte) 執政後，於共和八年霜月二十二日 （一七九九年十二月十五日）憲法第五十二條，設諮政院 (Le conseil d'Etat; C. É.)，同年十二月七日命令分院士爲專、兼任兩種 (Les conseillers d'État en service ordinaires et extraordinaire)；一八〇三年四月九日命令創設「助理官」(L'auditeurs)，一八〇六年六月十一日教令恢復「候補院士」(Les maîtres des requêtes)，並增設訴訟委員會 (La commission du contentieux) （註十四）；共和八年五月二十八

註十三　參見渡邊宗太郎，前揭（註七）文，頁一〇六以下；W. Müller, Le Conseil d'Etat-Der französische Staatsrat im Spannungsfeld von Tradition und Gewaltenteilung, DRiZ 1983, S. 212; G. Paiser, Contentieux administratif, 3, Éd. p. 4, Dalloz, Paris 1979.

註十四　參見渡邊宗太郎，佛國における行政裁判制度の沿革（二），法學論叢，十八卷三號，頁三九七；Letourneur/Bauchet/Meric, Le conseil d'Etat et les tribunaux administratifs, 1. Éd. p. 22, Librairie Armand, Colin 1970; Auby/Drago, Op. cit. supra (Fn. 10), 149°; W. Müller, aaO. (Fn. 13), DRiZ 1983, S. 212; M. Letourneur, Die Staatsräte (Conseil d'Etat) als Organ der Verwaltungsprechung, in: Külz/Naumann (Hrsg.), Staatsbürger und Staatsgewalt, Bd. I. 1. Aufl. S. 338, C. F. Müller, Karlsruhe 1963.

日設省諮政局 (Les conseils de préfecture)，一八〇七年重開審計法院 (La cour des comptes) (註十五)。一八三〇年七月革命，關閉諮政院，八月新設行政裁判委員會 (Le comité de justice administrative)，一八三一年二月二日及三月十二日兩勅令分別強化諮政院之司法性質，而予以重開，並創設政府委員 (Les commissaires du gouvernement) (註十六)。二月革命後，一八四九年三月三日法律確立委任裁判 (La justice déléguée)，諮政院可獨立對外宣判 (註十七)。一八四八年憲法第八十九條設弭爭法院 (Le tribunal des conflits, TC)。拿破崙三世恢復帝政後，一八五二年一月十四日憲法恢復保留裁判 (La justice retenue) (註十八)；一八六二年十二月三十日勅令改革省諮政局之訴訟程序，一八七〇年九月十五日勅令解散諮政院，設臨時委員會 (La commission provisoire)，分二行政部及一裁判部 (註十九)。

3. 成長期

第三共和伊始，一八七二年五月二十四日諮政院重組法 (Loi du

註十五　Vgl. F.-K. Koch, aaO. (Fn. 5), S. 54 ff.; P. Landron, Die französische Verwaltungsgerichtsbarkeit, DVBl. 1954, S. 105; W. Lücking, Die Grundlagen der französischen Verwaltungsgerichtsbarkeit, S. 3, Richard Mayr, Würzburg 1955; G. Peiser, Op. cit. supra (Fn. 13), p. 4; Le même, Droit administratif, 11. Éd. p. 139, Dalloz, Paris 1983.

註十六　參見渡邊宗太郎，前揭（註十四）文，頁四〇三；Auby/Drago, Op. cit. supra (Fn. 10), 152°; G. Peiser, Op. cit. supra (Fn. 13), p. 4 et infra.

註十七　參見渡邊宗太郎，前揭（註十四）文，頁四〇五以下；Auby/Drago, Op. cit. supra (Fn. 10), 153°; G. Peiser, Op. cit. supra (Fn. 13), p. 5.

註十八　V. C. E., Op. cit. supra (Fn. 5), p. 510.

註十九　V. C. E., Op. cit. supra (Fn. 5), p. 529 et infra.

24, Mai 1872 portant réorganisation du conseil d'État)，恢復委任裁判制，重開諮政院（註二〇），此外，亦重設弭爭法院；一八八九年七月二十二日法律規定省諮政局之訴訟程序；一八九七年起計畫籌設區域行政法院（Les tribunaux administratifs régionaux），因議會反對未果；一九一〇年立法研究協會（La société d'études législatives）基於同一構想，提出全新計畫，復因一九一四年第一次世界大戰而擱置；戰後以 Marraud 爲名之計畫再度展開，但因一九二六年九月六日代法律之教令（Loi-décret）設二十二所聯省諮政局而中輟（註二一），唯一九三四年五月五日代法律之教令以之爲基礎，擴大省諮政局權限（註二二）。一九四〇年以後之第二次世界大戰期間，法國國家委員會（Le comité national français）改組爲法國國家解放委員會（Le comité français de libération nationale）及臨時政府（Le gouvernement provisoire）。一九四二年十一月二日教令設訴訟委員會（Le comité du contentieux），一九四三年九月十七日命令及一九四三年十月二十九日教令設臨時訴訟委員會（Le comité temporaire du contentieux）；一九四三年八月六日命令及一九四四年十月十七日命令，分設法制委員會（Le comité juridique）及司法委員會（Le conseil juridique）（註二

註二〇　V. Letourneur/Bauchet/Méric, Op. cit. supra (Fn. 14), p. 33; Auby/Drago, Op. cit. supra (Fn. 10), 155°; Laubadère/Venezia/Gaudemet, Traité de droit administration, tome 1, 881-2°, Librairie Général de droit et de jurisprudence, Paris 1984; B. Pacteau, Contentieux administratif, I. Éd. 16°, Press Universitaires de France, Paris 1985; C. E., Op. cit. supra (Fn. 5), p. 555 et infra.

註二一　Cf. Auby/Drago, Op. cit. supra (Fn. 10), 195°, 196°.

註二二　Art. 1, Décr.-loi du 5, Mai 1934.

三）。第二次世界大戰結束後，亦結束雙重政府（維祺政府與戴高樂流
亡政府）之狀態；一九四五年七月三十一日第四五之一七〇八號命令承
受一九四〇年十二月十八日法律之處置（註二四）。

4. 轉型期

一九四五年戴高樂臨時政府設國立行政學院 (L'ecole nationale
d'administration, ENA)，培養高等公務員幹部及補充諮政院成員（註
二五）； 一九五二年至一九五三年間， 諮政院年受理案件逾二萬四千
件， 造成該院不堪負荷及結案遲緩之「訴訟上危機」(La crise du
contentieux)（註二六）， 致有一九五三年九月三十日教令變更諮政院權
限，改省諮政局爲地方行政法院 (Les tribunaux administratifs, TA)
之重大改革（註二七）。

5. 成熟期

第五共和最大之改革， 導因於一九六二年十月十九日 (Canal,
Robin et Godot) 案判決對戴高樂政府之衝擊，造成政府與諮政院（特

註二三　V. Auby/Drago, Op. cit. supra (Fn. 10), 156°; C. E., Op.
　　　　cit. supra (Fn. 5), p. 817 et suite.
註二四　V. Auby/Drago, Op. cit. supra (Fn. 10), 157°; C. E., Op.
　　　　cit. supra (Fn. 5), p. 825 et infra.
註二五　請參見蔡志方，法國行政救濟制度研究（下），憲政時代，八卷四期，
　　　　頁六二; Brown/Garner, French administrative Law, 3. Ed.
　　　　pp. 52 ff.; C. E., Op. cit. supra (Fn. 5), p. 849.
註二六　V. C. E., Op. cit. supra (Fn. 5), p. 863 et infra.
註二七　請參見蔡志方，法國行政救濟制度研究（上），憲政時代，七卷四期，
　　　　頁六〇～六四; Auby/Drago, Op. cit. supra (Fn. 10), 197°;
　　　　C. E., Op. cit. supra (Fn. 5), p. 866 et infra.

別是其訴訟部）之緊張關係（註二八），　致有一九六三年七月三十日教令徹底改變諮政院之結構及人事制度（註二九），　其最大特色，乃增設一報告委員會（La commission du rapport)（註三〇）；　諮政院之院士、候補院士及助理官同時屬於行政及裁判部（新進助理官只在裁判部工作），故兩部人事交流，而在聯合庭（Sous-sections réunies）及裁判型態之訴訟部（La section du contentieux en formation de jugement）審理訴訟時，　亦由行政部之院士參與（註三一），　形成積極行政與裁判行政間之聯繫；此外，裁判型態之訴訟部及諮政院之訴訟會議（L'assemblée du contentieux)，乃此一改革之產物（註三二）。

　　雖然，一九五三年之改革在省（部分為聯省）普設地方行政法院，使諮政院訴訟部減輕不少負擔，　但因國家行政任務與社會結構重大改變，　使得案件大量增加，　諮政院訴訟部負擔仍重，　影響裁判程序之進行，一九八〇年元月十日教令乃設獨立庭（La seule sous-section），可

註二八　C. E. 19, Oct. 1962, Canal, Robin et Godot, Rec. 522. 本案
　　　　爭點在於戴高樂總統基於一九六二年四月十三日法律所頒設之軍事法
　　　　院之命令，是否逾越權限，所謂非常情況與一般法律原則間之關係。
　　　　該判決雖因一九六三年一月十五日法律，國會賦與該命令具有法律效
　　　　力，而歸於無效，但在政治上對政府與諮政院間缺乏聯繫，已有廣泛
　　　　討論。V. Auby/Drago, Op. cit. supra (Fn. 10), 158°; Brown/
　　　　Garner, Op. cit. supra (Fn. 25), pp. 38 ff.; C. E., Op. cit.
　　　　supra (Fn. 5), p. 900 et infra.
註二九　V. Auby/Drago, Op. cit. supra (Fn. 10), 176°, 177°; C. E.,
　　　　Op. cit. supra (Fn. 5), p. 915.
註三〇　一九七五年改為報告及研究委員會（La commission du rapport et
　　　　des Etudes），一九八五年元月二十四日教令又將之改為報告及研究
　　　　部（La section du rapport et des Etudes)。
註三一　Art. 38, 40, Décr. n° 63-766 du 30, Juillet 1963; Décr. n°
　　　　68-796 du 9, Sept. 1968; Décr. n° 80-15 du 10, Janv. 1980;
　　　　Décr. 84-819 du 29, Août 1984.
註三二　V. Auby/Drago, Op. cit. supra (Fn. 10), 176°, 177°.

獨立裁判簡易案件（註三三）。一九八七年十二月三十一日法律（Loi n° 87-1127 du 31, Déc. 1987），更規定自一九八九年元旦設上訴行政法院，使法國之行政訴訟制度成為三級制。

（二）法國行政訴訟制度之現狀

為明瞭法國目前行政訴訟制度之現況，以下依次就法院之組織、法院之人事、法院之權限及訴訟之程序，加以說明。

1. 法國行政法院之組織

就法院之組織言，原則上以地方行政法院（Les tribunaux administratifs; TA）為初審，以第二級之上訴審法院（Les cours administratives; CA）為上訴審，諸政院之訴訟部（或稱中央行政法院）為上訴審或廢棄審；前者共計三十三所，其中二十七所在法國本土，另六所在海外屬地（註三四）。此外，尚有大約九〇〇所特別之行政法院（實際上為行政委員會，強化其獨立性及程序上之保障）（註三五），以中央行政法院為廢棄審者，共計二十一所（註三六）。

註三三　Cf. B. Pacteau, Op. cit. supra (Fn. 20), 36°.

註三四　本土之二十五所地方行政法院，係一九五三年所設，一所 Bastia 於一九八二年增設，其後又增設一所，而達二十六所。海外屬地以 Nouvelle-Calédonie 及法屬 Polynésie 於一九八四年設置最晚。V. B. Pacteau, Op. cit. supra (Fn. 20), 50°; Tableau annexe a 1' Article R. 1. du CTA.

註三五　Vgl. J.-M. Wöhrling, Die französische Verwaltungsgerichtsbarkeit im Vergleich mit der deutschen, NVwZ 1985, S. 24.

註三六　Cf. Brown/Garner, Op. cit. supra (Fn. 25), pp. 185 ff.; Auby/Drago, Op. cit. supra (Fn. 10), 263° et infra.

中央行政法院最小之裁判單位爲庭 (La sous-section)，由五名裁判官組成。行政訴訟之裁判，通常由二或三個庭組成聯合庭 (deux ou trois soussections réunies) 爲之。如案件特別困難，或特別重要者（如將變更判例或引起輿論），則由裁判型態之訴訟部或訴訟大會爲之（註三七）。

依一九八九年二月十五日命令第一五五號，法國設五所上訴行政法院，分別爲巴黎 (Paris)、南西 (Nancy)、里昂 (Lyon)、波爾多 (Bordeaux)、南特 (Nantes)。各上訴行政法院之裁判單位爲庭，巴黎及里昂各設三庭，餘各設二庭。每庭由五位法官 (Conseillers) 及二位政府委員 (Commissaires du gouvernement) 組成（註三八）。

地方行政法院以庭 (Chambre) 爲裁判單位，由三位裁判官 (Conseillers) 及一名政府委員組成。

中央行政法院現有十庭，前六庭爲一般行政訴訟之裁判，第七～九庭專司稅務訴訟，第十庭係一九七九年所增設，稱「支援庭」(troupe de choc)，但亦可自爲裁判（註三九）。地方行政法院之半數只有一庭，巴黎地方行政法院分成七分院，共十四庭（註四〇），其餘大多爲二～三庭。

2.　法國行政法院之人事

就法國行政法院之人事言，可分行政訴訟裁判機關之組成分子及其

註三七　V. Auby/Drago, Op. cit. supra (Fn. 10), 176°, 177°;
　　　　Laubadère/Venezia/Gaudemet, Op. cit. supra (Fn. 20), 906-
　　　　2°; B. Pacteau, Op. cit. supra (Fn. 20), 36°.
註三八　請參見陳世民，簡介法國行政上訴法院，憲政時代，十四卷三期，頁
　　　　四八。
註三九　Cf. Brown/Garner, Op. cit. supra (Fn. 25), p. 49.
註四〇　Vgl. J.-M. Wöhrling, aaO. (Fn. 35), NVwZ 1985, S. 23.

來源、法律地位、陞遷及補充等加以說明。就諮政院言，含行政部及訴訟部（卽中央行政法院），其組成分子，包括法定院長（爲總理，以司法部長爲代理人）、副院長(實際上掌理院務)、各部部長（共六部：四行政部、一裁判部及一報告與研究部）、院士、候補院士、助理官及若干一般行政官員。就諮政院訴訟部（卽中央行政法院）由部長 (Le président de la section du contentieux) 指揮；各庭由庭長 (Le président de la sous-section) 指揮。訴訟大會由諮政院副院長、訴訟部部長、三位訴訟部代理部長 (Les trois présidents-adjoints)、司報告或調查之庭庭長及開始受分配案件之庭庭長、報告官 (La Rapporteur) 組成（註四一）。裁判型態之訴訟部，由部長及三位代理部長、各庭庭長、二名行政部之院士及報告官組成（註四二）。二庭組成之聯合庭，由一名訴訟部代理部長、兩庭之院士、報告官及一名行政部之院士組成（註四三）。三庭組成之聯合庭，由主席一名、報告官一名、三庭庭長、一名調查庭之陪席 (Assesseur) 及一名行政部院士組成（註四四）。單一庭由庭長、二名陪席及一名報告官組成。此外，各裁判體均配置一名政府委員，通常由候補院士或助理官擔任，報告官亦同，唯較重要案件，則由一名院士自任。

依一九八七年十二月三十一日第八七～一一二七號法律第五條之規定，上訴行政法院院長由諮政院從事裁判之專任院士 (Conseiller d'-Etat en service ordinaire) 任之。依同法第三條之規定，上訴行政法

註四一　Décr. n° 68-796 du 9, Sept. 1968.
註四二　Décr. n° 68-796 du 9, Sept. 1968; Décr. n° 80-15 du 10, Janv. 1980.
註四三　V. B. Pacteau, Op. cit. supra (Fn. 20), 36°; Décr. n° 80-15 du 10, Janv. 1980.
註四四　同上註。

院法官（院長除外）受憲法第六十四條第四項「不受任意調動之保障」(Inamovibilité)。

在地方行政法院方面，裁判庭由三位院士組成，另有一名院士擔任政府委員（註四五）。若干地方行政法院，尚有所謂之「受（委）任院士」(Les Conseillers déléguées)，在法院所在地以外，無需政府委員之參與，獨自裁判案件（註四六）。

諮政院訴訟部部長，由司法部長提名；代理部長三名，由副院長提名，司法部長任命；政府委員由副院長及訴訟部部長提名，司法部長任命；庭長由司法部長提名，總理任命，唯其先由訴訟部部長及代理部長商議後，由副院長轉呈司法部長任命；庭長任期自任命起之第四年九月十四日終止，其更新，由副院長命令之；陪席院士由訴訟部部長及代理部長提名，副院長任命，其任期同庭長，並以同方式延長任期四年，於其任期未滿二年，不得另爲新任命，其不在或不能視事期間，由諮政院副院長就訴訟部部長及代理部長所提院士名單，任命代理（註四七）。諮政院院士、候補院士及助理官之陞遷或補充，分內陞及外薦 (tour intérieur et tour extérieur)。所謂內陞，指第二級助理官 (Les auditeurs de 2ᵉ class)，逐年晉陞爲第一級助理官 (Les auditeurs 1ᵉʳ class)；候補院士四分之三，由第一級助理官陞任；院士三分之二，由候補院士陞任。所謂外薦，指候補院士四分之一，由行政部門之優秀幹

註四五　Art. 12 CTA.

註四六　See, Brown/Garner, Op. cit. supra (Fn. 25), p. 73; L. 9 CTA.

註四七　Art. 30-32, Décr. nᵒ 63-766 du 30, Juillet 1963; Décr. nᵒ 81-29 du 16, Janv. 1981.

部（特別是省長或副省長）或專門職業人員（註四八），其中至少二名由地方行政法院院士陞任；院士三分之一，由同上資格者中推薦，其中至少一名由地方行政法院院士陞任（註四九）。此種人事制度，使積極行政與裁判行政流通，為諸政院注入新血，「防止諸政院動脈之硬化」（註五〇）。諸政院之助理官，大部分由國立行政學院畢業生成績優良者中，任命之（註五一）。上訴行政法院之人事適用地方行政法院之制度，而地方行政法院院長，由院士具備諸政院所定條件者中任命，而院士則部分由國立行政學院畢業生補充，餘由文官、軍官、司法官（Les magistrats de l'ordre judiciaire）及國家公法考試及格者中任命（註五二）。至於行政法院之組成分子（裁判官）之保障，雖乏法律明文規定，但其陞遷制度及習慣，使其具有事實上之獨立地位（註五三）。溯自一九八四年元月十一日法律第九條，各地方行政法院之獨立性已獲致

註四八　Cf. Brown/Garner, Op. cit. supra (Fn. 25), pp. 53 ff.; M. Fromont, Der französische Staatsrat und sein Werk, DVBl. 1978, S. 89; W. Müller, aaO. (Fn. 13), DRiZ 1983, S. 215; Auby/Drago, Op. cit. supra (Fn. 10), 165°.

註四九　Vgl. A. Fischer, in: F. O. Kopp (Hrsg.), aaO. (Fn. 4), S. 75 ff.; M. Fromont, aaO. (Fn. 48), DVBl. 1978, S. 89; Auby/Drago, Op. cit. supra (Fn. 10), 165°; Letourneur/ Bauchet/Méric, Op. cit. supra (Fn. 14), p. 47 et infra; B. Pacteau, Op. cit. supra (Fn. 20), 34°.

註五〇　參見大西芳雄，憲法と行政爭訟，初版，頁二〇七，有斐閣，昭和五十二年。

註五一　Cf. Brown/Garner, Op. cit. supra (Fn. 25), p. 53.

註五二　L. n° 77-1356 du 10, Déc. 1977.

註五三　Cf. Brown/Garner, Op. cit. supra (Fn. 25), pp. 54 ff.; M. Fromont, aaO. (Fn. 48), DVBl. 1978, S. 89; P. Landron, aaO. (Fn. 15), DVBl. 1954, S. 106; W. Müller, aaO. (Fn. 13), DRiZ 1983, S. 215.

明文保障（註五四）。

3. 法國行政法院之權限

就法國行政法院之權限言之，可分別再就行政法院之裁判權、中央行政法院、上訴行政法院、特別行政法院及普通司法法院之行政裁判權加以說明。

行政裁判權之範圍，向採「概括條款」(Clause générale de compétence)，唯具高度政治性之「統治行爲」(L'acte du gouvernement) 及「行政之內部行爲」(Les actes intérieurs) （亦卽不生對外法律效力之行爲 "sans effets juridiques et quelques autres"）所屬之內部秩序通告或措施（Les circulaires et les mesures d'ordre intérieur），除生事實上違法損害、內國法上作用及第三人作用或具規則性之通告（circulaires réglementaires）者外，不許訴訟（註五五）。就行政法院與普通

註五四　此緣於一九八三年因撤銷一件選舉訴訟，致法院受恫嚇，內政部長爲保障法院獨立，乃有此立法。V. B. Pacteau, Op. cit. supra (Fn. 20)，49°.

註五五　統治行爲，目前限於政府與國會、政府與外國政府與國際組織間關係之行爲。See, Brown / Garner, Op. cit. supra (Fn. 25), p. 100; M. Fromont, La protection juriditionnelle du particulier contre le pouvoir exécutif en France, en: H. Mosler (D.), La protection juriditionnelle contre le pouvoir exécutif, tome 1, p. 234 et infra; G. Peiser, Op. cit. supra (Fn. 13), p. 28 et suite.
純客觀上違法所生損害，可訴諸事實上之責任。V. G. Peiser, Op. cit. supra (Fn. 13), p. 31.
國際關係發生內國法之作用者，允許訴訟。Vgl. H. Reinhard, Der Staatsrat in Frankrcich, JöR 1982, S. 102.
對外國人之遣送處分及對外國政府引渡之要求、赦免之決定，已不再視爲杭治行爲。Siehe, H. Reinhard, ebenda.
行政秩序通告，已對第三人發生作用，而允許訴訟者，首見於諸政院一九五四年 Kreisker 私立女中案（C. E. 29, Janv. 1954, Institution notredame du Kreisker, Rec. 64.），此案分通告爲純解釋性及規則性者，後者允許訴訟。

法院間行政裁判權之劃分，除因法律明文賦與或傳統上由普通司法法院行使者外（註五六），目前主要以「公共服務」(Service public) 之概念為界分之標準，凡只有公權主體、或委由私人或私法機關，以公權性之活動滿足公共需要者，其訴訟歸行政法院，而公共需要依其特質，容許私人提供者，亦即所謂之「社會公務」(Service public sociaux) 或公權機關以工商企業型態，提供公共服務者，亦即所謂之「工商之公共服務」(Les services publics industriels ou commerciaux) 活動，屬於普通司法法院之權限（註五七）。 由於社會之變遷，致「公共服務」之概念，不足為完全之劃分標準， 故有提出多元標準 (La pluralité de critéres) 者，分行政之法律行為 (Les actes juridiques de l'admmistration)（凡運用行政公權力特權，契約係直接參與公務之執行者）及行政之實質活動 (Les activités matérielles de l'administration)（凡一般行政所必需之活動），行政利用公物活動者，屬於行政法院權限， 餘

註五六　傳統上由司法法院裁判者，計有涉及個人身分及人身自由、不動產所有權（徵收補償），顯不符法律規則，而不認係行政行為之「事實行為」(voie de fait) 及司法之作用行為。Cf. Laubadère/Venezia/Gaudemet, Op. cit. supra (Fn. 20), Tome 1, 1005° et infra; Letourneur/Bauchet/Méric, Op. cit. supra (Fn. 14), p. 93 et infra.

由法律明定由普通司法法院裁判者，有間接稅訴訟、郵電運輸訴訟、社會安全訴訟、發明專利訴訟、行政車輛肇事損害之訴訟、軍事演習由軍隊礮擊所致損害利益等訴訟、公立學校意外及設施過失所致意外之訴訟、核能船舶事故損害之訴、核能所致損害之訴訟、市鎮騷亂之責任訴訟、司法機關暫行扣押之責任及司法機關瑕疵服務行為所生責任之訴訟。

註五七　Cf. Brown/Garner, Op. cit. supra (Fn. 25), pp. 80 ff.; Laubadère/Venezia/Gaudemet, Op. cit. supra (Fn. 20), 982° et infra; Letourneur/Bauchet/Méric, Op. cit. supra (Fn. 14), p. 81 et infra; G. Peiser, Op. cit. supra (Fn. 13), p. 36 et infra; H. Reinhard, aaO. (Fn. 55), JöR 1982, S. 105.

歸普通司法法院（註五八）。

　　就中央行政法院與上訴行政法院及其與地方行政法院權 限 之 劃 分言，除若干較重要之案件，其初審保留予中央行政法院外（註五九），原則上，除特別行政法院所管轄者外，以地方行政法院爲初審，而就行政行爲合法性之判斷（appréciation de légalité）、市鎮選舉訴訟、法規命令（Les actes réglementaires）越權之控訴，以中央行政法院爲上訴審（L'appel）外，以上訴行政法院爲上訴審，而以中央行政法院爲廢棄審（Cassation）（註六〇）。此外，分別繫屬中央行政法院及地方行政法院，或不同之地方行政法院間具關聯性案件（La connexité），爲防止裁判矛盾、正義之拒絕、程序之遲滯，乃重新分配其間之權限，前者統由中央行政法院處理（註六一），後者，由諸政院訴訟部部長以命令（Ordonnance）指定管轄（註六二）。先決問題，不生駁回之情形，概由行政法院附帶審查（註六三）；普通司法法院則例外可審查行政處分、命令之合法性（註六四）。

4. 法國行政法院之訴訟程序

　　就法國行政法院之訴訟程序言，具有下列之特色：（1）採糾問主

註五八　Cf. Letourneur/Bauchet/Méric, Op. cit. supra (Fn. 14), p. 87 et infra; G. Peiser, Op. cit. supra (Fn. 13), p. 40.

註五九　中央行政法院爲唯一審之案件，請見 Décr. 28, Nov. 1953; G. Peiser, Op. cit. supra (Fn. 13), p. 72 et infra.

註六〇　Art. 1 de la Loi n° 87-1127 du 31, Déc. 1987; Art. L. 3 CTA; Décr. n° 53-1169 du 28, Nov. 1953, Art. 1er et infra.

註六一　R. 52-70 CTA.

註六二　R. 71-75 CTA.

註六三　Vgl. W. Lücking, aaO. (Fn. 15), S. 42; B. Pacteau, Op. cit. supra (Fn. 20), 88°.

註六四　W. Lücking, aaO. (Fn. 15), S. 42.

義（L'inquisitorialité）；（2）採書面主義（L'écrité），一切主張須提出書面；（3）採決定前置主義（La décision préalable）及先行程序任意主義（註六五）；（4）不公開原則（實則除稅務案件外，大皆採公開程序）；（5）準備及調查程序特別周詳，及（6）政府委員之陳述。

　　法國行政訴訟之程序，本應分司法法院之行政訴訟程序、地方行政法院、特別行政法院、上訴行政法院及中央行政法院之行政訴訟程序予以說明。爲實用及方便計，茲僅就地方行政法院及中央行政法院訴訟程序之現狀，略予指陳（註六六），至於上訴行政法院之程序，亦只就其特點，列舉說明。

　　就訴訟程序之準據言，地方行政法院主要依據「行政法院法」(Code des tribunaux administratifs)（註六七），特別是規則 (Réglements) 第七十六至第二一四。上訴行政法院之程序準據，主要爲一九八八年五月八日第七〇七號命令。至於中央行政法院，則依一九四五年命令（註六八）、一九五三年、一九六三年教令（註六九）、一九七二年、一九八〇年法律（註七〇）及其修正。上述「行政法院法」，部分亦可適用於中央行政法院之程序，而中央行政法院尚須運用判例，以輔上述命令、教令及法律之不足。至於民事訴訟法 (Code de procédure civile)

註六五　Vgl. J.-M. Wöhrling, aaO. (Fn. 35), NVwZ 1985, S. 24.

註六六　關於司法法院之行政訴訟程序，詳見 Auby/Drago, Op. cit. supra (Fn. 10), 927° et suite. 關於特別行政法院之訴訟程序，詳見 B. Pacteau, Op. cit. supra (Fn. 20), 69° et infra.

註六七　Décr. 73-682 et n° 73-683 du 13, Juill. 1973.

註六八　Ordonnance n° 45-1708 du 31, Juill. 1945.

註六九　Décr. n° 53-934 du 30, Sept. 1953; Décr. n° 63-766 du 30, Juill. 1963.

註七〇　Loi n° 72-439 du 30, Mai 1972; Loi n° 80-539 du 16, Juill. 1980.

之規定，除法有明文，不能適用或準用於行政訴訟程序（註七一）。

行政訴訟之程序，可分成起訴 (L'introduction de l'instance)、調查 (L'instruction)、審理、政府委員之陳述 (conclusion de commissaire du gouvernement)、裁判、對裁判之救濟、緊急程序 (Les procédures d'urgence) 及執行 (L'exécution) 八點予以說明。

（1）**起訴：**　凡對訴具有法律上值得保護之利益者（利害者訴訟型態）（註七二），得於法定期限 (délai) 內（通常為行政決定或不於四個月內決定者，於屆滿四個月後之二個月內）（不採訴願先行主義），依訴訟之目的，分別向管轄法院具狀（在地方行政法院稱 requête， 在中央行政法院稱 recours），提起撤銷訴訟 (Le contentieux de l'annulation)、完全審理訴訟 (Le contentieux de pleine juridiction)、解釋訴訟 (Le contentieux de l'interprétation) 或處罰訴訟 (Le contentieux de la répression)（後二者少用）（註七三）（註七四）。起訴，

註七一　Cf. C. Gabolde, La procédure des tribunaux administratifs, 3. Éd. p. 533 et infra, Dalloz, Paris 1981; G. Peiser, Op. cit. supra (Fn. 13), p. 78.

註七二　關於法國行政訴訟之訴權 (L'intérêt à agir dans le recours) 理論，可參見蔡志方，從權利保護功能之強化，論我國行政訴訟制度應有之取向，頁五八以下及所引文獻，臺大博士論文，七十七年六月。

註七三　關於此等訴訟之目的及要件，請參見蔡志方，前揭（註二五）文，頁六五以下。

註七四　法國行政訴訟制度對於訴訟種類，乃由學說及實務所發展，現行法未做統一性規定，而只分散地提及「撤銷訴訟」(Les recours en annulation)、「解釋及合法性確認訴訟」(Les recours en interprétation et les recours en appréciation de legalité)、「完全審理訴訟」(Litige de pleine juridiction) 等傳統之訴訟類型及其他若干新型訴訟目的、名稱之類型 (V. Livre II CTA; R. 79, Règlement d'administration publique et décrets en conseil d'Etat.)。本文援用之四分法，乃 Laferrière 所發展者 (V. Auby/Drago, Op. cit. supra (Fn. 10), 948°.)，Duguit 則首倡主觀訴訟（contentieux subjectif）與客觀訴訟 (contentieux objectif)，為 Jèze, Lampué, Waline, Auby 及 Drago 所繼承 (Vgl. M. Degen, Klageverfahren und Klagegründe im französischen Verwaltungsprozeβ, Die Verwaltung 1981, S. 162; Auby/Drago, Op. cit. supra (Fn. 10), 949°.)

原則上應由律師代理（註七五）， 中央行政法院由「中央行政法院及最高法院律師團（Corps de l'avocats au Conseil d'Etat et a la cour de cassation)，六〇名律師專門代理（其等爲司法部之公務員）。 在地方行政法院， 則由大律師（L'avocats）或轄區執業之「小律師」(L'avoué) 簽狀起訴（註七六）。起訴，原則上不生停止效力（L'effet non suspensif)（註七七），欲停止執行，須於本訴外，另爲停止執行之申請（詳後述）。自一九七八年起，訴訟亦不徵收裁判費（註七八）。

(2) **調查:** 法國行政訴訟程序特色之一， 乃調查（事實）特別詳細，尤其在中央行政法院， 先由調查庭之報告官（Rapporteur)， 嗣由該庭全員，再由聯合庭成員，必要時， 尚有裁判型態之訴訟部或裁判大會爲之，加上政府委員另爲調查，往往歷經三次以上。邇來因行政訴訟過量（註七九）、 訴訟程序遲滯， 爲加速程序之進行， 除簡化裁判庭之成員、增設上訴行政法院，卽緊縮繁冗之調查程序。以往中央行政法院受理案件後，須逐級由書記課呈諸政院副院長，再交訴訟部部長指定調查庭，而由該庭庭長指定報告官進行調查，自一九八〇年起，卽直接任

註七五　越權訴訟（Le contentieux en excès de pouvoir）及上訴行政法院之上訴程序，均不採律師強制，另在地方行政法院，有行政法院法規則第七十九所列之事項，亦可免律師代理，唯若不自行訴訟，仍須委由合格之律師代理，故仍採律師代理強制。

註七六　R. 77, 78, 84 CTA; Art. 40 Ordinnance du 31, Juill. 1945.

註七七　其唯一例外，乃對農地開發之決定訴訟，有停止效力。V. Alin. 4, R. 90 CTA.

註七八　Décr. n° 78-62 du 20, Janv. 1978, Art. 31.

註七九　請參見蔡志方，論行政訴訟過量與行政法院負擔過重之原因及解決之道，植根雜誌，七卷三期，頁二七；陳世民，前揭（註三八）文，頁四八；R. Drago, Sur la situation du contentieux administratif en France, in: M. A. Grisel, p. 642 et infra, Éditions Ides et Calendes, Neuchâtel 1983; J.-M. Wöhrling, aaO. (Fn. 35), NVwZ 1985, S. 26.

命報告官進行調查（註八〇）， 地方行政法院亦同。 此外， 庭長對於案情已臻明確 (d'ores et déjà certaine) 者，得命免爲調查（註八一），對原告訴訟之駁回或行政機關考慮太久者， 得逕依其主張推斷事實（註八二）。 報告官接案後， 卽以書面命兩造交換攻、防之資料， 除事關公序者外，只在原告主張之範圍蒐集裁判所需資料 (non ultra petita)，依情況分別以鑑定 (expertise)、勘驗 (des visites de lieux)、調查 (des enquêtes)（註八三）。 案情明白後， 卽尋繹法規、判例或學說，草擬判決草案 (projet d'arrêt ou jugement) 之報告 (Rapport)，提交調查庭 (séance d'instruction)， 在中央行政法院較正式，在地方行政法院理論上在院長監督下爲之， 實則端賴同仁間討論（註八四）。 報告官之裁判草案如獲支持， 卽交一份予政府委員。在地方行政法院方面，庭長先行研閱報告，除命終結調查 (clôture de l'instruction)， 否則，卽交庭員討論訴狀及報告（含政府委員之結論性意見）。

(3) **審理:** 審理程序分公開審議 (L'audience publique) 及內部決議 (L'audience privée ou délibéré)， 通常除稅務案件或攸關公序， 均行公開審議庭。審判庭之組成，中央行政法院依案件之重要性，由不同之裁判體爲之， 通常由二、三聯合庭職司，但目前已擴大單一庭之裁判權限，以應訴訟過量（註八五）。 程序上不同於往昔者（註八六），

註八〇　Décr. n° 80-438 du 17, Juin 1980.

註八一　R. 114 CTA; Décr. n° 80-438 du 17, Juin 1980.

註八二　Cf. Brown/Garner, Op. cit. supra (Fn. 25), p. 60.

註八三　調查可分爲兩造庭上之質問(interrogatoire)及囑託調查 (rogatoire) 兩種處埋。

註八四　Cf. Brown/Garner, Op. cit. supra (Fn. 25), pp. 63, 73; C. Gabolde, Op. cit. supra (Fn. 71), 465° et suite.

註八五　同註七九。

註八六　關於以往之程序，請參見蔡志方，前揭（註二五）文，頁六七以下。

乃地方行政法院允許當事人自行以言詞陳述，以支持其書面聲明（註八七）。庭議後，卽行內部決議，表決裁判內容，報告官亦本此草擬判決文（在中央行政法院稱 arrêt，在地方行政法院稱 Jugement）。此外，若干案件得由受託院士在法院所在地外，不需政府委員之參與，獨自審理及裁判（註八八）。

（4）**政府委員之陳述**：法國行政訴訟制度為他國所無，而獨樹一格者，乃政府委員之陳述制度。通常政府委員接到報告官之「裁判草案」後，卽研究其有無疏漏，並自行參考判例、學說，研究實務之取向，自行擬具一份報告，並於公開審議庭宣讀（註八九），迨內部決議，其雖無表決權，卻備詢提供意見、澄清看法，使裁判臻於完美，裨補法院之可能闕漏。唯自一九八二年起，對於案情明確者，庭長得命其免提報告（註九〇），以加速程序。

（5）**判決**：內部決議後，報告官卽依據裁判表決草擬判決文，經庭長同意後，附上政府委員之結論性意見（conclusion），在下一次庭議宣判。裁判依法須載明：以法國人民之名，某行政法院（所在地名及其庭名），就原告（姓名及案號）控告被告（姓名）之某案件，予以裁判。下列兩造陳述要旨、附具書狀、適用之法規、參與裁判者之任務及姓名、裁判主文及政府委員之結論性意見（註九一）。

（6）**對裁判之救濟**：對於地方行政法院之裁定，不得抗告（opposition）（註九二），唯若干案件未能自行或以代理人到場或正常申訴，

註八七　R. 166 CTA.
註八八　Cf. Brown/Garner, Op. cit. supra (Fn. 25), p. 73; L. 9 CTA.
註八九　詳請參見蔡志方，前揭（註二五）文，頁六九。
註九〇　Décr. n° 82-917 du 27, Oct. 1982.
註九一　R. 171 CTA; Décr. n° 80-15 du 10, Janv. 1980.
註九二　R. 187 CTA.

致權利受損者，得提起第三人抗告（La tierce opposition）（註九三）；
第三人抗告，以起訴之形式爲之（註九四）。地方行政法院之判決，除
少數例外（註九五），就事實及法律上之不服，得於受通知之日起二個
月內，向上訴行政法院或中央行政法院上訴（註九六）。第一審程序當
事人得於他造上訴時，提起附帶上訴（L'appel incident），然當事人
爲多數時，不得提起含有主要上訴人以外其他當事人之附帶上訴（註九
七）。第一審參加人（Les intervents）亦得就主當事人之上訴爲參加
（L'intervention en apple）（註九八）。中央行政法院之裁判有瑕疵者，
於判決之日起二個月內提起抗告，抗告不具停止效力。缺席之一造，如
與他造具相同之利益，就具有矛盾之裁判，不得抗告（註九九）。對於
中央行政法院之裁判，未行申訴，亦不能以通常方式提出抗告，且事實
上亦無法向中央行政法院秘書處提出者，得提起第三人抗告。受第三人
抗告，致無法爲攻擊防禦者，得要求補償，其損益不受影響（註一〇〇）。
中央行政法院代行訴訟之律師，在應受停職或免職之刑罰，而無下列三
種情形之一者：書狀係僞造者、當事人所提出之書狀適得其反，而負有
過失者，裁判未注意現行命令第三十五、三十六、三十八、三十九、六

註九三　R. 188 CTA.
註九四　R. 190 CTA.
註九五　指以地方行政法院爲終審者，包括停付稅款之補繳，賦稅事件應由中
　　　　央行政法院律師提起廢棄之訴者，由史特拉斯堡地方行政法院依據一
　　　　八七〇年～一九一八年德國佔領期間特別規定爲裁判者，適用一九五
　　　　九年十二月二十八日法律第九七條向稅務鑑定法官提起之訴訟，法院
　　　　所爲之裁判。V. C. Gabolde, Op. cit. supra (Fn. 71), 986°.
註九六　R. 191, 192 CTA; Art. 1 de la Lei n° 87-1127 du 31, Déc.
　　　　1987.
註九七　V. C. Gabolde, Op. cit. supra (Fn. 71), 1006°.
註九八　V. C. Gabolde, Op. cit. supra (Fn. 71), 1011°.
註九九　Art. 72-74 Ordinnance n° 45-1708 du 31, Juill. 1945.
註一〇〇　Art. 79 Ordinnance n° 45-1708 du 31, Juill. 1945.

十六～六十八條之規定，所爲之答辯，對其裁判，可提起再審之訴（recours en revision）（註一〇一），期限爲二個月，由中央行政法院律師提起，但其提出權受阻者，不在此限。對已有再審之裁判，不得對之再提再審之訴（註一〇二），換言之，再審只允許提起一次。中央行政法院之裁判所依據之事實，係錯誤而足以影響裁判者，利害關係人得於判決通知或送達之日起二個月內，提起更正之訴（recours en rectifica-tion d'erreur matérielle）（註一〇三）。此外，地方行政法院或特別行政法院之裁判，例外可提起廢棄之訴（Cassation）（註一〇四）。

　　(7) 緊急程序: 分執行之停止（sursis de l'exécution）、假命令（La référé）及緊急鑑定（constant d'urgence）。法國自創設行政裁判制度以還，即以維護行政權爲尙，採起訴不生停止效力之原則。目前向地方行政法院提起之訴訟，除該院另爲命令外，不具停止效力（註一〇五），對遣送外國人，得命停止執行（註一〇六）。上訴原則上亦不停止執行，但下列情形，得准予暫停執行原決定: ①第三人因執行之結果，將受一定額度，而不應由其負擔之損失，而其訴之記載顯有理由者。②上訴人於執行之結果，將受到難以彌補之損失，而依其訴狀記載之理由，原判決顯可撤銷者（註一〇七）。唯此等暫停執行之許可，仍得隨時加以撤銷。向中央行政法院提起之訴訟，除法律另有規定外，非經該

註一〇一　Art. 75, 76 Ordinnance n° 45-1708 du 31, Juill. 1945.
註一〇二　Art. 77 Ordinnance n° 45-1708 du 31, Juill. 1945.
註一〇三　Art. 78 Ordinnance n° 45-1708 du 31, Juill. 1945.
註一〇四　V. C. Gabolde, Op. cit. supra (Fn. 71), 986°.
註一〇五　Décr. n° 80-339 du 12, Mai 1980.
註一〇六　Décr. n° 83-59 du 27, Janv. 1983.
註一〇七　請參見陳世民，前揭（註三八）文，頁四九; Art. 6 de la Loi n° 87-1127 du 31, Déc. 1987.

院另爲命令者，不具停止效力（註一〇八）。　自一九八三年二月一日起，凡請求停止執行之案件涉及公序者，由中央行政法院行使初、終審管轄權（註一〇九），停止執行，具有例外之性質，須原告在本訴外，另行明示地提出請求，並具備下列要件，始可被核准：消極方面——（甲）無平行之特別程序，（乙）訴訟對象之決定非已執行，（丙）非行政先行性決定；積極方面——（甲）法院具有權限，（乙）須本訴合法、受許可，（丙）須將受損害，且非停止執行，其損害將有嚴重之結果，及（丁）須情況緊急（註一一〇）。　實務上，以損害之嚴重性及訴之勝算的可預見性爲准否之關鍵。　唯損害之嚴重性，究須不能回復（irréparable）或只須重要之改變（changements importants）或難以回復（difficilement réparable)（註一一一），頗欠標準，在發展趨勢上，其認定日形嚴格（註一一二），停止執行之命令（Ordonnance），於裁判後二十四小時內，由書記官通知當事人及共和國檢察長（註一一三）；其執行有困難者，亦須向報告委員會陳明（註一一四），對此項命令不服者，原、被告及參加人得提起抗告或上訴，中央行政法院（諮政院訴訟部部長）卽可命暫時中止執行命令之執行（sursis à sursis)（註一一五）。　至

註一〇八　Décr. n° 63-766 du 30, Juill. 1963.

註一〇九　Décr. n° 83-59 du 27, Janv. 1983.

註一一〇　Cf. Auby/Drago, Op. cit. supra (Fn. 10), 885°-889°; C. Gabolde, Op. cit. supra (Fn. 71), 392° et 398° et suite; B. Pacteau, Op. cit. supra (Fn. 20), 257°, 262° et suite.

註一一一　一九六三年七月三十日敎令規定：「受起訴之決定的執行，有導致難以回復之結果之虞者，得命停止執行。」

註一一二　Vgl. W. Skouris, Der vorläufige Rechtsschutz im französischen Amtsüberschreitungsverfahren, Die Verwaltung 1981, S. 88.

註一一三　R. 100, 176 CTA.

註一一四　Art. 23 du Décr. du 28, Nov. 1953; Décr. du 22, Nov. 1976.

註一一五　Cf. C. Gabolde, Op. cit. supra (Fn. 71), 426°; B. Pacteau, Op. cit. supra (Fn. 20), 268°.

於假命令，依一九七三年七月十三日行政法院法 (Code des tribunaux administratifs) 規則第一〇二規定：地方行政法院院長或受託推事，於所有緊急情況下，就可受理而無行政先行決定之簡易訴訟，在無害於本案及阻礙行政決定之執行下，命為一切有用之措施。可能時，應即將訴訟通知被告，並限期命其答辯。規則第一〇三規定：地方行政法院院長之假執行決定，得於通知後十五日內向中央行政法院上訴。目前假命令範圍擴大，不必請求乃論。因其目的在保全證據及維護事態，故法院可依裁量，命為調查、鑑定、行政機關提供資料、表示意見等（註一一六）。至於緊急鑑定，依地方行政法院法規則第一〇四規定：地方行政法院院長或受託推事，就由或非由律師所提起之簡易訴訟，凡無行政先行決定，並可受理者，在一切緊急情況下，得命一名專家不受期間限制，鑑定可能有助於向該院訴訟，而突發於其法院轄區之事實。如有可能，應即通知被告。此制可與假命令並用，但實用機會甚少（註一一七）。

(8) **執行**：裁判凡需執行者，行政法院即於裁判中宣告被告機關應執行之項目，而其本身並無執行權。為確保裁判內容之實現，一九六三年設報告委員會（目前為報告及研究部），一九八〇年七月十六日法律進一步規定強制罰 (Astreinte) 之制度（註一一八）。依據前者，被告關係部長可要求中央行政法院說明執行裁判之方式，諮政院副院長及訴訟部部長亦有權邀報告及研究部部長，促使行政機關注意執行。原告在裁判後三個月，亦有權從報告及研究部獲知執行上之困難。有上述情

註一一六　Cf. Auby/Drago, Op. cit. supra (Fn. 10), 894°; C. Gabolde, Op. cit. supra (Fn. 71), 676° et suite; B. Pacteau, Op. cit. supra (Fn. 20), 280° et infra.

註一一七　V. B. Pacteau, Op. cit. supra (Fn. 20), 289°.

註一一八　Loi n° 80-539 du 16, Juill. 1980.

形，卽指定一名報告官前往協調，必要時在年度報告內向諮政院申明（註一一九）。依據後者，凡對不執行中央行政法院之裁判者，得依職權分確定性或預定性 (définitive ou provisoire) 對公法人科處強制金，於其全部或一部不執行時，諮政院訴訟部部長得宣告淸償強制金（註一二〇）。審計懲戒法院於公務員負執行責任者，於其不執行時，可科其個人責任（註一二一）。唯實務上，故意不執行行政法院之裁判者，並不多覯。

（三）結　語

　　儘管法國行政裁判制度具有悠久之歷史，諮政院素享盛譽（其組織及功能，有以致之），其程序頗具彈性，行政法院之權利救濟亦頗簡易，各行政法院適用特別程序，且發展出適用之實體規則，而爲學者所稱道（註一二二），然二元制所生之裁判權衝突、隨著社會快速變遷所致之訴訟過量、程序延宕、暫行權利保護不足所生之既成事實 (fait accompli)、行政裁判權對行政權之有限拘束力（例如：欠缺指示權、課予義務之訴、執行問題）、程序規則陳舊而保守等，亦爲學者所訾議（註一二三）。故進一步改革之呼聲雀起，且已著手進行中（註一二

註一一九　Art. 58, 59, Décr, n° 63-766 du 30, Juill. 1963; Décr. 85-90 du 24, Janv. 1985.
註一二〇　Art. 2-6, Loi n° 80-539 du 16, Juill. 1980.
註一二一　Soc, Brown/Garner, Op. cit. supra (Fn. 25), pp. 71 ff.
註一二二　See, Brown/Garner, Op. cit. supra (Fn. 25), pp. 172 ff.
註一二三　See, Brown/Garner, Op. cit. supra (Fn. 25), pp. 176 ff.; R. Drago, Op. cit. supra (Fn. 79), p. 642 et suite; J.-M. Wöhrling, aaO. (Fn. 35), NVwZ 1985, S. 26.

四），而其初步成效，乃是步一九五三年增設地方行政法院之後塵，而設立了五所上訴行政法院。

三、德國行政訴訟制度發展之沿革與現狀

（一）德國行政訴訟制度發展之沿革

戰前德國之行政訴訟制度，影響中、日兩國初期行政裁判制度之建立，戰後其制度本身有邃然之重大改變，頗值得吾人注意。

德國行政訴訟制度發展之沿革，可分成三階段。第一階段，乃皇家法院司法（Kammerjustiz）時代（一四一五年～一八〇八年）；第二階段，乃行政司法或行政裁判（Administrativjustiz od. Verwaltungsrechtspflege）時代（十八世紀初至本世紀三〇年代）；第三階段，為司法的行政裁判權（die der rechtsprechenden Gewalt angehörigende Verwaltungsgerichtsbarkeit）時代，亦即戰後西德之行政訴訟制度（註一二五）。皇家法院司法時代，為實質意義行政訴訟之萌芽期，民、行

註一二四　V. R. Drago, Op. cit. supra (Fn. 79), p. 645 et suite; J. -M. Wöhrling, aaO. (Fn. 35), NVwZ 1985, S. 26.

註一二五　統一前之東德情況，請參見 H. Krüger, Die Funktionen der Verwaltungs- und Verfassungsgericht in einigen Staaten Osteuropa, DöV 1986, S. 45 ff.; C. H. Ule, Gesetzlichkeit in der Verwaltung durch Verwaltungsverfahren und gerichtliche Kontrolle in der DDR, DVBl. 1985, S. 1029 ff.; S. Lammich, Die gerichtliche Kontrolle der Verwaltung in der sozialistischen Verfassungssystemen, VerwArch. 1973, S. 246 ff.; K. -J. Kuss, Staatstheoretische Grundlagen und historische Entwicklung des gerichtlichen Verwaltungsrechtsschutzes in den sozialistischen Staaten, Diss., Berlin 1984; ders., Marxistisch und Leninistische Staatstheorie und Verwaltungsgerichtsbarkeit, Die Verwaltung 1985, S. 437 ff.

訴不分，缺乏獨立之行政法院、法官及程序。行政司法或行政裁判時代，開始存在形式意義之行政訴訟，唯由各邦獨立發展，欠缺完整之體制及程序；其發端主要係伴隨內政改革，與民權運動既少關聯（與法國不同），亦非歸因於（古典）市民法治國思想之勃興；行政裁判權歸屬於行政權，在組織及人事上，只有最高之行政法院較獨立，中、下級裁判機關與行政部門合一，訴願與行政訴訟亦無明顯之劃分；此期因訴訟目的不一，裁判制度有普魯士派（法規維持說或行政自我監督說）及南德派（權利保護說）之別。司法的行政裁判權時代，先係因德國戰敗，在盟軍勢力壓迫下，所從事之民主、法治改革之一部分，後因英、美、法占領區成立「德意志聯邦共和國」（西德）、蘇聯占領區成立「德意志民主共和國」（東德），西德在民主、人權及法治之理念下，改建以權利保護爲主，歸屬於司法權，分（一般）行政裁判權（法院）、社會裁判權（法院）與財政裁判權（法院）（與勞工法院及民、刑法院合稱五大法院系統），其特色，乃行政裁判司法化、裁判權限擴大、審級增加、法官獨立、強化權利保護功能、訴訟種類增加、訴權擴大、程序民主化等（註一二六）。整體言之，德國戰前行政訴訟制度之發展，受政治體制之支配，戰後則初受國際政治勢力及民權思想之影響，邇來則甚受科技發展與社會結構改變之衝擊（註一二七），而在發展方向上，乃由地方往中央（適與法國相反），近爲加速訴訟程序及減輕法院之負

註一二六　詳請參見蔡志方，前揭（註七二）文，頁三〇以下、五〇以下、五九以下、七二以下、七九以下、九六以下、一〇七以下、一一六以下、二五以下、一二九以下、一三一以下、一四〇以卜、一四七以下、一五七以下、一四七、一六六以下。

註一二七　請參見蔡志方，從人性尊嚴之具體化，論行政程序法與行政救濟法之應有取向，頁五一以下，中國比較法學會「人性尊嚴與法治建設研討會」，八十年十一月十七日。

擔，乃致力於程序法之簡化及統一運動。

以下就各階段之重要發展，舉其要者，以說明德國行政訴訟制度之發展趨勢。

1. 皇家法院司法時代

一四一五年神聖羅馬帝國設帝國宮庭法院（Reichshofrat），一四九五年設帝國皇家（最高）法院（Reichskammergericht），在中央及省設專門之行政官署（如稅務、軍事、警察、領土等公行政專門機構），兼司行政及裁判，組織上或採合議制官署，或設委員會（如戰爭總委員會），中間則設高等上訴法院（Oberappellationsgerichten），而以中央之皇家法庭（Hofkammer）爲第三審（註一二八）。帝國皇家最高法院由帝國皇家法官（justiciarius curiae）及皇家書記（notarius curiae）各一名組成（註一二九）。中古世紀至一八四八年三月革命（Märzrevolution）以前（註一三〇），尚無國（市）民權之概念，帝王爲法院之主

註一二八 Vgl. E. Apel, Die Entwicklung des Rechtsschutzes in der preuβischen Verwaltung, Diss., S. 8 ff., Marburg 1961; J. Poppitz, Die Anfänge der Verwaltungsgerichtsbarkeit, AöR. NF. Bd. 33, S. 167 ff.; W. Rüfner, Verwaltungsrechtsschutz im 19. Jahrhundert vor Einführung der Verwaltungsgerichtsbarkeit, DöV 1963, S. 720; M. Sellmann, Der Weg zur neuzeitlichen Verwaltungsgerichtsbarkeit, in: Külz/Naumann (Hrsg.), aaO. (Fn. 14), Bd. II, SS. 27, 29 ff.; U. Eisenhardt, Deutsche Rechtsgeschichte, 1. Aufl. SS. 95, 99; Mitteis/Lieberich, Deutsche Rechtsgeschichte, 17. Aufl. 141 ff., C. H. Beck 1985.

註一二九 Vgl. Mitteis/Lieberich, aaO. (Fn. 128), S. 241.

註一三〇 其起源、過程及對法制之影響，Vgl. U. Eisenhardt, aaO. (Fn. 127), S. 270 ff.; Mitteis/Lieberich, aaO. (Fn. 128), SS. 399, 418.

人（Gerichtsherr），法官只係其受託人（Aufgetragter），由其任命自由民擔任，並不講求法律專業知識（註一三一），亦無獨立之行政訴訟的概念，帝國皇家最高法院及帝國宮庭法院只係帝王解決臣民間糾紛之工具，彼時採國庫之概念（Fiskus; Camera）（註一三二），而帝王就國庫事件，亦自行裁判（註一三三），直至十八世紀以後，皇家法院（庭）權限日大，凡關於公益（如戰爭及領土等）及公務員懲戒事件，均由其裁判（註一三四）。此期訴訟程序由當事人之聲明決定，審理過程由法官指揮，允許以仲裁或和解爲之（註一三五）。一八四八年三月革命後，訴訟程序始公開，並採言詞審理及自由心證（註一三六），確立法官獨立之原則（die Unabhängigkeit des Richters）（註一三七），唯此之法官，只限於普通法院（特別是刑事法院）。

2.　行政司法時代

中古世紀帝王得賦與其下之封建諸侯、領土「免於移審及被控訴特

註一三一　Vgl. Mitteis/Lieberich, aaO. (Fn. 128), S. 242; U. Eisenhardt, SS. 96 ff., 117 ff.

註一三二　關於國庫之概念及其運用，請參見林田和博，國庫論，法政研究，九卷一號，頁五七以下；山內一夫，國庫說の歷史的發展㈠、㈡、㈢，國家學會雜誌，五十五卷四號，頁三四以下、五十五卷五號、頁四二以下、五十六卷五號，頁八五以下。

註一三三　Vgl. Mitteis/Lieberich, aaO. (Fn. 128). S. 243.

註一三四　Vgl. E. Apel, aaO. (Fn. 128), S. 8-21; J. Poppitz, aaO. (Fn. 128), AöR. NF. Bd. 33, SS. 167, 170, 174; W. Rüfner, aaO. (Fn. 128), DöV 1963, SS. 720, 721; M. Sellmann, in: Külz/Naumann (Hrsg.), aaO. (Fn. 14), SS. 27, 29 ff., 35, 37.

註一三五　Vgl. U. Eisenhardt, aaO. (Fn. 128), S. 100 ff.

註一三六　Vgl. Mitteis/Lieberich, aaO. (Fn. 128), S. 440 ff. 關於自由心證之部分，文獻另請參見 G. Walter, Freie Beweiswürdigung, S. 39 ff., J. C. B. Mohr (Paul Siebeck), 1979.

註一三七　Vgl. Mitteis/Lieberich, aaO. (Fn. 128), S. 440 ff.

權」(privilegia de non evocando et non appellando),此使各邦諸侯、領主在其領域內自設法院,並逐漸獨立於帝國法院之藩籬外(註一三八),各邦乃在此條件下,發展個別之行政裁判制度。十九世紀初,巴伐利亞(Bavaria)王國領主 Maximilian IV Joseph 及部長 Montgelas 受法國之影響,以法國制度爲典範改革內政,設樞密院(Geheimer Rat)、專業部(Fachministerium)、中級官署,而在其下分行政與裁判部門(註一三九)。一八一七年改樞密院爲諮政院(Staatsrat),仍保有行政司法權,其初審由行政官署兼司。一七九〇年五月十八日漢諾威(Hannover)選侯國議會以命令規定,行政官署自行裁判邦領主高權行爲之合法性(註一四〇),萊茵聯邦時代,行政司法採多審制,一八二一年五月二十八日命令設諮政院,爲最高審級;一八三二年六月六日勅令,在 Starkenburg, Oberhessen 省設行政司法裁判院(Administratifjustizhof)。在奧登堡(Oldenburg),一七八一年七月六日指示令,使政府衙門(Kanzlei)爲裁判法院;一八三七年七月十九日法規,使軍事主管官署亦有裁判權。在普魯士於十八世紀前葉,初審由行政官署任之,而以皇家法院爲第二審。一七八二年二月十二日規則設皇家法院司法代辦(Kammerjustizdeputationen),辦理司法事件之裁判。新東普魯士在蘇亞瑞(von Svarez)改革下,一七九七年三月三日權限規則,行政官署只管軍、警及稅務訴訟;一八〇八年十二月二十六日命令,將皇家法院納入政府之內。薩森(Sachsen)一八三五年一月

註一三八　參見翁岳生,前揭(註三)書,頁四一四及彼處註七; U. Eisenhardt, aaO. (Fn. 128), S. 223 ff.

註一三九　Vgl. Mitteis/Lieberich, aaO. (Fn. 128), S. 241; F. -K. Koch, aaO. (Fn. 5), S. 101 ff.

註一四〇　Vgl. M. Sellmann, in: Külz/Naumann (Hrsg.), aaO. (Fn. 14), Bd. II, S. 31.

二十八日Ａ法，使行政官署掌公法上違誤之裁判。符騰堡（Württem-
berg）於一八一一年設諮政院，稍後易爲樞密院。其餘各邦在十八世紀
初至十九世紀中葉，仍以普通法院裁判「行政訴訟」，屬於早期之司法
國家。一八四八年法朗克福帝國國會召開，黑森邦（Hessen）代表 W.
Wippermann 以彼邦一八三一年元月五日憲法第一一三條第二項爲據，
提議終止行政司法，最後大會決議：終止行政司法，一切違法事件由
法院裁判之；警察無刑事審判權（Die Verwaltungsrechtspflege hört
auf; über alle Rechtsverletzungen entscheiden die Gerichte. Die
polizei steht keine Strafgerichtsbarkeit zu）（註一四一）。然彼時反對
行政司法，其意見並非一致，有係針對程序（如議員 Leue 主張應改採
二造對立之程序），有係反對行政自任法官及欠缺程序規則。如Puchta
及 Pfeiffer 者流，根本即對行政司法之性格質疑（註一四二）。會中只
有符騰堡法官 Robert von Mohl 支持行政司法，唯主張行政官署行使
行政司法，其成員須具法官之獨立性格，依一定之程序，並樹立審級制
度（註一四三）。保羅教堂之國會宣言，爲一八五一年八月二十三日聯
邦決議所取消，然奧登堡、Anhalt-Bernburg、Schwarzburg-Sonder-
shausen、Reuβ, j, L.，Waldeck-Pymont 及不萊梅等，則予以繼受
（註一四四）。十九世紀後葉，德意志各邦開始先後設立高等行政法院

註一四一　Vgl. J. Poppitz, aaO. (Fn. 128), AöR. NF. Bd. 33, S.
　　　　　158 ff.; M. Rapp, 100 Jahre badischer Verwaltungsgericht-
　　　　　shof, in: Külz/Naumann (Hrsg.), aaO. (Fn. 14), Bd. II,
　　　　　S. 6; M. Sellmann, in: Külz/Naumann (Hrsg.), aaO. (Fn.
　　　　　14), Bd. II, S. 75 ff.

註一四二　Vgl. J. Poppitz, aaO. (Fn. 128), AöR. NF. Bd. 34, S. 8.

註一四三　Vgl. J. Poppitz, aaO. (Fn. 128), AöR. NF. Bd. 34, S. 31
　　　　　ff.; M. Sellmann, in: Külz/Naumann (Hrsg.), aaO. (Fn.
　　　　　14), Bd. II, S. 77.

註一四四　Vgl. M. Sellmann, in: Külz/Naumann (Hrsg.), aaO. (Fn.
　　　　　14), Bd. II, S. 80.

(Oberverwaltungsgericht; 南德諸邦稱 Verwaltungsgerichtshof)，以爲各邦行政訴訟之最高審級，由具法官資格及熟稔行政實務之高等行政官各半數組成裁判體，依一定之程序規則，裁判行政訴訟。最早設立者，爲一八六三年巴登（Baden），最晚者，爲一九二四年之不萊梅。德國在決定究由普通法院或行政法院（行政權內之法院）裁判行政訴訟，在法學界曾掀起「行政國家」（Verwaltungsstaat）與「司法國家」（Justizstaat）之辯，前者主由行政法院裁判，後者主由司法法院裁判。兩派之論戰，以黑森邦高等法院法官 Otto Bähr（註一四五）與普魯士之法政學者 Rudolf von Gneist 間之爭最爲著名（註一四六）。Otto Bähr 任職於位在 Kassel 之黑森邦高等法院，氏於一八六四年出版《法治國》（*Der Rechtsstaat*）一書，認爲政府與人民間之關係，不是單方之權力（Gewalt），而應爲權利關係，雙方互負權利義務（註一四七）；國家法乃團體法之一種，應有權利保護，縱然普通法院不適合裁判公法問題，則應另設法院，然另設公法法院將發生司法裁判不一，甚至自相矛盾（註一四八），唯同隸於一最高法院之下，庶可求其統一（註一四九）；

註一四五　德國學者 Münster 大學教授 C.-F. Menger 認爲 Bähr 之看法，與司法法院及行政法院之爭無關。 Siehe, ders, Zur Geschichte der Verwaltungsgerichtsbarkeit in Deutschland, DöV 1963, S. 726.

註一四六　主張司法國家論者，尚有海德堡大學教授 Mittermaier 及前述之 B. W. Pfeiffer, W. H. Puchta 等人；主張行政國家論者，尚有 W. J. Behr, J. K. Bluntschli, N. T. von Gönner, Rudolf von Mohr, K. von Pfizer, Otto von Sarwey, Pratobevera, O. Kuhn 及 G. L. Funke 等。參見翁岳生，前揭（註三）書，頁四一七以下、四一九。

註一四七　Otto Bähr, Der Rechtsstaat, 1. Aufl. S. 2, Georg N. Wigand, Kassel 1864.

註一四八　Ders., aaO. (Fn. 147), SS. 45, 69, 71.

註一四九　Ders., aaO. (Fn. 147), S. 71.

此外，行政司法以大臣爲裁判官，其職位不獨立，不符司法之正義要求，公法法院不可只由政府單位組成，應有相當比例之民意代表參與（註一五〇）。由於氏爲黑森邦 Kassel 高等法院法官，其主張遂被認係司法國家之支持者（註一五一）。其實，其所反對者，乃彼時行政司法之不獨立，可能破壞法律之統一，而行政審判之任務在維護公法上之權利，至於採「司法法院或行政法院」，則不甚堅持（註一五二）。Behr氏爲符茲堡（Würzburg）大學教授，主張國家行政規範之必要性，而公法與私法本質上之區別應反映於權利保護上（註一五三），而提議設三審級之特別行政法院，法官應獨立（註一五四）。氏並認普通法院權利保護較週，較受人信賴，乃先入爲主之觀念（註一五五），此乃其晚年不同於早年（一八一二年）主張民事法院裁判行政訴訟之處（註一五六）。

註一五〇　Ders., aaO. (Fn. 147), SS. 69, 72.

註一五一　Vgl. E. Walz, 100 Jahre Verwaltungsgerichtsbarkeit in Baden-Randbemerkungen zu einem Jubiläum in: M. Baring (Hrsg.), Aus 100 Jahre Verwaltungsgerichtsbarkeit, S. 104, 2. Aufl. Carl Heymanns 1964. 唯有不以爲然者，如 G.-C. von Unruh, Vom Gesetzesstaat zum Rechtsstaat- Zur verfassungsrechtlichen Bedeutung der Einführung der Verwaltungsgerichtsbarkeit in Jahre 1875, DVBl. 1975, S. 841.

註一五二　氏謂：「如行政官署對公法所爲之裁判，不能當作是法官之判決，而人們亦不將此法官之判決委予而來之法院，則只有第三種途徑，卽就公法之領域應另行宣判，人們只好創設公法法院。唯人們認爲有用時，至少也要在下級審分開兩個裁判之領域；在終審吾人則寧可在一只作爲廢棄法院之最高法院下結合兩者」。Siehe, ders., aaO. (Fn. 147), SS. 70-71.

註一五三　Vgl. M. Sellmann, in: Külz/Naumann (Hrsg.), aaO. (Fn. 14), Bd. II, S. 53 ff.

註一五四　同上註。

註一五五　Vgl. J. Poppitz, aaO. (Fn. 128), AöR. NF. Bd. 34, S. 23.

註一五六　Vgl. J. Widmann, Verwaltungsrechtspflege in Bayern von 1863 bis 1963, in: M. Baring (Hrsg.), aaO. (Fn. 151), S. 44.

Bluntschli 氏曾參與巴登邦行政審判制度之建立，堅決反對司法法院監督行政，蓋行政裁判需特別之知識，不只顧及行政之合法性，尚需兼及其合目的性；不只顧及現在，尚需注意未來之發展，普通法院只注意個人之權利保護，而疏忽行政與國家之公益，委行政裁判於普通法院，勢將癱瘓行政（註一五七）。巴伐利亞 Landshut 大學教授 Gönner 主張，行政爭訟乃「混合之法律事件」，法官須具特別知識，熟悉行政法令（註一五八），民、刑訴訟與行政訴訟應分開，而設特別之行政法院（註一五九）。Mohl 氏對符騰堡之樞密院印象良好，力主保留行政司法，但應公正、獨立，宜設特別之行政法院（註一六〇）。同邦之法官 Pfizer 氏，對行政與民事司法之界限及行政司法處理之方式，素有研究（註一六一），認屬民基於服從拘束所生關係，乃行政司法範圍，餘始為民事司法；民事法院不顧及公益，亦乏專門知識及經驗，唯行政司法應獨立，且設特別之行政法院（註一六二）。符騰堡之 Sarwey 氏認行政

註一五七　Vgl. J. Poppitz, aaO. (Fn. 128), AöR. NF. Bd. 34, SS. 5, 18, 19, 36; M. Rapp, aaO. (Fn. 141), Bd. II, S. 7; G.-C. von Unruh, aaO. (Fn. 151), DVB1. 1975, S. 841; E. Walz, aaO. (Fn. 151), S. 105.

註一五八　Vgl. M. Sellmann, in: Külz/Naumann (Hrsg.), aaO. (Fn. 14), Bd. II, S. 55 ff.

註一五九　Vgl. J. Poppitz, aaO. (Fn. 128), AöR. NF. Bd. 34, S. 17.

註一六〇　Vgl. J. Poppitz, aaO. (Fn. 128), AöR. NF. Bd. 33, SS. 159, 160, 194; ders., AöR. NF. Bd. 34, SS. 5, 17, 31; M. Sellmann, in: Külz/Naumann (Hrsg.), aaO. (Fn. 14), Bd. II, SS. 58, 85; E. Walz, aaO. (Fn. 151), S. 105.

註一六一　氏曾著有 Über die Grenzen zwischen Verwaltungs - und Civil-Justiz und über die Form bei Behandlung der Verwaltungsjustiz, Stuttgart 1828.

註一六二　Vgl. E. Apel, aaO. (Fn. 128), S. 58; M. Sellmann, in: Külz/Naumann (Hrsg.), aaO. (Fn. 14), Bd. II, SS. 8, 85; G.-C. von Unruh, aaO. (Fn. 151), DVB1. 1975, S. 841.

法分「職務上之指示」（Amtsinstruktion）及「個人不可侵犯之公權利領域」，屬行政司法，侵犯之者，應由行政法院裁判，其任務亦在於公權利之保護（註一六三）；　氏主張行政與司法分立，　行政法院維護公權利，　乃南德高等行政法院組織之基本原理（註一六四）。　主張行政國家最力者，莫過乎普魯士之法政學者葛耐斯特（Rudolf von Gneist）。氏曾在普魯士高等行政法院首任院長 Paul Persius 辦公室內任職（註一六五），嫻熟英國憲法及行政法（註一六六），　對行政、司法與自治行政之法律問題，　亦有獨到之研究（註一六七），　而最膾炙人口之著作，　乃「法治國家與德國之行政法院」(Der Rechtsstaat und die Verwaltungsgerichte in Deutschland, 1. Aufl. Springer-Verlag, Berlin 1872)。氏在此書中認為，　行政審判主要之目的，　在於確保行政合法性、行政針對官權而發，公法內無私權之可言、行政裁判及於裁量及便宜性，　當事人權利之保護乃屬次要，　不能因有兩造而導出權利之保護（註一六八）；　基於分權原理，　普通法院不能審查行政裁量，　其審查範圍必生困難，短言，行政上之專門技術與經驗，公法之正確瞭解，常非普通法院法官所能勝任（註一六九）；　以司法掣肘行政，　必致行政權不

註一六三　Vgl. E. Kersten, Die Entwicklung und Ausgestaltung der Verwaltungsgerichtsbarkeit, Diss., S. 18 ff., Freiburg 1936.

註一六四　Vgl. C. -F. Menger, aaO. (Fn. 145), DöV 1963, S. 726.

註一六五　Vgl. H. Egidi, Paul Persius, Der Schöpfer der preußischen Verwaltungsgerichtsbarkeit, in: M. Baring (Hrsg.), aaO. (Fn. 151), S. 20.

註一六六　氏自一八五七年出版「現代英國憲法與行政法」(Das heutige englische Verfassungs-und Verwaltungsrecht, Berlin 1857-1860).

註一六七　Ders., Verwaltung, Justiz, Rechtsweg-Staatsverwaltung und Selbstverwaltung, Springer-Verlag 1869.

註一六八　Siehe, ders., Der Rechtsstaat und die Verwaltungsgerichte in Deutschland, 1. Aufl. S. 271 ff., Springer-Verlag 1872.

註一六九　參見翁岳生，前揭（註三）書，頁四一九。

獨立，阻礙其機動性，影響其效率，最佳途徑莫善乎在行政內部設置類似法院之獨立官署，依類似司法之程序，審查行政官署之行為（註一七〇）。對於程序之支配，氏從 A. Haenel 之建議，以職權調查原則（Untersuchungsmaxime）主之（註一七一）。由於此派之論據，強而有力，又得當政者之喜愛，最後獲得論戰上之勝利（註一七二），各邦之行政法院亦陸續成立。依其先後，成立邦高等行政法院者，為一八六三年十月五日巴登、一八七二年十二月十三日普魯士、一八七四年六月十二日黑森、一八七六年十二月十六日符騰堡、一八七八年八月八日巴伐利亞、一八八八年三月二十七日 Anhalt、一八九五年三月五日 Braunschweig、一八九七年三月十五日 Sachsen-Meinigen、一八九八年二月九日 Lippe、一八九九年十一月十四日 Sachsen-Coburg und Gotha、一九〇〇年七月十九日 Sachsen 王國、一九〇六年五月九日奧登堡、一九一〇年 Die thüringischen Länder: Sachsen-Weimar-Eisenach、Sachsen-Attenburg、一九一六年十二月六日律北克（Lübeck）、一九二一年十一月二日漢堡、一九二二年三月三日 Mecklenburg-Schwerin、一九二四年一月六日不萊梅（註一七三）。

（1）就組織方面言: 以上之各邦及自由市中，巴伐利亞採三審級，只有高等行政法院獨立於行政機關以外。普魯士亦採三審級，即 Kreis

---

註一七〇　Vgl. R. Grawert, Verwaltungsrechtsschutz in der weimarer Republik in: Festschrift für C.-F. Menger zum 70. Geburtstag, S. 47, Carl Heymanns 1985; E. Kerstern, aaO. (Fn. 162), S. 9 ff.

註一七一　Vgl. G.-C. von Unruh, aaO. (Fn. 151), DVBl. 1975, S. 839 ff.

註一七二　從整體觀之，所謂法規維持說，其實並未真正貫徹，請參見蔡志方，前揭（註七二）文，頁九以下。

註一七三　Siehe, E. Kersten, aaO. (Fn. 163), S. 12.

委員會、 Bezirk 委員會及高等行政法院。 裁判官由具有法官資格及高等行政官者各半數組成高等行政法院， 設公益代表人（註一七四）， 下級審亦允許外行人 (Laien) （亦卽未受正統法學敎育之人） 參與（註一七五）。 薩森採二審級， 卽區首長會議 (Kreishauptmannschaft) （合議而不獨立） 及高等行政法院（設在 Dresden）（註一七六）。 符騰堡亦採二審級， 卽 Kreisregierung （三名法官組成） 及高等行政法院（ 五名法官組成）， 無外行人參與（註一七七）； 巴登亦同， 以 Bezirkräten 爲一審（由內政部長任命六～九名國民參與）， 高等行政法院爲終審（由五名受過法律敎育者組成， 設於 Karlsruhe（註一七八）。 黑森採三審級， 卽區委員會 (Kreisausschuβ) （七名成員組成）、 省委員會 (Provinzialausschuβ) （九名成員組成） 及高等行政法院（ 七名成員組成， 一九一一年七月八日行政司法改爲五名）， 前兩者允許市民參與， 後者只由法學者參與（註一七九）。 Braunschweig 只設（高等）行政法院爲單一

註一七四　Vgl. M. Rapp, in: Külz/Naumann (Hrsg.), aaO. (Fn. 14), Bd. II, S. 10; G. -C. von Unruh, Die verfassungsrechtliche Bedeutung der preuβischen Verwaltungsrechtspflege in: Festschrift für C. -F. Menger zum 70. Geburtstag, S. 26, Carl Heymanns 1985; G. Schiffmann, Die Bedeutung der ehrenamtlichen Richter bei Gerichten der allgemeinen Verwaltungsgerichtsbarkeit, I. Aufl. S. 16 ff., Duncker & Humblot 1974.

註一七五　Vgl. M. Rapp, in: Külz/Naumann (Hrsg.), aaO. (Fn. 14), Bd. II, S. 10; G. Schiffmann, aaO. (Fn. 174), S. 17 ff.

註一七六　Vgl. M. Baring, Die Verwaltungsrechtspflege in Sachsen-Ereignis und Gestalten, in: ders., (Hrsg.), aaO. (Fn. 151), S. 70; G. Schiffmann, aaO. (Fn. 174), S. 28.

註一七七　Vgl. H. W. Zinser, Über die württembergische Verwaltungsgerichtsbarkeit, in: M. Baring (Hrsg.), aaO. (Fn. 150), S. 97; G. Schiffmann, aaO. (Fn. 174), S. 21.

註一七八　Vgl. G. Schiffmann, aaO. (Fn. 174), S. 13 ff.

註一七九　Vgl. G. Schiffmann, aaO. (Fn. 174), S. 20.

審, 只由受法學教育之法官組成（註一八〇）。 奧登堡設地方行政法院
（ Verwaltungsgericht ） 三所及高等行政法院 （ Verwaltungsgerichts-
hof）, 允許市民參與（註一八一）。 Anhalt 採三審級 , 即 Kreis-und
Stadtausschüsse （ 成員五名 ）, Land 之行政法院 （ 成員亦五名 ） 及
Dessau之高等行政法院（成員七名）, 均以行政首長爲首, 允許市民參
與, 後二者並有法學者參與（註一八二）。Lippe 採二審制, 由區行政法
院（成員五名, 其中四名爲外行人）、 高等行政法院 （三名法學者及
二名外行人組成）行使（註一八三）。 梯鄰根（Thüringen）城邦採三審
級, 分 Kreis、Land 行政法院及高等行政法院（前者以區長爲首長,
加上二名外行陪席組成, 中者由內政部參事爲首, 加上二名法學者組
成, 後者以部長及四名法學者組成）（註一八四）。

在帝國方面, 只成立一系列之特別行政法院, 如一八七〇年之
Bundesamt für das Heimatwesen、一八七一年之 Reichsrayonkom-
mission、一八七三年之帝國公務員懲戒法院、Reichseisenbahnamt、一
八七七年之 Reichspatenamt、Oberseeamt、 一八八四年之 Reichsver-
sicherungsamt 、 一八七八年之軍事法院法官懲戒法院、 一九〇一年之
私保險監督署 (Aufsichtsamt für privatversicherung、一九一一年之
Rentenausschüsse、一九一五年之帝國經濟法院、一九一八年之 Reich-
sfinanzhof 、 一九一九年之 Reichsversorgungsgericht、Wahlprüfun-
gsgericht、一九二〇年之帝國仲裁法院、一九二一年之帝國國事法院、
一九二二年之 Vorsorgungsgericht、保護帝國之國事法院、一九二三年

註一八〇　Vgl. G. Schiffmann, aaO. (Fn. 174), S. 24.
註一八一　Vgl. G. Schiffmann, aaO. (Fn. 174), S. 25.
註一八二　Vgl. G. Schiffmann, aaO. (Fn. 174), S. 27.
註一八三　Vgl. G. Schiffmann, aaO. (Fn. 174), S. 28.
註一八四　Vgl. G. Schiffmann, aaO. (Fn. 174), S. 28 ff.

之 Kartelgericht、一九二四年之政府與銀行間之仲裁法院、智能財產權之仲裁法院、帝國政府與帝國鐵路公司間糾紛之仲裁法院（註一八五）。威瑪憲法時代，雖於憲法第一〇七條規定帝國及各邦有義務設立行政法院，以保障個人對抗行政官署之命令及處分，唯並未確立法院組織型態，致有司法國家與行政國家之爭（註一八六），結果帝國並未設立統一之中央行政法院（註一八七）。納粹政權時期，以領袖主義（Führerprinzip）爲思想主導，以民族秩序爲保護對象，否認個人權利之保護，在多項行政法中不再規定行政爭訟程序，而國家秘密警察制度，尤屬不受控制之權力，學界除以 Carl Schmitt 爲首者主張司法國家思想外，不少均附和納粹領袖主義（註一八八）。一九三四年二月十六日帝國司法引導法（Gesetz zur Überleitung der Rechtspflege auf das Reich），設帝國行政法院（Reichsverwaltungsgericht），將普魯士高等行政法院併入；一九三九年八月二十八日希特勒頒行政簡化令，除去各邦一、二審訴訟機關，多數邦高等行政法院亦告停頓（註一八九），同年十一月六日頒第二次行政簡化令。帝國行政法院之法官，須年滿三十

註一八五　Vgl. F. v. Bausch, Die Entwicklung der Reichsverwaltungsgerichtsbarkeit, Diss., S. 17-43, Heidelberg 1928.

註一八六　Vgl. R. Grawert, aaO. (Fn. 170), S. 48 m. w. H.

註一八七　其致力於設立帝國行政法院之經過，Siehe, G. Schiffmann, aaO. (Fn. 174), S. 42 ff.

註一八八　Vgl. W. Scheerbarth, Das Schicksal der Verwaltungsgerichtsbarkeit unter dem Nationalsozialismus, DöV 1963, S. 729 ff.; M. Stolleis, Die Verwaltungsgerichtsbarkeit im Nationalsozialismus, in: Festschrift für C. -F. Menger zum 70, Geburtstag, S. 58 ff., Carl Heymanns 1985.

註一八九　Vgl. M. Barıng, aaO. (Fn. 176), S. 80; H. Loening, 36 Jahre Thüringischen Oberverwaltungsgericht (1912-1948), in: M. Baring (Hrsg.), aaO. (Fn. 151), S. 163; M. Rapp, aaO. (Fn. 141), S. 16 ff.; M. Stolleis, aaO. (Fn. 188), S. 68 ff.

歲， 並具備五年以上高級行政官或普通法院法官之工作經驗 （註一九〇）。 一九四一年四月三日取銷上述行政簡化令，解除行政審判之限制 （註一九一）。

（2）**就裁判權限言**： 此期只有巴登採概括條款（註一九二）， 普魯士採有限之概括條款（註一九三）， 薩森採列舉除外之概括條款（註一九四）， 其餘均採列舉條款， 除巴伐利亞缺乏法律與裁量問題之分外（註一九五）， 一般均只限於法律問題之審查， 且只限於部以下之處分， 始受高等行政法院審查（ 如巴伐利亞 ）。 威瑪憲法時期，亦採列舉條款 （註一九六）。 納粹執行時期， 涉及警察之事項類皆予以除外（註一九七）。

（3）**就法官之獨立性言**： 在高等行政法院方面， 較爲獨立，但至納粹時代卽遭受嚴重之破壞（註一九八）， 行政法院之人事， 亦屢受阻撓 （註一九九）， 唯如普魯士高等行政法院法官， 則仍能守正不阿， 故彼

註一九〇 參見翁岳生，前揭（註三）書，頁四二四。

註一九一 Vgl. C.H. Ule, Die geschichtliche Entwicklung des verwaltungsgerichtlichen Rechtsschutzes in der Nachkriegszeit, in: Festschrift für C.-F. Menger zum 70. Geburtstag, S. 81, Carl Heymanns 1985.

註一九二 Vgl. E. Walz, aaO. (Fn. 151), S. 116.

註一九三 Vgl. M. Rapp, in: Külz/Naumann (Hrsg.), aaO. (Fn. 14), Bd. II, SS. 10, 16; G.-C. von Unruh, aaO. (Fn. 174), S. 21 ff.

註一九四 Vgl. M. Baring, aaO. (Fn. 176), SS. 70, 72.

註一九五 Vgl. J. Widtmann, aaO. (Fn. 156), S. 46 ff.

註一九六 Vgl. R. Grawert, aaO. (Fn. 170), S. 51 ff.

註一九七 Vgl. W. Scheerbarth, aaO. (Fn. 188), DöV 1963, S. 731 ff.

註一九八 例如謀殺法官、調遣不順從之法官、干涉審判（事前寄秘密恐嚇函件予法官等）。Siehe, U. Eisenhardt, aaO. (Fn. 128), S. 365 ff.

註一九九 例如調遣行政法院法官、或命退職，而不補充法官，致法院無法運作。Siehe, M. Baring, aaO. (Fn. 176), S. 80; H. Loening, aaO. (Fn. 189), S. 163; C.-F. Menger, aaO. (Fn. 145), DöV 1963, S. 728-9; M. Rapp, aaO. (Fn. 141), S. 16 ff.; M. Stolleis, aaO. (Fn. 188), S. 68 ff.

時乃流行一句話，曰:「柏林仍大有法官在!」(Es gibt noch Richter in Berlin)（註二○○），而望重公法學界之 Anschütz 教授亦曾謂:「對於恣意及不正之行為，由於高等行政法院，吾等波蘭同胞，亦可無怨矣!」(Über willkürliche und ungerechte Behandlung durch das OVG dürfen sich unsere polnischen Mitbürger jedenfalls nicht beklagen)（註二○一）。

(4) 在程序方面: 黑森於一八一四年五月十二日命令規定司法機關審查行政官署行為之程序，採多審制，最高審為一八二一年五月二十八日命令所設之諮政院（註二○二）；　奧登堡一八一六年十一月十八日邦領主議決，含財政行為在內之一切對行政官署所提之訴訟，須先向內閣（Kabinett）取得同意（註二○三）。普魯士在十八世紀前半葉，普通法院與皇家法院權限分際不明，凡屬民與國庫之爭訟，因公務而爭訟或爭訟標的屬於警察、軍事或類似關係者，均以皇家法院為第二審，一七四九年六月十九日菲特烈大帝 (Friedrich der Groß)，在「權限規則」(Ressortreglement) 規定，涉及國王利益者，歸皇家法院審理（註二○四）。符騰堡一八一九年憲法規定，任何人對國家官署之違法及違背命

註二○○　Siehe, G. -C. von Unruh, aaO. (Fn. 174), S. 28.

註二○一　Siehe, Anschütz, VerwArch. 1897, SS. 593, 614, zitiert nach L. Frege, Der Status des preußischen Oberverwaltungsgerichts und die Standhaftigkeit seiner Rechtsprechung auf politischem Gebiet, in: Külz/Naumann (Hrsg.), aaO. (Fn. 14), Bd. II, S. 139.

註二○二　Vgl. W. Rüfner, aaO. (Fn. 128), DöV 1963, S. 725.

註二○三　Vgl. W. Rüfner, aaO. (Fn. 128), DöV 1963, S. 722; M. Sellmann, aaO. (Fn. 128), S. 73.

註二○四　Vgl. W. Rüfner, Verwaltungsrechtsschutz in Preußen im 18, und in den ersten Hälfte des 19. Jahrhundert, in: Festschrift für C. -F. Menger zum 70. Geburtstag, S. 14 ff., Carl Heymanns 1985.

令之程序或不爲決定，向直接上級官署訴願，必要時可行至部會，此程序完畢，方可向樞密院起訴（註二〇五），一八二二年及一八三五年指示將實務明文化，採書面程序、裁判須附理由（註二〇六）。高等行政法院設立後，巴伐利亞之行政訴訟程序採要式、言詞審理（得放棄，而改採書面審理）、無原被告觀念，在上級審稱訴訟人（Beschwerdefü-hrer）及參與人（Beteiligter）（含公益代表人），下級審只有聲請人（Antragsteller）（註二〇七）。在普魯士，程序分三審、程序公開、採言詞辯論、設公益代表人、強調權利救濟方法之教示（Rechtsmittelbele-hrung）（註二〇八）。

3. 司法的行政裁判權時代

一九四五年德國戰敗後，因聯軍管制委員會（Kontrollrat）之命令，現存之行政法院均暫行關閉，直至一九四六年十月十日第三十六號有關行政法院之法律頒布前，行政審判亦陷於停止狀態（註二〇九）。戰後美國占領區在管制委員會第三十六號命令頒布前，即委由海德堡大學公法學教授 Walter Jellinek 召開所謂之「海德堡委員會」（Heidelberger Ausschuβ），起草德國新行政訴訟法，由 W. Jellinek、Felix

---

註二〇五　Vgl. W. Rüfner, aaO. (Fn. 128), DÖV 1963, S. 724; M. Sellmann, aaO. (Fn. 128), S. 64; H.-W. Zinser, aaO. (Fn. 177), S. 96.

註二〇六　Vgl. J. Poppitz, aaO. (Fn. 128), AöR. NF. Bd. 33, S. 199 ff.

註二〇七　Vgl. M. Rapp, aaO. (Fn. 141), S. 16; G.-C. von Unruh, aaO. (Fn. 174), S. 21 ff.

註二〇八　Vgl. C. H. Ule, aaO. (Fn. 191), S. 93 ff.

註二〇九　Vgl. C. H. Ule, aaO. (Fn. 191), S. 81.

Genzmer、Gerhard Anschütz、Richard Thoma、Wilhelm Laforet 等
共同提出「美國占領區內三邦特別頒布之有關行政訴訟之法律草案」，
經各邦議會接受及軍政府認可，巴伐利亞邦於一九四六年九月二十五日
（註二一〇）、 符騰堡——巴登在同年十月十六日（註二一一）、 黑森在
同年十一月十五日 （註二一二）， 公布第三十九號關於行政審判之法律
（Gesetz Nr. 39, über die Verwaltungsgerichtsbarkeit）（黑森另於
一九四九年六月三十日再修正公布）（註二一三），而巴伐利亞先後於一
九四六年九月二十七日第八十五號命令及一九四九年九月三十日命令
（註二一四）， 符騰堡 —— 巴登先後於一九四六年十月十五日第一一一
號命令及一九四七年二月十一日命令（註二一五），黑森於一九四七年二
月二十六日命令（註二一六）實施上述法律（註二一七）， 強化法院審判
之獨立（該法第一條第一項）；在人事制度上，該法規定邦高等行政法
院之法官，必須具備法院組織法上得為法官之資格或在大學攻讀法律，
具有多年實務經驗，經考試及格得為高等行政官或為德國大學公法正教
授或曾為之者；專、兼職法官之身分上法律地位，均準用普通法院法官

註二一〇　　GVBl. S. 281.

註二一一　　RegBl. S. 221.

註二一二　　GVBl. S. 194.

註二一三　　GVBl. S. 79.

註二一四　　GVBl. S. 281, GVBl. S. 260.

註二一五　　RegBl. S. 2.

註二一六　　Staats-Anz. S. 117.

註二一七　　關於美國占領區之立法，請參見翁岳生，前揭（註三）書，頁四二
　　　　　　五；C. H. Ule, aaO. (Fn. 191), S. 82 ff.；關於該法之公布條
　　　　　　文，請參見 F. Hufnagl (Hrsg.), Die Verwaltungsgerichts-
　　　　　　barkeit in der amerikanischen und britischen Zone, 1. Aufl.
　　　　　　S. 1-46, J. Schweitzer 1950; 關於各邦實施該法之命令，Siehe,
　　　　　　F. Hufnagl, aaO. S. 47-61.

之有關規定（同法第三條第一、二項），除大學正教授外，得以終身職任命，而院長及至少三名法官、庭長及各庭二名法官，均須以終身職命爲專職法官（同法第四條第三項、第五項），其餘得由最高邦法院現任法官、最高審計法院或大學公法正教授以有任期之兼職方式命之（與本職期間同）（同法第四條第四項）。庭長、法官及代理人之任命，須事先聽取該院大會（該院正式成員組成）之意見（同法第五條第一項）。在地方行政法院方面，院長、庭長及至少另一名法官以終身專職任命之，其餘法官及代理人，由合於編制之民事法院法官、高等行政官或大學公法正教授在其本職期限內任命（同法第十一條第四項）；院長任命前，應聽取高等行政法院院長之意見；任命其他成員或代理人，應先聽取地方行政法院院長之意見（同法第十二條）。地方行政法院並由榮譽職法官參與（同法第十一條第一項），其須具德國籍，年滿三十歲，任期四年，在本法生效前，由政府任命（同法第十三條），行使職務時，其權利義務與其他法官同（同法第十四條第一項）。此一法律與程序有關者，共計九十五條（第二十八條～第一二二條），其重要規定所具特色，計有：訴之種類增加，包括撤銷之訴、不作爲撤銷之訴（第三十五條第二項）、對裁量行爲之撤銷之訴（第三十六條）、確認之訴（第八十八條第一項）、給付及不作爲給付之訴（同條）及規範審查訴訟（第二十五條）；權利救濟方法教示（第三十二條）、暫行權利保護（第五十一條、第一一九條）、不利益變更之裁判（第八十條）之明定及程序之司法化（特別是第四十六條、第五十二條、第五十五條、第六十條、第八十五條、第八十七條、第九十二條、第一〇七條～第一〇九條、第一一六條及第一二二條）。迨乎管制委員會第三十六號命令頒布，德境乃恢復行政訴訟制度，然納粹時期所頒之法規及命令，均因該法第五條

而失效，致使各占領區之行政訴訟制度皆不一致（註二一八）。

在英國占領區方面，　一九四八年九月十三日軍政府公布由 Ernst Friesenhahn (Bonn) 及 Hans Julius Wolff (Münster) 等組成之顧問委員會所擬之「行政審判法草案」（註二一九），　名曰：「英國占領區行政審判法第一六五號命令」(Verordnung Nr. 165 Verwaltungsgerichtsbarkeit in der britischen Zone)。本區之行政訴訟採二審級制，由地方行政法院及高等行政法院裁判，顧問委員會建議設最高行政法院，但為軍事執政所否決（註二二〇）。　地方行政法院由二名職業法官及三名榮譽職法官組成，高等行政法院則由三名職業法官及二名榮譽職法官組成。行政法院之法官，由邦政府任命（第十六條），為專職法官及助理法官者，　須具有一九二四年三月二十二日德意志法院組織法（註二二一），　得為法官之資格或至少符合德國各邦於一九三三年元月三十日生效之法律所定要件，得為高等行政官資格之法定考試，並具德國籍，而上述資格之取得至少已三年，或者服務於帝國或邦行政或縣鎮或縣鎮集合體之行政，或者為普通法院或其他法院之專職成員，或具行政法實務之律師者（第十三條）；地方行政法院所有編制內法官、高等行政法院院長、庭長及至少其他編制內法官之半數以專職任命，而其至少半數須具有第十三條第二項第一款之要求；專職法官為終身職（第十四條）；

註二一八　Vgl. Eyermann/Fröhler, Verwaltungsgerichtsordnung (Kommentar), 8. Aufl. S. 57 ff., C. H. Beck 1980; C.-F. Menger, System des verwaltungsgerichtlichen Rechtsschutzes, 1. Aufl. S. 3 ff., J. C. B. Mohr (Paul Siebeck) 1954; C. H. Ule, aaO. (Fn. 191), S. 82 ff.

註二一九　Vgl. C. H. Ule, aaO. (Fn. 191), S. 84; Γ. Hufnagl, aaO. (Fn. 217), S. 62 ff.

註二二〇　Vgl. C. H. Ule, aaO. (Fn. 191), S. 84; §§ 2-4 Verordnung Nr. 165.

註二二一　RGBl. I. 279.

兼職法官由其他法院之專職法官或德國大學或單科大學法律教授，在其本職期限內任命之（第十五條）。榮譽職法官由榮譽職法官選拔委員會從年滿三十歲，得被選為邦議會議員，而在被選前二年內繼續居住於法院轄區內，具有德國籍，而非從事邦行政區以外之公務之參議會或被委以此任務之單位的成員，或邦議會或邦政府之成員，或行政官署之成員、行政官員或行政官署之職員，或其他法院之成員，或執行業務之律師、行政法院法官、公證人、被許可之稅務顧問及法律輔助人，選任之，任期五年（第十八條、第十九條第一項）。英國占領區此一命令之特色，尚有規定課予義務之訴（第二十四條），裁量行為只就其是否在法律意義上行使裁量及有無濫用予以審查（第二十三條第三項）。其他關於程序之規定，共計六十七條（第三十一條～第九十七條），其重要規定，如權利救濟方法之教示（第三十五條）、法定期限之申請延長（第三十七條）、先行異議之免除要件（第四十四條第二項）、停止效力之原則及其例外（第五十一條）、確認之訴之利益（第五十二條）。

在 Rhein-Pfalz 區，一九四六年重建行政裁判，採二審制，依一九四七年三月十八日簡化行政審判區措施之命令，在政府首長下設五個區行政法院，而在 Koblenz 設一高等行政法院（註二二二）。一九四八年二月九日第一二七號令，英美占領軍執政在 Köln 設聯合經濟區之德意志高等法院（Deutsches Obergericht），只行使法律審上訴(Revision)（註二二三）。

一九四九年五月二十三日波昂基本法（Bonner Grundgesetz）頒布後，由於尚欠缺統一之聯邦行政訴訟法，各邦依基本法第七十二條第一

註二二二　Vgl. C. H. Ule, aaO. (Fn. 191), S. 86.
註二二三　Vgl. C. H. Ule, aaO. (Fn. 191), S. 87.

項行使競合立法權（die konkurrierende Gesetzgebung），致使各邦之行政訴訟制度呈現類似戰前之狀況（註二二四）。　一九五〇年四月十四日 Rhein-Pfalz 之行政審判法，設區行政法院（Bezirkverwaltungs-gericht）為初審，由二名職業法官及一名榮譽職法官組成（註二二五）；一九五一年元月八日柏林行政審判法，設初審行政法院及二審高等行政法院，前者由二名職業法官及三名榮譽職法官組成，後者由三名職業法官及二名榮譽職法官組成（註二二六）；　一九五一年七月十日薩爾邦（Saarland）行政審判法，設地方行政法院及高等行政法院，各由三名職業法官組成（註二二七）。　一九五八年巴登—符騰堡邦行政審判法，設地方行政法院及高等行政法院，前者由二名職業法官及二名榮譽職法官組成，後者由三名職業法官組成（註二二八）。　在聯邦方面，一九五三年設聯邦行政法院（Bundesverwaltungsgericht）於柏林、聯邦社會法院（Bundessozialgericht）於 Kassel，一九五〇年設聯邦財政法院（Bundesfinanzhof）於慕尼黑。

　　一九六〇年聯邦行政法院法(Verwaltungsgerichtsordnung; VwGO)（註二二九），亦即現行之行政訴訟程序法（中間經二十餘次修正），其草案在一九四九年～一九五一年聯合工作小組即擬具，唯不及聯邦眾院審議，一九五四年第二次草案之第一讀會亦無結果，一九五七年再交付評議，應徵各界之聽證及鑑定意見，一九五九年秋由聯邦眾院公布綜合意見，其後再邀協調委員會及統一建議，而於一九五九年十二月通

註二二四　Vgl. C. H. Ule, aaO. (Fn. 191), S. 88 ff.
註二二五　Vgl. C. H. Ule, aaO. (Fn. 191), S. 89.
註二二六　Vgl. C. H. Ule, aaO. (Fn. 191), S. 90.
註二二七　Vgl. C. H. Ule, aaO. (Fn. 191), S. 91.
註二二八　同上註。
註二二九　BGBl. I. S. 17.

過，本法乃於一九六〇年元月二十一日公布，同年四月一日生效（註二三〇），並廢止一九五二年九月二十三日之聯邦行政法院法（註二三一）及各邦關於行政訴訟及行政法院之法令，全國各級行政法院統一適用本法，而結束以往紛亂之局面。雖然，因彼時無法統一三公法訴訟之程序，學者有以爲憾者（註二三二）；然此法集思廣益，爲當代學者專家嘔心瀝血之結晶，雖然多次修正，然其基本思想及架構均仍依舊，可見當初法案之綿密周全（註二三三）。此法合一九五三年九月三日公布之社會法院法（Sozialgerichtsgesetz, BGBl. I. SS. 1239, 1326）及一九六五年十月六日公布之財政法院法（Finanzgerichtsordnung, BGBl. I. S. 1447），形成西德戰後之三大公法訴訟之程序規則。

（二）德國行政訴訟制度之現狀

目前德國之行政訴訟制度，主要分爲（一般）行政訴訟、社會行政訴訟及財政訴訟三大類（尚存在若干特殊之行政訴訟，如專利、懲戒、職業及教會之訴訟）（註二三四）。

在法院之組織上，一般行政法院分三級，卽地方行政法院（Ver-

註二三〇　Vgl. C. H. Ule, aaO. (Fn. 191), S. 93 ff.

註二三一　BGBl. I. S. 625.

註二三二　Vgl. C. H. Ule, Zur Vereinheitlichung der drei Verwaltungs-gerichtsordnung, SGb, 1975, S. 473; ders., Über die Anfänger der Verwaltungsgerichtsbarkeit nach dem zweiten Weltkrieg VerwArch, 1987, S. 140.

註二三三　Vgl. F. O. Kopp, Entwicklungstendenz in der Verwaltungs-gerichtsbarkeit, BayVBl. 1977, S. 513 ff.

註二三四　Dazu, Vgl. M. Wolf, Gerichtsverfassungsrecht aller Ver-fahrenszweige, 6. Aufl. S. 111 ff.

waltungsgericht)、高等行政法院(Oberverwaltungsgericht)（註二三五）

及聯邦行政法院 (Bundesverwaltungsgericht)； 社會法院亦分三級，即

地方社會法院 (Sozialgericht)、 高等社會法院 (Landessozialgericht)

及聯邦社會法院 (Bundessozialgericht)； 財政法院分二級，即邦財政法

院 (Finanzgericht) 及聯邦財政法院 (Bundesfinanzhof)。 地方行政法

院由三名職業法官及二名榮譽職法官組成裁判庭； 高等行政法院由三名

職業法官組成裁判庭（邦可立法另加入二名榮譽職法官，大法庭由院長

及六名職業法官組成； 聯邦行政法院由五名職業法官組成裁判庭，言詞

審理以外之程序， 由三名職業法官裁判（註二三六）； 地方行政法院及

高等行政法院， 得設公益代表人 (Vertreter des öffentlichen Interes-

ses) 一名,在聯邦行政法院設一名高等聯邦檢察官 (Oberbundesanwalt)

（註二三七）。 地方社會法院由一名審判長及二名榮譽職法官組成裁判

庭； 六名榮譽職法官代表組成榮譽職法官委員會 (Ausschuß der ehre-

namtlichen Richtern)； 高等社會法院由一名審判長、三名職業法官及

二名榮譽職法官組成裁判庭； 聯邦社會法院專業法庭由一名審判長、職

業法官及榮譽職法官各二名組成； 大法庭由院長、六名職業法官及四名

榮譽職法官組成（註二三八）； 高等社會法院及聯邦社會法院， 各設一

榮譽職法官委員會， 組成員額同地方社會法院（註二三九）。 邦財政法

院由三名職業法官及二名榮譽職法官組成裁判庭，非以言詞審理所爲之

註二三五　Baden-Württemberg, Bayern, Hessen 沿用舊稱 Verwaltungs-
　　　　　gerichtshof. Niedersachsen 與 Schleswig-Holstein 合設一所於
　　　　　Lüneburg.

註二三六　§§ 5III, 9III, 10III, 11II, 12I VwGO.

註二三七　§§ 35, 36 VwGO.

註二三八　§§ 12I, 23, 33, 41 SGB.

註二三九　§§ 35I, 47 SGB.

裁定（Beschluβ）及先行裁定（Vorbescheid），只由職業法官參與；在聯邦財政法院由五名職業法官組成裁判庭，但言詞審理以外所爲決議，只由三名職業法官爲之（註二四〇）；聯邦財政法院設大法庭，由院長及六名職業法官組成，在兩庭裁判不一送庭裁判者，兩庭成員均參加，在統一法律見解或促使法律發展之案件，原裁判庭加一名法官參與（註二四一）。此外，除地方社會法院以外，均設院長（註二四二）。各法院均由首席法官及其他必要員額之法官組成（註二四三），並設首長會議（Präsidium），除社會法院另定條件後準用法院組織法外，所有法院均準用法院組織法第二篇（Zweiter Teil）之規定，行使事務分配權（註二四四）。各法院隸屬於司法權（註二四五），獨立行使裁判權（註二四六），其行政及職務監督因法院種類及爲邦或聯邦法院，而略有不同（註二四七）。一九七二年四月十九日德國法官法（Deutsches Richter-gesetz; DRiG）（註二四八）公布後，統一了聯邦及邦法院法官之一般資格、法律關係、權利義務等。

（西）德國基本法第十九條第四項蘊涵「權利保護無漏洞」（Lück-losigkeit des Rechtsschutzes）及有效性（Effektivität des Rechts-schutzes）（註二四九），一九六〇年行政法院法第四十條第一項採取「一

註二四〇　§§ 5III, 10III FGO.

註二四一　§ 11II FGO.

註二四二　地方社會法院，不強制設院長。Siehe, § 9I SGG.

註二四三　§§ 5I, 9I, 10I VwGO; 9I, 30I, 38II SGG; 5I, 10I FGO.

註二四四　§ 4 VwGO; §6 SGG; § 4 FGO.

註二四五　§ 92 GG.

註二四六　§ 97 GG; § 1 GVG; § 1 VwGO; § 1 SGG; § 1 FGO.

註二四七　§ 38 VwGO; §§ 9 III, 30II SGG; § 38III SGG; § 31 FGO.

註二四八　BGBl. I. S. 713.

註二四九　文獻請參見蔡志方，前揭（註七二）文，頁十九及彼處註四三所引文獻。

切非憲法爭議性質之公法爭訟」(alle öffentlich-rechtlichen Streitig-
keiten nichtverfassungsrechtlicher Art)爲行政裁判權限之概括條款（註
二五〇）（註二五一），亦使基本法上述規定更爲落實，而普通法院除法
律明文授予之公法訴訟（如國家賠償）之裁判權外，實際上已無補充權
限之適用餘地。戰後西德重建行政裁判制度，乃以權利保護爲主爲導向
（註二五二），而實務及學說，亦致力於提高行政法院對公權力行爲之
控制密度（Kontrolldichte）（特別是所謂之統治行爲、特別權力關係、
不確定法律概念與裁量之控制）（註二五三）。由於行政訴訟制度之改善、
行政任務之擴大及社會結構之重大改變，使訴訟量逐年增加、案件性質
日漸複雜及困難，致各級行政法院（特別是一般行政法院及財政法院）
不勝負荷，間亦造成訴訟進行之遲滯（註二五四），幾至令人無法忍受
之地步（註二五五），學者亦有「權利保護機會越多，實質受保護之結

註二五〇　前英美占領區所頒之行政審判法，探列舉除外之概括條款，而除外
　　　　　事項類皆爲具有特別救濟者。Siehe, § 22 des Gesetzes Nr. 39;
　　　　　§ 22 der Verordnung Nr. 165.

註二五一　所謂「非憲法性質之一切公法上爭訟」，係以公法與私法之區別方
　　　　　法（關於公法與私法之區別、通說及其修正，請參見蔡志方，公法
　　　　　與私法之區別——理論上之探討，頁四四以下，法聲，十七期；蔡
　　　　　志方，前揭（註七二）文（頁一〇八之註一〇所引文獻），而控除
　　　　　刑法、民刑訴訟法、教會法及國際（公）法後之「公行政事項」，
　　　　　爲行政裁判權之界定標準。

註二五二　請參見蔡志方，前揭（註七二）文，頁九以下、三〇以下、七二以
　　　　　下、九一以下。

註二五三　詳請參見蔡志方，前揭（註七二）文，頁一一四以下。

註二五四　詳請參見蔡志方，前揭（註七九）文，頁二五以下及所引文獻。

註二五五　歐洲人權法院審理著名之 König 醫生案，原告爲醫生執照提起行
　　　　　政訴訟，西德第一審行政訴訟程序，費時十年又十個月。Vgl.
　　　　　Europäischer Gerichtshof für Menschenrechte, Urt. v. 31,
　　　　　5, 1978-Fall König, DöV 1978, S. 879(881).

果反少」之感嘆（註二五六）。 為謀改善，在實務上乃有所謂之「模範
訴訟」(Musterprozeβ)（註二五七）， 在立法上， 先後乃有一九七八年
三月三十一日「減輕行政法院及財政法院之負擔法」(Gesetz zur Ent-
lastung der Gerichte in der Verwaltungs- und Finanzgerichtsbar-
keit)（註二五八）及一九八五年「加速行政法院及財政法院程序之法律」
(Das Gesetz zur Beschleunigung verwaltungsgerichtlicher und finan-
zgerichtlicher Verfahren)（註二五九）， 用以延長前法有效期限至一九
九〇年（註二六〇）。 前一法律所採之手段， 包括： 1. 簡化裁判之方
法、2. 限制上訴、 3. 裁判理由之簡化或省略、 4. 排除本案終結後對
費用裁定之抗告、5. 限縮審級（註二六一）。 此外，被鼓吹多年之統一
行政訴訟法，最近乃以減輕法院負擔、加速程序及簡化、統一條文規定
之方式，為戮力目標，繼續努力中（註二六二）。

註二五六　Vgl. H. J. Becker, Auf dem Weg zu einer einheitlichen
　　　　　Verwaltungsprozeβordnung- Probleme und Schwerpunkte,
　　　　　RiA 1983, S. 84; H. Hill, Rechtsschutz des Bürgers und
　　　　　Überlastung der Gerichte, JZ 1981, S. 806; H. Sendler, Zu
　　　　　wenig durch zu viel Rechtsschutz im Verwaltungsprozeβ? in:
　　　　　Justiz u. Recht, Festschrift aus Anlaβ des 10. Jährigen
　　　　　Bestehens Richterakademie, S. 176 ff., C. F. Müller 1983.

註二五七　詳請參見蔡志方，行政訴訟經濟制度之研究，東吳法律學報，七卷
　　　　　一期，頁一〇〇以下及所引文獻。

註二五八　BGBl. I. S. 446.

註二五九　BGBl. I. S. 1274.

註二六〇　一九七八年三月三十一日「減輕行政法院及財政法院之負擔法」，
　　　　　經一九九〇年 十二月 六日之修正（Gesetz zur Änderung des
　　　　　Entlastungsgesetzes vom 6, 12, 1990 (BGBl. I. 2587)，將其
　　　　　有效期間再度延至一九九二年十二月三十一日。

註二六一　詳請參見蔡志方，前揭（註七九）文，頁二六。

註二六二　另詳下述。

（三）德國統一行政訴訟法運動之概況

　　前西德致力於行政訴訟法之統一，可溯自一九五六年西德聯邦眾院之要求聯邦政府，在顧及各裁判權之特性下，就刑訴及非訟裁判權（die Straf und freiwilige Gerichtsbarkeit）以外，含勞工法院、行政法院、社會法院及財政法院在內之訴訟法，提出統一之草案（註二六三）。　一九五七年第四十二屆德國法學家年會（Deutscher Juristentag）在杜塞爾多夫（Düsseldorf）召開，以「完全或部分合併司法之不同分支，是否更好？」（Empfiehlt es sich, die verschiedenen Zweige der Rechtsprechung ganz oder teilweise zusammenzufassen?）為議題，由 Tübingen 大學教授 F. Baur 提出鑑定報告，認為宜創設統一之法官法及法院組織法，除憲法法院外，宜合併所有審判權分支於一具有三審級之法院結構（註二六四），　大會亦決議調整不同法院分支之組織及程序（註二六五）。德國律師協會（DAV）、德國法官聯盟（DRB），亦同此主張（註二六六），　後者並於一九六五年六月柏林「司法大改革」（Große Justizreformen）宣言中，重揭斯旨（註二六七）；社會民主法

註二六三　BT- Drucks, II/2795, 2435.

註二六四　Vgl. F. Baur, Empfiehlt es sich, die verschiedenen Zweige der Rechtsprechung ganz od. teilweise zusammenzufassen? Gutachten zum 42. DJT, SS. 27, 42, J. C. B. Mohr (Paul Siebeck) 1957.

註二六五　Verhandlungen des 42. DJT, E. 156, J. C. B. Mohr (Paul Siebeck) 1958.

註二六六　Anw. Bl. 1954, SS. 93, 95; NJW 1955, S. 982.

註二六七　DRB, Erklärung des Deutschen Richterbundes, DRiZ 1965, S. 217; Zur Großen Justizreform, DRiZ 1967, SS. 405, 407.

學家工作協會（AGSDJ）亦於一九六七年底針對此發表司法政策綱領
（註二六八）。其後，努力之方向限縮於行政法院法、社會法院法及財
政法院法之統一，在有「統一法運動之父」之稱的 Speyer Hochschule
教授 C. H. Ule 領導下，一九六八年公布統一之「行政法院法草案」
(Entwurf eines Verwaltungsgerichtsgesetzes)，又稱為 Speyer Ent-
wurf，獲得三系統法院院長及德國律師協會首席之支持；此一草案主要
作用，在於證明三法院法統一之可能。一九七○年聯邦司法部成立「協
調委員會」(Koordinierungsausschuβ)，共十四名委員，三法院系統各
三名代表、律師、稅務顧問、法官聯盟、同業公會及訴訟法學界代表各
一名，一九七一年二月二、三日召開第一次會議，其後共集會十三次，
其下設之委員會整理會議成果，由聯邦司法部於一九七八年公布「行政
訴訟法草案」(Entwurf einer Verwaltungsprozeβordnung; EVwPO)，
共二百十一條文，此草案不只在統一現有之三部訴訟法典而已，並謀進
一步簡化程序、減輕法院負擔及改善權利保護（註二六九）；司法部參
事官復以之為基礎，草擬一「參事官草案」(Referentenentwurf)（註二
七○）；一九八二年七月十四日聯邦政府向聯邦參院提出一「政府草
案」(Regierungsentwurf＝Entwurf einer Verwaltungsprozeβordnung)
（註二七一），聯邦參院曾對之表示改進意見（註二七二），唯未及送眾
院審議。一九八二年第五十四屆德國法學家年會在 Nürnberg 召開，行

註二六八　RuP 1967, S. 99 ff.

註二六九　Bundesministerium der Justiz, Entwurf einer Verwaltungs-
　　　　　prozeβordnung, S. 96, Bundesanzeiger 1978.

註二七○　此草案未公布，其重要內容，請見 C. H. Ule, Vor einer ein-
　　　　　heitlichen Verwaltungsprozeβordnung? DVB1. 1981, S. 363 ff.

註二七一　BT-Drucks, 9/1851.

註二七二　BT-Drucks, 1982/100.

政訴訟法組以「為在具有功能之司法範圍內確保有效之權利保護，統一
行政訴訟法應滿足何等要求?」(Welchen Anforderungen soll eine
einheitlichen Verwaltungsprozeßordnung genügen, um im Rahmen
einer funktionsfähigen Rechtspflege effektiven Rechtsschutz zu
gewährleisten?」為議題，再度討論統一行政訴訟法問題，會中由葩芍
大學 (Universität Passau) 教授 Ferdinand Otto Kopp 博士提出鑑定
報告，分別從行政、財政及社會法院統一訴訟法新規定之必要性及合目
的性（註二七三）、行政訴訟法（VwPO）作為統一及簡化公法訴訟與減
輕公法法院負擔之貢獻、行政訴訟法草案（EVwPO）之重要問題領域
（註二七四）：法院分支之分派及審級、法院之組成、公益代表人及介
入權、訴訟途徑之限制及轉致、訴之種類及訴之要件、先行程序及依
§124 II. III. （計算或推計之錯誤）之特別裁判權能、訴訟代表與官署
特權、當事人及第三人之參與及協力義務、法院裁定（Gerichtsbe-
scheid）之裁判及輕微事件之程序、法院對裁判之附理由義務、暫行權
利保護、對大量程序之特別規定及法院費用與費用預付義務等十三 項
（註二七五），對於政府草案之利弊、得失及改進意見，提出詳盡、深
入而精闢之分析報告，大會並作成十六點決議（註二七六）。一九八五
年聯邦政府稍事更正，再度向第十屆聯邦眾院提出統一法草案（註二七

註二七三　Vgl. F. O. Kopp, Welchen Anforderungen soll eine ein-
　　　　　heitlichen Verwaltungsprozeßordnung genügen, um im
　　　　　Rahmen einer funktionsfähigen Rechtspflege effektiven
　　　　　Rechtsschutz zu gewährleisten? Gutachten zum 54. DJT, S.
　　　　　15 ff., C. H. Beck 1982.
註二七四　Vgl. F. O. Kopp, aaO. (Fn. 273), S. 15 ff.
註二七五　Vgl. F. O. Kopp, aaO. (Fn. 273), S. 43 ff.
註二七六　Vgl. Verhandlungen zum 54. DJT, S. 206 ff., C. H. Beck
　　　　　1982.

七)，唯仍未能通過。

統一行政訴訟法之努力，雖在學者與政府之共同配合下展開，然因其欲畢程序之簡化、程序之加速、法院負擔之減輕、權利保護之改善及三法之統一於一役，所涉龐雜、經緯萬端（註二七八）。然對此仍有對其

註二七七　BT-Drucks, 10/3437 v. 31, 5, 1985; 13, 6, 1985.

註二七八　Vgl. H. J. Becker, Einheitliche Verwaltungsprozeßordnung in Sicht, RiA 1978, S. 149 ff.; ders., aaO. (Fn. 256), RiA 1983, S. 83 ff.; D. Merten (Hrsg.), Die Vereinheitlichung der Verwaltungsgerichtsgesetze zur einer Verwaltungsprozeßordnung, Duncker & Humblot 1978; H. Bickel, Finanzgerichtsbarkeit und Neuordnung des Verwaltungsprozeßrechts, ZRP 1984, S. 57 ff.; H. Bley, Die Sozialgerichtsbarkeit nach dem Entwurf einer Verwaltungsprozeßordnung, DAngVers. 1982, S. 277 ff.; W. Buschmann, Der Deutsche Juristentag 1982 zum Entwurf der VwPO, RiA 1982, S. 222 ff.; K. Finkelnburg, Einstweiliger Rechtsschutz nach dem Entwurf einer Verwaltungsprozeßordnung, NVwZ 1982, S. 414 ff.; W. Funk, Die Neuregelungen der Verwaltungsprozeßordnung aus der Sicht der Sozialgerichtsbarkeit, SGb. 1982, S. 467 ff.; J. Ipsen, Der Rechtsschutz durch Verwaltungsgerichte- Bestand und Reformbemühungen- Jura. 1987, S. 123 ff.; U. Jessen, Die Gestaltung des Rechtsmittelzuges im Entwurf einer Verwaltungsprozeßordnung, NVwZ 1982, S. 410 ff.; F. Klein, Ist der Rechtsschutz im Steuerrecht in Gefahr? DStR 1984, S. 17 ff.; M. Kloepfer, Rechtsschutz im Umweltschutz, VerwArch. 1986, S. 30 ff.; O. E. Krasney, Das Vorverfahren im Entwurf einer Verwaltungsprozeßordnung, NVwZ 1982, S. 406 ff.; H.-W. Laubinger, Ein weiteren Schritt auf dem Wege zur Verwaltungstendenzen, DöV 1982, S. 895 ff.; J. Meyer-Ladewig, Entwicklungstendenzen im Verwaltungsprozeßrecht, DöV 1978, S. 305ff.; ders., Die Vereinheitlichung der öffentlich-rechtlichen Prozeßordnung, in: Festschrift für C.-F. Menger zum 70. Geburtstag, S. 833 ff. Carl Heymanns 1985; R. Naumann, Auf dem Wege zur einer Verwaltungsprozeßordnung, in: Festschrift für H. P. Ipsen zum 70. Geburtstag, S. 323 ff., J. C. B. Mohr (Paul Siebeck)

必要性及成熟度表示質疑（註二七九）或反對者（特別是社會、財政
兩法院系統之法官及稅務工作者）（註二八〇）。由於西德戰後法治思

1977; H. -J. Papier, Die Vereinheitlichung der Verwaltungs-
gerichtsgesetze zu einer Verwaltungsprozeβordnung, DöV
1978, S. 322 ff.; H. Pickel, Forderungen an die Verwal-
tungsprozeβordnung aus der Sicht der Sozialrechtspflege,
SGb. 1987, S. 47 ff.; K. Redeker, Bemerkungen zum
Entwurf einer Verwaltungsprozeβordnung aus anwaltlicher
Sicht, DVB1. 1982, S. 805 ff,; ders., Zur Neuordnung des
einstweiligen Rechtsschutzes in der Verwaltungsprozeβordnung,
ZRP 1983, S. 149 ff.; M. Sachs, Effektiver Rechts-
schutzgewährleistung in einer einheitlichen Verwaltungsp-
rozeβordnung, ZRP 1982, S. 227 ff.; R. Sammet, Künftige
Gerichtsverfassung der öffentlichen Gerichtsbarkeiten, ZRP
1980, S. 126ff.; W. -R. Schenke, Mehr Rechtsschutz durch
eine einheitliche Verwaltungsprozeβordnung? DöV 1982,
S. 709 ff.; R. Scholz, Die Verwaltungsprozeβordnung im
Gesetzgebungsverfahren, DVB1. 1982, S. 605 ff.; H. Sendler,
Guter Rechtsschutz und Verfahrensbeschleunigung, DVB1.
1982, S. 812 ff.; ders., Möglichkeiten zur Beschleunigung
des verwaltungsgerichtlichen Verfahrens, DVB1. 1982, S. 923
ff.; C. H. Ule, aaO. (Fn. 232), SGb. 1975, S. 433 ff.;
ders., aaO. (Fn. 270), DVB1. 1981 S. 363 ff.; ders., Der
Entwurf einer Verwaltungsprozeβordnung und das Beamten-
recht, ZBR 1982, S. 225 ff.; ders., Ein neuer Anlauf? Zum
Entwurf einer Verwaltungsprozeβordnung 1985, S. 939 ff.;
G. Wannagat, Künftige Gerichtsverfassung der öffentlich-
rechtlichen Gerichtsbarkeit, ZRP 1980, S. 119 ff.

註二七九　Vgl. H. Krause, Ist es noch tunlich, die Verwaltungs-
prozeβordnung zu verabschieden? SGb. 1983, S. 525 ff.;
F. O. Kopp, Sollte man den Entwurf einer Verwaltungs-
prozeβordnungs weiter verfolgen? ZRP 1988, S. 113 ff.

註二八〇　Vgl. Busch/Berger, Die Verlustliste der Prozeβeinheit im
Entwurf einer Verwaltungsprozeβordnung, DVB1. 1982, S.
831 ff.; Deutsche Steuerjuristengemeinschaft, Ablehnung des
"Reform"-Vorhabens einer Verwaltungsprozeβordnung als

想厚實，社會變遷既快且鉅，制度既立，行之一久，積重而難返，欲在短期內以統一行政訴訟法達成上述目標，恐非易事，無怪乎一向推動此一工作最力之 Ule 教授，在年逾八旬之年，已不抱樂觀態度，慨言繫之（註二八一）！ 一九九○年十二月十七日公布， 翌年元旦開始生效之行政法院法第四次修正（Das 4. VwGO-Änderungsgesetz vom 17, 12, 1990（BGB1. I. 2809）），並未採取統一法之模式，而係將減輕法院負擔法第一條之規定納入行政法院法第八十四條，重大計畫核可之爭訟事件，以邦高等行政法院為初審，規定於同法第四十八條，而同法第五十六條 a、六十五條第三項、六十七條 a 及第九十三條 a，則增訂有關大量程序（Massenverfahren）之特別規定， 同法第四十一條及第八十三條新規定訴訟途徑及管轄之移轉與繫屬之效果， 第八十七條、 第八十七條 a 及第八十七條 b 第一項及第二項，強化了首席及報告法官（Berichterstatter）之權限與地位， 第八十七條 b 第三項規定遲延提出之駁回，第一○六條簡化裁定之程序，第一一三條第二項及第三項賦與法院將案件發回被告官署之權限，第一三○條 a、第一二五條第二項簡化上訴之駁回程序，第一三一條規定輕微案件程序之上訴許可，第一三二條以下規定法律審上訴予以修正，第八十條、第八十條 a 及第一二三條規定暫行權利保護之新內容，其他條文則只作些微之文字修飾或配合性

Einheitgesetz, DRiZ 1982, S. 294 ff.; G. Rössler, BB. 1982, S. 1621 ff.; E. Scherer, Entwurf einer Verwaltungsprozeß-ordnung-Kristische Würdigung aus sozialgerichtliche Sicht mit Änderungsvorschlägen, Diss., Mainz 1979; E. Schickedanz, Zum Entwurf einer Verwaltungsprozeßordnung, SozVers., 1982, S. 313 ff.

註二八一 Vgl. C. H. Ule, Verwaltungsprozeßrecht, 9. Aufl. Vorwort, C. H. Beck 1987.

修正（註二八二）。 此次修正，是否爲統一法運動之終結，學者間仍乏定論，而有待未來證明（註二八三）。

四、奧地利行政訴訟制度發展之沿革與現狀

（一）奧地利行政訴訟制度發展之沿革

奧地利在中古世紀爲神聖羅馬帝國之一諸侯國，二十世紀初有德奧同盟，一九三八年至一九四五年爲德國所占領，復因毗鄰德、法，故其行政訴訟制度之發展，多少乃受外來因素之滲入（詳見下述）。

奧地利行政訴訟制度之發展，可分成君政時期(一九一九年以前)、共和時期（一九一九年至一九三八年）、德國占領期（一九三八年至一

註二八二　文獻請參見 F. Kopp, Änderungen der Verwaltungsgerichts-ordnung zum 1, 1, 1991, NJW 1991, 521 ff.; P. Stelkens, Das Gesetz zur Neuregelung des verwaltungsgerichtlichen Verfahrens (4. VwGO-ÄndG)-das Ende einer Reform? NVwZ 1991, 209 ff.; M. Pagenkopf, Die VwGO-Novelle-Augenmaβ und Schlichtheit, DVBl. 1991, 285 ff.; H.-P. Schmieszek, Die Novelle zur Verwaltungsgerichtsordnung-Ein Versuch, mit den Mitteln des Verfahrensrechts die Ressource Mensch besser zu nutzen, NVwZ 1991, 522 ff.; F. Kopp, Zur Entscheidung des Vorsitzenden oder des Berichterstatters nach § 87 a VwGO i. d. F. des 4. VwGO-Änderungsgesetzes, NJW 1991, 1264 ff.; F. Schoch, Der vorläufige Rechtsschutz im 4. VwGO-Änderungsgesetz, NVwZ 1991, 1121 ff.; K. Redeker, Die Neugestaltung des vorläufigen Rechtsschutzes in der Verwaltungsgerichtsordnung, NVwZ 1991, 526 ff.

註二八三　文獻可參見 C. H. Ule, Abgesang auf die einheitliche Verwal-tungsprozeβordnung, DVBl. 1991, 509 ff., P. Stelkens, aaO. (Fn. 282).

九四五年）及戰後時期四階段。

1. 君政時期

一六八四年創委任司法 (Judicium delegatum)、一七三七年在波希米 (Böhme) 創設「屬民間法律事件之和解」(Consenssus in causis subditorum) 制度， 學者稱其爲「和解裁判權」 (Consessualgerichtsbarkeit) (註二八四)、司法代辦(Justizbancodeputation)及關務特別法院 (註二八五)。奧地利女王 Maria Theresia 銳行改革，一七五一年先在執政部 (Direktorium) 設司法單位， 嗣在 Böhmen、Mähren、Schlesien、Steiermark、Tirol、Graz、Triest 及 Galizien 普遍設置 (註二八六)， 唯其後因司法與行政分立， 其權限乃移往司法法院。一七八二年 Maria Theresia 之子 Josef 二世， 廢全部和解裁判， 採司法國家之模式 (註二八七)。 此期最重要之發展， 厥爲行政法院 (Verwaltungsgerichtshof) 之建立。一八七六年十二月二十一日國家基本法 (Staatsgrundgesetz) 第十四條揭櫫權力分立之原理，規定各級之司法與行政分立， 第十五條規定： 「依現行法或將來頒布之法律， 行政官署就私人間

註二八四　Vgl. J. Poppitz, aaO. (Fn. 128), AöR. NF. Bd. 33, SS. 180, 184; M. Sellmann, aaO. (Fn. 128), S. 49.

註二八五　Vgl. J. Poppitz, aaO. (Fn. 128), AöR. NF. Bd. 33, S. 180.

註二八六　Vgl. J. Poppitz, aaO. (Fn. 128), AöR. NF. Bd. 33, S. 183.

註二八七　Vgl. J. Poppitz, aaO. (Fn. 128), AöR. NF. Bd. 33, SS. 184, 187; M. Sellmann, aaO. (Fn. 128), S. 49; F. Lehne, in: Lehne/Loebenstein/Schimetschek (Hrsg.), Die Entwicklung der österreichischen Verwaltungsgerichtsbarkeit: Festschrift zum 100. jährigen Bestehen des österreichischen Verwaltungsgerichtshofes, S. 4, Springer-Verlag 1976.

彼此有爭議之請求須爲裁判之所有案件，凡因該裁判致私權受損者，對
於他造得自由循普通訴訟途徑謀求協助。凡主張其權利因行政官署之決
定或處分受侵害者，得自由於行政法院以公開之言詞程序向行政官署之
代表主張其請求。行政法院必須裁判之事件，其組成及程序以特別之法
律定之。」本此規定，乃由部長 Josef Unger 及 Dr. Karl Freiherr
von Lemayer 參考法國之諸政院、巴登高等行政法院之制度先例及同
期之普魯士草案（註二八八），共同草擬「行政法院設置法」(Gesetz
betreffend die Errichtung eines Verwaltungsgerichtshofes)（註二八
九），幾經指摘及討論後（註二九〇），於一八七五年十月二十二日公
布（註二九一），設行政法院一所於維也納，而於一八七六年十月起正
式運作，擔任奧地利行政訴訟之裁判（註二九二）。行政法院之評事（
Räte），依一八七五年十月二十二日行政法院設置法之規定，其半數須

註二八八　G. Winkler, Der gerichtliche Rechtsschutz des Einzelnen
　　　　　gegenüber der vollziehenden Gewalt in Österreich, in: H.
　　　　　Mosler (Hrsg.), Gerichtsschutz gegen Exekutive, Bd. II, S.
　　　　　838, Carl Heymanns 1970.

註二八九　Vgl. F. Lehne, aaO. (Fn. 287), S. 6; P. Oberndorfer, Die
　　　　　österreichische Verwaltungsgerichtsbarkeit, 1. Aufl. S. 27;
　　　　　W. Ogris, in: Lehne/Loebenstein/Schimetschek (Hrsg.),
　　　　　aaO. (Fn. 287), S. 27.

註二九〇　Vgl. F. Lehne, aaO. (Fn. 287), S. 6; G. Winkler, Die
　　　　　Entscheidungsbefugnis des österreichischen Verwaltungsgerich-
　　　　　tshofes im Lichte der Gewaltentrennung, in: Külz/Naumann
　　　　　(Hrsg.), aaO. (Fn. 14), Bd. II, S. 284.

註二九一　RGBl. Nr. 36/1876.

註二九二　此外，帝國法院 (Reichsgericht) 依一八六七年十二月二十一日國
　　　　　家基本法 (RGBl. Nr. 143) 第三條 b 之規定，裁判國民因其憲
　　　　　法所確保之政治上權利受侵害所提起之訴訟（此爲今憲法法院爲特
　　　　　別行政法院之前身）。Vgl. G. Winkler, aaO. (Fn. 285), S.
　　　　　837 ff.

具有得爲法官之資格， 另半數具高等行政官之資格（註二九三）， 唯歷史上曾任命多位律師爲評事（註二九四）， 其中最著名者， 首推曾任該院庭長及第二任院長之奧國行政訴訟制度之父 Dr. Karl Freiherr von Lemayer （1841～1906）（註二九五）。一八七六年皇帝命 Dr. Freiherr von Staehlin 爲首任院長， 同年九月另任命庭長及十名皇家評事（Hofräte）（註二九六）。 行政法院享有列舉控除之概括條款權限，唯只具嗣後審及廢棄（Kassation）之功能（註二九七）。

2. 共和時期

一九一九年二月六日德奧共和國法律（註二九八），設德奧行政法院（Der deutsch-österreichische Verwaltungsgerichtshof），接掌君政時期行政法院之權限， 並改革人事制度， 亦即行政法院評事之任命， 必須由該院院長及六名投票員（ Stimmführern ） 所組成之人事評議會（ Personalsenat) 提議（註二九九）， 然不旋踵， 即爲一九二〇年聯邦憲法

註二九三　Vgl. L. Adamovich, Handbuch des österreichischen Verwaltungsrechts, 5. Aufl, S. 291, Springer-Verlag 1954.

註二九四　Vgl. F. W. Kremzow, in: Lehne/Loebenstein/Schimetschek (Hrsg.), aaO. (Fn. 284), S. 39 ff.

註二九五　Vgl. W. Ogris, in: Lehne/Loebenstein/Schimetschek (Hrsg.), aaO. (Fn. 287), S. 19.

註二九六　Vgl. F. Lehne, in: Lehne/Loebenstein/Schimetschek (Hrsg.), aaO. (Fn. 287), S. 7.

註二九七　列舉控除之事項，計有: 爲普通法院及帝國法院之權限者; 行政官署有自由裁量權者，而在此權內所決定之事項; 懲戒事件; 訴訟對行政官員及法官共同組成之機關所爲之決定提起者; 警察罰事件暫時凍結。

註二九八　StGBl. Nr. 88.

註二九九　Vgl. L. Adamovich, aaO. (Fn. 293), S. 291; P. Oberndorfer, aaO. (Fn. 289), S. 28; G. Winkler, aaO. (Fn. 288), S. 838 ff.

第一三五條（強調議會民主）所陵替，自是政府提名院長及評事之半額，需得國民議會（Nationalrat）之同意，該院副院長及另半額之評事，則需得聯邦參院（Bundesrat）之核可（註三〇〇）。直至一九二九年十二月七日第二聯邦新憲法（註三〇一），始除去此一政治化之規定，除院長、副院長之任命外，再度由該院提議後任命。在行政法院之權限方面，一九二〇年聯邦憲法不再排除其對裁量問題之審查（註三〇二）；一九二五年聯邦憲法賦與其對行政罰之罰度，就事實及法律上，均得加以變更（註三〇三），是爲變更的裁判權（reformatorische Verwaltungsgerichtsbarkeit），此外，亦建立聯邦部長之職務訴訟（Amtsbeschwerde）（註三〇四）；一九二九年憲法賦與對區域法人主張財產上請求之訴訟裁判權，並建立教育法上之「指示訴訟」（Weisungsbeschwerde），該院就違憲法律有權訴請憲法法院撤銷之（註三〇五）。此期該院就財產上請求，得爲實質上自爲決定性之裁判，稱爲 meritorische Verwaltungsgerichtsbarkeit（註三〇六）。一九三四年憲法規定，凡行政之違法不作爲，訴願至最高行政機關，不於六個月內決定者，擬制爲駁回之

註三〇〇　Vgl. G. Winkler, aaO. (Fn. 288), S. 839.

註三〇一　BGBl. Nr. 392.

註三〇二　Vgl. P. Oberndorfer, aaO. (Fn. 289), S. 29; F. Lehne, Ermessen und Verwaltungsgerichtsbarkeit in Österreich, Die Verwaltung 1979, S. 303.

註三〇三　Vgl. P. Oberndorfer, aaO. (Fn. 289), S. 29; G. Winkler, aaO. (Fn. 287), S. 291; ders., aaO. (Fn. 288), S. 840.

註三〇四　Vgl. P. Oberndorfer, aaO. (Fn. 289), S. 29; G. Winkler, aaO. (Fn. 288), S. 839.

註三〇五　Vgl. P. Oberndorfer, aaO. (Fn. 289), S. 29; G. Winkler, aaO. (Fn. 288), S. 841. 唯 Winkler 氏謂行政法院之撤銷違憲法律請求權，係一九三四年憲法（BGBl. II. Nr. 1/1934）始加入。Siehe, ders., aaO. (Fn. 288), S. 842.

註三〇六　Vgl. G. Winkler, aaO. (Fn. 288), S. 841.

裁定，行政法院可爲變更性裁判，如涉及自由裁量者，並可如同行政機
關般行使裁量性決定，此卽後來之「怠慢訴訟」(Säumnisbeschwerde)
裁判權（註三〇七），或稱「原始的裁判權」(ursprüngliche Gerichts-
barkeit)。

3. 德國占領期

一九四一年四月三日依領袖及帝國總理諭 （註三〇八）， 設帝國行
政法院 (Reichsverwaltungsgericht)，同年月二十九日命令（註三〇九），
改奧地利行政法院爲帝國行政法院維也納分庭 （ Reichsverwaltungs-
gericht, Außensenate Wien)（註三一〇），聯邦法院憲法法庭被廢，權
限亦被改變。

4. 戰後時期

一九四五年五月一日憲法之過渡法(das Verfassungs-Überleitung-
sgesetz)（註三一一）， 恢復一九三三年五月五日之法律狀態，同年十月
十二日頒行政法院之設置、任務範圍及程序之法律 (des Gesetz über

註三〇七　Vgl. L. Adamovich, aaO. (Fn. 293), S. 297 ff.; P.
　　　　　Oberndorfer, aaO. (Fn. 289), S. 30; H. Spanner, Die
　　　　　Verwaltungsgerichtsbarkeit in Österreich, DöV 1955, S. 596;
　　　　　ders., in: Lehne/Loebenstein/Schimetschek (Hrsg.), aaO.
　　　　　(Fn. 287), S. 102 ff.; G. Winkler, aaO. (Fn. 290), S. 287
　　　　　ff.; ders., aaO. (Fn. 288), S. 842.
註三〇八　RGBl. I. S. 201.
註三〇九　RGBl. I. S. 224.
註三一〇　Vgl. G. Winkler, aaO. (Fn. 288), S. 842 ff.
註三一一　StGBl. Nr. 4.

die Errichtung, den Aufgabenkreis und das Verfahren des Verwaltungsgerichtshofes)（註三一二）， 恢復奧地利自己之行政訴訟制度。唯初期尙百廢待舉， 不得已借助外來血統之德國法規處理訴訟（註三一三）。 此外， 爲進一步確保行政法院之獨立性， 一九四六年十月九日憲法及行政審判權新法（註三一四）， 重新規定其人事制度， 評事之提名， 從行政法院全院大會三人提名單（Dreiervorschläge）中選出（第一三四條第二項後半句）， 並禁止選任政府或一般代表團體之成員爲該院成員（同條第四項）， 該院院長及副院長亦不得從最近四年內曾任上述機關任職者任命（同條第五項）。該院成員於裁判時， 享有完全之獨立；含正副院長及所有評事， 乃依職務受任之法官， 享有一般法官相同之獨立， 不受調、解職之保障， 而均於該年年底滿六十五歲時， 依法退休（同條第六項）。一九四八年設審計法院 （註三一五）， 一九六五年增設專利法庭及商標法庭， 均具組織中央化 （organisch Zentralisation）。一九七四年及一九七五年憲法使其對懲戒事件享有裁判權， 一九七五年憲法使其對官署行使命令及強制權提起之「 措施訴訟 」（Maβnahmebeschwerde）具有裁判權（註三一六）；一九八二年爲減輕法院負擔及加速訴訟程序， 乃簡化行政法院之裁判組織， 擴大三人庭之權限， 減少加強庭（九人庭）之權限及限制言詞審理之程序（詳次節）。一九八八年十一月二十九日之一九八八年聯邦憲法之新修正， 則增設邦級之行政裁

註三一二　StGBl. Nr. 209.

註三一三　Vgl. B. Schimetschek, in: Lehne/Loebenstein/Schimetschek (Hrsg.), aaO. (Fn. 290), S. 73 ff.

註三一四　BGBl. 211.

註三一五　Vgl. Walter/Mayer, Grundriβ des österreichischen Bundesverfassungsrechts, 5. Aufl. S. 362 ff., Manz 1985.

註三一六　Vgl. P. Oberndorfer, aaO. (Fn. 289), S. 30 ff.

判委員會 (Verwaltungssenate in Ländern)（註三一七）, 以疏解訴訟壓力、加速程序及改善審級救濟（詳後述）。

奧國聯邦憲法新修正, 在一九九一年元月一日生效以前, 奧國行政訴訟之裁判機關, 原先主要為行政法院 (Verwaltungsgerichtshof), 此外, 憲法法院 (Verfassungsgerichtshof) 就憲法所保障權利被侵害起訴者, 作為「特別之行政法院」行使行政訴訟裁判權（註三一八）, 對於裁決及措施侵害憲法所保障之權利或裁決及措施, 係適用違法之命令、違憲之法律或違法之條約, 而侵害權利, 所提起之憲法訴訟 (Verfassungsbeschwerde), 憲法法院作為特別行政法院行使裁判權, 如原告之主張有理由, 則得以裁判撤銷被訴之裁決及措施, 或確認其違法、違憲（註三一九）。 換言之, 在此一領域內, 行政法院無裁判權, 致形成憲法法院與行政法院間權限之劃分問題。唯行政行為恆同時涉及一般法律保護之權利及憲法保護之權利的被侵害, 此時如何劃分其權限, 換言之, 其權限劃分標準何在（註三二○）? 雖然彼時聯邦憲法第一三三條第一款規定, 屬於憲法法院權限之事項, 行政法院之權限排除之; 但既無法禁止人民同時或先後向兩法院以不同之主張, 就同一行政裁決或措施起訴, 而行政法院可以行使附帶之合憲審查權, 就同時侵害憲法保護之權利之違法, 本於其權限裁判, 而憲法法院就憲法保護之權利被侵害

註三一七　BGBl. Nr. 685.
註三一八　§ 144 B-VG.
註三一九　Vgl. Walter/Mayer, aaO. (Fn. 315), S. 357.
註三二○　對此問題之深入探討, 請參見 K. Ringhofer, Über verfassungsgesetzlich gewährleistete Rechte und die Kompetenzen zwischen Verfassungsgerichtshof und Verwaltungsgerichtshof, in: Internationale Festschrift für Erwin Melichar zum 70, Geburtstag, S. 165 ff., Manz 1983.

及行政行爲或行政行爲所依據法規之合憲性，亦可行使其權限，則兩院
對同一行政行爲及其準據法規之見解孰應受他方之拘束，凡此均構成奧
國憲法法院行使行政裁判權制度之困擾（註三二一）， 故有主張此一領
域應委由行政法院裁判，而憲法法院只就合憲性行使嗣後審，一如彼時
之西德法制（註三二二）。 若干聯邦或邦最高級含有司法成分之獨 立 的
合議官署（Kollegiale Verwaltungsbehörden mit richterlichem Ein-
schlag），亦行使特別之裁判權（註三二三）。

　　由於奧地利之憲法法院及行政法院均面臨訴訟過量及負擔過重之問
題， 學者乃提出各種改革之意見（註三二四）， 其中最重要者，乃憲法
法院之行政訴訟權與行政法院權限之劃分 （註三二五）， 有主張根本應
使憲法法院之行政訴訟裁判權移轉予行政法院 （註三二六）， 就法律以

註三二一　其解決方法，文獻請參見 J. Azizi, Das Verhältnis der allge-
　　　　　meinen Verwaltungsgerichtsbarkeit des Verwaltungsgerichts-
　　　　　hofes zur Sonderverwaltungsgerichtsbarkeit des Verfassungs-
　　　　　gerichtshofes, in: H. P. Rill (Red), Allgemeines Verwal-
　　　　　tungsrecht, 1. Aufl. S. 575 ff., insb, S. 585 ff.; K.
　　　　　Ringhofer, aaO. (Fn. 320), S. 165 ff., insb, S. 178; K.
　　　　　Spielbüchler, Verfassungsgerichtshof und Ersatzbescheid-Zur
　　　　　Abgrenzung von Verfassungs- und Verwaltungsgerichtsbarkeit,
　　　　　in: Internationale Festschrift für Erwin Melichar zum 70.
　　　　　Geburtstag, S. 212 ff., insb, SS. 233, 239, Manz 1983.
註三二二　Vgl. W. Barfuβ, Maβnahmen zur Entlastung der Gerichtshöfe
　　　　　des öffentlichen Rechts, ÖJZ 1985, S. 396 ff.; Kopp/
　　　　　Pressinger, Entlastung des VfGH und Abgrenzung der
　　　　　Kompetenzen von VfGH und VwGH, JBl. 1978, S. 618 ff.
註三二三　§ 133(4) B-VG.
註三二四　Vgl. Kopp/Pressinger, aaO. (Fn. 322), JBl. 1978, S, 617
　　　　　ff.; W. Barfuβ, aaO. (Fn. 322), ÖJZ 1985, S. 393 ff.
註三二五　Vgl. K. Ringhofer, aaO. (Fn. 320), S. 161 ff.; K.
　　　　　Spielbüchler, aaO. (Fn. 321), S. 221 ff.
註三二六　Vgl. Kopp/Pressinger, aaO. (Fn. 322), JBl. 1978, S. 618
　　　　　ff.; W. Barfuβ, aaO. (Fn. 322), ÖJZ 1985, S. 396.

下之規範的合法性審查亦同（註三二七）。 此外， 學者亦呼籲在各邦設地方行政法院及採行二審制 （註三二八）， 此在一九八八年十一月二十九日聯邦憲法之新修正， 乃決定在各邦設獨立之行政委員會行使之（註三二九）。

（二）奧地利行政訴訟制度之現狀

自一九九一年元旦起，奧國之一般行政法院，包括在各邦所設之獨立的行政委員會及設於維也納之聯邦行政法院（Verwaltungsgerichtshof in Wien）。

行政委員會之組織與權限： 依奧國聯邦憲法第一二九條 b 規定： 「獨立之行政委員會由一名首席、一名代理首席及必要數額之其他成員組成。其成員任期六年以上， 由邦政府任命。其中至少成員之四分之一，由在聯邦之公務員中出任。」（第一項）、「獨立之行政委員會成員於其照料依第一二九條 a 及第一二九條 b 所賦予之任務時，不受任何指令之約束。獨立之行政委員會成員， 其事務之分配依邦所定之時間預先為

註三二七　Vgl. Kopp/Pressinger, aaO. (Fn. 322), JBl. 1978, S. 621 ff.; W. Barfuβ, aaO. (Fn. 322), ÖJZ 1985, S. 399.

註三二八　Vgl. P. Pernthaler, in: ders. (Hrsg.), Föderalistische Verwaltungsrechtspflege als wirksamer Schutz der Menschenrechte, Vorwort, Wiĥelm Braumüller 1986; K. Berchtold, Menschrechtskonforme Neuorganisation der Verwaltungsrechtspflege, in: P. Pernthaler (Hrsg.), aaO. S. 87 ff.

註三二九　Vgl. P. Oberndorfer, Verwaltung und Rechtsschutz (aus österreichischer Sicht), in: G. Ress (Gesamtredaktion), Entwicklungstendenzen im Verwaltungsverfahrensrecht und in der Verwaltungsgerichtsbarkeit, S. 40, Springer-Verlag 1990; R. Walter, Pläne zur Neugestaltung des Rechtsschutzes in Verwaltungsstrafsachen, ÖJZ 1987, S. 385 ff.

之；依此分派予一獨立之行政委員會成員之事務，只有在首席以處分阻止之時，始能被剝奪。」（第二項）、「獨立之行政委員會成員，於其任期屆滿前，非有法定之事由，並經該獨立之行政委員會之決議，始得解除其職務」（第三項）、「獨立行政委員會之成員，必須通曉法律。於其任期之間，其不得行使足以對其獨立行使職務產生懷疑之活動」（第四項）、「依規定獨立行政委員會程序之聯邦法律，該官署之裁判由多數或單一成員為之」（第五項）、「獨立行政委員會之組織及其成員之職務權利，由邦法律定之，其程序由聯邦法律定之」（第六項）（註三三〇）。

　　在權限方面，依聯邦憲法第一二九條 a 之規定：「下列事件於窮盡行政審級後，由獨立之行政委員會裁判：1. 除聯邦之財政罰事件，在程序上因行政越權者、2. 除聯邦之財政罰事件，對於主張其權利為行政官署行使直接之命令權及強制權所侵害，而提起之訴訟、3. 其他由行政個別領域為規定之聯邦或邦法律所賦與之事件、4. 對於第一款之事件，因違反決定之義務，只要其涉及私人訴訟事件或邦法律規定之稅務刑法及第三款事件所提起之訴訟」（第一項）、「法律得規定第一審級之決定，得逕向獨立之行政委員會訴請撤銷。間接聯邦行政及第十一條與第十二條規定之事項，此種聯邦法律應得關係邦之同意，始得制頒」（第二項）（註三三一）、「第八十九條之規定，亦準用於獨立之行政

註三三〇　由於本文撰寫期間，尚未取得該等法規全文，俟取得後，再另撰文介紹。

註三三一　奧國聯邦憲法規定聯邦立法及邦執行之權限事項（第十一條）、聯邦制定原則法，而邦制定執行法，並執行之權限事項（第十二條）。

委員會」（第三項）（註三三二）。

行政法院之組織、權限及程序： 在組織方面， 行政法院由院長一名、 副院長一名及其他必要員額之成員 （庭長及評事）組成（註三三三）。行政法院院長、副院長及其他成員， 由聯邦政府提名，聯邦總統任命之。除正副院長之職位以外，聯邦政府之提名單應根據行政法院全院大會之三人提名單爲之 （註三三四）。 行政法院所有成員均必須完成法律學及國家學之研究，且至少已具有爲完成該研究所規定之職務地位十年。成員中至少三分之一應具有爲法官之資格、至少四分之一應從邦職位， 可能時由邦之行政職務中取才（註三三五）。 聯邦政府、 邦政府或一般代表團體之成員，不得屬於行政法官；一般代表團體之成員在一定之立法或功能期間（任期）所選舉者，此一不兼容性在其提前解職至立法或功能期間屆滿前， 仍屬繼續（註三三六）。 最近四年內曾任職於上述第四項所稱功能之人， 不得被任用爲行政法院之正、 副院長（註三三七）。 所有成員爲依職務被任命之法官， 聯邦憲法第八十七條第一項及第二項及第八十八條第二項之規定， 適用之。於其年滿六十五歲當年

註三三二　奧國聯邦憲法第八九條規定如下： 「除本條未有特別規定者外，屬於經公告法律、 命令及條約有效性之審查， 不屬於法院之權限」 （第一項）、 「法院因懷疑其合法性，而拒絕適用命令者， 其卽必須申請憲法法院廢棄該命令。最高法院或第二審裁判管轄權法院因懷疑法律之合憲性，而拒絕適用之者，必須申請憲法法院廢棄該法律」（第二項）、 「法院應適用之法律條文已失效者，該法院應申請憲法法院， 請求裁判該法律條文違法或違憲」（第三項）、 「第二項及第三項之規定， 依第一四〇條 a 於條約準用之」（第四項）、 「聯邦法律應規定依第二項、第三項或第四項所爲之申請，對於法院繫屬中之程序具有如何之效果」（第五項）。
註三三三　§ 134 I B-VG.
註三三四　§ 134 II B-VG.
註三三五　§ 134 III B-VG.
註三三六　§ 134 IV B-VG.
註三三七　§ 134 V B-VG.

之十二月三十一日，行政法院之成員依法退休（註三三八）。行政法院
之裁判，以庭（Senat）爲單位，而庭由全院會議從法院之成員中組成，
包括庭長（Senatspräsident）及評事（Räten）若干名。正常庭由庭長
及評事四名組成，稱爲五人庭（Fünfersenat），另有縮小庭（verklein-
erter Senat），由庭長、報告評事（Berichter）及另一名評事組成，裁
判簡易之案件（註三三九），又稱三人庭（Dreiersenat）。此外，對於較
重大或重要案件（註三四〇），由五名常任庭員加上另四名由院長指定
之評事，合組加強庭（verstärkter Senat）裁判，稱九人庭（Neuner-
senat）。另外，由院長、副院長及全體評事組成全院大會（Vollversam-
mlung des Verwaltungsgerichtshofes），充爲懲戒法院（Disziplinar-
gericht）及提出法院組成之提議（Besetzungsvorschlägc）、事務分配、
處理規程（Geschäftsordnung）、活動報告及庭長、評事之宣誓就職之
執行（註三四一）。各庭至少須有一名具有得爲法官資格及一名得爲一
般國家行政職務之評事；在財政案件，並須另有一名得爲高等財務官之
評事參與（註三四二）。各庭事務之分配，由全院大會依聯邦法律所定
之時間，預先分配。依此分配予一成員之案件，非遇有不能處理之障
礙，不得剝奪之。聯邦憲法第八十九條亦準用於行政法院（註三四三）。
在行政法院之權限方面，原則上採取概括條款，依一九八八年十一月二

註三三八　§ 134 VI B-VG.
註三三九　包括訴之駁回、免訴處分、報告評事呈請庭長同意之案件特別簡單
　　　　　或法律問題已爲判例所澄淸者。
註三四〇　包括裁判一般庭庭長及另二名評事認爲另不同於目前行政法院之判
　　　　　例，而爲裁判，或將裁判之案件具有原則性意義之案件。
註三四一　Vgl. Walter/Mayer, aaO. (Fn. 315), S. 286.
註三四二　§ 11(2) des Verwaltungsgerichtshofgesetzes (VwGG) 1985.
註三四三　§ 135 II-IV B-VG，同法第八十九條之內容，譯文見前註第三三
　　　　　二。

十九日修正後之聯邦憲法第一三〇條規定:「行政法院裁判就下列所主張之訴訟 (Beschwerden): (1) 行政官署及獨立之行政委員會決定(處分) (Bescheiden) 之違法、(2) 行政官署及獨立之行政委員會決定義務之違反者。行政法院並裁判依第八十一條 a 第四項對指示提起之訴訟」(第一項)、「凡立法就行政官署之行為未為拘束性規定者,且此行為之規定委予官署本身,而官署依此法已行使自由裁量者,不存在違法」(第二項)。在奧地利一般否認所謂之「統治行為」(Regierungsakt) (註三四四), 其仍須受行政法院之審查(註三四五); 在實務之趨勢上, 亦否認所謂之「特別權力關係」(註三四六) (註三四七)。規範之合法及合憲性, 依聯邦憲法第一三九條, 只能由憲法法院審查(註三四八)。 不屬於行政法院管轄權之事項, 依聯邦憲法第一三三條之規定, 計有: (1) 屬於憲法法院之權限事項、(2) 專利制度之事件、(3) 事件之決定在最高審級, 係由一合議之官署所為, 而依設置該官署所規定之聯邦或邦法, 其成員中至少有一名法官, 且其他成員行使職務時不受指令之約束者, 官署之決定不受行政救濟途徑之廢棄或變更, 且不管此一條件之適切性, 向行政法院提起之訴訟未明示地被宣示合法者。此外, 欲向行政法院提起訴訟者, 必須循一定之訴訟種類 (Klagearten;

註三四四　關於統治行為之理論, 詳請參見林錫堯, 統治行為論, 臺大法研所碩士論文, 六十六年六月; 蔡志方, 前揭(註七二)文, 頁一二八以下及所引文獻。

註三四五　Vgl. G. Winkler, aaO. (Fn. 288), S. 851.

註三四六　Vgl. G. Winkler, aaO. (Fn. 288), S. 857.

註三四七　關於所謂「特別權力關係」之理論及實務發展, 請參見蔡志方, 前揭(註七二)文, 頁一二四以下及所引文獻。另司法院大法官會議解釋第一八七、二〇一、二四三、二六六號, 亦請參考。

註三四八　Vgl. Walter/Mayer, aaO. (Fn. 315), S. 330 ff.; Adamovich/Funk, Österreichisches Verfassungsrecht, 3. Aufl. S. 338 ff., Springer 1985.

Forms of Action）爲之（註三四九）， 依一九八八年十一月二十九日聯邦憲法之新修正， 其種類包括: 1. 裁決訴訟（Bescheidbeschwerde）（註三五〇）、 2. 怠慢訴訟（Säumnisbeschwerde）（註三五一）、 3. 指示訴訟（Weisungsbeschwerde）（註三五二）， 原措施訴訟（Maβnahme-beschwerde）改專由憲法法院裁判（註三五三）。除怠慢訴訟屬於實質性決定之裁判以外，屬於廢棄之訴的裁判; 前一者爲嗣後審，後二者爲原始裁判權之對象。目前，憲法法院就財產法上之公法請求權、選舉之撤銷及代表權之剝奪、 裁決及措施之憲法訴訟（註三五四）， 仍居於實質之特別行政法院地位行使裁判權。就行政法院之訴訟程序，主要規定於行政法院法（VwGG）及處務規程（Geschäftsordnung）（法律，而非

註三四九　關於行政訴訟之種類及其規範之模式，請參見蔡志方，前揭（註七二）文，頁九二以下; 蔡志方，我國憲法上行政訴訟制度之規範取向，憲政時代，十四卷四期，頁八以下。

註三五〇　聯邦憲法第一三一條規定之裁決訴訟，屬於撤銷之訴，且包括私人告發（Privatanklagen）（第一項第一款）、職務訴訟（Amtsbes-chwerde）（第一項第二、三款），復同條第三項規定行政法院對於小額罰金事件或不具原則意義之法律問題案件，得以裁定處理。

註三五一　聯邦憲法第一三二條係一九八八年修止後之新規定: 「對於行政官署及獨立行政委員會違反決定義務，得提起訴訟者，限於行政程序中有權爲當事人，而主張決定義務者。除私人告發及財政罰事件，就行政罰事件，不得以違反決定義務，而提起訴訟。」後段之所以如此規定，係因行政罰法（Verwaltungsstrafgesetz）第五一條第五項規定，行政罰事件不於一年內裁決，則處罰之決定權喪失，此外，此一怠慢訴訟之排除，只限於行政罰，而非一切處罰也。Vgl. Walter/Mayer, aaO. (Fn. 312), S. 293 ff. 另所謂裁決義務期間，依行政法院法（VwGG）第三六條第二項規定，爲三個月，得因必要而延長。

註三五二　依聯邦憲法第八一條a第四項第四句規定，針對教育官署所發布之指示，得基於合議之決議，依第一二九條以下，直接向行政法院提起訴訟。

註三五三　§§ 131a, 144 III B-VG.

註三五四　§§ 137, 141, 144 B-VG.

命令）。就裁決訴訟，除係因指示而提起或本於職務訴訟，採行政程序先行主義；措施訴訟及怠慢訴訟則否。起訴，原則上不當然生停止效力（aufschiebende Wirkung）（註三五五）。程序上雖自一九九一年起增設獨立行政委員會，實質上寓有增加審級之意義，但在形式上，則非嚴格意義之上訴，只有在特別嚴重之裁判瑕疵，始得提起再審（Wiederaufnahme des Verfahrens）（註三五六）。

五、義大利行政訴訟制度發展之沿革與現狀

（一）義大利行政訴訟制度發展之沿革

義大利行政訴訟制度之發展，不但受法國之重大影響，即其行政法院之結構，亦與法國者相彷彿，發展方向上更屬亦步亦趨。

義大利行政訴訟制度發展之沿革，可分爲諮政院（consiglio di stato）第四部（註三五七）成立前之期間（一八三一年～一八八九年）、諮政院訴訟部成立後時期（一八八九年三月三十一日起）及地區行政法院設立時期（一九七一年十二月六日起）三階段。

1. 諮政院訴訟部成立前之時期： Piemont-Sardinien 王國國王 Carlo Alberto 於一八三一年八月十八日以勅令設諮政院，解釋法令及

註三五五　§ 30 VwGG.
註三五六　§ 45 VwGG.
註三五七　義大利未如法國逕稱訴訟部，而曰:「性質上爲裁判機關之諮政院」（Consiglio di stato in sede giurisdizionale），以下爲方便計，仍以訴訟部稱之。

裁判法律爭訟，下分內政、財政及司法三部（註三五八）。義大利於一八六一年統一，其後之第四年，卽一八六五年三月二十日頒第二二四八號法律，統一個別之行政立法，廢彼時存在之行政爭訟（contenzioso amministrativo），以比利時之先例爲模範（註三五九），引進一元制裁判權，普通法院裁判一切與權利保護有關之訴訟（註三六○）。諮政院只對異議事件、權限爭議表示意見，由國王裁判（註三六一），其他由行政官署裁決之事件，不具司法之性質（註三六二），此亦樹立以「權利」（Diritto soggettivo）及「法律保護之利益」（Interesse legittimo）爲普通法院與行政官署（及後來之諮政院訴訟部與地區行政法院）間權限劃分之標準（註三六三）。一八七七年三月三十一日第三七六一號法律剝奪諮政院之訴訟途徑決定權（註三六四）。

2. 諮政院訴訟部成立後時期: 一八八九年三月三十一日第五九八二號法律，賦與諮政院裁判與法律保護之利益有關之訴訟權限，並設第

註三五八　Vgl. F. Mariuzzo, Struktur und Wirkungskreis der italienischen Verwaltungsgerichtsbarkeit, BayVB1. 1984, S. 737.

註三五九　Cf. Brown/Garner, Op. cit. supra (Fn. 25), p. 163; M. Letourneur, aaO. (Fn. 14), S. 363; V. Bachelet, La protection juriditionnelle du particulier contre le pouvoir exécutif en Italien en: H. Mosler (D.), La protection juriditionnell contre le pouvoir exécutif, tome I, p. 470, Carl Heymanns 1969.

註三六○　Vgl. F. Mariuzzo, aaO. (Fn. 358), BayVB1. 1984, S. 737; V. Bachelet, Op. cit. supra (Fn. 359), p. 469.

註三六一　Vgl. F. Mariuzzo, aaO. (Fn. 358), BayVB1. 1984, S. 737.

註三六二　Vgl. I. Winkler, Die Einführung der unteren Stufe der Verwaltungsgerichtsbarkeit in Italien, Die Verwaltung 1984, S. 494.

註三六三　Vgl. I. Winklter, Die italienische Verwaltungsgerichtsbarkeit zwischen gesetzlich geschütztem Interesse und subjektivem Recht, Die Verwaltung 1986, S. 519.

註三六四　Vgl. F. Mariuzzo, aaO. (Fn. 358), BayVB1. 1984, S. 737.

四部（註三六五）； 一八九○年五月一日第六八三七號法律設省行政委員會，並賦與地方之行政訴訟審判權（Giunta provinciale amministrativa in sede giurisdizionale）（註三六六）。 一九○七年三月七日第六二號法律設第五部，賦與裁量性決定之審查權，以列舉條款擴大諮政院之審查及裁判權，及於「實質決定權」（competenza di merito）。一九二四年四月二十六日第一○五四號法律取消第四部與第五部之事務權限界限，並擴大其權限，凡在公務（pubblico impiego）領域涉及權利之事項，其具專屬權限（giurisdizione exclusiva），行使獨立之裁判權（註三六七）。 一九四八年五月六日第六四二號法律設第六部，同年五月六日教令在西西里（Sizilien）設一行政委員會，具諮議及裁判功能，為諮政院之一獨立部（註三六八）。

3. 地區行政法院成立後時期： 義大利一九四七年憲法第一二五條第二項早已規定，在各區依共和國法律所定之秩序，設置第一審之行政裁判機關，然直至一九七一年十二月六日第一○三四號法律，始正式設置地區行政法院（Tribunali amministrativi regionali），自是義大利之行政訴訟始邁入二審級制（註三六九）。

註三六五　同前註。
註三六六　同前註。
註三六七　同註三六四。
註三六八　同註三六四。
註三六九　原省行政委員會之裁判權，因一九六七年憲法法院宣告其違憲（Vgl. R. Riz, Probleme der Verwaltungsgerichtsbarkeit in der Region Trentino-Südtirol, in: Festschrift für Hans R. Klecatsky zum 60. Geburtstag, S. 809），一九六九年起諮政院成為單一審（R. Riz, ebenda; F. Mariuzzo, aaO. (Fn. 358), BayVBl. 1984, S. 738）。在法院之組織形式上為二審級，在此姑從通說。

（二）義大利行政訴訟制度之現狀

義大利行政訴訟之裁判法庭，分成三大類：普通法院（Del giudi-
ce）、行政法院（Tribunali amministrativi）（包括諮政院訴訟部及地區行
政法院）及特別行政法院（包括賦稅委員會"Commissioni tributarie"、
水權法院"tribunali delle acque"、審計法院"Corte dei conti"及軍
事法院"tribunale militare"等權限法院）。關於普通法院及特別行政
法院之組織及程序，由於文獻不足，在此不擬贅述（註三七〇）。

　1. 諮政院在裁判組織上，通常由庭長（Presidenti di sezione del
consiglio di stato）及四名院士（consiglieri di stato）組成裁判庭，如
涉及統一判例或具原則意義法律問題之裁判，則由大法庭（Adunanza
plenaria del consiglio di stato）為之。大法庭由諮政院院長（Presid-
ente del consiglio di stato）、各裁判部各四名在事務年度開始前由首
長會議（Consiglio di presidenza）所選出之院士組成（共十三員）
（註三七一）。諮政院首長會議，由院長、二名最年長之庭長及十四名
由一般行政法院直接選出之法官組成（註三七二）。地區行政法院設於
各區（共二十區）首府，其中八區另設「駐外庭」（Sezione staccata）
及 Trentino-Südtirol 自治庭（Sezione autonomina）（該區尚未能設置

註三七〇　少數文獻，請參見 Bauer/König/Zanon, Italienische Zivil-
　　　　　prozeβordnung, 1. Aufl. Athesia Verlag 1982; V. Bachelet,
　　　　　Op. cit. supra (Fn. 359), p. 470 e se.
註三七一　Vgl. D. Karwiese, Kontrolle der Verwaltung durch ordentliche
　　　　　Gerichte und allgemeine Verwaltungsgerichte nach italienis-
　　　　　chem Recht, 1. Aufl. S. 43 ff., Metzner 1986.
註三七二　Vgl. D. Karwiese, aaO. (Fn. 371), S. 20.

地區行政法院之故）（註三七三）。 地區行政法院由含院長（Presidente di tribunale amministrativo regionale）在內之至少五名評事（Consigliere di tribunale amministrativo regionale）組成；裁判庭由三名評事組成，單一庭之法院以院長為審判長，人口較多之拉丁區，則設三庭。駐外庭由三名評事組成，自治庭亦同（註三七四）。

2. 就人事制度方面言，諮政院之院士自一九八二年四月二十七日第一八六號法律頒布後，其補充須具備下列特別條件，卽院士缺額之半數由地區行政法院評事中任命，另四分之一由法學正教授、最高法院執業律師（或五年資歷之律師）及若干高等行政官（如部之主任），另四分之一由不同法院法官及其他不同途徑之人員公開競試（註三七五），而由首長會議擇優錄取，轉呈共和國總統以教令任命（註三七六）。 院士八年後可充為庭長，如無職位可補，則升一級薪俸，其首席法官由地區行政法院院長或諮政院庭長陞任（註三七七）。 諮政院裁判部之組成，由院長本於首長會議所定之準則，並顧及裁判部與諮議部院士之交流（通常為二～四名）決定之。裁判庭之組成，由首長會議定一準則，交由庭長決定。如裁判庭之院士不足額，則由院長全權決定補足，以便裁判。 裁判部事務之分配，亦由院長本於首長會議所定準則決定之（註三

註三七三　Vgl. D. Karwiese, aaO. (Fn. 371), S. 15; I. Winkler, aaO. (Fn. 362), Die Verwaltung 1984, S. 496 ff.; R. Riz, aaO. (Fn. 369), S. 809 ff.

註三七四　Vgl. D. Karwiese, aaO. (Fn. 371), S. 41 ff.; I. Winkler, aaO. (Fn. 362), Die Verwaltung 1984, S. 497 ff.

註三七五　可參加考試者，包括(1)行政官、審計法官及至少一年職歷之檢察官、(2)至少四年任期參眾院之政府官員、普通及軍事法院法官、受完全程法學教育之國家官員。Vgl. F. Mariuzzo, aaO. (Fn. 358), BayVBl. 1984, S. 738.

註三七六　Vgl. D. Karwiese, aaO. (Fn. 371), SS. 20, 43.

註三七七　Vgl. F. Mariuzzo, aaO. (Fn. 358), BayVBl. 1984, S. 738.

七八）。地區行政法院之評事，不得超過四十五歲，並具備下列資格者中任用之：（1）民審法院職業法官至少任期三年以上及審計法官、軍事法官，（2）諮政院之國家律師，（3）至少三年以上任期之高等公務員，曾受全程法學教育者，（4）法學院任助教五年以上者，（5）受全程法學教育任職至少五年高級職務之區、國、自治機關之職員，（6）律師登錄滿四年者，（7）受全程法學教育，職滿五年之區、省、自治縣市之參事，（8）前省行政委員會成員受全程法學教育及五年以上任期者（註三七九）。地區行政法院評事共三百一十席，初任者爲實習評事（referendario），四年後升爲一級候補評事（primo referendario），再四年視其職務表現，由首長會議評鑑，八年後可升爲院長，如無缺可補，則升一等薪俸（註三八〇）。

　　3. 在權限方面，由於義大利之行政訴訟分別由三系統之法院管轄，除特別行政法院之裁判權基於特別法規定較爲明確外，最大困難厥爲普通法院與（一般）行政法院間權限之劃分標準。依據一八六五年三月二十日第二二四八號法律所確立之原則，乃普通法院就一切公、私權利（Diritto soggettivo pubblico e privato）之關係訴訟及直、間接稅之一、二審訴訟具有裁判權，但不得撤銷或變更行政行爲（處分），由此控除後，行政官署只就行政行爲之撤銷、變更及一切非關權利之事項爲裁決，而此非關權利之事件，彼國傳統上乃定爲「法律所保護之利益」（Interesse legittimo）之事件，除有若干保留性之新規定，亦卽法律明定爲專屬權限者，在此領域內卽使涉及權利問題，亦由行政法院單

註三七八　Vgl. D. Karwiese, aaO. (Fn. 371), S. 43.
註三七九　同註三七七。
註三八〇　Vgl. D. Karwiese, aaO. (Fn. 371), S. 42; F. Mariuzzo, aaO. (Fn. 358), BayVBl. 1984, S. 738; I. Winkler, aaO. (Fn. 362), Die Verwaltung 1984, S. 498.

獨行使裁判權（註三八一）。 上述二分法， 迄今仍被沿用（註三八二）。
就行政裁判權整體言， 因一九四八年元旦生效之憲法第一一三條 之 規
定，凡一切行政措施均無限制及一般地由其審查及裁判。審查之對象，
原則上只及於行政行爲之合法性，法律例外規定之事項（專屬權限），
可及於裁量之合目的性， 在所謂之「強制訴訟」或「課予義務之訴」
(giudizi di ottemperanza)（註三八三）， 尙可爲實質性 (in merito) 決
定（註三八四）。至於行政行爲，特別是行政命令及行政規則之合憲性，
因憲法法院 (Corte constituzionale) 只審查法律之合憲性 (moderate-
zza constituzionale)（註三八五）， 致其權限誰屬不明，學者間有主張就
行政之規則，迂迴至其所依據之法律之合憲性，以處理行政規則行爲之
合憲性（註三八六）， 似此， 行政處分之合憲性亦可如此處理。

　　4. 在程序方面， 由於義大利行政訴訟之裁判，分由三大類法院處
理，以下分民事法院（普通法院）、諮政院及地區行政法院之程序兩大
類，說明其重點及特色：

註三八一　此等法律規定之事項， 請參見 §§ 26, 27, 29, 30, R. D. 26 giugno
　　　　　1924, n. 1054; §§ 2-6, L. 6, dicembre 1971, n. 1034; §§
　　　　　1, 4, R. D. 26 giugno 1924, n. 1058.
註三八二　Vgl. M. Fromont, Verwaltungsgerichtsbarkeit in Frankreich
　　　　　und in Italien, in: Lehne/Loebenstein/Schimetschek (Hrsg.),
　　　　　aaO. (Fn. 287), S. 133 ff.; S. Lessona, Grundlagen der
　　　　　Verwaltungsgerichtsbarkeit in Italien, VerwArch. 1959, S.
　　　　　243; D. Karwiese, aaO. (Fn. 371), SS. 16 ff., 31 ff.;
　　　　　C. H. Ule, aaO. (Fn. 281), S. 420 ff.; V. Bachelet, Op.
　　　　　cit. supra (Fn. 359), p. 470; I. Winkler, aaO. (Fn. 362),
　　　　　Die Verwaltung 1984, S. 493; ders., aaO. (Fn. 363), Die
　　　　　Verwaltung 1986, S. 521 ff.
註三八三　請參見蔡志方，前揭（註七二）文，頁七五以下。
註三八四　Vgl. C. H. Ule, aaO. (Fn. 281), S. 420.
註三八五　V. V. Bachelet, Op. cit. supra (Fn. 359), p. 504.
註三八六　V. V. Bachelet, Op. cit. supra (Fn. 359), p. 505.

（1）**普通法院之行政訴訟程序**: 原則上同一般民事訴訟，適用民事訴訟法（Codice di procedura civile）（註三八七），唯有五項不同於民事訴訟程序者，乃（甲）地域管轄不依民訴法第十九條（法人及不受承認社團之一般審判籍）（Foro generale delle persone giuridiche e delle associazioni non riconosciute），而依第二十五條（公行政之審判籍）（Foro della pubblico amministrazione）之規定，亦卽國家行政官署爲當事人之訴訟，依法院前國家之代表及辯護及其規定事項之特別法，國家律師（avvocatura dello stato）公務所所在地（註三八八），依一般規定在此轄區有管轄權之法院管轄。如行政官署爲被告者，前述轄區依義務發生地或應被履行或以動產、不動產爲訴訟標的者，其物所在地之法院定之。在事項管轄（competenza per materia）方面，如係徵收補償之確定（Constatazione dell' indennità d'espropriazione），則以上訴決院爲初、終審法院（註三八九）；（乙）國家之當事人地位: 在義大利，國家爲法人（Persone giuridiche），具權利能力（Capacità giuridica）及當事人能力（Capacità di essere parte），但無訴訟能力（Capace di stare in giudizio），依一九五八年三月二十五日第二六〇號 Trabucchi 法之特別規定，向該管部部長起訴，由其爲訴訟（註三九〇）；（丙）國家律師之代表訴訟權: 一九三三年十月三十日第一六一

註三八七　Regio Decreto 28, 10, 1940, n. 1443, con successive modificazioni fine al 30, 4, 1982.

註三八八　義大利在各區共設二十二所國家律師公務所於上訴法院（corte di appello）所在地及轄區範圍，並在羅馬設一國家律師長（Avvocatura generalle dello stato）公署。§ 7 dello L. 3, 4, 1979, n. 103 參照。

註三八九　§ 19, L. 22, 10, 1971, n. 865; § 4, L. 27, 6, 1974, n. 247; D. Karwiese, aaO. (Fn. 371), S. 37.

註三九〇　Vgl. D. Karwiese, aaO. (Fn. 371), S. 38; La tutela giurisdizionale nei confronti della pubblico amministrazione, 2. Ed. p. 220, Dott. A. Giuffrè Editore 1976.

一號國王勅令，設國家律師為國家在訴訟程序之辯護代表（註三九一），直隸於總理，享有類似法官之獨立性，凡在普通法院或行政法院之訴訟，而國家及其他半國家實體（enti parastatali）之公法團體參與者，以之為唯一代表（註三九二）；（丁）其他公法人執行訴訟之核可： 受國家監督之公法人欲起訴或執行訴訟程序者，需得其監督官署之核可，否則，法院得以缺席程序（Del procedimento in contumacia）處理（註三九三）；（戊）裁判之執行： 對於公法人所為之具有既判力判決，原則上依民法及民訴法之一般規定，然依該國民法第八二三條、第八二四條及八二六條規定，對於國家及其他公法團體之動產、不動產、債權及存款不得扣押，判例亦常否認執行債權人以預算帳之方式核可或轉匯所欲執行之金額請求，故往往只能訴諸行政訴訟，由行政法院在裁判中命行政官署擔保其實現，並派一代表限期執行，否則，可向諸政院提起強制（執行）訴訟（註三九四）。

(2) 行政法院之訴訟程序: 地區行政法院之訴訟程序，依一九七一

註三九一　§§ 1-5, R. D. 30, 10, 1933, n. 1611.

註三九二　關於其組織，詳見一九七九年四月三日第一○三號修正之國家律師法（Leggi 3, 4, 1979, n. 103, modifiche dell 'ordinameto dell' Avvocatura dello state）。Vgl. F. O. Kopp, Die Vertretung des Interesses des Staates und des öffentlichen Interesses in anderen moderen Rechtssystem (I), VerwArch. 1980, SS. 222, 226; C. Fischer, Gegenwart und Zukunft des Vertreters des öffentlichen Interesses, Diss., S. 111, Passau 1984; R. Alessi; Principi di diritto amministrativo, 4. Ed. p. 145, Giuffrè Editore 1978; P. Virga, Op. cit. supra (Fn. 390), p. 161 e se; V. Caianiello, Lineamenti del processo amministrativo, 2. Ed. p. 358 e se, Unione Tipografico-Editrice Torinse 1979.

註三九三　Vgl. D. Karwiese, aaO. (Fn. 371), S. 38 ff.

註三九四　Vgl. D. Karwiese, aaO. (Fn. 371), S. 39; P. Virga, Op. cit. supra (Fn. 371), p. 417 e se.

年十二月六日第一〇三四號地區行政法院設置法，僅有局部性之規定（註三九五），而該法第十九條第一項明文規定：地區行政法院之程序，於其自有法律頒布前，以不牴觸本法者爲限，適用諮政院訴訟部之程序。至於諮政院之訴訟程序，主要係依據一九〇七年八月十七日第六四二號諮政院訴訟部程序之教令（註三九六）及一九二四年六月二十六日第一〇五四號諮政院之合併規定教令（註三九七）。前述行政訴訟程序法規，具有七點特色：（甲）若干程序上應規定之事項，旣未規定，亦未明文以民事訴訟法爲補充法源；（乙）程序主要採處分主義及當事人進行主義 (principio dispositivo e principio dell'impulso di parte)；

註三九五　該法第二〇條規定怠慢訴訟之許可、第二一條規定訴訟之期限及其中斷、第二二條規定期限、中間訴訟及參加、第二三條規定採證、第二四條規定程序之中止、第二五條規定程序之捨棄、第二六條規定裁判、第二七條規定不公開審理之裁判、第二八條規定對裁判之救濟方法、第二九條規定上訴程序、第三〇條規定審判權之審查、第三一條規定地域權限、第三二條規定駐外庭之程序、第三三條規定執行及其停止、第三四條規定發回及期限之重行起算、第三五條規定發回及裁判、第三六條規定再審及廢棄之訴、第三七條規定執行。

註三九六　該教令共九十七個條文，包括訴（第一～五條）、調查程序（第二六～三五條）、中間請求及中間之訴（第三六～四四條）、訴之捨棄（第四五、四六條）、拒卻（第四七～五〇條）、審理及判決（第五一～六九條）、全院會議（第七〇～八〇條）、再審（第八一～八六條）、判決之送達及執行（第八七～八九條）、依第五號法律第二三條訴訟之程序（第九〇、九一條）、一般及過渡規定。

註三九七　該教令第三五條規定訴訟代理、第三六條規定各種訴訟之期限、第三七條規定起訴後訴訟文書提出之期限及方式、第三八條規定訴訟期限之縮短與延長、第三九條規定起訴無停止執行之效力、第四〇條規定訴訟擬制之捨棄、第四一條規定審理期日之行爲及法庭秩序、第四二條規定裁判書之給與及規費、第四三條規定裁定之法定人數及裁決人數、第四四條規定調查个完全之處理、第四五條規定裁判之駁回、有理由時之處置、重要法律問題之裁判、第四六條規定再審、第四七條規定無事項權限之處置、第四八條規定廢棄之訴、第四九條規定諮政院第四部限於裁判之合法性、第五部可擴張至裁量問題之審理。

（丙）未規定認諾與捨棄， 但規定擬制捨棄（二年不續行程序）；
（丁）在上訴審採代理強制主義； （戊）提起行政訴訟不採訴願先行主
義（註三九八）； （己）廢棄之訴（Ricorso per Cassazione）向司法法
院系統之廢棄法院起訴； （庚）為確保裁判之執行， 可提起強制訴訟
（Giudizio di ottemperanza）。

六、瑞士行政訴訟制度發展之沿革與現狀

（一）瑞士行政訴訟制度發展之沿革

瑞士行政訴訟制度之發展，深受其國家體制及傳統司法國家思想之
影響。瑞士蕞爾小國即分成二十六個具有獨立自主權限之州（Kanton-
en）及三千餘自治鄉鎮（Gemeinden）； 聯邦主要權限在實體法之制定，
而程序法之支配權則操諸各州（註三九九）； 由於直接民主制度、公民
直接參與行政，亦形成「行政法院並非最有效，而為必要之權利保護機
關」之想法（註四〇〇）， 導致瑞士行政訴訟之發展具有如下之特色：

註三九八　V. V. Bachelet, Op. cit. supra (Fn. 359), p. 496.
註三九九　唯在瑞士程序法以實體法為導向, Vgl. P. Stähelin, Kantonale
　　　　　Verwaltungsgerichtsbarkeit in der Schweiz, in: P. Pernthaler
　　　　　(Hrsg.), aaO. (Fn. 328), S. 29.
註四〇〇　Vgl. K. Eichenberger, Der gerichtliche Rechtsschutz des
　　　　　Einzelnen gegenüber der vollziehenden Gewalt in der Schw-
　　　　　eiz, in: H. Mosler (Hrsg.), aaO. (Fn. 288), Bd. II, S.
　　　　　951 ff.; F. Gygi, Die Verwaltungsgerichtsbarkeit in der
　　　　　Schweiz, in: Lehne/Loebenstein/Schimetschek (Hrsg.), aaO.
　　　　　(Fn. 287), S. 112; M. Imboden, Die Verwaltungsprechung
　　　　　in der Schweiz, in: Külz/Naumann (Hrsg.), aaO. (Fn.
　　　　　14), Bd. I, S. 307 ff.; M. Metz, Der direkte Verwaltungspr-
　　　　　ozeβ in der Bundesrechtspflege, 1. Aufl. S. 3 ff., Helbing
　　　　　& Lichtenhahn 1980.

1. 行政審判權欠缺統一，分別由各州之行政法院、民事法院、特別行政裁判委員會 (Rekurskommission)、州高等法院充爲行政法院及聯邦政府 (Bundesrat)、國會 (Parlament)、聯邦保險法院 (das eidgenössische Versicherungsgericht)（現爲聯邦法院之獨立的保險法庭）、聯邦法院行政法庭 (Abteilung der verwaltungsrechtlichen Angelegenheiten des Bundesgerichts) 及其他之特別行政法院行使；2. 欠缺統一及完整之行政法院組織（法）；　3. 聯邦一般行政法院爲聯邦法院之一庭；4. 聯邦法院得被委爲州之行政法院；5. 重視行政官署之行政司法 (Verwaltungsrechtspflege)；　6. 行政法院之訴訟與行政官署之行政司法並存；7. 訴訟分爲直接訴訟（Klage）與間接訴訟（Rekurs od. Beschwerde)，前者行政法院行使原始的行政審判權 (die ursprüngliche Verwaltungsgerichtsbarkeit)，得爲變更及實質決定之裁判權 (reformatorische u. meritorische Gerichtsbarkeit)，後者只行使廢棄及嗣後之審判權 (kassatorische u. nachträgliche Gerichtsbarkeit)；　8.　一九六八年十二月二十日頒布，翌年十月一日生效之聯邦行政程序法 (Bundesgesetz über das Verwaltungsverfahren)，被認係行政訴訟程序法之一部分；　9. 行政訴訟原則上只採一審，聯邦法院（行政法庭）並非州行政法院之上訴審；　10. 行政訴訟以往採列舉權限，一九六九年十月一日以後聯邦法院行政法庭始享有列舉控除之概括權限。

　　瑞士行政訴訟制度之發展，其重要措施，依時間之先後，計有：1. 一八〇三年拿破崙將「行政爭訟事件」賦與由四名普通上訴法院法官所組成，而以政府之成員爲審判長之分立的行政法院，在若干州行使裁判權（註四〇一）；　2. 一八一三年廢棄全部上述行政法院，改由民事法院

註四〇一　Vgl. K. Eichenberger, aaO. (Fn. 397), S. 945.

或倣效法國所設之 Kleiner Rat 行使， 而分民訴與行訴（註四〇二）；
3. 一八三〇年代受國庫說及既得權保護思潮之影響， 由民事法院控制
行政，而由刑事法院之行政司法輔之（註四〇三）； 4. 十九世紀中葉，
擔心司法權過度擴張，乃幾剝奪全部民事法院及部分刑事法院之行政裁
判，而未設獨立之行政審判權（註四〇四）； 5. 一八七四年五月二十九
日聯邦新憲法規定以聯邦法院（Bundesgericht）爲國事法院（Staatsg-
ericht）， 行政爭訟由聯邦政府（Bundesrat）裁判（註四〇五）； 6. 一
八九二年起草聯邦司法組織法（Bundesgesetz über die Organisation
der Bundesrechtspflege; OG），聯邦法院權限及於行政裁判，由於行
政任務遽增，聯邦政府不堪負荷，乃於一八九四年決議設立部分取代行
政內部裁判之行政法院（註四〇六）； 7. 一八九五年聯邦政府提請國會
制定行政訴訟程序之聯邦法律，一九〇三年乃委託 Fritz Fleiner 教授
進行鑑定報告， 一九〇六年氏提出第一個先行（初步）草案（Vorent-
wurf），於第十七條～第六十五條規定獨立之行政法院， 第十七條～第
四十九條爲對行政處分之訴訟（Beschwerde）， 第五十條～第六十五條
規定聯邦公務員因職務關係之財產訴訟，探原始之行政審判權，爲直接
訴訟（Klage）（註四〇七）； 一九〇七年氏提出第二次草案，放棄上述

註四〇二　Vgl. K. Eichenberger, aaO. (Fn. 400), S. 945; M. Metz,
　　　　　aaO. (Fn. 400), S. 12.

註四〇三　Vgl. K. Eichenberger, ebenda.

註四〇四　Vgl. K. Eichenberger, aaO. (Fn. 400), S. 945 ff.

註四〇五　一八七二年二月五日國會雖決議列舉例外之事項由政府裁判，行政
　　　　　爭訟由聯邦法院裁判，實則仍多由前者行之。Vgl. K. Eichenbe-
　　　　　rger, aaO. (Fn. 400), S. 946; M. Metz, aaO. (Fn. 400),
　　　　　S. 15.

註四〇六　Vgl. K. Eichsenberger, ebenda; M. Metz, aaO. (Fn. 400),
　　　　　S. 15.

註四〇七　Vgl. M. Metz, aaO. (Fn. 400), S. 16 ff.

兩訴之區別，大部分被接受，一九一一年聯邦政府提議修憲，設聯邦行
政法院，經國民複決接受，在聯邦憲法第一一四條設聯邦行政及懲戒法
院（註四〇八）；一九一六年三月氏提出第三次草案，不分別前述二訴，
並允許聯邦法院裁判非以行政處分所生之財產性訴訟，懲戒採間接訴
訟、財產性爭議採直接訴訟、聯邦與州間之賦稅爭訟、州間及國際間雙
重稅爭訟、民事法院與軍事法院權限爭議、私人與私人因聯邦公法所生
對聯邦之財產性爭訟，除法律另有規定外，亦以直接訴訟行之，而行政
法院之間接訴訟審（Rekursinstanz），採概括權限條款（註四〇九）；一
九一七年三月二十八日成立聯邦保險法院於 Luzern；一九一九年 Fritz
Fleiner 氏提出最後一次之第四次草案，在組織上不設獨立之行政法院，
而係在聯邦法院中設庭（註四一〇）；8. 一九二二年聯邦司法及警察部
提出聯邦政府、聯邦法院及懲戒委員會權限之法律草案；聯邦法院亦提
出一草案，以兩訴區別為基礎，凡因聯邦盟約（Eid）所生公法上財產
爭訟，以直接訴訟為之（註四一一）；9. 一九二五年聯邦政府提出聯邦
行政及懲戒審判權之聯邦法律草案，聯邦法院之權限採列舉控除之概括
條款（Generalklausel mit exemplikatorischer Aufzählung），採單一
審級（註四一二）；10. 一九四三年十二月十六日聯邦司法組織法（OG）
第一一〇條、第一一一條納入一九二八年六月十一日之行政與懲戒司法
法（Verwaltungs-und Disziplinargerichtsbarkeitsgesetz; VDG），並列
舉嗣後與原始行政審判權賦與 Lausanne 之聯邦法院行使（註四一三）；

註四〇八　Vgl. K. Eichenberger, aaO. (Fn. 400), S. 946; M. Metz,
　　　　　aaO. (Fn. 400), S. 17.
註四〇九　Vgl. M. Metz, aaO. (Fn. 400), S. 18 ff.
註四一〇　Vgl. M. Metz, aaO. (Fn. 400), S. 19.
註四一一　同上註。
註四一二　Vgl. M. Metz, aaO. (Fn. 400), S. 20.
註四一三　Vgl. K. Eichenberger, aaO. (Fn. 400), S. 947; M. Metz,
　　　　　aaO. (Fn. 400), S. 21.

11. 一九六四年聯邦政府因購「幻象戰鬥機」（Mirage）事件，受國會限期提出修改聯邦司法組織法，而於一九六五年九月二十四日提出擴大聯邦行政審判權之法律草案，採概括條款（註四一四），經一九六七～一九六八年國會討論後，於一九六八年十二月二十日公布，翌年十月一日生效（註四一五），此即現行法。

（二）瑞士行政訴訟制度之現狀

　　當前瑞士之行政訴訟制度，依然充滿多元化及複雜化。在實質意義上，瑞士之行政訴訟裁判機關，聯邦方面計有：聯邦法院之行政法庭、聯邦法院之獨立的保險法庭（社會保險裁判庭）及聯邦特別行政法院（在電影、外人置產、軍人、民防、關稅、酒類、鐘錶業、徵收事件之估價方面等所設置之 Rekurskommission）；在州方面，分五大類，即（獨立之）州行政法院、州最高法院、州高等法院或州高等法院行政法庭、州特別行政法院（以訴訟委員會形式設置，如一般性、保險、州稅、建築管理、徵收事項等領域）（註四一六）及州委託聯邦法院行使州行政裁判權者，如一九六五年之 Schwyz 州（註四一七），最近因聯邦法院負擔過重，乃有各種之改革措施（註四一八），其中之一乃課予

註四一四　Vgl. K. Eichenberger, aaO. (Fn. 400), S. 947 ff.; M. Metz, aaO. (Fn. 400), S. 21 ff.

註四一五　同上註。

註四一六　Vgl. P. Stähelin, aaO. (Fn. 399), S. 31.

註四一七　Vgl. K. Eichsenberger, aaO. (Fn. 400), S. 962 ff.

註四一八　此一改革計畫，包括一九八四年三月二十三日決議（SR 173, 110, 1），增加兼任之補充法官（nebenamtlicher Ersatzrichter）至三十名，期限至一九八八年底，但被要求延至一九九一年底（BB1. 1988, I. S. 129 ff.）；一九八五年三月二十九日變更聯邦司法組

各州設置行政法院之義務（註四一九）。 此外， 聯邦及各州民事法院對損害賠償、損失補償、公務上財產權訴訟、公法契約、公法上保險之財產性請求， 亦行使裁判權（註四二〇）。 若平涉及刑罰之事件， 則委由刑事法院行之（註四二一）。 凡政府之要式訴訟救濟 (Rekursweg)， 以國會爲第二審； 特別之行政事項， 國會 (Bundesversammlung) 爲第一、二審，其裁判由常設之行政委員會 (Commissione dell'amministration) 行之（註四二二）。 行政官署內部就特定事項，亦可自以 Beschwerde 或 Klage 之方式予以裁判（註四二三）。行政法院通常由三、五或七名法官組成裁判庭（註四二四）。在州方面，並以由外行人(Laien)參與爲原則（註四二五）。

織法之法案 (BB1. 1985, II, S. 737 ff.) 建議: (1) 減少法院組成之法官應有人數，原則上採三人合議制（原爲五人）、(2) 建立簡易程序， 特別是引進所謂之 「受理審查程序」 (Annahmeverfahren)，只受理聯邦法院未曾裁決過之法律問題或需更新審查者、偏悖聯邦法院判例之決定、原告在前審不能提出或前審未審究，而侵害其爲憲法保障之權利或違反重要之程序規定者，如聯邦法院不裁判，當事人及關係人將蒙受重大不利者、(3) 提高民訴爭訟標的額、(4) 行政訴訟捨棄之擴大， 及 (5) 課予州設置行政法院之義務。前述第二項建議學者認爲違憲，聯邦政府則認爲符合聯邦憲法第一一三條第一項第三款 (BB1. 1985, II, S. 777 ff.)，一九八七年第一讀會時，國會 (Nationalrat) 對其合憲性及實效性質疑，而反對之 (Amtl. Bull. NR. 1987, S. 352 ff.)。Vgl. Häfelin/Haller, Schweizerisches Bundesstaatsrecht, 2. Aufl. S. 270 ff., Schulthess Polygraphischer Verlag 1988.

註四一九　Vgl. Häfelin/Haller, aaO. (Fn. 418), S. 271.
註四二〇　Vgl. M. Imboden, aaO. (Fn. 400), S. 310 ff.
註四二一　Vgl. M. Imboden, aaO. (Fn. 400), S. 311 ff.
註四二二　Vgl. M. Imboden, aaO. (Fn. 400), S. 315; Häfelin/Haller, aaO. (Fn. 418), S. 535 ff.
註四二三　Vgl. M. Imboden, aaO. (Fn. 400), S. 315 ff.
註四二四　一般爲五名法官 (§ 15 I OG)、對州命令或決定，或拒絕交付州選舉人投票之事項起訴者，其裁判法官爲七名 (§ 15 II OG)、不具有原則性意義之爭訟案件，由三名法官裁判 (§ 15 III OG)。
註四二五　Vgl. K. Eichenberger, aaO. (Fn. 400), S. 968.

在人事方面，由於瑞士聯邦與州、州與州間之行政訴訟裁判權限各自獨立，導致在人事上亦不一致。聯邦法院法官及聯邦保險法院法官，由國會選拔，任期六年，凡瑞士人年滿二十歲，具投票權者，即有被選舉權，理論上不必受過法學教育，但實際上只從法院、律師及大學中之法律人 (Juristen) 中甄選（註四二六）。在各州由國會所設行政法院之機關，亦適用類似程序，唯任期只有四年，較高審級法官亦可行國民投票（註四二七）。法官獨立之原則，只有少數州憲法有規定（如Wallis、Nidwalden、Obwalden 州），在聯邦則併入「法定法官」（der gesetzliche Richter）之保障中（註四二八）。州法院之職務監督，由州議會行使；聯邦法院之職務監督，由國會行使（註四二九）。

在權限方面，聯邦保險法院就保險事項享有概括權限，聯邦法院行政庭享有列舉控除之概括權限（註四三〇）。聯邦法院為聯邦司法法第一一六條所列舉之直接行政訴訟（Klage）之唯一審級，及主張法律關係違反聯邦法律之間接行政訴訟（Beschwerde）的終審（註四三一）。聯邦法院在直接訴訟，可審查行政行為之合法性及合目的性，並為實質性決定或變更性決定，在間接訴訟則只能審查其合法性，且在事實之確定方面，只有原裁決行政機關所認定之事實顯不確實或認定程序違法，方得進一步審究（註四三二）。對於自由裁量，或不確定法律概念具有

註四二六　Vgl. Häfelin/Haller, aaO. (Fn. 418), S. 266.
註四二七　Vgl. K. Eichenberger, aaO. (Fn. 400), S. 967.
註四二八　Vgl. K. Eichenberger, aaO. (Fn. 400), S. 964.
註四二九　Vgl. K. Eichenberger, aaO. (Fn. 400), S. 967 ff.
註四三〇　§§ 97, 99-101 OG; F. Gygi, aaO. (Fn. 400), S. 113; K. Eichenberger, aaO. (Fn. 400), S. 959.
註四三一　Vgl. F. Gygi, Bundesverwaltungsrechtspflege, 2. Aufl. SS. 85, 98 ff., Stämpfli & Cie 1983.
註四三二　Vgl. W. Dubach, Regiert bei uns das Verwaltungsgericht? in: Festschrift für M. A. Grisel, S. 666 ff., Editions Ides et Calendes 1983; F. Gygi, aaO. (Fn. 431), S. 37.

（價值）判斷餘地，或存在連結性規定（Koppelungsvorschriften），行政機關於適用法律時，須以一附加規則（Zusatz）合併運用者，只要其不恣意及違背憲法、法律根本原則（如平等原則、自由權、法安定性及法律目的），則行政法院應尊重其權限（註四三三）。對於抽象之規範審查，特別是聯邦法律及條約之合憲性，不許行政法院審查（註四三四），對於法規命令之合法性及（一定條件下）合憲性審查則許可（註四三五）。排除行政法院審查之事項，計有：政治與外交事務（統治行為）、民防及國防、技術性處分、地方交通法規之措施、專門及能力考試結果之處分、輕微事件（輕罰事件）（註四三六）。

就程序方面，目前各州共有二十六部不同之行政訴訟法（註四三七），難以提綱挈領予以說明（註四三八），只有聯邦有統一之程序法，亦卽

註四三三　Vgl. K. A. Vallender, Unbestimmter Rechtsbegriff und Ermessen, in: Festschrift für M. A. Grisel, SS. 825, 829 ff., 839 ff., Ides et Calendes 1983.

註四三四　此乃基於民主原則，聯邦法院受國會之拘束（§ 113 III, BV）。Vgl. Häfelin/Haller, aaO. (Fn. 418), S. 542.

註四三五　Vgl. F. Gygi, aaO. (Fn. 400), S. 121; Häfelin/Haller, aaO. (Fn. 418), S. 540 ff.

註四三六　Vgl. F. Gygi, aaO. (Fn. 400), S. 119; ders., Verwaltungsrechtspflege in der Schweiz, BayVBl. 1978, S. 100; §100 OG.

註四三七　Vgl. P. Stähelin, aaO. (Fn. 399), S. 29.

註四三八　關於州方面，文獻請參考 U. Baumgartner, Die Legitimation in der Verwaltungsrechtspflege des Kantons Aargau unter besonderer Berücksichtigung von § 38 Abs. 1 des Verwaltungsrechtpflegegesetzes, 1. Aufl. Schulthess 1978; M. Bayerdörfer, Die Beschwerdevoraussetzungen nach baselstädtischem Verwaltungsprozeβrecht, 1. Aufl. Helbing & Lichtehahn 1980; U. Beerli-Bonorand, Die außerordentlichen Rechtsmittel in der Verwaltungs rechtspflege des Bundes und der Kantone, 1. Aufl. Schulthess 1985; W. E. Hagmann, Die st. gallische Verwaltungsrechtspflege und das Rechtsmittelverfahren vor

聯邦司法法（OG）（註四三九），行政程序法（VwVG）（註四四〇）亦構
成其一部分（特別是涉及訴之許可要件與權限事項），而民事訴訟法
（ZPG）（註四四一）之大部分（八十七條中之八十三條），得爲補充法
源（註四四二）。在程序上較特殊者，乃直接訴訟無須踐行先行程序，間
接訴訟則以履行先行程序爲前提。訴訟種類包括權利保護訴訟及職務訴
訟，前者因行政處分所涉及，而就其撤銷或變更具有值得保護之利益者，
卽可起訴；後者以行政官署就法定事項（註四四三），爲保護法律被遵
守對其他機關之訴訟。此外，存在所謂之合議裁判權（Prorogation），
亦卽凡性質具財產爭議，價額逾二萬瑞士法郎，經兩造申請，聯邦法院
爲唯一裁判機關（註四四四）。

七、結　語

行政訴訟，係公法制度之一環，因其國家屬性，深受各國環境之影

---

dem Regierungsrat, 1. Aufl. Schulthess 1979; Haubensak/
Litschgi/Stähelin, Kommentar zum Gesetz über die Verwal-
tungsrechtspflege des Kantons Thurgau, 1. Aufl. Huber 1984;
J. Hensler, Die Verwaltungsgerichtsbeschwerde im Kanton
Schwyz, 1. Aufl. Schulthess 1980; H. Kistler, Die Verwal-
tungsrechtspflege im Kanton Graubünden, 1. Aufl. Schulthess
1979.

註四三九　Bundesgesetz über die Organisation der Bundesrechtspflge
vom 16, 12, 1943 (SR 173, 110).

註四四〇　Bundesgesetz über das Verwaltungsverfahren vom 20, 12,
1968 (SR 172, 021).

註四四一　Bundesgesetz über Zivilprozeβ vom 4, 12, 1947.

註四四二　§ 120 OG.

註四四三　§ 103b OG.

註四四四　§ 118 OG.

響。他國以爲良制者，未必卽適合於我國。因此，欲借他山之石以攻錯及截長補短，則首須認清各國設立行政訴訟制度之本意，並研究其實施成效及所面臨之困難，方能正本清源，進而擇善固執，而不致於膠柱鼓瑟，買櫝還珠也。

基於本文前述之探討，可知歐陸五國行政爭訟制度發展之趨勢，其根本目的，乃在於謀求妥善保障人民合法之權利，免於受公權力之侵害也。各國追求行政訴訟制度之完善性，包括權利保護之正確、完整、實現、便宜（經濟）及迅速（註四四五），爲謀上述要求之達成，戰後各國（特別是歐陸各國）行政訴訟制度發展之趨勢，包括：（1）權利保護功能之強化、（2）訴訟種類之增加、（3）行政裁判權之擴大、（4）行政裁判之司法化（註四四六）。唯最近各國面臨之共同困難，乃訴訟過量、法院負擔過重及訴訟程序遲滯（註四四七），其對策性改進措施，洵值得吾人未雨綢繆、預爲防患者也（註四四八）。依本文所見，歐陸各國行政爭訟制度值得吾人取法者，計有審級及訴訟種類之增加、裁判權範圍之擴大、訴權之適度擴展、暫時權利保護及裁判實現確保措施，至於行政法院負擔過重及程序進行之遲緩方面，應在顧及裁判正確性及行政訴訟司法民主化之前提下，參考歐陸各國先例，規劃因應之道（註四四九）。

（本文原載於東吳法律學報七卷二期）

註四四五　詳參見蔡志方，前揭（註七二）文，頁二三以下，特別是一七三以下；蔡志方，前揭（註一二七）文，頁六〇以下。
註四四六　詳參見蔡志方，前揭（註七二）文，頁三〇以下。
註四四七　詳另參見蔡志方，前揭（註七九）文，頁一七以下。
註四四八　我國擬議中之「行政訴訟法修正」，尤應注意訴訟程序之經濟，詳參見蔡志方，前揭（註二五七）文，頁六七以下。
註四四九　本文義大利部分之探討，特別感謝德國巴伐利亞邦葩芬（Passau）大學 Prof. Dr. Ferdinand O. Kopp 之協助。

貳、戰後行政訴訟制度發展之趨勢 及其優劣之檢討

一、行政訴訟權利保護功能之強化：發展趨勢之一

(一) 公益之維護與私權保障之協調

(二) 訴訟權能（適格）範圍之擴大

(三) 裁判實現之確保

(四) 暫行權利保護制度之加強

二、訴訟種類之增加：發展趨勢之二

(一) 訴訟種類在行政訴訟制度上之功能

(二) 訴訟種類規範之模式及其檢討

三、行政裁判權之擴大：發展趨勢之三

(一) 審查權之擴大：概括權限條款

(二) 審查權之擴大：不受審查範圍之限縮

(三) 民事訴訟轉換為行政訴訟或兩訴之併存

(四) 法院裁判方法之強化

四、行政裁判之司法化: 發展趨勢之四

(一) 行政裁判權之歸屬

(二) 審級之增加與程序之司法化

五、戰後行政訴訟制度發展趨勢優劣之總檢討

(一) 從五大要求綜合評估戰後行政訴訟制度發展四大趨
　　勢之優劣

(二) 從戰後行政訴訟制度發展之趨勢及成效所獲得之啟
　　示

貳、戰後行政訴訟制度發展之趨勢及其優劣之檢討

戰後行政訴訟制度發展之趨勢雖多，但可歸納為四大類，此即「行政訴訟權利保護功能之強化」、「訴訟種類之增加」、「行政裁判權之擴大」及「行政裁判之司法化」。以下分成四章，簡要介紹其梗概、各國所採之相應措施，並檢討其優劣得失焉!

一、行政訴訟權利保護功能之強化: 發展趨勢之一

戰前各國行政訴訟制度，雖不乏具有保護人民權利之功能，但因其主要目的在於維護主權者（帝王、領主）之利益或行政之遵守法規（前者為真正目的，後者為表面目的），姑不論其制度所運用之方法是否真正、完全能達成此一目的，但無疑其較諸戰後各國之行政訴訟制度顯偏重於法規之維持；戰後其加強人民權利之保護，不但明載於各國憲法，且為憲政之潮流（註一）。（戰前託言於法規之維持，實亦為忽視人民

註　一　一九四八年十二月十日世界人權宣言弁言揭櫫「人權須受法律規定之保障」，第八條規定「人人於其憲法或法律所賦予之基本權利被侵害時，有權享受國家管轄法庭之有效救濟」。

權利保護之藉口）。戰後行政訴訟權利保護功能之強化，可由訴訟權能（適格）範圍之擴大、裁判實現之確保、暫行權利保護制度之加強三端見之。此外，戰後各國頗重視團體生活之共同利益（公益），故在行政訴訟制度上，亦講求公益之維護與私權保障之協調。然為免以維護公益之名，而隳棄私權保障之實，故本章對此亦一併加以探討。

（一）公益之維護與私權保障之協調

戰後由於社會結構之重大、急遽變遷，使人與人間之關係密切，社會分工日形明顯，人民倚賴國家提供各種生活上之服務日益殷切（註二），特別是隨著科技飛躍地進步，加速社會之變革，人口結構改易，城市化、工業化、商業化日形顯著，國家乃積極扮演計畫者、干預者、分配者、給付者及經營者之角色（註三），可謂包辦「從搖籃至墳墓」(Von der Wiege bis zur Bahre)（註四），更貼切言之，可謂從母胎至墳墓！因此，戰後私權之保障與公益之維護如何協調，在行政訴訟制度上亦居一席之地。各國有設專門之機關在行政訴訟制度程序上擔綱公益之維護者，以下擇要探討其優劣焉！

1. 眞正之公益：合法權益之保障

在一般憲法上，常以增進公共利益為原因，得以法律限制人民之基

註 二 參見林紀東，行政法，頁三四以下；同著者，行政訴訟，頁六以下。
註 三 Cf. W. Friedmann, p. 74; R. Zippelius, SS. 333 ff.; 342 ff.
註 四 Siehe, I. v. Münch, in: Erichsen/Martens (Hrsg.), S. 1.

本權利及自由（註五），而一般行政法學亦常以公益為由，探討權利之
限制或剝奪。雖然法律之制定已為行政及行政法院界定何者為公共利
益，何者為個人利益，而公益（das öffentliche Interesse）不只在維護
社會之利益（註六），抑且在保障個人被賦與之權利，在法治國家中，
無一公益之實現應以（犧牲）個人之權利為代價，亦即行政為照料及促
進公共福祉而違反其任務，則此實為公益之侵害（註七）。從法律賦與
權利之特性及依法行政之要求（註八），只有立法者得本於憲法之付託
或授權，在權利之賦與時，即基於公益之考量，限制其內涵或範圍，或
嗣後以法律限制或剝奪之，而不容許行政或司法以公益為名，違反法律
限制或剝奪法律所賦與之權利。因此，吾人得以肯認，合法權益之保
障，始為真正之公益所在及法治國家維護公益、保障私權之本旨。

　唯在行政訴訟之裁判確定前，爭訟之法律關係處於真偽不明之狀
態（non liquet），若必待乎裁判確定後，始可執行公權力或行使私權，
輒因訴訟結案需時過久，事過境遷，非為公益之失脩，即為私權之不
保；反之，在裁判確定前，爭訟之雙方或其一方強為行使權利（力），
其結果亦可能釀成上述相同之結局。因此，如何在行政訴訟上客觀而統
一地實現實體法，乃戰後各國行政訴訟制度努力之目標之一。

　在各國之行政訴訟上，用以協調公益之維護與私權之保障，除行政
訴訟制度本身以外，計有：起訴停止或不停止執行之原則與例外、訴訟

註　五　如我國憲法第二三條、日本國憲法第十二條及第十三條、西德基本法
　　　　第十五條、第十七條 a 及第十八條、法國人權及國民權宣言第四條、
　　　　第五條及第十七條、義大利憲法第十三條以下。
註　六　公益在概念上，可解為用以維繫社會連帶組織正常運作之共同因素
　　　　（利益）。
註　七　Vgl. C. Fischer, Diss., S. 35.
註　八　憲法明文規定依法行政原則者，如西德基本法第二〇條第三項、奧國
　　　　聯邦憲法第十八條第一項。

上之保全措施（假命令、緊急程序、先行照料措施）、職務訴訟（奧、瑞）或機關訴訟（德、日）或對已訴訟（In-Sich-Prozeß）（德）、情況裁決與損失補償（日）、團體訴訟（瑞士及西德少數邦）或民眾訴訟（日），或模範訴訟（Musterprozeß）（德）及各型態之公益代表人（法國之政府委員；西德之高等聯邦檢察官、公益代表人、資訊保護受託人、軍事監察使；奧國之國民律師；義大利之國家律師），以下各項只探討日本情況裁判與內閣總理異議、西德公益代表人制度、法國政府委員及行政監察使制度、奧國國民律師制度，餘或予以割愛，或容後述（註九）。

2. 日本情況裁判與內閣總理異議制度之檢討

戰後日本之行政訴訟制度，雖強化權利保護之功能，然於公益之維護，亦頗注重，情況裁判及內閣總理異議制度，即為此而設。

自昭和二十三年七月一日法律第八一號「行政事件訴訟特例法」第十一條採取「情況裁決」制度後，昭和三十七年五月十六日法律第一三九號「行政事件訴訟法」第三十一條予以繼受，而規定：「在撤銷訴訟時，處分或裁決雖違法，但如將之撤銷，對於公共利益顯然將發生重大妨礙時，得於斟酌原告所受損害之程度，其損害之賠償或防止之程度及其方法，及其他一切情事後，認為撤銷處分或裁決不符合公共利益時，法院得駁回其請求。此時，在該判決主文中應記載處分或裁決為違法。法院認為適當時，得於終局判決前，以判決宣告處分或裁決為違法。終

註　九　關於暫行權利保護，詳本章第四節。

局判決記載事實及理由時，得引用前項判決」（註十）。

　　日本情況裁判制度涉及之問題，計有：（1）情況裁決之必要性及允許之依據，（2）情況裁決之要件，（3）情況裁決之特質，（4）情況裁決與處分主義、職權主義之關係，（5）情況裁決與舉證責任，（6）情況裁決與既判力，（7）情況裁決與損害賠償，（8）情況裁決之必要配合措施，（9）情況裁決與訴訟費用及（10）情況裁決之裁判主文。茲只就其中第一、三、四、五、七、八各點，略予陳述及批判。就第一點言之，情況裁決之必要性，無異議地被認係爲維護公益，但其允許性，則不免有違反依法行政原理及行政爭訟保護國民權利之目的，或爲變相之公用徵收，欠缺實體法上個別之規定，有牴牾法治主義之嫌。質言之，行政得本於徵收之合法方法而不由，而以違法追求公益，難謂係眞正之公益，只能謂係以眾暴寡。雖然設定情況判決制度之理論背景，乃以行政行爲之無效的轉換或行政行爲瑕疵之治療，亦卽「行政處分雖違法，能救濟則爲之，不能救濟則不爲之」（註十一），爲其依據。就第三點言之，情況裁決乃不得已之例外措施，故須在無可避免下，嚴格解釋，審愼認定。就第四點言之，情況裁決難免發生違背處分主義下原告聲明外爲裁判（訴外裁判）之嫌疑。就第五點言之，對於舉證責任，原則上被告機關至少應爲抗辯之主張，法院始得以闡明權之行使及職權調查之方式爲之（註十二）。就第七點言之，情況裁決下原告所受之損害應予賠償，固無疑義，但是否以行政機關之過失爲必要，見解不一，有從近代

註　十　　日本關於情況裁決之法規，除上述兩法條以外，尚有行政不服審查法第四〇條第六項、國稅徵收法第一七三條、地方稅法第十九條之十、土地調整委員會設置法第四　條之二及已刪除之舊商法第二五一條。參見南博方編（谷五佐夫），頁二六二以下。

註十一　　參見山村、阿部編（村田哲夫），頁二九八；南博方編（谷五佐夫），頁二六四以下。

註十二　　參見南博方編（谷五佐夫），頁二七三。

法之一般原則予以肯定（註十三）。 唯若係將情況裁決認係實質上之公用徵收，則應以損失補償之法理爲之， 自無過失責任之適用（註十四）。就第八點言之， 必須強化事前手續、連鎖之手續應有周密之計畫、注意停止執行之申請及要件之緩和、階段性措施須注意先後次序（註十五）。依本文觀之， 日本之情況裁決制度，無論從眞正之公益立場或行政訴訟制度之完整要求言， 均不能謂係良制。

其次就內閣總理異議制度言之，其乃行政權優位之表現，自「行政事件訴訟特例法」第十條創設此制後，「 行政事件訴訟法」亦予以承襲，而於第二十七條規定: 「有第二十五條第二項之聲請時，內閣總理大臣得向法院陳述異議。已爲停止執行之裁定時，亦同。前項異議，應附理由。在前項異議之理由內，內閣總理大臣應舉出，如不使處分之效力繼續，不執行處分或不使程序進行時，對於公共利益有發生重大影響之虞之情事。有第一項異議時，法院不得裁定停止執行，如已爲停止執行之裁定，應撤銷之。有第一項後段異議時，應向裁定停止執行之法院陳述之。 但對該裁定之抗告已繫屬於抗告法院時， 應向抗告法院陳述之。內閣總理大臣非於不得已之情形，不得陳述第一項之異議，如已陳述異議時，應於次屆國會常會時，就異議之陳述向國會提出報告」。

日本內閣總理異議制度，係屬於起訴不停止執行之原則之一環，此制在憲法上之合憲性， 雖有肯否之對立見解（註十六）， 其關鍵在於停止執行之裁定的性質究爲司法作用或行政作用，如屬後者，則只係行政權之「收復失土行爲」，如屬前者，則不免有行政干預司法之嫌，唯停

註十三　同上註。
註十四　參見鈴木、三ケ月監修（阿部泰隆），新講座，頁二一。
註十五　參見鈴木、三ケ月監修（阿部泰隆），新講座，頁二二。
註十六　參見南博方編（藤井俊彥），頁二四五以下；山村、阿部編（村田哲夫），頁二七三以下；藤田宙靖，頁二九五以下。

止執行之制度，只係在法院終局裁判前，爲避免因訟期過長，造成既成事實，基於權利保護之迅速性，所爲之暫時性、便宜性措施之制度（註十七），雖其行使不免損及司法權（不信任法官之判斷力、侵犯司法權之獨立，使本案訴訟有名無實，被告爲異議之不協調）（註十八），但若嚴格限制其行使之條件，且在被訴行爲之違法或合法不明之情況下，基於合法權益之保障、權利保護之正確性要求，尚屬得以被容許。（至於裁定停止執行之法律性質，吾人以爲依裁定機關之歸屬定之，質言之，在行政程序中，由行政機關裁定者，固屬於行政行爲，在司法程序中，由司法機關裁定者，卽屬於司法行爲，如此始能維護因事授權之法理。）

3. 西德公益代表人制度之檢討

戰後西德基本法固強調個人權利之保護（特別是第十九條第四項），但亦不忽略公益之維護（特別是第十四條第二項財產及其使用之社會義務、第二項徵收與補償；第十五條之社會化條款；第十八條基本權利之剝奪及第二十條第一項之社會國家原則）。在行政訴訟法上亦規定公益代表人制度（註十九），以協助法院發現（適用之）法律，避免公益受損及減輕法院及當事人之眞正負擔（註二〇），其實公益代表人制度早

註十七　參見山村、阿部編（村田哲夫），頁二七三所引杉本良吉氏見解；南博方編（藤井俊彦），頁二四六。

註十八　參見山村、阿部編（村田哲夫），頁二七四所引杉村、兼子、平峯隆、市原等之見解。

註十九　§§ 35-37 VwGO; § 122 II FGO; § 75 I (2) SGG; § 37 BDiszO; § 35 AuslG; §§ 17 ff. BDSG.

註二〇　Vgl. C. Fischer, Diss., S. 97.

在行政司法時代，普魯士在高等行政法院卽已設置（註二一），戰後美軍占領區之行政訴訟法第十八條第二項第一句，法國占領區Rheinland-Pfalz 邦之行政訴訟法第十三條第二項，亦規定有公益代表人參加訴訟（註二二）。

目前依行政法院法第三十五條第一項，在聯邦行政法院設一名聯邦高等檢察官 (Oberbundesanwaltschaft)；同法第三十六條第一項，各邦得以邦政府之法規命令在高等行政法院及地方行政法院設一名公益代表人 (Vertreter des öffentlichen Interesses)（註二三）。財政法院法第一二二條第二項規定聯邦財政部及邦財政署以介入 (Beitritt) 方式，在法律審上訴程序 (Revisionsverfahren) 充任實質之公益代表人，其地位爲參與人 (Beteiligten)。社會法院法第七十五條第一項第二句規定，在戰爭犧牲之照顧事件，基於德意志聯邦共和國之申請，應許其參加；第二項規定，在戰爭犧牲之照顧事件，邦被認有給付之義務時，應命其參加。此時聯邦與邦以參加人之地位，充當實質之公益代表人。

西德之公益代表人制度，在邦級之十一邦中，只有五邦設置，而巴伐利亞邦之公益代表人就爲數不少之案件，復充爲邦之代表（註二四），

註二一　Vgl. M. Rapp, in: Külz/Naumann (Hrsg.), Bd. II, S. 10; G.-C. v. Unruh, in: FS f. C.-F. Menger, S. 26; G. Schiffmann, S. 16 ff.

註二二　參見翁岳生，頁四五二以下；F. O. Kopp, DVBl. 1982, S. 278 ff.

註二三　現僅 Baden-Württemberg, Bayern, Nordrhein-Westfalen, Rheinland-Pfalz 及 Schlewig-Holstein 設置，而後三邦所設爲純公益代表人。Siehe, Baden-Württemberg, GBl. S. 185; BayRS, 34-3-I; GV, NW, S. 48; Rheinland-Pfalz, GVBl. S. 255; Schlewig-Holstein, GVOBl. S. 32.

註二四　§ 5 der Verordnung über den Vertreter des öffentlichen Interesses bei den Gerichten der Verwaltungsgerichtsbarkeit.

其與聯邦高等檢察官復受政府指令之拘束（註二五）（註二六），　如此，能否眞正達到上述之功能，而不至於成為行政訴訟原告之第二對造，其價值及存廢，　頗為學者所爭議（註二七）。　一般主張保留聯邦高等檢察官，　而廢止邦級之公益代表人。　然多數學者主張強化其獨立性及公正性（註二八），　少數學者更有主張擴大其任務及權限（註二九）。吾人以為，就公益代表人之協助法院適用法律、確定及具體化法律、提供學術情報、協助斟酌法律之精神、輔助法官、彌補法官經濟之不足、擔保法院辦案之不疏忽；在訴訟程序中代表沉默之多數大眾，從法律秩序之維護，以保護大眾之法律利益；減輕法院負擔，協助法院迅速處理案件，避免因思慮不週，　致浪費程序；　對官署提供各項法律情報與諮詢意見（註三〇），　其制度可以維持，　但必須確保其能力、獨立及公正，否則，將為蛇足或欲益反損。

4.　法國政府委員及行政監察使制度之檢討

一八三一年三月十二日勅令創設政府委員（Les commissaires du

註二五　§ 35 I, S. 3 VwGO; § 2 II, S. 2, Baden-W., GB1. S. 185; § 4
　　　　I, S. 2, BayRS, 34-3-I; § 1 II, S. 2, Rhld-Pfalz, GVB1. S. 255;
　　　　§ 1 II, Schl-Holst., GVOB1. S. 32.
註二六　Nordrhein-Westfalen 邦法規命令無規定。
註二七　西德學界對公益代表人制度之評價及存廢之討論，集中於九大點：其
　　　　一乃公益代表人在行政訴訟上可否廢棄；其二乃公益代表人之雙重角
　　　　色；　其三乃公益代表人制度之不合經濟要求；　其四乃公益代表人參
　　　　與程序違反訴訟上武器平等之原則；其五乃公益代表人只偶然參與程
　　　　序；其六乃公益代表人傾向行政官署；其七乃公益代表人法律原則上
　　　　工作方式之缺失；其八乃對公益代表人之限制不只於聯邦行政法院；
　　　　其九乃憲法上對公益代表人之疑義，而反對設置。Dazu, Vgl. C.
　　　　Fischer, Diss., S. 73 ff.
註二八　Vgl. F. O. Kopp, DVB1. 1982, S. 279.
註二九　Vgl. C. Fischer, Diss., S. 124 ff.
註三〇　Vgl. F. O. Kopp, DVB1. 1982, S. 279-283.

gouvernement)（註三一），草創之初，雖有用以維護政府利益之始意，然因歷任此職者，本乎學識及良心，客觀公正地維護法律秩序，並不一味偏袒非合法之政府事實上利益，致儼然形成公益及法律之維護者。由於其不受指令之拘束，又無首長之指揮，在地方行政法院（Les Tribu-naux administratifs）及中央行政法院（諮政院訴訟部）參與訴訟程序，獨立提供報告意見，對行政法院之裁判，具有裨補闕漏及發展行政法之功能，故，一八五二年及一九五七年先後二度擬廢棄此制，均未成功，中央行政法院反而確認其非代表行政，而係獨立於行政之外，用以協助法院發現裁判依據之機關（註三二），故，亦常被稱爲「法律委員」(Le commissaire de la loi ou du droit)（註三三）。唯諮政院(Le Conseil d'Etat) 行政部之政府委員，則係行政之代表。

法國之政府委員制度，衍化爲眞正之公益代表人，並非法律之規定使然，而係長期之實務演變所致，雖其不受指示，但亦乏身分保障，純粹係擔任此職者（註三四），事實上努力所塑造之傳統。在訴訟程序上，通常政府委員接到報告官（Rapporteur）之裁判草案（projet d'arrêt ou jugement）後，即研究其有無疏漏，並自行參考判例、學說、研究實務之取向，並自行擬具一份報告，並於公開審議庭宣讀，迨內部決議時，其雖無表決權，卻備詢提供意見，澄清看法，使裁判臻於完美。自

註三一　參見渡邊宗太郎，法學論叢，十八卷三號，頁四〇三；Auby/Drago, Traité, 152°; G. Peiser, contentieux, p. 4 et infra.

註三二　C. E., 10, 7, 1959, Gervaise, p. 466; C. E., 17, 10, 1973, Cauffet, Dt. Adm., no. 361.

註三三　Vgl. A. Fischer, in: F. O. Kopp (Hrsg.), S. 70; C. Fischer, Diss., S. 110.

註三四　法國政府委員並不採固定職，故其功能意義較濃。在中央行政法院各裁判體（單位）均配置一名政府委員，通常由候補院士(Les maîtres des requêtes) 或助理官 (L'Auditeurs) 擔任，唯在地方行政法院則由一名院士 (Conseiller) 擔任。

一九八二年起，對於案情明確者，庭長得命其免提報告（註三五），以加速程序。從公益之維護言，政府委員忠於法律，不偏於政府，故既爲行政法院之諍友，又爲原告之輔助者，其制實爲可取，亦使吾人知法律制度偶有非必然之結果。

　　其次，就法國之行政監察使（Médiateur）言之，實源於北歐之 Ombudsmen 制度（註三六），一九七三年元月三日第六號法律不顧法學界之反對，予以引進（註三七）。考其始意，在於對「一向無情、傲慢，自以爲朕卽天下之法國行政」（註三八），尋求在司法控制之限制外，「簡易、自由及迅速可用之機會」，以合於便宜性之考慮，允許公開責備行政之不良決定及規則，使行政少具威嚇性，而可以接近，尤其是符合人性者（註三九）。於是依此法設行政監察使（Médiateur）一名（註四〇），由內閣會議以教令（Décret）任命，任期六年，不得再被任命（第二條）。雖然其受理申訴（réclamation）後，只能從事必要之調查，並向行政官署提出改善措施之建議，並公布於年刊 La documentation Français，其報告在年度結束後，呈共和國總統及國會（第十四條），一九七六年十二月二十四日第一二一一號教令賦與其對行政不執行其既判力之司法裁判，得明令遵期辦理，逾期仍無結果者，

註三五　Décr. n° 82-917 du 27, Oct. 1982.

註三六　關於行政監察使制度，詳參見城仲模，頁六八三以下; F. O. Kopp, VerwArch. 1980, S. 362 ff.

註三七　Vgl. F. O. Kopp, VerwArch. 1980, S. 216; Auby/Drago, Traité, dev. 7°.

註三八　法國前內政部長 M. Poniatowski 語, cit. from Brown/Garner/Galabert, p. 19.

註三九　Cf. Brown/Garner/Galabert, p. 19.

註四〇　法國不使用 Ombudsmen, 而稱 Médiateur, 乃取介於行政與國民間，以協調，促使行政改善之意。曾任此職者，如 M. Antoine; Pinay; M. Aimé Paquet; M. Fabre 等人。

則提出一特別報告，並公布於年刊上（註四一）。雖其建議不具拘束力、強制力，但因其不受指示，故歷年之申訴案迭有增加（註四二），其中常有百分之四十，經調查後，發現行政確實不令人滿意，故行政監察使之制度，在向稱行政救濟制度發源最早、最完善之法國，仍係其民主化所不可少之一環（註四三），亦表示法國現行行政救濟制度仍存在若干瑕疵（特別是裁判實現之確保方面）（註四四）。基於權利保護之完善及多元性，此制有益無害。

5. 奧國國民律師制度之檢討

由於法規之氾濫，欲蘄所有國民廣泛嫻熟，既有所不能，而國家之行政活動日形擴大，侵入國民之生活領域日多，現有權利救濟途徑益顯不足。奧國為消弭此種權利保護之死角（Rechtsschutzdefizit），提供國民更簡便、迅速、非官僚之救濟管道，爰於一九七七年二月二十四日國民律師之聯邦法律（註四五），創設國民律師（Volksanwalt）之制度，針對行政之弊端（Miβstände），提供服務作用（Servicefunktion）之救濟機會。此制初擬試行六年，然在期滿前，即修訂聯邦憲法，增列第一

註四一　Cf. B. Pacteau, contentieux, 313°, 404°.

註四二　一九七三年共一、八○○件，一九七六年共三、○○○件，一九七九年共四、三○○件，一九八一年共五、六七七件，一九八二年共四、五○○件。V. Brown/Garner/Galabert, p. 20; B. Pacteau, contentieux, 404°.

註四三　Cf. Brown/Garner/Galabert, p. 20.

註四四　此亦可以回答余多年前之疑問。請參見蔡志方，憲政時代，八卷四期，頁六○。

註四五　BG v. 24, 2, 1977, BGBl. 121 über die Volksanwaltschaft.

四八條之一至之十（註四六）， 將之納入正式建制（註四七）。

　　（聯邦）國民律師共三名，由國會（Nationalrat）就主要委員會中國會最強之三黨各提一名人選形成之總提名單甄選（註四八）。國 民 律 師任期六年，僅能連任一次（註四九）；國民律師以其中一名為首席，每年輪任一次， 其順序依選拔政黨之強勢定之（註五〇）； 如任期滿前出缺時， 由其原提名之政黨提名補行所餘任期（註五一）。 國民律師任期中專職， 不得兼行任何其他職務（註五二）。 邦憲法亦可準用聯邦憲法第一四八條之五、六之規定， 創設邦之國民律師（註五三）； 目前只有Vorarlberg 邦行使此一權限（註五四）。

　　國民律師之權限， 在於揭發行政之不正行為（弊端）（包括違法及不當行為與制度， 如行為不合目的、 行為不符期望、 不禮貌、 辦事泄沓、 提供之消息不明確、 表格紊亂、 缺乏服務誠意、 上班不守時、 儀態不佳……）； 聯邦國民律師因任何人由於上等行為所及， 而向其提出申訴（Beschwerde）， 或因其自行獲知， 即可對聯邦或邦（如邦憲法委予權限）（註五五）， 含高權行為及私法行為之主體， 進行必要之調查（問卷或採證）， 受訪單位應協助之， 對其不適用職務守密原則。國民律師

註四六　BVG 1, 7, 1981, BGB1. 350.

註四七　Vgl. Adamovich/Funk, VfR., S. 352 ff.; Antoniolli/Koja, S. 674; H.-U. Evers, in: FS f. E. C. Helbling, S. 167 ff.; Walter/Mayer, VfR. S. 37 1ff.

註四八　§ 148 g II, B-VG.

註四九　§ 148 g I, B-VG.

註五〇　§ 148 g I (1), III, B-VG.

註五一　§ 148 g IV, B-VG.

註五二　§ 148 g V, B-VG.

註五三　§ 148 i, B-VG.

註五四　§§ 57-59 L-VG v. Vorarlberg, zitiert nach Walter/Mayer, S. 376.

註五五　§ 148 i I, B-VG.

針對調查之弊端， 可向聯邦或邦（經其授權時）之最高行政機關提出
應行之建議（Empfehlungen）（具有法律拘束力）（註五六）， 限定在
八週內飭其改善（可依請求延長）（註五七）， 受提出單位應以言詞或
書面說明其改進或不能照辦之原因（註五八）， 其結果亦使申訴人知悉
（註五九）， 此時國民律師負守密義務（註六〇）； 如係聯邦官署之命令
違法，國民律師得向聯邦憲法法院訴請撤銷之（註六一）， 如係邦命令，
則於其被授權時，準此規定（註六二）。

由於此制旨在輔助其他權利救濟方法，故具從屬性(Subsidiarität)，
凡欲申請其調查者， 須其無或已不能行使其他法律救濟方法（註六三）。
然亦因其不拘形式， 又無時效限制， 頗能調和其他法律救濟方法之僵
硬， 並使奧國之權利保護制度， 更趨於完美（註六四）。 此制衡以權利
保護之多元化，完整性、實現性及經濟性，在彼國可資歡迎。

（二）訴訟權能（適格）範圍之擴大

攸關國民權利保護之機會者， 除行政裁判權之範圍、 訴訟之種類
外，首推訴權之廣狹。由於不告不理原則，使得訴權決定行政裁判權之
發動及作用範圍。何謂訴權？定義不一，大致言之，係指何人就一定事

註五六　Vgl. Walter/Mayer, VfR., S. 380.
註五七　§ 148 c, B-VG.
註五八　aaO.
註五九　§ 6 VAG.
註六〇　§ 148 b II, B-VG.
註六一　§ 148 e, B-VG.
註六二　§ 148 i, B-VG.
註六三　§ 148 a I, B-VG; Adamovich/Funk, VfR., S. 355; Antoniolli/
　　　　Koja, S. 675; Walter/Mayer, VfR., S. 377.
註六四　Vgl. H.-U. Evers, in: FS f. E. C. Helbling, S. 173.

實（項）有權提起一定種類之訴訟，而就其標的受有利裁判之資格（註六五）（註六六）。訴權（適格），恒與訴之利益（權利保護之利益或必要）及訴訟標的，相互牽連、影響（註六七）。各國行政訴訟制度為確保行政之靈活營運、法之安定性、避免濫訴所生之訴訟過量殃及司法之功能，咸於訴訟種類或訴訟原因之規範時，一併（明文或默示）確立訴權之誰屬，除法定之職務訴訟外，因其要求條件之不同，可類型化為（權利）被害者訴訟（Verletztenklage）、利害關係者訴訟（Interessentenklage）及民眾訴訟（Popularklage）三大類。以第一類為典型，第二類次之，第三類最小。戰後所謂訴訟權能（適格）範圍之擴大，乃指第二類及第三類訴訟之加入者而言。

1.　被害者訴訟及其檢討

所謂「被害者訴訟」（Verletztenklage），本指欲提起行政訴訟者，

註六五　曩昔歐陸各國沿襲羅馬法，以 Locus standi 稱之，今德國一般以 Klagebefugnis; 奧、瑞以 Beschwerdelegitimation; 法國以 L'intérêt à agir dans le recours; 義大利以 la legittimazione del giudice 稱之。

註六六　訴權之有無，究係以訴之形式許可要件（Zulässigkeit），或以訴之有無理由（Begründlichkeit）從實體要件上予以處理，攸關裁判之方法（程序或實體裁判）及法官之負擔（如為實體裁判及採具信服力說，則法官勢須負雙重工作負擔），值得吾人注意。Vgl. H. H. Rupp, DVB1. 1982, S. 145; K. A. Bettermann, in: Gedenkenschrift f. M. Imboden, S. 41. 關於可能性說（Möglichkeitstheorie）及具信服力說（Schliissigkeitstheorie）（前者為通說），Vgl. C. H. Ule, Verwaltungsprozeβrecht, S. 202; Pietzner/Ronellenfitsch, S. 91.

註六七　參見鈴木、三ケ月監修（遠藤博也），講座 9，頁六九；同監修（泉德治），新講座 9，頁五四。

必須其「權利」爲「違法」之被訴行爲所「侵害」爲許可要件（註六八）。此種以原告之權利爲違法之行政行爲所侵害爲起訴要件之訴訟型態，符合行政訴訟之「權利保護作用」目的，故爲多數國家之行政訴訟制度所採用（註六九）。然由於訴權之享有，以原告之權利被害爲要件，實際上乃限制起訴者之範圍，匪特無關自己之利益，任何人（quivis ex populo）皆得提起之民眾訴訟被排除，即只關係自己之利益者，亦不得起訴，故可稱係「權利被害者訴訟」（Rechtsverletztenklage）。邇來因社會化日形嚴密，權利與利益不易分別，爲確保正當利益之享有，若干原採「權利被害者訴訟」之國家，乃擴張訴權至「法律保護之利益」，而形成「利益被害者訴訟」。

法國行政訴訟制度，初在防止普通法院干預行政，繼而確保行政之合法性（註七〇），此除由行政法院審查裁量權可窺其一斑外，最明顯者，在於其訴訟型態不採「被害者訴訟」，而係「利害關係者訴訟」（詳二之說明），然舉輕以明重，權利被害者及（法律保護之）利益被害者當然具有訴訟權能（註七一），此無異於擴大人民權利救濟之機會，

註六八　Vgl. W. Skouris, S. 10.
註六九　戰前各國之行政訴訟制度，若係以法規之維持爲目的，則不採民眾訴訟，而採被害者訴訟，除在於偏袒行政（王權）及防止法院負擔過重（後者在彼時似屬虛語）外，實令人費解。
　　　　戰前德國之行政訴訟制度，雖採普魯士模式，使行政法院組織、程序及權限在司法化之過程，仍頗接近行政，而其主要功能在於確保行政之合法，因此，其審查權及於行政之合法性及合目的性，而關於訴權問題，乃居於次要地位（Vgl. D. Neumeyer, S. 69.），然匪特不因此使人民之訴權擴大至幾近民眾訴訟，反而限制人民只有因行政行爲「違法」侵害其「權利」者，始有權起訴（Vgl. W. Skouris, S. 29.）。
註七〇　Vgl. W. Skouris, S. 33 ff.
註七一　Cf. Brown/Garner/Galabert, pp. 102 ff.; W. Skouris, S. 97 ff.; J.-M. Wöhrling, NVwZ 1985, S. 23.

初不能以其偏重行政合法性之控制，而誤認其不保障「權利被害者」。此外，法國之「完全審理訴訟」(recours de pleine juridiction)，雖以保障權利及個人地位爲目的，但權利之存在，並非訴之許可要件，而只是訴有無理由之依據（註七二），故亦以具有值得保護之利益爲已足（註七三）。

　　德國戰後民權思想蓬勃激盪，環境復足以助長之，在一九四五年由海德堡大學教授 W. Jellinek 領導之專家委員會 (Sachverständigen-kommission)，以南德之行政裁判制度爲藍本，起草新行政訴訟法草案；一九四九年波昂基本法公布，其第十九條第四項確保完全、有效之司法的行政救濟請求權，一九六○年行政法院法第四○條繼而予以具體化，然關於訴權 (Klagebefugnis)，並未因同法第四十二條第二項、第四十三條第一項及第一一三條之規定而澄清，反使學者眾說紛紜（註七四），其意見一致者，只係上述規定旨在排除民眾訴訟 (Popularklage)（註七五）。至於通說，則認爲基本法第十九條第四項在於確保完全、有效之司法保護之基本權利，並非限定訴權於權利違法受損（註七六），亦卽

註七二　Vgl. J.-M. Wöhrling, NVwZ 1985, S. 25.
註七三　Vgl. W. Skouris, S. 36.
註七四　Vgl. D. Neumeyer, S. 25 ff.
　　　　學說論爭之焦點，在於 (1) 基本法第十九條第四項是否爲訴權之規定？其目的何在？(2) 行政法院法第四二條第二項、第四三條第一項及第一一三條；財政法院法第四○條第二項、第四一條第一項及第四八條；社會法院法第五四條第一項第二句之規定，其作用及與訴權規定之關係如何？(3) 行政訴訟之訴權與民事訴訟法上之訴訟執行權 (Prozeßführungsbefugnis) 是否相同？(4) 訴權究係訴之許可性 (Zulässigkeit) 或有無理由 (Begründlichkeit) 之問題？在程序上如何審查及處理？
註七五　Vgl. W. Grunsky, S. 271.
註七六　Vgl. D. Neumeyer, S. 77; W.-R. Schenke, BK. Rn. 153 zu § 19 IV GG; W. Frotscher, Jura 1980, S. 6; H. Sendler, in: FS f. M. A. Grisel, S. 800.

其乃在保障權利爲公權力侵害時之法院的權利救濟途徑，而非在限制法院之權利救濟途徑只能適用於權利被公權力侵害者，易言之，其爲最低之保護規定，而非最高保護規定（註七七），而上述行政法院法等規定，乃訴訟許可性之獨立要件（註七八）。 至於訴權之特質， 實務及學說有可能性說（Möglichkeitstheorie）、具說服力說（Schlüssigkeitstheorie）及言詞主張說（Verbalbehauptungstheorie）（註七九）， 唯亦有學者根本不予重視， 而認其只係「假象問題」（Scheinproblem）（註八〇）， 少數學者主張與民訴相同處理（註八一）， 如此始能明確分別實質之正當性（Sachlegitimation）與訴訟執行權能（Prozeßführungsbefugnis），減輕原告說明之負擔（Darlegungslast）、避免職權主義之矛盾及統一各種訴訟種類有關訴權之體系（註八二）。 現行西德之行政訴訟制度， 主在確保權利之保護（註八三）， 然除社會法院之抗告訴訟爲利害關係者訴訟， 亦卽只須具備正當利益卽可起訴外，其他之抗告訴訟均爲被害者訴訟， 卽權利因違法之公權力行爲所侵害時， 始具訴權， 唯此處之權利， 包括依法規目的所保護之權益（註八四）； 在規範審查程序， 須其法律關係將受不利爲要件。 至於因法律特別規定者， 則不必因權利受

註七七　Vgl. W.-R. Schenke, BK. Rn. 154 zu § 19 IV GG; H. Sendler, ebenda; D. Neumeyer, S. 134.

註七八　Vgl. K. Stern, Probleme, S. 153.

註七九　Vgl. K. Stern, Probleme, S. 154; C. H. Ule, Verwaltungsprozeßrecht, S. 202; F. O. Kopp, Rn. 101 zu § 42 VwGO.

註八〇　Vgl. W. Grunsky, S. 271.

註八一　Vgl. K. Stern, Probleme, S. 153; D. Neumeyer, S. 111 ff.

註八二　Vgl. W. Skouris, S. 51 ff.

註八三　Vgl. C. H. Ule, Verwaltungsprozeßrecht, S. 5; W.-R. Schenke, BK. Rn. 25 zu § 19 IV GG.

註八四　Vgl. W. Skouris, S. 57.

損，始能起訴（註八五），例如規範審查、確認之訴及一般給付之訴。
卽使是撤銷之訴與課予義務之訴，行政法院法第四十二條第二項雖規
定：「除法律別有規定者外，只有原告主張其權利因行政處分或其拒絕
或不作爲而被侵害，始得提起」，姑不論本項之眞意何在（註八六），
卽由其字義「除法律別有規定者外」一語，顯係採取「非權利被害者訴
訟」之法律保留，卽在學說及實務界亦普遍承認有「利害關係者訴訟」
存在之餘地（詳第二項說明）。因此，卽使認爲行政法院法第四十二條
第二項爲基本法第十九條第四項之具體化，亦不能斷然認爲西德之撤銷
訴訟及課予義務之訴，只限於「被害者訴訟」，特別是權利被害者訴訟
之型態。當然權利被害者受基本法第十九條第四項之保障，乃無可爭議
者。再者，依實務及通說之見解，基本法第十九條第四項並不創設「實
體之請求權」，而必須在現存之訴訟法秩序上行之（註八七），然而不
但行政法院法第四〇條第一項具體化其所蘊涵之「完全的、無漏洞的及
有效的權利保護」，卽行政法院法第四十二條第二項所謂之「權利」概
念範圍，亦包括基本法所保障之「基本權利」及「法律所保護之利益」。
因此，學說及實務從基本法第二條之自由權、第三條平等權、第五條之
出版權、第六條之家庭及婚姻權、第十四條之財產權等發展出所謂之
「公法上之鄰人訴訟」(öffentlichrechtliche　Nachbarklage)（註八八）

註八五　Vgl. C. H. Ule, Verwaltungsprozeβrecht, S. 208 ff.; § 42 II
　　　　FGO; § 54 I (2) SGG; § 42 II VwGO.

註八六　通說謂此項乃對撤銷之訴及課予義務之訴有關訴權之規定，唯亦有少
　　　　數學者認其本義不在此，而是在規定訴之原因 (Klagegründe)，排除
　　　　裁量問題之審查，並引立法文獻爲據。Vgl. W. Skouris, S. 77 ff.

註八七　Vgl. K. Doehring, S. 376; Schmidt-Bleibtreu/Klein, Rn. 18
　　　　zu § 19 GG.

註八八　詳請參見本文三、（三）、1。

及「競爭（業）者訴訟」(Konkurrentenklage)（註八九）。由上述說明，可知西德行政訴訟制度，乃以「被害者訴訟」為最低保護型態，而非僅此為限。

奧地利之行政訴訟制度，若依聯邦憲法第一二九條，乍視之，似只在於客觀法律秩序之維繫，準此，自以民眾訴訟型態最宜，然依彼邦學者通說，該條只具綱領性質 (programmatisch)，無法據以擴充行政法院之任務及權限（註九〇），而依同法第一三〇條及第一三三條確定其權限。至於四種訴訟型態中，除為職務訴訟之裁決訴訟及指示訴訟，為客觀合法性訴訟，以維護法律秩序為目的者外，屬於當事人訴訟之裁決訴訟、措施訴訟及怠慢訴訟，乃屬以於權利保護為導向之訴訟，使訴訟權能之要件特質，亦屬於被害者訴訟型態（註九一），而所謂「權利受侵害」，以「可能性說」為通說（註九二），至於權利受侵害，並不以直接為必要，亦即不限於處分之相對人，但措施訴訟及怠慢訴訟，則以相對人始具有訴權。至於所謂「被忽略之當事人」(die übergangene Partei)（註九三）所提起之訴訟，究為被害者訴訟，抑或屬於利害關係者訴訟，依不同情況定之。由上述觀之，在行政訴訟之權利保護功能上，奧國之訴權，似採被害者訴訟之型態。

註八九　詳請參見本文三、（三）、2。
註九〇　Vgl. Adamovich/Funk, VfR., S. 328; Walter/Mayer, VfR., S. 288.
註九一　Vgl. Adamovich/Funk, VfR., SS. 329, 331, 332; Antoniolli/Koja, S. 740 ff.; A. F. Kobzina, in: FS f. H. R. Klecatsky, S. 448 ff.; P. Oberndorfer, S. 86 ff.; W. Skouris, SS. 125 ff., 141; Walter/Mayer, VfR., S. 290ff.
註九二　Vgl. Adamovich/Funk, VfR., S. 29; Walter/Mayer, VfR., S. 301; P. Oberndorfer, S. 87.
註九三　Zum Begriff von der übergangenen Partei, siehe, F. Panholzer in: Fröhler/Pindur (Hrsg.), S. 11 ff.; P. Oberndorfer, S. 88 ff.

　　義大利之行政訴訟制度，亦以保護人民之權利爲導向，唯權利之範圍及於法律所保護之利益（Interesse legittimo）（註九四）。狹義權利之保護，由普通法院爲之；利益及少數權利之保護，歸行政法院職司，此一權限之劃分亦影響訴訟之型態，亦即普通法院之行政訴訟爲權利被害者訴訟，而行政法院之行政訴訟則爲利害關係者訴訟。從權利保護之整體言之，義大利之訴訟實採利害關係者訴訟之型態。

　　綜上所述，被害者訴訟型態乃戰後各國行政訴訟之根本，目的在於確保權利，故以權利保護爲導向之行政訴訟制度，此一訴訟型態固不可棄，然往往造成學者間之錯覺，以爲以權利保護爲導向之行政訴訟制度，訴權只限於被害者訴訟。實則基於舉輕以明重及權利保護之完整性、經濟性及迅速性之要求，在行政行爲實際效力所及日形廣泛，權利與利益之概念日益模糊及確保合法利益之法治國家要求下，被害者訴訟只能做爲權利保護之最低水平，而非只侷限於此，利害關係者訴訟，正可考慮（詳次項）。

2．利害關係者訴訟及其檢討

　　所謂「利害關係者訴訟」（Interessentenklage），乃介乎前述被害者訴訟與後述之民眾訴訟間之訴訟型態，原告訴權之享有，不以其權利及法律保護之利益爲違法之行政行爲所「侵害」爲要件，而只須其對訴之提起具有值得保護之實質的或理念的、直接的或間接的、現實的或將來的及任何可以估量之利益（Vorteil）爲已足（註九五）。唯此等利益，須

註九四　Vgl. B. Sordi, Die Verwaltung 1986, SS. 191, 193; I. Winkler, Die Verwaltung 1986, S. 519 ff.

註九五　Vgl. W. Skouris, S. 11.

爲自己所有，以有別於民眾訴訟。由於行政處分或行爲之相對人，其權利恆爲行政處分或行爲所侵，故其亦以「被害者訴訟」型態處理卽可，對於區分被害者訴訟或利害關係者訴訟，無甚意義。準此，利害關係者訴訟乃以「非處分（行爲）相對人」（Nichtsadressaten）或「第三者」（Dritten）或「關係者」（Betroffenen）爲重點。質言之，被害者訴訟之原告雖非處分或行爲相對人，只要其權利爲處分或行爲所侵害，不論其爲直接或間接，皆可成立，但衡以實際，仍以相對人成立之機會爲多。反觀利害關係者訴訟，因其主體之「第三人」或「關係者」性格，使其成立情形與被害者訴訟適相反。至於處分之相對人，只有於其處分對象之物或事項間接爲處分所波及時，始能以「第三者」之地位同時爲主張。

利害關係者訴訟與被害者訴訟之區別，只有在非相對人訴訟，方能突顯其重要性。在利害關係者訴訟，對於處分之撤銷具有利益者，只要處分違法，非處分相對人之訴卽有結果；反之，在被害者訴訟上，非處分相對人之撤銷請求，只有處分違法尚不足够，必須處分所違反之法律至少同時亦保護其利益始可（註九六）。此外，利害關係者只有在利害關係者訴訟，始能以原告之地位起訴，而在被害者訴訟上，其只能以參加人之角色參與訴訟（註九七）。當然在利害關係者訴訟，其仍得以參加人之地位，參與他人之訴訟，唯實際上少如此爲之。

在利害關係者訴訟，訴權與一般訴之利益無顯著之區別，且有合一或重疊之處。

註九六　Vgl. W. Skouris, S. 151.
註九七　參見我國行政訴訟法第八條； 日本行政事件訴訟法第二二條； § 65 VwGO； § 21 VwGG； § 22 II, L. 6, Decembre 1971, n. 1034； § 37 I, TU, 17, 8, 1907； § 120 OG； §§ 15, 16 ZPG； § 154 Règlement CTA.

　　法國行政訴訟制度之功能，偏重於行政合法性之控制，因此，對於訴權或適格（La qualité）問題，部分涉及原告之訴訟能力（La capacité），部分涉及原告訴之利益（intérêt pour agir）（註九八），就後者言，不管原告爲個人或團體，在訴訟上要求其對訴之提起，具有一定值得保護之利益，而此利益亦不論其爲實體的或精神的、現實的或理念上可確定的、個人的或團體的（在團體訴訟）利益均可（註九九），唯法國雖強調行政合法性之控制，但仍排除民眾訴訟（action populaire）（註一〇〇），唯越權訴訟訴權之認定趨於廣泛，已幾近於民眾訴訟（註一〇一）。在訴權型態表現上，法國行政訴訟十足爲利害關係者訴訟模式，承認區域納稅義務人對於提高稅負（註一〇二）、勞工團體（註一〇三）、消費者團體（註一〇四）及職業團體（註一〇五），對有利害關係之

註九八　Cf. Laubadère/Venezia/Gaudemet, Traité, 1145°.

註九九　Cf. Brown/Garner/Galabert, p. 102; H. Reinhard, JöR 1982, S. 105 ff.; J.-M. Wöhrling, NVwZ 1985, S. 23: Auby/ Drago, Traité, 1041° et suite; C. Gabolde, 374° et infra; Laubadère/Venezia/Gaudemet, Traité, 1148° et suite; G. Peiser, contentieux, p. 107 et infra.

註一〇〇　Cf. Brown/Garner/Galabert, p. 103; H. Reinhard, JöR 1982, S. 106; C. Gabolde, 373°; Laubadère/Venezia/ Gaudemet, Traité, 1147°; Letourneur/Bauchet/Méric, p. 131.

註一〇一　Vgl. J.-M. Wöhrling, NVwZ 1985, S. 23.

註一〇二　Vgl. H. Reinhard, JöR 1982, S. 105; Brown/Garner/ Galabert, p. 103; C. E., 29, 3, 1901, Casanova.

註一〇三　Vgl. II. Reinhard, JöR 1982, S. 105; W. Skouris, S. 223 ff.; C. E., 28, 12, 1906, Syndicat des patrons coiffeurs de Limoges.

註一〇四　Vgl. H. Reinhard, JöR 1982, S. 105.

註一〇五　C. E., 2, 7, 1965, Syndicat indépendant des Cadres, Ingénieurs et Agents de maîtrise d'Air France, Recueil 398, concl. Galabert, AJDA 1965, 488, zitiert nach W. Skouris, S. 226.

事項， 享有訴權。 此外， 在建築許可有利害關係之鄰人訴訟（註一〇六）、營業活動領域之競爭者訴訟（註一〇七）及形成私權之行政處分的利害關係者訴訟（註一〇八）， 亦普受承認。

　　西德之行政訴訟制度，特別是實務界亦廣泛承認利害關係者訴訟。除行政法院法第四十三條第一項規定確認之訴之特別要件、第四十七條第二項規定規範審查聲請之利害要件及第八〇條第二項第四款即時執行聲請之利益要件規定，可視爲明示之利害關係者訴訟型態以外，同法第四十二條第二項之法律保留規定，給予利害關係者對撤銷之訴及課予義務之訴有提起之餘地。如團體訴訟（Verbandsklage）、監督之訴（Aufsichtsklage）（註一〇九）。 如前所述， 被害者訴訟與利害關係者訴訟最主要之區別，在於對訴權享有者範圍之影響及攸關勝訴與否要件中之違法性及違反法規之特質。利害關係者訴訟，具有訴權之原告範圍大於被害者訴訟，且以被訴行爲之違法即可，不必如同在被害者訴訟中須爲保護利益法規之違反，此對於非處分或行爲相對人之第三人而言，至爲重要。西德在被害者訴訟之領域，利用保護規範說，以基本法對人民之法律地位（如自由、 財產、 婚姻、 家庭及平等競爭秩序等）擴大保護範圍， 若執「法官應知法」（Jura novit curia）之法諺爲原則，則在此等以保護規範說爲基礎所擴大之權利保護，亦無異於利害關係者訴訟之承認，其唯一差別只在「法律保護之利益」與「非法律保護之利益」間而已。抑有進者，所謂法律保護之利益，在此係指「個人之利益爲法律所保護者」而言（註一一〇）， 但在實定法及實務上， 亦有承認以自然保

註一〇六　Vgl. W. Skouris, S. 179 ff. m. w. H.

註一〇七　Vgl. W. Skouris, S. 184 ff. m. w. H.

註一〇八　Vgl. W. Skouris, S. 190 ff. m. w. H.

註一〇九　Vgl. F. O. Kopp, Rn. 103 ff. zu 42 VwGO.

註一一〇　所謂「爲法律所保護」，有別於「爲法律所賦與」。

護為目的之團體訴訟（註一一一），　此係使得利害關係者訴訟之普遍承認，邁進一大步。西德一向執「民眾訴訟之排除」以限制團體訴訟及利害關係者訴訟，依彼邦學者之研究，此實屬誤解，蓋基本法第十九條第四項乃保障最低之司法保護，並無限制如民眾訴訟及團體訴訟之本意，再者，團體訴訟可分為利己的（egoistische）及利他的（altruistische）團體訴訟，若不為之分，即一味予以排除，在社會組織多元化、分工化、嚴密化及講求訴訟經濟與依法行政之今日，寧非異事耶？因此，學者呼籲普遍承認至少為利己之團體訴訟（註一一二）。目前實定法及實務所承認之利害關係者訴訟，計有原子能法、塵埃及廢氣侵入法、各種計畫法及建築法上之鄰人訴訟（註一一三）、競爭者訴訟（註一一四）、團體訴訟及其他利害關係者訴訟，例如：外籍配偶被遣出境，其德籍配偶之訴權（註一一五）、役齡男子被征召入營，賴之為生之家屬之訴權（註一一六）、工廠因工人被征集失去勞動力所生之訴權（註一一七）。

　　義大利之行政訴訟制度，以行政法院為「法律保護之利益」之維護者，雖邇來行政訴訟法規就其專屬權限亦賦與「權利」之保護（註一一八），　然自一八六五年三月二十日第二二四八號法律第二、三條所確立

註一一一　§ 39a BerlNat SchutzG; § 44 BremNatSchutzG; § 41 Hamb-
　　　　　NatSchutzG; § 36 HessNatSchutzG.

註一一二　Vgl. W. Skouris, S. 235 ff.; H. Faber, S. 45 ff.; a. A.
　　　　　W. -R. Schenke, BK. Rn. 155 zu 19 IV GG.

註一一三　同註八八。

註一一四　同註八九。

註一一五　BVerwG, Urt. v. 3, 5, 1973- I. C. 20. 70. - in: BVerwGE
　　　　　42, 141 — DöV 1973, S. 859 = NJW 1973, S. 20.

註一一六　Vgl. W. Skouris, S. 15 ff.

註一一七　aaO.

註一一八　§ 7, L. 6, Decembre 1971, n. 1034; 29, R. D. 26 giugno
　　　　　1924, n. 1054.

之權限劃分原則，至今仍被維持。由於義大利一九四七年十二月二十二日憲法第二十四條第一項及第一一三條第一項及現行之行政爭訟法規，均以「權利」及「法律保護之利益」之二分，為行政訴訟之明示區別型態，未若西德只係擴大行政法院法第四十二條上「權利」之概念及於「法律所保護之利益」而已。因此，義大利之行政訴訟型態，可謂係採「利害關係者訴訟」，至於其與「權利被害者訴訟」間，只在於劃分普通法院與行政法院權限之原則而已（註一一九）。唯義大利此種二分法，事實上亦頗生困擾，蓋何謂權利與何謂法律所保護之利益兩者間，界定匪易也。學者間乃致力於兩者間之劃分標準，以決定關係人可得保障之途徑（註一二○）。

　　瑞士一九六八年聯邦司法組織法第一○三條第一款，對於行政訴訟之訴權，改採「利害關係者訴訟」型態，以排除民眾訴訟（註一二一），

註一一九　Vgl. I. Winkler, Die Verwaltung 1986, S. 520 ff.
註一二○　學者逐分利益為「事實上利」(Interessi di fatto)、「擴散性的利益」(Interessi diffusi)、「具有行政保護之利益」(Interessi amministrativamente protetti) 及「法律保護之利益」(Interesse legittimo) 之分 (Vgl. I. Winkler, Die Verwaltung 1986, S. 526 ff.)，至於此等利益認識之標準，有從「特別之個人利益」，有從「法律保護之利益」與「正當化之情況」間之區別，有則從「法律賦與之資格」中求(Vgl. I. Winkler, Die Verwaltung 1986, S. 530 ff.)，再就此等權利保護之享有，學說亦有三派，一說分利益所究為行為規範或關係規範之違反，前者涉及法律保護之利益，後者涉及權利 (Vgl. I. Winkler, Die Verwaltung 1986, S. 534 ff.)；二說依活動之自由範圍定之，凡牴觸裁量者涉及法律保護之利益，反之，拘束行為則涉及權利 (Vgl. I. Winkler, Die Verwaltung 1986, S. 534 ff.)；三說則視對行政處分訴訟之內容，凡被訴處分乃行政濫用法律所賦與之裁量者，涉及法律保護之利益；反之，行政行為根本無裁量依據者，其被訴對象乃攸關權利之侵害 (Vgl. I. Winkler, Die Verwaltung 1986, S. 535)。
註一二一　Vgl. F. Gygi, BVwRP, S. 149; ders., Beiträge, S. 357; H. Dubs, in: FS f. M. A. Grisel, S. 673; U. Baumgartner, S. 35.

雖然瑞士缺乏德、法排除民眾訴訟之傳統制度背景（註一二二），然在今日法院訴訟負擔過重，以之為減輕不必要之負擔，似尚不無理由（註一二三）。姑置「職務訴訟」（Amtsbeschwerde)不論，瑞士之行政訴訟只要求原告為被訴處分所涉及（berührt ist）及對廢棄或變更處分具有值得保護之利益。欲提起行政訴訟之人民，須以自己的、直接的及充分、廣泛的權利保護利益為條件（註一二四）。第三關係者所提起之訴訟，有係對抗處分相對人者，如鄰人訴訟、競爭者訴訟、分攤者訴訟（註一二五），有係團體訴訟者，唯以利己之團體訴訟為主（不含機關之職務訴訟）（註一二六），少數則係為處分之相對人之訴訟（非不必要之從參加）（註一二七）。

日本之行政事件訴訟法第九條及第三十六條，分別規定撤銷之訴及無效等確認之訴原告之適格；同法第五條對民眾訴訟原告適格亦提及，均以原告對訴具有「法律上之利益」為適格要件，其餘之訴，除機關訴訟外，依同法第七條悉依民事訴訟法，故亦如同法國，採完全之利害關係者訴訟型態（註一二八），學說及判例甚至擴大原告訴權（適格），學

註一二二　Vgl. K. A. Bettermann, in: Gedenkenschrift f. M. Imboden, S. 39.

註一二三　Vgl. U. Baumgartner, S. 35.

註一二四　Vgl. F. Gygi, BVwRP, S. 149.

註一二五　Vgl. F. Gygi, BVwRP, S. 158 ff.; ders., Beiträge, SS. 359, 394.

註一二六　Vgl. F. Gygi, BVwRP, S. 159 ff.; W. Skouris, S. 233 ff.

註一二七　Vgl. F. Gygi, BVwRP, S. 161 ff.

註一二八　日本學說上對於撤銷之訴原告適格，從訴訟之目的及機能，發展出「權利救濟說」（法律上之利益，解為權利）、「法的利益救濟說」、「利益救濟說」及「處分適法性保障說」，以「法的利益救濟說」為通說及為判例所採。參見鈴木、三ケ月監修（泉德治），新講座 9，頁五四以下；南博方編（小高剛），頁一一一以下。

者乃有稱之爲「撤銷訴訟民眾訴訟化之危險」者（註一二九）。 在利害
關係者訴訟型態上，日本行政訴訟實務普遍承認建築基準法規上鄰人訴
訟（註一三〇）， 而競業者訴訟既存業者對第三人許可之訴訟， 原告之
適格爲大部分下級審所否認（註一三一）， 最近學界關心之所在， 厥爲
環境訴訟， 特別是原子能電廠之設立許可方面（註一三二）。 上述訴訟
要件之爭論點，集中於原告「法律上利益」爲何？ 究以「法律所保護之
利益」或「值得保護之利益」爲其範圍？ 前者爲通說及實務所採，後者
特別是在環境訴訟事前救濟之要求（Vorsorgungsanspruch）下， 似有
擡頭之趨勢，值得吾人注意。

　　綜上所述， 在採取利害關係者訴訟型態之國家， 西德一方面利用法
之再形成（Rechtsfortbildung）方法， 擴大權利之概念於「法律保護之
利益」， 另一方面則利用法之具體化（Rechtskonkretisierung）方法，
尋繹基本法所揭示及特別法所蘊涵之保護法益，實質上擴大利害關係者
訴訟之層面，爲實定法保守下之積極作爲； 法國完全委由實務發展，表
現其開放之態度； 瑞士實定法採取開明態度， 而實務則保守行之； 義大
利實定法缺乏明確標準， 而實務之表現亦不太活潑； 日本實定法所持態
度開朗，須留實務發展之餘地，唯實務界似過於保守。從權利保護功能

註一二九　　參見山村、阿部編（安念潤司），頁一〇八，引雄川一郎氏之見解。
註一三〇　　參見鈴木、三ケ月監修（遠藤博也）， 講座 8， 頁八八； 園部、時
　　　　　　岡編（瀨戶正義），頁九二以下； 山村、阿部編（安念潤司）， 頁
　　　　　　一〇七、一一一。
註一三一　　參見鈴木、三ケ月監修（遠藤博也）， 講座 8， 頁八八； 同監修（
　　　　　　泉德治），新講座 9，頁六二以下； 山村、阿部編（安念潤司），頁
　　　　　　一〇七、一〇九以下。
註一三二　　參見原田尙彥， 環境權， 頁一二六以下； 山村、阿部編（安念潤
　　　　　　司）， 頁一一二； 園部、時岡編（村上武則），頁八二以下； 鈴木、
　　　　　　三ケ月監修（泉德治）， 新講座 9，頁六四以下； H. Shiono,
　　　　　　in: Lukes/Saito (Hrsg.), S. 68 ff.

之強化言之，利害關係者訴訟最符合「合法權益之保障」、權利保護之
完整性、經濟性及迅速性。就利害關係者訴訟而言，有一極重要之關鍵
概念，似尚未為學者所深究者，乃權利之核心屬性，究由「法律賦與始
有權利」，或「為法律所保護即為權利」，抑或「值得保護之利益即為
權利」，亦即權利先於法律或後於法律，法律創設權利或僅是承認權
利。通說認為「權利乃法律所承認之力」，公權利亦如此（註一三三）。
此等概念之澄清，不只在一般行政法之體系上甚為重要，即在行政訴訟
上對於訴權、訴訟種類、訴訟標的之確定，亦至為重要。一般雖謂有不
完全之權利或不能以訴為主張之權利（註一三四），但從權利之實現言，
為法律（憲法、法律、不成文法、習慣法）所創設者，固無疑義，其由
法律所保護者，亦應予以肯認，果耳，則在利害關係者訴訟上被保護
者，亦係權利，而非單純之利益，換言之，不只實體法所創設之權利，
即程序法所保障之利益，皆屬之。準此，利害關係者訴訟所訴求保護
者，乃規範保護之權能、利益，亦即權利。唯其不必因被訴行政行為所
侵害，只要其對被訴行政行為之撤銷或變更具有利害關係或訴之提起具
有訴訟法保護之利益即可。依本文所見，在訴訟法上「權利」之概念，
得被定性為「訴訟上請求之可能性。」

3. 民衆訴訟及其檢討

　　所謂民衆訴訟（Popularklage; action populaire; actio popul-
aris），可分廣、狹義二種。前者乃真正意義之民衆訴訟，指任何人
（jedermann; quivis ex populo）可藉訴訟指摘行政措施之違法（註一

註一三三　Statt aller, Vgl. nur Mayer/Kopp, S. 165.
註一三四　Vgl. Mayer/Kopp, S. 166 ff.; U. Battis, S. 66 ff.

三五）；後者，則僅限於一定區域範圍之人民，或其具有一定特別資格者（如選舉人、納稅人、住民），就行政活動之違法、不正，可以訴訟予以指摘者言。目前世界各國之行政訴訟制度，鮮有採取廣義之民眾訴訟者，而前述各國關於訴權之規定所欲排除之民眾訴訟，即指此種而言。至於狹義之民眾訴訟，亦再有廣、狹程度之別，前者如哥倫比亞（註一三六），後者如日本及西班牙所採者（註一三七）。

　　民眾訴訟有別於團體訴訟者，在於訴訟主體性中原告不同。狹義之民眾訴訟，接近廣義之利害關係者訴訟，其唯一不同者，在於一為客觀訴訟，一為主觀訴訟（註一三八）。民眾訴訟乃實現依法行政及法規維持作用之最佳訴訟方式，然衡以人類之利己心性（自私）及在訴訟無償制之國家，易導致濫訴，特別是「愛發牢騷者訴訟」（Querulantenklage）（註一三九），使法院負擔過重，阻礙他人利用法院之機會（註一四○），並因不易限定起訴期限，易陷法律狀態於不安定，阻礙行政之正常運作，故世界各國少有採取者。日本行政事件訴訟法第五條明定採取「民眾訴訟」，然同法第四二條又限定其在法律規定者，如公職選舉法第二○三條、第二○四條、第二○七條及第二○八條之選舉關係訴訟；地方自治法第二四二條之二之住民訴訟（註一四一）。

註一三五　Vgl. W. Skouris, S. 7 ff.; A. Bleckmann, in: H. Mosler (Ed.) Bd. III, p. 21.

註一三六　Vgl. L. Uprimny, in: H. Mosler (Hrsg.), Bd. I, SS. 648, 652, 662, 670.

註一三七　Vgl. G. Falla, in: H. Mosler (Hrsg.), Bd. II, S. 1009.

註一三八　參見山村、阿部編（木佐茂男），頁六○。

註一三九　Vgl. K. A. Bettermann, in: Gedenkenschrift f. M. Imboden, S. 40.

註一四○　Vgl. W. Skouris, S. 9; U. Baumgartner, SS. 35, 39.

註一四一　參見山村、阿部編（木佐茂男），頁六○以下；鈴木、三ケ月監修（三好達），新講座9，頁三○七以下；同監修（大和勇美），講座9，頁四三以下。

　　由於民眾訴訟屬於客觀訴訟，其目的並非在於權利之保護，雖其爲訴權之擴大，並可能預防個別人民權利之受損，然吾人以爲就權利保護功能之加強言，其不值得強加採納，但亦不必特加反對。

（三）裁判實現之確保

1. 行政訴訟裁判實現之基本困難

　　司法爲法律及權利實現之最後屏障，裁判之內容若無法（完全）實現，則與未裁判實無何差異！行政訴訟之裁判恆以行政權爲對象，加上其欠缺直接、強制實現其內容之實力，故行政訴訟裁判之實現輒賴行政官署之善意、主動合作，始克有濟（主權機關間之對抗關係），亦正因如此，產生不少弊端，而普受詬病。戰後各國強調司法權之強化及司法保護請求權之改善，學者亦主張司法保護請求權，不僅包括程序上訴權及有利已裁判之主張權，並包括執行裁判之請求權（註一四二）。

　　由於行政訴訟種類之不同，其裁判內容及實現方法亦異，有需執行始能實現者（給付判決），有無需執行即得實現者（確認、撤銷、形成判決），然兩者皆需行政機關配合，前者如爲一定之作爲或不作爲；後者扣除去或不爲妨礙裁判內容之狀態及行爲是。準此，所謂裁判實現之確保，包含積極促成裁判內容之實現及消極不妨礙裁判內容之實現。無論裁判由行政法院或普通法院執行，或交由行政機關自行執行，皆需行政機關協力，而其關鍵又在於實際上替代行政機關爲「法律行爲」之自然人（公務員），特別是機關首長及負責執行職務之公務員。造成裁判

註一四二　請參見蔡志方，碩士論文，頁一四九、一七五註八三。

不能或遲滯實現之原因，不外乎行政機關不知如何協力實現裁判及故意不協力或存心阻撓實現裁判。如能蠲除此等因素，則裁判內容自易於實現（其他因素仍有之，但非最重要或嚴重）。就前者言，裁判之內容應明確、簡易、可行、適當；就後者言，應責成有司，課予違反時所應負之責任。

2. 法國報告官及強制罰制度之檢討

戰後法國對於確保行政訴訟裁判之實現，所採取之步驟，依其先後（目前三者併存），乃一九六三年之報告官制度、一九七三年之行政監察使及一九八〇年之強制罰制度，除行政監察使制度已見前述外（註一四三），其餘二者介紹及檢討如下：

一九六三年七月三十日教令在諮政院 (Le Consel d'Etat) 增設一報告委員會 (La commission du rapport)；一九七五年改爲報告及研究委員會 (La commission du rapport et des Études)；一九八五年元月二十四日教令又將之提昇爲報告及研究部 (La section du rapport et des Études)，其職務在報告全國行政訴訟概況及研究（擬）興革辦法。其涉及裁判實現之確保者，依現行規定（註一四四），被告之關係部長可要求中央行政法院說明裁判執行之方式，諮政院副院長及訴訟部部長亦有權邀報告及研究部部長促使行政機關注意執行；原告在裁判後三個月起，即有權從報告及研究部獲悉執行上之困難。通常中央行政法院接獲要求後，即派一名報告官前往執行機關瞭解執行之狀況及困難，而告

註一四三 參見本文一、（一）、4。
註一四四 Art. 58, 59, Décr. n°63-766 du 30, Juill. 1963; Décr. n° 85-90 du 24, Janv. 1985.

知可行之執行方法，此外，在事務年度終了並向諸政院報告，而刊在
「研究與文獻」(Etudes et Documents) 之年刊上。唯此只具道德約束
作用 (Sanction morale)。自一九六九年起，對於執行方法亦可要求
地方行政法院說明，此時該院卽派一名報告官前往說明裁判之執行方式
（註一四五）。此一制度初期作用不大，近已較爲發揮（註一四六）。此
一制度在補裁判內容之不明確、瞭解行政機關之困難所在，以協助之態
度，化解行政法院與行政機關之對立，堪稱確保裁判迅速實現之良制
也。

　　一九八〇年七月十六日法律規定強制罰 (Astreinte) 制度，凡對不
執行中央行政法院之裁判者，諸政院之訴訟部部長得依職權宣告預定性
或確定性強制罰，以確保裁判之執行（註一四七）（註一四八）。一九八
一年五月至一九八三年五月，計三十二件請求宣告強制罰，唯至一九八
四年仍有未遵守六個月執行期限者（註一四九）。此外，一九八〇年法
律亦課應負違失責任之公務員個人責任，由審計懲戒法院（Cour de
discipline budgétaire) 裁判（註一五〇）。此制度因裁判不待以強制罰
威脅之，卽被遵行，彼國學者 Vedel 乃稱其爲行政法之奇蹟 (Miracles
des droits administratifs)（註一五一）。此制大致妥善，唯施行對象不
及於地方行政法院之裁判，寧非缺失耶！

註一四五　Cf. Brown/Garner/Galabert, p. 70.

註一四六　Cf. Brown/Garner/Galabert, p. 70; B. Pacteau, contentieux,
　　　　　312°.

註一四七　Art. 2, 3, 6, L. n° 80-539 du 16, juill. 1980.

註一四八　關於宣示強制罰之程序，V. Décr. n° 81-501 du 12, Mai 1981,
　　　　　Art. 4.

註一四九　V. B. Pacteau, contentieux, 314°.

註一五〇　Cf. Brown/Garner/Galabert, pp. 71 ff.

註一五一　Cf. Brown/Garner/Galabert, p. 69.

3. 西德强制金制度之檢討

戰後西德對於行政訴訟裁判實現之確保，乃以基本法第一九條第四項爲精神基礎，於行政法院法第一七二條、財政法院法第一五四條及社會法院法第 二〇一 條規定官署就行政法院之判決及假命令 (註一五二) 所課予之義務不遵行者，初審法院得因申請定期限將課予二千馬克以下之强制金 (Zwangsgeld)，逾期仍無結果，則確定之，並依職權執行。强制金得反覆課予及執行。强制金課予之要件，須行政官署未在適當期間履 (執) 行法院課予之義務， 並負有過咎責任 (註一五三)。 法定要件具備後， 行政法院得 (裁量) 課予五～二千馬克之罰金 (註一五四)。科罰之對象爲官署， 而非公務員 (註一五五)； 在社會訴訟， 執行之債務人乃法律主體 (註一五六)。

西德此制之缺點， 計有: (1) 强制金只課處官署，有「易手」之嫌，執行之公務員無關痛癢， 宜並課官署首長及負責執行之公務員 (註一五七)；(2) 若因行政官署不知如何執行， 將不能課處强制罰，亦乏人指導， 似宜依行政程序法要求職務協助 (註一五八)， 但最好規定法院有指導之義務；(3) 就課予義務之訴之裁判，若須爲公權力之意思表示，則乏强制實現之可能，奧、義制似可取法 (詳下述各項)。

註一五二　社會法院無假命令之規定。
註一五三　Vgl. F. O. Kopp, Rn. 5, 6 zu §172 VwGO; J. Meyer-Ladewig, Rn. 3 zu § 201 SGG.
註一五四　Meyer-Ladewig 認法院應科罰，無裁量之餘地。Vgl. ders., Rn. 4 zu §201 SGG.
註一五五　Vgl. F. O. Kopp, Rn. 5 zu §172 VwGO.
註一五六　Vgl. J. Meyer-Ladewig, Rn. 3 zu §201 SGG.
註一五七　Vgl. W. J. Bank, SS. 100 ff., 102.
註一五八　§ 5 (2) (3) VwVfG.

雖然西德學者有謂:「在法治國家中，行政官署就行政法院之裁判對之所課之義務應遵行之，而無須由強制手段始爲之」（註一五九），然事難免與願違，行政官署畢竟依賴血肉之軀之公務員，若其本位主義作祟，難免發生瑕疵，故實際上基於權利保護實現性之要求，強制金制度仍有必要（註一六〇）。

4. 奧國怠慢訴訟制度之檢討

奧地利之行政法院就合法、有理由之訴訟，在裁決訴訟卽撤銷裁決；在措施訴訟卽撤銷措施或確認措施違法；在指示訴訟乃廢棄指示；在怠慢訴訟或命官署頒布裁決，逾期由行政法院自行爲實質性決定，如被告官署誤解（不依）法院之法律見解頒布決定，則只能對之提起另一裁決訴訟；對於怠慢訴訟，如被告早卽應爲裁決而不爲者，行政法院可爲實質性決定（註一六一）。此外，因行政措施致原告權利狀況受改變者，應負結果除去之責任，難以回復者，始以金錢賠償（註一六二）。對於裁判之實現，其由法院執行者或由行政官署執行，應依法院之法律見解，迅速實現裁判之內容，以法定手段之要求使其臻於適當之狀態（註一六三），如其不履行，除生國家賠償義務外，得再提怠慢訴訟或

註一五九　Siehe, C. H. Ule, Verwaltungsprozeβrecht, S. 406.
註一六〇　Gleiche Meinung, Vgl. W. J. Bank, S. 65 ff.
註一六一　Vgl. P. Oberndorfer, S. 166 ff.
註一六二　Vgl. P. Oberndorfer, S. 190 ff.
註一六三　奧國行政法院法第六三條規定:「行政法院依聯邦憲法第一三一條或第一三一條之一裁判訴訟勝訴者，行政官署就該事件有義務以其被要求所得運用之法律方法，卽時實現符合行政法院之法律見解之法律狀態。行政法院自行就事件決定之裁判，必須確定應執行該裁判之法院或行政官署。執行之程序依其指定之法院或行政官署通常適用之規定。法院被指定爲執行官署者，行政法院之裁判構成執行之名義。」

以侵害憲法保障之權利爲由，向憲法法院起訴，亦可向國民律師申訴
（註一六四）。

綜上所述，奧國確保行政訴訟裁判之實現雖有多途，然就裁判之內
容，特別是怠慢訴訟之裁判，行政法院未自行決定者，則只能再提起裁
決訴訟或怠慢訴訟，迂迴周折，是其缺失。站在權利保護之迅速及經濟
之要求，尙非良制，但其得爲實質性決定，則爲優點。

5. 義大利强制訴訟制度之檢討

義大利之行政訴訟，除民事法院管轄者外，就裁判之執行例皆以行
政途徑爲之（註一六五）。溯自一八八九年三月三十一日法律第五九九
二號創設諮政院第一個訴訟部同時，亦規定强制訴訟 (il giudizio di
ottemperanza)，以爲實現裁判之確保，由於民事法院雖可確認行政行
爲之合法性，但不能撤銷或變更之，更無法對之爲執行，故此制之實效
不容忽視（註一六六）。唯彼時只有諮政院有此裁判權，迨一九七一年
十二月六日法律第一〇三四號普設地區行政法院後，該法第三七條亦賦
與此種權限（註一六七），使裁判之實現更獲致確保。凡裁判確定後，行

註一六四　參見本文一、（一）、5。
註一六五　§ 88, R. D. 17 agosto 1907, n. 642, Regolamento per la
　　　　　procedura dinanzi al Consiglio di Stato in sede giurisdizionale;
　　　　　§ 19, L. 6, Decembre 1971, n. 1034, Istituzione dei tribunali
　　　　　amministrativi regioanli.
註一六六　Vgl. D. Karwiese, S. 98.
註一六七　第三七條規定：「關於以行政履行義務、遵守普通法院確認侵害私
　　　　　權或政治權之具旣判力裁判爲目的之訴，凡負有該義務之行政爲公
　　　　　共團體，其活動究全在地區行政法院之轄區內者，由該地區行政法
　　　　　院管轄。其餘情形，諮政院做爲裁判機關之權限不受影響。凡以行
　　　　　政履行義務、遵守行政法院之具旣判力之裁判爲目的之訴訟，由
　　　　　就其執行爲本案裁判之諮政院或有地域管轄權之地區行政法院裁判
　　　　　之。凡諮政院以上訴程序確認之地區行政法院判決，仍由地區行政
　　　　　法院管轄」。

政官署不履行其義務者，原告得提起強制訴訟，受訴法院受理後，即通知該官署在通知後三十日內履行義務，並將訴訟書狀副本通知該管部長在另二十日內表示意見，期滿受訴法院不待言詞辯論，即逕為裁判。由於在此一訴訟法院享有擴大之審查權及實質決定權，其功能頗類似西德之課予義務之訴及奧國之怠慢訴訟（註一六八）。

　　義大利強制訴訟制度之優點，在於藉擴大之裁判權，達成與奧國怠慢訴訟相埒之效果，　但其缺點亦在於往返費時（註一六九），　同時未課予公務員個人責任，無法使行政官署及公務員敬謹從事。

（四）暫行權利保護制度之加强

1.　當前暫行權利保護制度之功能重心及其面臨之困難

　　傳統（戰前）之行政訴訟，　以行政權優位、公益至上之思想為基礎，普遍不承認起訴有停止行政處分或行為之（執行）效力，即民事訴訟上之保全程序，或因訴訟性質不同，或因事實上無必要，或因不重視人民權益之保障，　亦鮮有予以採行者（註一七〇）。　然而戰後由於社會結構重大改變，行政任務擴大，行政措施多元化（以往為雙方之行政法

註一六八　Vgl. D. Karwiese, S. 100 ff.; P. Virga, p. 422 et se.

註一六九　Vgl. D. Karwiese, S. 101.

註一七〇　德國一八七九年 Württemberg 之高等行政法院就行政訴訟得為假處分 (einstweilige Verfügung)，唯只在 Koburg-Gotha, Oldenburg 及 Hessen 實施；普魯士一八八三年七月三日所頒之一般邦法 (ALR)，則限制起訴之停止效力, Vgl. H. Quaritsch, Verw-Arch. 1960, S. 211 ff.

關係，轉而爲三方或多方之行政法關係）（註一七一），致侵害個人權益之機會日多，而行政法院負擔過重、訴訟程序進行緩慢，若案案必待判決確定而後動，輒造成「旣成事實」(vollendete Tatsache; fait accompli)（註一七二）或無可回復之損害，所謂完善之司法保護盡被鏤空，矧言，個人起訴並非皆爲濫訴，亦不乏頗具理由者。戰後強調人權之保障及司法之權利保護之強化，乃不能不綢繆個人權利在裁判確定前之保障，是以有暫行權利保護 (Provisional legal protection; vorläufiger Rechtsschutz) 制度之出現（註一七三）。

由於暫行權利保護制度攸關公益與個人權益，其由行政法院命令爲之或因起訴而生停止效力，則涉及司法權與行政權之界限問題，故向來學者主張其基本精神在調和個人利益與公益、司法權優越於行政權（註一七四）。唯現代之行政訴訟對象往往爲具有第三人效力之行政處分或第三人具有值得保護之重大利益，其間之利害衝突乃加劇，如何調和，乃必須有相應之措施。此外，因暫行權利保護之功能在提供迅速而有效之救濟，基於保障合法之權益始爲眞正之公益的思想，益以今日行政訴

註一七一　Vgl. P. Lerche, BayVBl. 1980, S. 261; E. Schmidt-Aβ-mann, in: FS f. C.-F. Menger, S. 110 ff.

註一七二　Vgl. W. Blümel, in: FS f. E. Forsthoff, S. 137 ff.; ders., DVBl. 1975, S. 701 ff.; C. Degenhart, AöR 1978, S. 163 ff.; J. Ipsen, AöR 1982, S. 294; D. Lorenz, AöR 1980, S. 634; W. Martens, S. 18 ff.; F. Ossenbühl, Gutachten zum 50. DJT., S. 192; F. Panholzer u. E. Wolny, in: Fröhler/Pindur (Hrsg.).

註一七三　Vgl. B. Bender, in: FS f. C.-F. Menger, S. 657; Finkeln-burg/Jank, Rn. 5; K. Kersting, DVP 1-82, S. 12; K. Stern, Probleme, S. 100; H. Schiedermair, in: H. Mosler (Ed.) Bd. III, p. 121; G. Scholz, in: FS f. C.-F. Menger, S. 641 ff.; C. H. Ule, Verwaltungsprozeβrecht, S. 364.

註一七四　參見林明鏘，碩士論文，頁四三以下。

訟普遍結案遲緩（特別是在西德），又格於其不得先爲本案審查之見解
（註一七五），　暫行權利保護日形重要，　大有喧賓奪主之勢，　但其核可
與否亦日益困難，無論在立法或司法上更應倍加審愼。

　　所謂暫行（或事先的）權利保護範圍，　本及於執行之停止、　保全
措施、　先行執行（卽時執行）、　預防的不作爲之訴或權利保護（註一七
六）。　茲所探討者，只限於起訴之停止效力及保全措施（或暫行確保及
規制措施）。

2.　起訴具停止效力原則之檢討: 德、瑞制度之分析

　　德國戰前除少數邦行使假處分之暫行權利保護制度外，一般採取起
訴不停止執行之原則，　甚至亦排除保全措施（註一七七）。　戰後美國占
領區之一九四六年九月二十五日法律第三十九號行政審判法第五十一條
第一項規定，異議、訴願及撤銷之訴具有停止之效力，而行政官署爲公
益得命執行；第二項規定其例外、第三項規定執行停止命令權機關、第
四項規定不發生或不得命停止執行之情形；英國占領區之一九四八年九
月十三日軍政府第一六五號命令第五十一條，亦有相埒之規定。至於假
命令（einstweilige　Anordnung），　在一九六〇年行政法院法頒布前，

註一七五　特別是西德之假命令之申請在起訴前卽可提出，故法院必須嚴審其
　　　　　有無必要及有無申請權，至於本案內容原則上禁止先行處理，只有
　　　　　在非先行處理，卽無法確保其有效性下，例外允許之。學者間有認
　　　　　此不切實際，與基本法第十九條第四項之精神亦不符。　Vgl, B,
　　　　　Bender, in: FS f. C. -F. Menger, S. 665; Finkelnburg/Jank,
　　　　　Rn. 236 ff. ; K. Kersting, DVP 1982, S. 53.

註一七六　Vgl. Finkelnburg/Jank, Rn. 12 ff.

註一七七　同註一七〇。

僅少數邦承認（註一七八）。 一九四九年基本法加強個人之權利保護，於其第十九條第四項確立權利保護之無缺漏，依學說及實務，一致認為該項不僅開啟訴訟途徑而已，更在確保權利保護之有效性，並寓有排除事實上因既成事實等而架空權利保護之意（註一七九）， 此亦係暫行權利保護之基本思想所在（註一八〇）。 用以具體化基本法上述要求之立法，計有行政法院法第八〇條及第一二三條、財政法院法第六十九條及第一三一條；社會法院法第八十六條、第九十七條、第一五四條及第一七五條。西德上述規定甚為複雜，可以歸納如下：（1）一般行政訴訟，異議及撤銷之訴原則上具有停止效力， 其例外予以明文列舉； 財政訴訟，異議及撤銷之訴，原則上不具停止效力，其例外予以明文列舉；社會行政訴訟上，異議及撤銷之訴，列舉之事項具有停止效力，部分列舉事項之異議及撤銷之訴，得本於申請命停止執行。（2）一般行政訴訟，優勢之公益或第三人利益，列為即時執行之原因，社會法院法未規定。（3）異議決定官署（及處分官署）得本於請求（一般行政及財政官署並可依職權），法院得本於請求命停止執行，形成例外之例外（非原則）。（4）法院得變更或廢棄對申請所為之決議（停止執行），形成例外之例外之嗣後喪失。社會法院尚可本於申請命執行原列舉停止之事項，形成例外之嗣後喪失，或停止（原則上不停止而已為執行命令之）執行，形成原則之嗣後喪失。（5）社會行政訴訟列舉事項之上訴，生停止效力，其他兩法無規定。（6）抗告原則上不生停止效力， 列舉之事項例外生停

註一七八　Vgl. J. Schuy, S. 13.
註一七九　Vgl. P. Badura, Staatsrecht, S. 462 ff.; B. Bender, in: FS f. C.-F. Menger, S. 657; K. Kersting, DVP 1982, S. 12; D. Lorenz, AöR 1980, S. 630 ff.; Schmidt-Bleibtreu/Klein, Rn. 16 ff. zu § 19 GG.
註一八〇　Vgl. Finkelnburg/Jank, Rn. 2 ff.

止效力。

　　就西德行政法院法第八○條第一項之效果言，學說上有主阻止執行之執行說（Vollziehungstheorie）、阻止效力繼續發生之效力說（Wirksamkeitstheorie）及偏向於執行說之折衷說（註一八一）。就得以發生停止效力之異議及撤銷之訴，是否必須合法、可接受為要件，學說亦有肯、否及折衷三說（註一八二）。就同法第一二三條所規定之假命令言，其具有保全（Sicherung）及暫時規制有爭議之法律關係之功能。由於同法第八○條乃其特別規定，故假命令只適用於異議及撤銷之訴以外之情形，亦卽課予義務之訴、其他給付之訴及確認之訴，而規範審查程序

註一八一　主執行說者，並以同條第二項第四款之卽時執行及行政程序法第四
　　　　　三條第二項之行政處分效力為據。Vgl. Redeker/v. Oertzen, Rn.
　　　　　1 zum § 80 VwGO; Finkelnburg/Jank, Rn. 487; K. Stern,
　　　　　Probleme, S. 103 ff.
　　　　　主效力說者，以停止效力亦適用於形成及確認之行政處分，而此兩
　　　　　者不生執行問題，並且可以避免因「事實上執行」（ tatsächliche
　　　　　Vollziehung) 所帶來之困擾及削弱其作用。Vgl. Eyermann/
　　　　　Fröhler, Rn. 4 zu § 80 VwGO; C. H. Ule, Verwaltungspro-
　　　　　zeβrecht, S. 367; W. Martens, S. 5; G. Scholz, in: FS f.
　　　　　C. -F. Menger, S. 643 ff.
　　　　　主折衷說者，則兼顧假命令及不同型態行政處分之要求。Vgl. F.
　　　　　O. Kopp, Rn. 16 zu § 80 VwGO.
註一八二　肯定唯合法之異議及撤銷之訴始生停止效力者，執基本法第十九條
　　　　　第四項及行政法院第八○條第一項之立法本意，且其不合法者，根
　　　　　本無該條規定之適用。Vgl. F. K. Schoch, BayVBl. 1983, SS.
　　　　　358 ff., 365; K. Kersting, DVP 1982, S. 12.
　　　　　否認說認卽使不合法之訴訟及異議，亦具有停止效力，蓋行政法院
　　　　　法第八○條第一項未明文規定以合法提起者為限，第二項列舉不生
　　　　　停止效力之事項亦未及於此，矧言，其非本案訴訟，無法審查。
　　　　　Vgl. F. K. Schoch, DayVDl. 1983, S. 360.
　　　　　折衷說分二派，一派主除顯無理由者外，具有停止效力，此為通
　　　　　說；另一派則主行政處分之存否、訴訟要件、訴訟情況、適格、期
　　　　　間之遵守、訴訟能力及要式符合與否，在個案加以決定。Vgl.
　　　　　Finkelnburg/Jank, Rn. 517 ff.

依同法第四十七條第七項， 亦得爲假命令（註一八三）。 由於假命令不僅具有保全性及防禦性，甚至具有攻擊性，故對於濫用、顯無理由、逾期不提起本訴者，對相對人因此所生之損害， 須負危險的賠償責任（註一八四）。戰後西德行政訴訟上大量程序（Massenverfahren）日多，爲免法院過度負擔及加速程序之進行，故有模範訴訟（Musterprozeβ）制度，其對假命令之影響在剩餘訴訟（Restenverfahren）之申請假命令，究是否重新個案審查，抑或準用模範訴訟，抑以原裁決爲據? 此涉及當事人之聽審權、法定法官審理權及新事實與法律理由之提出權與模範訴訟之根本考慮間所生之齟齬，誠值吾人再研議（註一八五）。大致言之，西德之制度，特別是一般行政訴訟，其執行停止之原則及例外，可兼顧人民權利與公益，爲其優點，但其例外太多，使原則有名無實，且例外之例外及例外之嗣後喪失，龐雜無章，乃其徵疵。

就瑞士言之，只有少數州採取起訴具停止效力之原則；其聯邦法之規定，適與西德行政法院法第八○條相反，亦卽對課予金錢給付義務之處分提起行政訴訟者，具有停止效力，反之，其他訴訟只有在法律無特別規定下，由行政法庭之庭長依職權或本於當事人之請求下命者，始有之（註一八六）。在瑞士，由於有直接訴訟（或稱原始行政裁判之訴訟）（klage）與間接訴訟（或稱嗣後行政裁判之訴訟）（Beschwerde） 之別， 致停止效力只在後者具有實益（註一八七）。 法院於決定是否給與停止效力之命令時， 須在公益與私益間斟酌其輕重利害（註一八八）。

註一八三　Vgl. Dazu, Vgl. H.-J. Papier, in: FS f. C.-F. Menger, S. 531 ff.

註一八四　Vgl. B. Bender, in: FS f. C.-F. Menger, S. 673 ff.; Fin-kelnburg/Jank, Rn. 424 ff.

註一八五　Vgl. M. Fröhlinger, DöV 1983, S. 363 ff.

註一八六　§ 111 OG.

註一八七　Vgl. F. Gygi, Beiträge, S. 477.

註一八八　Vgl. F. Gygi, BVwRP, S. 244 ff.

停止效力之內容，不只在停止執行，且亦在處分內容效力發生之停止
（註一八九）。此外，由於聯邦司法組織法第一一三條之規定，使同法
第九十四條以下之「預先照料措施」(vorsorgliche Maßnahmen) 亦得
適用，故瑞士行政訴訟亦得為保全處分（註一九〇）。在再審程序 (Re-
visionsverfahren)，聯邦法院或院長本於擔保之提供，得停止被訴裁判
之執行，並為其他之預先照料措施（註一九一）。附帶一提者，乃瑞士
之聯邦行政訴願，原則上具停止效力（註一九二）。瑞士之制度，偏重
金錢給付時原告之保護，而疏於其他權益，金錢乃可替代物，賠償容
易，其他權利受侵則否，其規定有違此理念，殊令人費解。

3. 起訴不具停止效力原則之檢討: 法、日、奧、義制度 之分析

法國向採取起訴無停止效力 (L'éffet non suspensif des requêtes
introductives d'instance) 之原則，一八〇六年七月二十二日教令第三
條首揭斯旨，其後皆維持之，直至一九四五年七月三十一日命令第四十
八條始加入: 向諸政院提起之訴訟，除法律另有規定者外，不具停止效
力；一九六三年七月三十日教令進一步規定: 向中央行政法院提起之訴
訟，除法律另有規定者外，非由其另為命令，不具停止效力。換言之，
自一九六三年此號教令起，法國行政訴訟法始賦與中央行政法院執行停
止之命令權。自一九五三年九月三十日教令即規定: 向行政法院提起之

註一八九　Vgl. F. Gygi, BVwRP, S. 243.
註一九〇　Vgl. F. Gygi, Beiträge, S. 479; K. Eichenberg, in: H.
　　　　　Mosler (Hrsg.). Bd. II, S. 972 ff.
註一九一　§ 142 OG.
註一九二　§ 55 des Bundesgesetzes über das Verwaltungsverfahren.

訴訟，除行政法院例外爲命令者外，不具停止效力。唯溯自一八七一年八月十日法律第八十六條及第八十七條規定後，卽陸續規定一系列具停止效力之訴訟事項。一九六九年元月二十八日教令修正一九五三年教令第九條第二項，凡涉及公共秩序(L'ordre publique)之決定，不得命停止執行。一九八〇年五月十二日教令恢復地方行政法院對遣送外人之決定，得命停止執行。一九八二年元月二十七日第五十九號教令廢除一九六九年教令第九條第二項，而於第三項規定除涉及外人進入或居留法國之事件外，中央行政法院在本教令生效日起（同年二月一日），對請求停止執行之事件涉及公共秩序之決定者，具初、終審權。由上述可知，法國採取起訴無停止執行效力之原則，法律所規定及行政法院命令者具停止效力之例外之模式。請求命停止執行者，須具備消極要件（無平行之特別程序、訴訟對象非已執行，非屬行政先行決定之事項）及積極要件（法院具有權限，須本訴合法、須其受有損害，而此損害非停止執行將受嚴重之損害結果，且其情況緊急）（註一九三）。實務上，以損害之嚴重性及訴訟被許可之可能，爲關鍵標準及界限問題。依一九六三年七月三十日教令規定，賦與法官就個案斟酌損害是否難以回復，並就訴訟之勝算予以考慮（註一九四）。

　　戰後日本之行政訴訟，一如戰前，採取起訴不停止執行之原則（註一九五），例外由法院因當事人之申請裁決（定）停止執行（註一九六），至於行政機關之處分及其他行使公權力之行爲，則明文排除民訴法上之

註一九三　Cf. Auby/Drago, Traité, 885°-889°; C. Gabolde, 392° et suite; B. Pacteau, 257°, 262° et suite.

註一九四　Vgl. W. Skouris, Die Verwaltung 1981, S. 88.

註一九五　行政事件訴訟法第二五條。

註一九六　日本原擬採起訴有停止效力，但聯軍總部反對。參見鈴木、三ケ月監修（広岡隆、東條武治），講座 8，頁二九四。

假處分適用規定（註一九七）。 停止執行之裁定，須具備積極要件：（1）停止執行之申請，（2）處分之執行將發生回復困難之損害，（3）須有避免損害發生之必要，（4）本案訴訟已繫屬，（5）處分及執行程序尚存在，（6）須情況緊急；消極要件：（1）公共福祉非受重大影響，（2）本訴非顯無理由（註一九八）。 執行停止裁決後， 因情事變更， 法院得因相對人之申請， 撤銷停止執行（註一九九）。 由於日本國憲法第三十二條之規定及有效權利保護之要求，須允許包括暫行權利保護在內之司法制度， 已在學界騰說（註二〇〇）， 而內閣總理大臣為維護公益之異議權， 其合憲性為學者及實務界表示質疑（註二〇一）。 其關鍵繫於停止執行裁決行為之性質， 究為司法行為， 抑或行政行為（註二〇二）。

　　奧地利之行政訴訟制度，一如法國及日本，採取起訴不生停止效力之原則， 例外本於申請， 在一定條件下由法院裁決准予停止效力（註二〇三）。 申請准予停止效力之要件有二， 消極要件方面：（1）不牴觸急迫之公益，（2）非訴訟對象已執行完畢；在積極要件方面：（1）本訴須為裁決訴訟或措施訴訟（執行行為尚在繼續中），（2）申請最早須與本

註一九七　行政事件訴訟法第四四條。

註一九八　參見山村、阿部編（仲江利政），頁二五〇以下；雄川、塩野、園部編（利光大一），行政爭訟Ⅱ，頁二三四以下；鈴木、三ケ月監修（広岡隆、東條武治），講座8，頁二九九以下；南博方編（藤井俊彥），頁二二六以下。

註一九九　行政事件訴訟法第二六條。

註二〇〇　參見鈴木、三ケ月監修（広岡隆、東條武治）， 講座8， 頁三一二。

註二〇一　參見林明鏘，碩士論文，頁一一五以下；鈴木、三ケ月監修（広岡隆、東條武治），講座8，頁二九五所引米內山事件眞野法官之見解；南博方編（藤井俊彥），頁二二一。

註二〇二　參見林明鏘，碩士論文，頁四七以下之分析。

註二〇三　§ 30 VwGG.

訴一併提起，(3) 須申請人將因執行受有不合比例之不利（註二○四）。行政法院或一九八四年新行政法院法第十四條第二項之報告評事，審查核可後，在本案確定前，執行應予停止，執行官署並應為必要之處分，因被訴處分受益者，不得行使其權利（註二○五），故，停止效力之裁決具有阻止裁決執行力、拘束力（第三人效力）及構成要件效力，亦即以效力說為據（註二○六）。奧國行政訴訟上之暫行權利保護，僅此一種，並無類似西德之假命令制度（註二○七）。

就義大利言，其行政訴訟之提起，不具停止效力（effetto sospensivo），而只能在一定情況下請求裁決停止執行。一九七一年十二月六日地區行政法院設置法第二十一條第七項規定：地區行政法院就原告主張因處分之執行，將生難以回復及不能回復之損害（danni gravi e irreparabili），而為停止執行之請求者，以不公開之程序，附理由裁決之。一九二四年六月二十六日諮政院合併規定之教令第三十九條亦規定：起訴無停止效力。訴訟部依原告之請求，本於重大原因，得以附理由之教令停止行為或處分之執行。在行政訴訟上，停止執行之裁決以附帶程序行之，其裁決停止執行須具備積極要件：(1) 訴在法律上合法、可接受（fumus boni juris）（不得反於公益或顯無理由），(2) 其損害重大及不能回復（pericolo di danno grave ed irreparabile）；消極要件：須訴爭行為無下列情形：(1) 不作為或監督之行政活動（atti negativi di

---

註二○四　Vgl. P. Oberndorfer, S. 117 ff,; Walter/Mayer, VfR., S. 299 ff.

註二○五　§ 30 III VwGG.

註二○六　Vgl. P. Oberndorfer, SS. 120 ff., 124 ff.

註二○七　奧國行政執行法（Verwaltungsvollstreckungsgesetz, BGB1. 1950 /172）第八條所規定之假處分（einstweilige Verfügung）乃在確保執行，防止義務人脫產而設，並非此處意義之暫行權利保護。Vgl. Walter/Mayer, VwVfR, S. 336 ff.

amministrazione attiv o di controllo)，（2）已執行完畢或已失效之行爲（atti che sono stati esequiti o che comungue hanno giàprodotto i loro effetti)，（3）已報請裁撤機關之修正或註銷行爲（atti modifi-cativi o estintivi del rapporto di impiego)（註二〇八）。

　　由上觀之，法、日、奧、義制度共同之缺失，乃忽略利害第三人之利益，並偏煩原告爲申請，其取向偏於行政及公益之維護，而不考慮被訴行爲之合法性，難免有以眾暴寡之嫌。

　　依本文所見，爲貫徹法治國家之原則，在行政訴訟制度之取向上，應以合法權利之保障爲目標，不容以違法侵害合法，以眾暴寡或投機取巧，造成既成事實。因此，行政訴訟之起訴不當然具有停止效力或當然不具停止效力，亦非截然以利益之優越性決定是否予以停止執行或卽時執行，而係於法院爲大略之卽審裁決程序（summarisches Verfahren）後，凡訴訟顯不合法或無理由，則起訴不生停止效力，申請假命令者不得許可；反之，被訴事項之合法性嚴重可疑時，不得命卽時執行，起訴具停止效力。如起訴非顯不合法或顯無理由，而被訴行爲之合法性亦無嚴重之可疑時，則依利益之輕重緩急，以關係法益爲權衡標準，兩利取其重，兩害取其輕。公共利益、第三人利益及原告之利益一併加以衡量，裁定前應予原、被告及利害關係人陳述意見之機會，但情況急迫者，不在此限，此外，情況之變更，得爲廢棄原裁決之原因。就停止效力，宜解爲含執行力及有效性在內，以防因事實上之執行，致生既成事實，並確立損害賠償責任歸屬之依據。

註二〇八　V. P. Virga, p. 354 et se.

二、訴訟種類之增加: 發展趨勢之二

戰前各國行政訴訟以維持法規（主權者之利益）爲目的（究其實際，並非皆如此，詳見第一篇第一節），其主要表現據點並非在於訴權方面（彼時仍採被害者訴訟，詳參見第二篇第一章第一章第二節），而係在訴訟種類，此向爲學者所疏忽。戰後各國行政訴訟制度以保護人民之權利爲導向，除表現於訴權之擴大、裁判實現之確保、暫行權利保護之加強外，首推訴訟種類之增加。戰前各國之行政訴訟制度普遍以撤銷之訴爲主要之訴訟種類（註二〇九），戰後則迭有增加。

欲探討戰後各國行政訴訟種類之增加，首先必須區別訴訟原因（Klagegründe）與訴訟種類（Klagearten）、訴訟種類在行政訴訟制度上之功能、各國如何處理訴訟種類之規範及其影響。訴訟原因，乃得以起訴之原因（註二一〇），其作用在於決定起訴理由及事實依據，而訴訟種類乃起訴得以追求之目標、範圍，亦卽目的之類型，其用以決定訴訟之標的（註二一一）。餘詳見下述各節。

註二〇九　參見陳秀美，研究，頁九八; 同著者，碩士論文，頁一一二; C. H. Ule, Verwaltungsprozeβrecht, S. 152.

註二一〇　以法國行政訴訟爲例，其訴之原因（cas d'ouverture），依通說計有: 欠缺權限（incompétence）、違反方式（vice de forme）、濫用權力（détournement de pouvoir）及違反法規範（violation de la loi）。詳請參見蔡志方，憲政時代，八卷四期，頁六五以下; H. Reinhard, JöR 1982, S. 106 ff.

註二一一　Vgl. F. O. Kopp, Rn. 1 zu Vorb. § 40 VwGO; Bosch/Schmidt, S. 67.

（一）訴訟種類在行政訴訟制度上之功能

1. 人民權利保護之加強

人民權利保護之加強，爲戰後各國行政訴訟制度致力之目標。人民權利之保護乃目的，訴訟種類之增加、行政裁判權之擴大及行政裁判程序之司法化等只係手段或方法，吾人必先確立目的，再研擬方法，以免捨本逐末。

昔之專制時代，行政法上之法律關係乃主權者或統治者（帝王或領主）與屬民或被統治者之權力與服從關係。行政乃主權者遂行其意志、追求其利益及役使屬民之工具。迨古典的市民法治國家興，主張侵害保留及保護，人民只能主張其自由權及財產權消極地不爲行政所違法侵害，而國家之行政任務亦限於秩序之維護（夜警國家），故採干預行政（Eingriffsverwaltung），而在行政訴訟上乃以除去侵害爲目的及可請求之範圍，故撤銷之訴（Anfechtungsklage; contentieux de l'annulation）乃應運而生（註二一二）。彼時侵害之除去，在行政訴訟上只能主張撤銷之訴（註二一三），卽使因之所生損害賠償，在國家或主權者無責之時代，亦只能由公務員個人負責，國家至多只負代位責任，其訴訟亦委由普通法院處理，此亦導致行政訴訟上撤銷之訴一枝獨秀。

隨著社會之變遷，政治思想之改易，給付（行政）國家、社會國家

註二一二　Vgl. Tschira/Schmitt-Glaeser, S. 74; Pietzner/Ronellenfitsch, Rn. 10 zu § 7 I.

註二一三　我國於民國二十一年十一月十七日之行政訴訟法第二條，已採附帶損害賠償之訴；法國亦已有以損害賠償爲目的之完全審理之訴（Le contentieux de pleine juridiction）。

之觀念崛起，政府之行政任務涉及人民各生活領域，行政手段亦趨於多元、複雜，不再限於傳統以維護秩序爲目的之干預，進而利用計畫、指導、給付及經營等方法遂行其任務，而行政法上公權利 (öffentlich-rechtliche Rechte) 之概念（註二一四），亦由實體行政法上消極排除自由權及財產權被侵害之請求，轉而擴及於從憲法上基本權利之保障、積極參與社會及國家共同利益之分享（給付、受益）及程序上機會之平等與參與。基本權利膨脹，權利種類新生之現象，殆爲本世紀以來之重要法律課題。

基於「法律賦與權利於先，必設救濟於後」及「權利救濟必須完善」之要求，徒擴大行政裁判權之範圍（詳本篇第三章），已無濟於事，故有增加訴訟種類之必要（註二一五）（註二一六）。吾人從以往只能撤銷違法之行政行爲，轉而今日得以請求法院命行政作爲（如西德之課予義務之訴），甚至於其違法不作爲時，確認其違法，並代之而爲決定（如奧國之怠慢訴訟及義大利之強制訴訟）一點，即可見訴訟種類對人民權利保護加強之一斑。

2. 法院裁判方法之強化

法治國家中之司法權，講求依法裁判，其權限之發動具有消極之性質，探不告不理 (Nemo judex sine actore) 及不得爲訴外裁判 (non

---

註二一四 Vgl. Mayer/Kopp, S. 164 ff.
註二一五 參見陳秀美，碩士論文，頁一一二；同著者，研究，頁九八。
註二一六 德國學者間有主張由訴訟種類決定權利保護之範圍者，如 Kopp 教授 (Vgl. ders., Rn. 1, 3 zu Vorb. § 40 VwGO)；有主張以行政法院之權限條款中求之，而訴訟種類只提供適當及有效之權利保護，如 Bosch/Schmidt (Vgl. dies., S. 67.)。

petitio ultra）之原則，行政訴訟裁判亦受此拘束。

　　基於不告不理及不得為訴外裁判之原則，法院只能就訴訟標的所確定之目的及範圍為裁判。昔日撤銷之訴，人民只能請求撤銷或變更被訴行政行為，法院亦只能為廢棄（Kassation）之裁判。今增加確認之訴，課予義務之訴（西德）、一般給付訴訟、怠慢訴訟（奧國）、強制訴訟（義大利），行政法院之裁判方法，乃由廢棄、變更，加入確認（宣示）、形成及實質性決定之裁判。因訴訟種類之增加，亦強化行政法院裁判之權限，此似為一般學者所忽略。

（二）訴訟種類規範之模式及其檢討

　　訴訟種類與訴權（適格）範圍，直接影響人民權利保護之機會。如前所述，訴訟種類具有決定人民權利保護及行政法院裁判方法之作用，因此，訴訟種類規範之模式影響深遠，值得吾人重視。

　　夷考各國行政訴訟法，有明文規定訴訟種類者，有未見諸明文者。其見諸明文者，其目的何在？究係採列舉主義或例示主義？如訴訟種類之目的在限制人民得於訴訟上為請求之內容及法院所得裁判之方法，則其具創設作用及限制作用；反之，如只係在指示或提醒人民（至少）得以在訴訟上請求之內容及法院得以裁判之方法，則其只具宣示或確認作用。如係採創設作用，又以列舉主義為規定，則不容人民在此之外另為主張，法院（在依法裁判原則之嚴格解釋下）亦不能另行發展新裁判方法。如採確認作用，必只能輔以例示主義。前者有礙人民權利保護之完整及隨時代之遷移，自動為（法的）發展（Rechtsfortbildung)，而必須仰賴修法；後者有利於追求人民權利保護之完善，並允許法院依需要

而發展新裁判類型（註二一七）。 如係例示， 則是否在規定一定訴訟類型之特別要件？依吾人所見，行政訴訟裁判權之範圍，乃涉及權利保護之事項 (Ob und Welche)，而訴訟種類則涉及權利保護之方法(Wie)。基於權利保護之完整性，宜探宣示作用及例示主義之訴訟種類體系； 若基於依法裁判，則宜採創設作用及列舉主義者，以求安定及明確。唯前者乃目的，後者只係手段，不可捨本逐末，以手段而捨目的。

各國之行政訴訟法有未明文規定訴訟種類者，如義大利、法國及瑞士。有明文規定訴訟種類，但分二類，一為直接明文規定「訴訟種類」者，如日本，另一為在規定行政法院之權限或規定一定訴訟種類之特別要件時提及，前者如奧國，後者如西德及我國。以下分兩項，就各國法制探討其目的、作用、影響及優劣。

1. 訴訟種類明定及其優劣之檢討

訴訟種類採取法律明定者，如日本、奧國、西德及我國。唯其中又有直接規定及間接規定（在裁判之方式中規定）之別。然訴訟種類明定是否採列舉主義或例示主義， 則不易從法律條文本身見之。 由於其影響人民權利保護之方法及法院之裁判權限（能否藉法律之再發展予以創新），以下分國探討之。

首先，就日本言之，其自昭和三十七年五月十六日法律第一三九號「行政事件訴訟法」，始規定訴訟種類（註二一八）。該法第二條規定:「本法所稱之行政事件訴訟，為抗告訴訟、當事人訴訟、民眾訴訟及機

註二一七　Vgl. J. Meyer-Ladewig, Rn. 1 zu § 54 SGG.
註二一八　戰後在應急措施法及行特法時代，雖增加當事人訴訟，但對訴訟種類，並未明定。

關訴訟」，第三條至第六條並分別規定其要件，而抗告訴訟又分為「撤銷處分之訴」、「撤銷裁決之訴」、「無效等確認之訴」及「不作為違法確認之訴」（第三條）；當事人訴訟，又分為確認及形成之訴。該等規定究為列舉規定，抑或例示規定？由該法第二條本身觀之，似採列舉主義。果爾，則不容許創新訴訟種類，而形成「訴訟種類法定」，準此，只能在法定類型內再發展 (Rechtsfortbildung intre legem)。唯若從彼國憲法第七十六條第一項及裁判所法第三條第一項所蘊涵之概括權限條款及人權保障之精神下，似應認只係例示而已，而允許實務及學說因應環境需要再發展。彼國學說及實務所發展之「無名抗告訴訟」（註二一九），究應認係行政事件政訴法第三條之法內發展或法外發展 (Rechtsfortbildung extre legem)，胥視其依據是否為憲法及裁判所法上述規定而論（註二二〇）。

西德依據基本法第十九條第四項「有效權利保護」之「最低要求原則」及行政法院法第四〇條第一項概括權限條款之精神，在行政法院法、社會法院法及財政法院法上，放棄訴訟種類列舉主義（註二二一），

註二一九　所謂「無名抗告訴訟」，指非法定之抗告訴訟，亦即對公權力之行使所提起之訴訟，而非為行政事件訴訟法第三條所明定之範圍。依學說之形成，包括課予義務之訴、預防性不作為之訴、規範審查訴訟及不利益排除訴訟。除規範審查訴訟為學說及判例所一致否認外，早期對此等訴訟持否定態度者居優勢。參見雄川一郎，頁一三三以下；鈴木、三ケ月監修（山內敏彥），講座 8，頁一四七以下；同監修（塩野宏），新講座 9，頁一二三以下、一三五以下；B. Takada/Mitarbeiter, VerwArch. 1978, S. 64. 目前較為開放，相對地肯認其存在。參見雄川一郎，頁一五一以下；山內敏彥同文，頁一五一以下；塩野宏同文，頁一二六以下；J. Fujiwara, in: Götz/Klein/Starck (Hrsg.), S. 249 ff.

註二二〇　反對說似採法內發展，且以行政事件訴訟法第二條為主要依據；肯定說似採法外發展。

註二二一　Vgl. Eyermann/Fröhler, Rn. 1 zu § 42 VwGO; J. Meyer-Ladewig, Rn. 1 zu § 54 SGG; F.O. Kopp, Rn. 3 zu Vorb. § 40 VwGO; Redeker/v. Oertzen, Rn. 1 zu 42 VwGO.

因此，在各該法所見之訴訟種類只係對一定訴訟種類之要件為特別規定而已（註二二二），或者只能認係例示規定。準此，不只上述三法所未規定之訴訟種類，可依一般法律原則，特別是法院組織法及民事訴訟法之規定為補充（註二二三），且更可依憲法之精神，隨需要而發展。以行政法院法為例，其明文提及之訴訟種類及請求種類（欠缺訟爭兩造，故不曰訴），計有撤銷之訴（Anfechtungsklage）、課予義務之訴（Verpflichtungsklage）（第四十二條第一項）、確認之訴（Feststellungsklage）（第四十三條）、抽象規範審查（Antrag auf abstrakte Normenkontrolle）（第四十七條）、一般給付之訴（第四十三條第二項、第一一一條、第一一三條第三項、第一六九條第二項、第一七〇條及第一九一條第一項）及假命令之申請（Antrag auf einstweilige Anordnung）（第四十七條第八項、第一二三條）。此外學者間並在撤銷之訴下，分出「續行的確認之訴」（Fortsetzungsfeststellungsklage）（註二二四）、「分離的撤銷之訴」（isolierte Anfechtungsklage）（註二二五）、「補充的撤銷之訴」（ergänzte Anfechtungsklage）（註二二六）；在給付之訴下，分出「不作為之訴」（Unterlassungsklage）及「預防的不作為之

註二二二　Es ist die h. M., Vgl. nur J. Meyer-Ladewig, Rn. 1 zu §54 SGG; Bosch /Schmidt, S. 67; Tschira/Schmitt-Glaeser, S. 13; K. Stern, Probleme, S. 61 ff.

註二二三　Vgl. F. O. Kopp, Rn. 3 zu Vorb. § 40 VwGO.

註二二四　Vgl. F. O. Kopp, Rn. 3 zu § 42; Rn. 110 zu §113 VwGO; 另有學者將其列在確認之許，Vgl. K. Stern, Probleme, S. 90 ff.; Pietzner/Ronellenfitsch, Rn. 27 ff. zu § 7; 更有學者擴張此訴之適用範圍。Vgl. W. -R. Schenke, in: FS f. C. -F. Menger, S. 474 ff.

註二二五　Vgl. F. O. Kopp, Rn. 3, 22 zu § 42 VwGO; H. -W. Laubinger, in: FS f. C. -F. Menger, S. 443 ff.

註二二六　Vgl. F. O. Kopp, Rn. 3 zu § 42 VwGO.

訴」(vorbeugende Unterlassungsklage)（註二二七）；在形成之訴（Gestaltungsklage）並列出一般形成之訴（如變更之訴、仲裁決定廢棄之訴、對抗執行之訴）（註二二八）。

我國行政訴訟之種類，可由行政訴訟法第二條及第一條、第二十六條間接得知有撤銷之訴（實質上附帶確認作用）及極狹隘之給付之訴。我國行政訴訟法上述三條之規定，是否爲列舉規定，查該法之立法過程並未明示，似只能從憲法有關規定之精神中推知（註二二九）。目前實務之運作，乃以列舉主義爲出發點，影響人民權利之保護機會甚大，值得從憲法上加以探討其合憲性。

奧地利聯邦憲法第一三○條於規定行政法院之權限時，卽附帶規定訴訟之種類，並另於同法第八十一條 a 第四項規定「指示訴訟」(Weisungsbeschwerde)、第一三一條規定「裁決訴訟」(Bescheidsbeschwerde)、第一三一條 a 規定「措施訴訟」(Maβnahmebeschwerde)（註二三○）、第一三二條規定「怠慢訴訟」(Säumnisbeschwerde)之特別要件，若加上行政法院法第二十六條及第二十七條對訴訟期限之規定，當可推知其採列舉主義，此使得聯邦憲法第一二九條無形中各有過寬及過狹之嫌（註二三一）。奧國之行政裁判權雖向採概括權限條款，但因訴訟種類採列舉主義，無形中限制人民權利保護範圍及實務、學說發展之餘地，乃其缺失。

註二二七　Vgl. K. Stern, Probleme, SS. 82 ff., 87; Pietzner/Ronellen-fitsch, Rn. 20 zu § 7.

註二二八　Vgl. K. Stern, Probleme, S. 82; Tschira/Schmitt-Glaeser, S. 13.

註二二九　另詳蔡志方，博士論文第三篇第一章第一節第一、二項。

註二三○　此爲一九七五年憲法所新設。B-VG 15, 5, 1975, BGB1. 302; § 131a B-VG.

註二三一　Vgl. P. Oberndorfer, S. 61 ff.

　　綜上所述，訴訟種類明定之優點，在於明確，但若係採列舉主義，特別是狹隘之列舉，則妨礙人民權利之保護及法院因應實際需要所爲之發展。基於權利保護之完整性及法院裁判之正確性，在採取訴訟種類明定之國家，亦宜認其係採例示主義及特別要件之規定而已。

2. 訴訟種類未明定及其優劣之檢討

　　訴訟種類未明定於法律上者，如法國、瑞士及義大利。大致言之，此制之優點乃是不發生以訴訟種類限制人民權利之保護，而法院亦可隨環境之需要進一步發展新訴訟種類；其缺點乃是對於法院之裁判方法欠缺明確性。

　　法國行政訴訟制度對於訴訟種類，允由學說及實務發展，現行之行政訴訟法規未做規定（註二三二）。實務及學說所發展之類型，主要有通說之四分法及少數說之二分法。前者由 Laferrière 所發展，將行政訴訟分成「完全審理訴訟」(contentieux de pleine juridiction)、「撤銷之訴」(contentieux de l'annulation)、「解釋之訴」(contentieux de l'interprétation) 及「處罰之訴」(contentieux de la représsion)（註二三三）。後者，乃由 Duguit 首倡主觀訴訟 (contentieux subjectif) 與客觀訴訟 (contentieux objectif)，爲 Jèze, Lampué, Waline, Auby

---

註二三二　現行法只分散地提到「撤銷之訴」(Les recours en annulation)、「解釋及合法性確認之訴訟」(Les recours en interprétation et les recours en appréciation de legalité)、「完全審理訴訟」(Litige de pleine juridiction) 等傳統之訴訟類型及其他若干新型訴訟目的、名稱之類型。V. Livre II CTA; R. 79, Règlement d'administration publique et décrets en Conseil d'Etat.

註二三三　V. Auby/Drago, Traité, 948°.

及 Drago 等所繼受（註二三四）。在實用上，以撤銷之訴及完全審理訴訟爲主，後者主在損害賠償。

　　義大利之行政訴訟，除少數由特別行政法院裁判者外，主要由普通法院及一般行政法院（諮政院及地區行政法院）裁判（註二三五）。其由普通司法法院裁判者，其程序原則上依民事訴訟法之規定（註二三六），訴訟種類亦同，故原則上有給付之訴（azioni di condanna）（主要爲金錢給付）、確認之訴（azioni dichiarative）及形成之訴（azioni costitutive）（註二三七）。其由行政法院裁判者，行政訴訟法規欠缺訴訟種類之規定（註二三八），只能由一九七一年十二月六日第一〇三四號法律第二十六條對判決之規定，探知其種類同民事訴訟，有給付、確認及形成之訴三種，其中以形成之訴（撤銷及變更處分）最爲重要（註二三九）。

　　瑞士聯邦司法組織法行政訴訟部分之規定（第九十七條以下），除列直接訴訟（verwaltungsgerichtliche Klage）與間接訴訟（verwaltungsgerichtliche Beschwerde）以外，無訴訟種類之明文，唯從第九十七條及聯邦行政程序法第五條之規定，可以綜合得知瑞士之行政訴訟種類，包括撤銷之訴、確認之訴及給付之訴。

註二三四　Vgl. M. Degen, Die Verwaltung 1981, S. 162; Auby/Drago, Traité, 949°.

註二三五　參見一、（二）、2及註一二〇。

註二三六　參見本文四、（二）、3。

註二三七　Vgl. D. Karwiese, S. 35 ff.

註二三八　一九七一年十二月六日地區行政法院設置法第二〇條雖規定怠慢訴訟之許可，但非訴訟種類，而係訴訟原因之規定。

註二三九　Vgl. D. Karwiese, S. 94.

三、行政裁判權之擴大: 發展趨勢之三

戰後各國行政訴訟裁判權之擴大，乃強化人民權利保護之目的所採取之手段或方法。

戰後行政裁判權之擴大，得從概括權限條款之採取、不受審查範圍之限縮、民事訴訟轉換為行政訴訟或兩訴之併存、法院裁判方法之強化四大項予以檢討。

（一）審查權之擴大: 概括權限條款

1. 列舉權限條款之揚棄

本來行政訴訟裁判權之範圍所涉有二，其一乃何等之事項法院得以受理，而加以審查 (Welche)， 其二乃法院就該等事項得為如何之裁判 (Wie)。 前者涉及行政法院之狹義裁判權或向來意義之裁判權範圍，後者涉及裁判方法或訴訟種類所內涵之裁判權限。茲所討論者，只限於前者。戰前各國之行政裁判權，凡採取列舉權限條款者，戰後則大皆改採概括權限條款。

戰前日本之行政裁判權範圍，採明示之列舉權限條款；戰後乃轉而改採概括權限條款，擴大人民行政法上權利之救濟機會。考其始制，乃明治五年司法省布達第四十六號，規定對於地方官吏、市鎮、村長違法頒布之法規或處分，人民得向司法部法院起訴，雖採概括權限條款，唯範圍仍屬狹隘。 明治二十三年六月三十日法律第四十八號「行政裁判

法」第十五條授權以勅令定行政裁判所之權限。據此乃於同年十月九日頒布第一〇六號法律，規定行政裁判所之裁判權只及於：海關關稅以外有關租稅及規費、租稅滯納處分、營業許可之拒絕及撤銷、水利及土木、區分官民土地查定之事件。且此以行政官署之行為（處分）違法，並因而侵害原告權利者為限，始能起訴。

戰後西德行政裁判權之規範模式，一反戰前德國多數邦之體制（詳次段），改採概括權限條款，擴大行政救濟之領域。

德國在行政司法之時代，只有巴登採概括權限條款（註二四〇），而普魯士採有限之概括權限條款（註二四一），薩森（Sachsen）則採列舉除外之概括條款（註二四二），其餘各邦均採列舉權限條款，而除巴伐利亞缺乏法律與裁量問題之區分外（註二四三），餘一般亦只限於法律問題之審查，且只限於部以下之處分，始受高等行政法院審查（如巴伐利亞）。威瑪憲法時期，亦採列舉條款（註二四四）。在納粹執政時期，涉及警察之事項，皆非除行政法院之審查（註二四五）。

由於列舉權限條款之行政裁判權，只在列舉之範圍內，人民得以獲致權利保護，戰後行政任務擴張，行政遂行任務之方法多元化，人民與政府間之法律紛爭，已非列舉權限條款所可罄書，且其亦不符戰後保障人民權利之強烈需求，故雖其具有明確之優點，仍被時潮所淘汰，而紛紛遭揚棄。

註二四〇　Vgl. E. Walz, in: M. Baring (Hrsg.), S. 116.
註二四一　Vgl. M. Rapp, in: Külz/Naumann (Hrsg.), Bd. II, SS. 10, 16; G.-C. von Unruh, in: FS f. C.-F. Menger, S. 21 ff.
註二四二　Vgl. M. Baring, in: ders., (Hrsg.), SS. 70, 72.
註二四三　Vgl. J. Widtmann, in: M. Baring (Hrsg.), S. 46 ff.
註二四四　Vgl. R. Grawert, in: FS f. C.-F. Menger, S. 51 ff.
註二四五　Vgl. W. Scheerbarth, DöV 1963, S. 731 ff.

2. 概括權限條款之表現方式及其檢討

戰前卽採取概括權限條款之國家及戰後改採此制者，其原本目的及表現之方式，並非相同，然就具有加強人民權利保護之功能及擴大行政法院之裁判權之作用言，則屬一致。以下依次就日本、西德、法國、奧國、瑞士及義大利之制度實況，予以剖析及檢討。

昭和二十二年四月十六日法律第五十九號「裁判所法」第三條第一項規定：「除日本國憲法另有規定外，法院裁判一切法律爭訟，並具有其他法律特別規定之權限」，因此，其行政裁判權範圍，乃改採概括權限條。昭和二十三年七月一日法律第八十一號「行政事件訴訟特例法」第一條關於行政事件與民事訴訟法之適用，間接以「行政官署違法處分之撤銷及變更、其他公法上權利關係之訴訟」爲行政裁判權範圍。昭和三十七年五月十六日法律第一三九號、一四〇號「行政事件訴訟法」，未再如「行政事件訴訟特例法」第一條採明示之概括條款，而改以「行政爭訟性」爲默示之概括權限條款方式，故，自此日本行政裁判權之規範方式，只能從該法第二條至第六條「訴訟種類」中間接探知（註二四六），而吾人從行政不服審查法第一、二條，亦可推知事實行爲亦包括在內。

德國戰後在英、美占領區之立法，採取「列舉除外之概括權限條款」，而除外事項皆爲具有特別救濟者（註二四七）。一九四九年基本法第十九條第四項規定：「凡其權利爲公權力所侵害者，訴訟（法律）

註二四六　詳另見本文二、（一）、（二）。
註二四七　§ 22 des Gesetzes, Nr. 39; § 22 der Verordnung, Nr. 165.

途徑爲之備。無其他權限被創設時，由普通訴訟（法律）途徑與之。（下略）」，開啟概括權限條款之序幕。一九六〇年行政法院法第四〇條第一項，採取明文之概括條款方式，規定以「一切非憲法爭議性質之公法爭訟」（alle öffentlich-rechtlichen Streitigkeiten nichtverfassungsrechtlicher Art）爲行政裁判權所及之範圍之原則（註二四八），此亦使基本法上述規定更爲落實，而普通法院除法律明文授與之公法訴訟裁判權外，實際上已無補充權限之適用餘地。所謂「非憲法性質之一切公法上爭訟」，係以公法與私法之區別方法（註二四九），而控除刑法、民刑訴訟法、教會法及國際（公）法後之「公行政事項」，爲行政裁判權之界定標準。西德此一概括條款之採取，雖難免引起認定之爭論，但擴大人民行政訴訟之機會，並隨行政法之發展而調整，不失爲善策。

法國行政裁判權範圍之規範模式，向採（默示的）概括權限條款（Clause général de compétence）及明示與默示控除併行之方式。唯其表現形式重在行政裁判與司法裁判間權限之區別，亦卽以行政事項（matières administratifs）爲界定準據（註二五〇）。現行之行政訴訟法，大致上維持此一體制，以行政的爭訟（contentieux administratif）

註二四八　Dazu, Vgl. C. H. Ule, Verwaltungsprozeβrecht, S. 344 ff.; Eyermann/Fröhler, § 40 VwGO; F. O. Kopp, § 40 VwGO; Redeker/v. Oertzen, § 40 VwGO; Tschira/Schmitt-Glaeser, S. 20 ff.

註二四九　通說爲已故 Münster 大學教授 H. J. Wolff 所倡之新主體說（Vgl. ders., AöR Bd. 76, S. 205 ff.），對此說之修正及闡揚; Vgl. Detlef Schmidt, Die Unterscheidung, ins., S. 149 ff.; 對此說之批判及新說，Vgl. N. Achterberg, VwR 1, § 1, Rn. 27 ff.

註二五〇　L. 16-24 août 1790; L. 14 Fructidor An VIII.

（註二五一）及行政的事項（matière administrative）（註二五二）爲詮定權限之準繩，至於何謂「行政的爭訟」及「行政的事項」，則委由實務發展。目前實務上之解釋，則以「公共服務」（service public）之概念爲中心，控除「統治行爲」（acte du gouvernement）及「內部規則」行爲（Les actes intérieurs）（註二五三），在此概念下，凡涉及人民權利之所有行政事項，不管其行政活動形式爲規則制定行爲、處分行爲或契約行爲，皆受法院審查。所謂「公共服務」，凡只在公權主體，或委由私人或私法機關，以公權性之活動滿足公共需要者，其訴訟歸行政法院，而公共需要依其特質，容許私人提供者，亦卽所謂之「社會公務」（Service public sociaux），或公權機關以工商企業型態，提供公共服務者，亦卽所謂之「工商之公共服務」（Les services publics industriels ou commerciaux）活動，屬於普通司法法院之權限（註二五四）。由於社會之變遷，致「公共服務」之概念，不足爲完全之劃分標準，故有提出標準多元化（La pluralité de critères）者，分行政之法律行爲（Les actes juridiques de l'administration）（凡運用行政公權力特權、契約係直接參與公務之執行者）及行政之實質活動（Les activités materielles de l'administration）（凡一般行政所必要之活動），行政利用公

註二五一　L. 3 CTA: Les tribunaux administratifs sont, en premier ressort et sours réserve d'appel devant le Conseil d'Etat, juges de droit commun du contentieux administratif.

註二五二　Art. 32, Ord. n° 45-1708 du 31, Juill. 1945: Le Conseil d'Etat statuant au contentieux est le juge de droit commun en matièr administrative...

註二五三　參見本章第二節第二、三項。

註二五四　Cf. Brown/Garner/Galabert, pp. 80 ff.; Laubadère/Venezia/Gaudemet, Traité, 892° et suite; Letourneur/Bauchet/Méric, p. 81 et infra; G. Peiser, contentieux, p. 36 et infra; H. Reinhard, JöR, 1982, S. 105.

務活動者，屬於行政法院權限，餘歸普通司法法院（註二五五）。 行政
訴訟傳統上由司法法院裁判者（註二五六）， 或由法律明文規定由普通
法院裁判者（註二五七）， 仍屬行政裁判權之範圍。 由上觀之， 法國行
政裁判權之規範模式，頗具彈性，得隨社會變遷之需要而調整，唯缺乏
明確性。

　　奧地利建立行政裁判權之初， 即採取概括權限條款（註二五八），
其後裁判權之實質範圍迭有增加（ 如對裁量及行政罰之罰度）（註二五
九）， 現行法亦維持此一規範模式。 現行聯邦憲法第一二九條 雖揭示
「位於維也納之行政法院，其任務在確保全部公行政之合法性」，然此
只係一政策條款， 只具綱領性質（programmatisch）， 無法據以擴充行
政法院之任務及權限（註二六〇）， 對於行政裁判權之規範， 只能從訴
訟種類之規範條款中見之。 即同法第一三〇條以違法性為前提之 訴訟

註二五五　Cf. Letourneur/Bauchet/Méric, p. 87 et infra; G. Peiser, contentieux, p. 40.

註二五六　傳統上由司法法院裁判者，計有: 涉及個人身分及人身自由、不動產所有權（徵收補償）、顯不符法律規則，而不認係行政行為之「事實行為」（Voie de fait）及司法之作用行為。Cf. Laubadère/Venezia/Gaudemet, Traité, Tome 1, 1005° et infra; Letourneur/Bauchet/Méric, p. 93 et infra.

註二五七　法律明定由司法法院裁判者，計有: 間接稅訴訟、郵電運輸訴訟、社會安全訴訟、發明專利訴訟、行政車輛肇事損害之訴訟、軍事演習由軍隊礮擊所致損害利益等訴訟、公立學校意外及設施過失所致意外之訴訟、核能船舶事故損害訴訟、核能所致損害訴訟、市鎮騷亂之責任訴訟、司法機關暫行扣押之責任、訴訟及司法機關瑕疵服務行為所生責任之訴訟。

註二五八　一八七五年十月二十二日行政法院設置法列舉控除之事項, Vgl. G. Winkler, in: H. Mosler (Hrsg.), Bd. II, S. 837.

註二五九　Vgl. P. Oberndorfer, S. 29; F. Lehne, Die Verwaltung 1979, S. 303.

註二六〇　Vgl. Adamovich/Funk, VfR., S. 328; Walter/Mayer, VfR., S. 288.

（Beschwerden），而於第八十一條 a 第四項之指示訴訟（Weisungsbe-schwerde）、第一三一條之裁決訴訟（Bescheidsbeschwerde）、第一三二條之怠慢訴訟（Säumnisbeschwerde）及第一三一條 a 之措施訴訟（Maβnahmebeschwerde）等之成立要件，確立其實質裁判權範圍。準此，廣義之行政處分、高權之事實行爲（在奧國稱 verfahrensfreie Akte）、不作爲及教育權領域之「特別規制權行爲」均及之。然公法契約、公法上之不當利益返還請求及一般規範之合法性（抽象審查），仍不及之（註二六一）。由上觀之，儘管奧國之行政裁判權標榜採概括權限條款，然仍不及於公法契約及公法上不當得利，唯及於事實行爲，而其他領域亦有不同之救濟途徑，稍可補其缺憾。

瑞士行政裁判權之範圍，戰前與戰後無顯著之變化。瑞士之行政裁判權，捨各州者不談，聯邦之行政裁判權卽分一般行政裁判權、保險行政裁判權及其他特殊領域之行政裁判權，故，其權限之規範只能作部分之概括規定。依聯邦司法組織法第九十七條，聯邦法院之行政裁判權及於對聯邦行政程序法第五條所稱之處分（Verfügungen）（含非法拒絕及遲爲處分），所提起之行政訴訟，而聯邦行政程序法所稱之處分，相當於我國訴願法第二條所稱之行政處分（註二六二），唯此只限於聯邦處分，故此係以行政之行爲形式及爭訟屬性，爲部分概括條款之規範模

註二六一　規範之合法性及合憲性，依聯邦憲法第一三九條，只能由憲法法院審查。Vgl. Walter/Mayer, VfR., SS. 330 ff., 341 ff.; Adamovich/Funk, VfR., S. 338 ff.

註二六二　瑞士聯邦行政程序法第五條規定：行政官署在個案所爲之命令，以聯邦之公法爲依據，並以下列事項爲標的者，乃爲處分：(a) 權利或義務之創設、變更或廢止。(b) 權利或義務之存在、不存在或範圍之確認；或確認權利或義務之駁回，或就此等請求不爲處理；執行之處分、中間處分、異議之決定、訴願之決定、再審範圍內之決定及說明，亦爲處分。(c) 對請求創設、變更或廢止，對於以訴訟途徑所爲請求之拒絕或調查，官署所爲之說明，不當作處分。

式，而聯邦司法組織法第九十九條至第一○二條尚列舉控除之事項。由此可知，瑞士行政裁判權之範圍甚爲狹隘。

　　義大利之行政裁判權，分別由普通法院、行政法院及特別行政法院行使，除特別行政法院之裁判權基於特別法之規定較爲明確外，最大困難厥爲普通法院與（一般）行政法院間權限之劃分標準。依一八六五年三月二十日第二二四八號法律第二條，將涉及一切公、私權利（Diritto soggettivo pubblico e privato）關係之訴訟及直、間接稅之一、二審訴訟，賦與普通法院裁判，但不得撤銷或變更行政處分。一八八九年三月三十一日第五九八二號法律設諸政院第四部，並賦與裁判權，而只就上述普通法院之權限控除後，就行政行爲之撤銷、變更及一切非關權利之事項爲裁判，而此等非關權利之事件，彼國傳統上乃定性爲「法律所保護之利益」（Interesse legittimo）之事件，除有若干保留性之新規定，亦卽法律明定爲專屬權限者（註二六三），在此領域內卽使涉及權利問題，亦由行政法院單獨行使裁判權。上述二分法，迄今仍被沿用（註二六四）。就行政裁判權整體言，一九四七年十二月二十二日公布，翌年元旦生效之憲法第一一三條規定（註二六五），凡一切行政措施均無限制及一般地由法院審查及裁判，自係採概括權限條款無疑，唯若從

註二六三　Vgl. D. Karwiese, S. 48 ff.
註二六四　Vgl. M. Fromont, in: Lehne/Loebenstein/Schimetschek（Hrsg.), S. 133 ff.; S. Lessona, VerwArch. 1959, S. 243; D. Karwiese, SS. 16 ff., 31 ff.; C. H. Ule, Verwaltungsprozeßrecht, S. 420 ff.; V. Bachelet, en: H. Mosler (dir.), Tome I, p. 470; I. Winkler, Die Verwaltung 1984, S. 493; ders., Die Verwaltung 1986, S. 521 ff.
註二六五　該條規定：「爲保護權利及合法之利益，對於公行政之行爲，恒開放普通法院及行政法院之訴訟途徑。法院之保護不得就特別之撤銷手段或對一定之行爲種類予以排除或限制之。何種法院在法定要件就公行政之行爲及以法定效果得以被廢棄，以法律定之。」

一九七一年十二月六日第一〇三四號法律第二、四條及一九二四年六月二十九日第一〇五四號教令統一規定第二十六、二十七、二十九條以觀，強言之，只係兼採概括與列舉條款之合併模式，甚且有削弱憲法規定之嫌（註二六六），甚至有因此謂其欠缺概括權限條款者（註二六七）。至於行政行為，特別是行政命令與行政規則之合憲性，因憲法法院（Corte constituzionale）只審查法律之合憲性（moderatezza constituzionale），致其權限誰屬不明，學者間有主張就行政之規則，迂迴至其所依據之法律之合憲性，以處理行政規則行為之合憲性（註二六八），似此，行政處分之合憲性亦可如此處理。

（二）審查權之擴大：不受審查範圍之限縮

戰後行政訴訟裁判權之擴大，除上述積極擴大外，另一現象乃以往不受審查範圍被限縮，形成消極之擴大。此可從法院對不確定法律概念（詳言之：不確定概念之法律事項）及裁量之審查、法院對特別義務關係之審查及法院對統治行為之審查，加以檢討。

1. 法院對不確定法律概念及裁量之審查

探討不確定法律概念及裁量之控制，常涉及權利保護及行政之功能或效用。不確定法律概念與裁量之概念（註二六九），原不區別，自

註二六六　Vgl. D. Karwiese, S. 45.
註二六七　Vgl. F. Mariuzzo, BayVBl. 1984, S. 740.
註二六八　Cf. V. Bachelet, en: H. Mosler (dir.), Tome I, p. 505.
註二六九　中文有關文獻，請參見翁岳生，頁三八以下。

W.　Jellinek 之學說出，　始被分別處理，　並形成不同之學說（註二七○）。

法律使用不確定法律概念者，　只限於成文法，　始具實益（註二七一）；　其原因或係立法者對（待）規範事項無法完全預見（註二七二），或係為涵蓋更廣之規範空間，或因語言先天上之限制，或因社會之變遷所致，或為因應科技之進步使然（註二七三）。

不確定法律概念，不限於使用在法律之構成要件部分，法律效果方面亦可被使用（註二七四），　然要以構成要件部分之使用為多。　不確定法律概念之使用，　影響所及者，　首為法院之審查範圍及其與行政間之權限問題。以往認為構成要件亦生裁量（ Tatbestandsermessen ），　自 Bachof 氏提倡以「判斷餘地」（Beurteilungsspielraum）之概念代之後，　始漸止戢（註二七五）。　所謂「判斷餘地」，　乃以法律概念不確定（明確），　適用時必先確定其含義，而此解釋之可能形成一區狀（Zone)，而非點狀 (Punkt)（註二七六），亦不是只有一種解釋，故在涵攝 (Subsumtion) 時，　即存在游移之活動空間。　換言之，　在概念區內

註二七○　Vgl. N. Achterberg, VwR 1, § 18, Rn. 34.

註二七一　Vgl. N. Achterberg, VwR 1, § 18, Rn. 33.

註二七二　Vgl. N. Achterberg, VwR 1, ebenda.

註二七三　科技之本質在求發展，法律之本質在求安定與妥當，因此，在科技法律領域首求安全性 (Sicherheit)，次求實用性及發展性，其在法條上乃大量出現如「技術」(Technik)、「技術狀態」(Stand der Technik)、「科技狀態」(Stand von Wissenschaft und Technik)、「技術規則」(Regeln der Technik)、「一般承認之技術規則」(die anerkannten Regeln der Technik) 等不確定法律概念；在學說上「危險」(Gefahr)、「剩餘危險」(Restrisiko) 之概念亦紛紛出籠。

註二七四　Vgl. W. -R. Schenke, BK. Rn. 306 zu § 19 IV GG.

註二七五　Vgl. O. Bachof, JZ 1955, S. 97 ff.

註二七六　Vgl. Mayer/Kopp, S. 156 ff.

尋找其核心。 唯正確之解釋是否單一, 學說及實務見解不一, 學者（
C. H. Ule) 乃主「可接受性」(Vertretbarkeit)（註二七七）, 實務上
有「幅寬說」(Bandbreite) 之看法（註二七八）。 其所以如此, 有謂係
法院資訊不足（註二七九）, 但亦有以鑑定制度反對以之爲限制法院審
查之理由（註二八〇）。 有學者認爲構成要件之概念不確定者, 乃需具
體化或補充, 故, 上述之「判斷活動」, 乃法律之具體化或補充行爲
（註二八一）。對於判斷之許可原因, 有以攸關行政責任爲正當理由（註
二八二）, 或以概念需價值塡補（註二八三）。 對於能力、資格之適任、
預測性決定 (Prognoseentscheidung)、計畫 (Planung), 實務及學說
通常承認行政之判斷餘地（註二八四）, 唯有以立法者卽使有授權之意,
仍非毫無限制, 而須受目的、內容及範圍之限制（註二八五）。

對於不確定法律概念之控制範圍及方法, 因對概念解釋之範圍是否
限於「單一正確之解釋」或「多數正確之解釋」, 而有所不同。執法院

註二七七　Die kritische Würdigung dazu, Vgl. N. Achterberg, VwR
1, § 18. Rn. 43; H. -J. Papier, DÖV 1986, S. 623 ff.

註二七八　BVerwGE 39, 203; gleicher Ansicht, Vgl. N. Achterberg,
VwR 1, S. 343 ff.

註二七九　Vgl. F. Bertossa, Diss., S. 83.

註二八〇　Vgl. W. -R. Schenke, BK. Rn. 341 zu § 19 IV GG.

註二八一　Vgl. M. Bullinger, JZ 1984, S. 1004; K. A. Vallender, in:
FS f. M. A. Grisel, S. 81 ff.

註二八二　Vgl. F. Bertossa, Diss., SS. 64, 97; a. A., Vgl. W. -R.
Schenke, BK. Rn. 343 zu § 19 IV GG.

註二八三　Vgl. M. Bullinger, JZ 1984, S. 1004.
西德行政法院之看法, 前後不一。Dazu, BVerwGE 23, 112; 28,
223; 39, 197 ff.

註二八四　Vgl. F. Bertossa, Diss., S. 99; M. Bullinger, JZ 1984, S.
1006; Mayer/Kopp, S. 158; a. A., Vgl. W. Schmidt, NJW
1975, S. 1753 ff.

註二八五　Vgl. W. -R. Schenke, BK. Rn. 350 ff. zu § 19 IV GG.

之判決為最終及權威之認定者，乃認無限制審查，且概念只有單一解釋之可能（註二八六）；　執判斷餘地說者，　雖原則上法院無限制審查，　但只要其合理、可接受，　則行政之決定應被尊重（註二八七）或法院應自我限制（self-restraint; Selbstbeschränkung），特別是在行政具有形成自由（Gestaltungsfreiheit）或優先判斷之計畫、預測事項（註二八八）（註二八九）。

　　不確定法律概念之運用，在科技法之領域日益增加及重要，其處理是否從同？　茲試以西德一九八五年七月十五日公布之新「和平使用原子能與其危險之防護法」（簡稱原子法）(Gesetz über die friedliche Verwendung der Kernenergie und der Schutz gegen ihre Gefahren (Atomgesetz))（註二九○）第五條第一項第二句、第七條第二項第三款所謂之「依科技狀態所要求之對損害的預防」(die nach dem Stand von Wissenschaft und Technik erforderliche Vorsorge gegen Schäden)，一九七四年三月十五日之空氣污染、落塵、震動及類似過程所生有害環境影響之防護法（簡稱聯邦侵蝕防護法）(Gesetz zum Schutz vor schädlichen Umwelteinwirkungen durch Luftverunreinigung, Geräusche, Erschütterungen und ähnliche Vorgänge＝Bundes-Immissionsschutgesetz＝BImSchG)（註二九一）第三條第六項之「技術

註二八六　　Vgl. W.-R. Schenke, BK. Rn. 238 zu § 19 IV GG.

註二八七　　Vgl. K.-H. Wcber, S. 124 ff.；O. Bachof, JZ 1972, S. 642; Mayer/Kopp, S. 157; N. Achterberg, VwR 1, § 18, Rn. 42.

註二八八　　Vgl. Mayer/Kopp, S. 158.

註二八九　　例如能力之評斷 (Vgl. F. Bertossa, Diss., S. 91; P. Theuers-bacher, NVwZ 1986, S. 978 ff.) 及博士論文之給分 (Vgl. K. Grupp, JuS 1983, S. 351ff.)。

註二九○　　BGBl. I. S. 265.

註二九一　　BGBl. I. S. 721, zuletzt geändert durch VO v. 26, 11, 1986, BGBl. I. S. 2089.

狀態」（Stand der Technik）及建築承包法（Verdingungsordnung für Bauleistungen, Teil B, §4 Nr. 2 Abs. 1, S. 2 und §13 Nr. 1）上所謂之「一般承認（公認）之技術規則」（allgemein anerkannten Regeln der Technik）為例，探討彼國之學說及實務傾向。在此涉及技術規範之問題（註二九二）， 其對法院之拘束力有無及程度 、 法規範上之性質與位階 。 通說認為技術規則不具法律之性質（註二九三）， 亦非法規命令，卽使技師以習慣法視之，對一般人而言，亦不具法的特質，然而上述法律或採納之， 或轉致（Verweisung）之， 使科技及技術規則之法律地位頓時改觀， 其究在補充法律或具體化法律之內容，亦陷於撲朔迷離。前者，法律要件轉致於技術規範或狀態上，而技術規範或狀態並非以固定或靜態者為準，而是「最新的」、「目前的」、「最進步而可靠的」技術規範或狀態， 亦卽動態之準據（註二九四）； 有認其違反法之確定性及民主原則， 而不被許可（註二九五）； 後者， 則非以之為要件， 而係解釋時參考之， 其結果乃有利於規範之適用者（註二九六）。 由於顧及科技之發展性 、 進步性及安定性， 此等不確定法律概念，不但超越一般所謂之「判斷餘地」， 而步入「裁量餘地」，甚至具有「行政優先判斷」（註二九七）。 以往將技術規範當作 「預行的鑑定

註二九二　Zur Definition der technischen Normen, Vgl. P. Marburger, S. 24 ff.

註二九三　Vgl. R. Fischer, S. 27 m. w. H.

註二九四　因此，在面對科技之權利保護上，亦形成所謂之「動態的基本權利之保護」（dynamischer Grundrechtsschutz）概念。此係聯邦憲法法院在 Kalkar 裁判（BverfGE 49, 89 ff.），提出原子能法上最大可能之危險防護及危險預防之原則，所形成者。

註二九五　Vgl. R. Fischer, S. 29 ff.

註二九六　Vgl. R. Fischer, S. 32.

註二九七　Vgl. W. -E. Sommer, S. 28 ff. ; K. -H. Weber, S. 157 ff.

報告」（註二九八）， 法院對之尚有評斷取捨之餘地， 一九八五年十二月十九日聯邦行政法院在 Wyhl 案判決（註二九九），認爲「以空氣排放之放射線引導或在上層水流之輻射說明的一般理算基礎」（Die allgemeine Berechnungsgrundlage für Strahlenexposition bei radioaktiven Ableitungen mit der Abluft oder im Oberflächengewässer）, 不再只是「預行的鑑定報告」, 而係行政法院亦受其拘束之規範具體化的準則（ normkonkretisierende Richtlinie）（註三〇〇）。 自是, 以往技術規則之定性徘徊於「標準團體之規則」（Regeln der Normungsverbänden）、「法官造法」（Richterrecht） 或 「習慣法」（Gewohnheitsrecht）（註三〇一）間之情況, 乃暫告底定。 唯各國科技水準不同, 是否亦發生科技產品安全標準之差異? 抑或須齊一認定? 則係一目前尚未確定之問題。 若依「科技無國界」爲原則, 自須依目前世界上該類最進步、最權威之標準定之。

　　就裁量言, 主要顧及行政決定之因時制宜, 在具體情況, 就法律之指導方向, 斟酌一切之正反因素, 爲最妥切之決定（註三〇二）。 就行政受法及法律之拘束言（註三〇三）, 行政已乏完全之自由, 在裁量之領域只有「合義務之裁量」（pflichtmäßiges Ermessen）（註三〇四）, 即使缺乏明文之限制, 亦受一般憲法及行政法原則（如基本權利、平等原

註二九八　Statt aller, Vgl. nur K.-H. Ladeur, UPR 1987, S. 256 ff.; C. Gusy, Natur und Recht 1987, S. 156 ff.

註二九九　BVerwGE, 72, 300.

註三〇〇　Vgl. W. Brohm, DöV 1987, S. 267.

註三〇一　Vgl. P. Marburger, S. 330 ff.

註三〇二　Vgl. Mayer/Kopp, S. 254.

註三〇三　§ 20 III GG.

註三〇四　Vgl. O. Bachof, JZ 1972, S. 642; N. Achterberg, VwR 1, S. 340; K.-H. Weber, S. 154 ff.

則、比例原則等）之支配。 裁量之目的, 在於追求個別之正義（註三〇五）, 擇最適當者行之, 但通常並非只有一種係正確者（註三〇六）, 除非係極端情形（Grenzfall）, 無選擇之餘地（註三〇七）, 自當別論。

裁量一般分成決斷裁量（Entschließungsermessen）（涉及「是否」） 及抉擇裁量（Auswahlermessen）（涉及「如何」）（註三〇八）, 通說認為只存在「法效果之裁量」（註三〇九）, 昔日之「構成要件之裁量」, 只係不確定法律概念之判斷問題（註三一〇）, 卽使今日在計畫法、科技法之領域, 亦無不同（註三一一）。

對於裁量之控制範圍如何, 各國之法律或實務因行政裁判權原則上只限於「法律上之審查」（Rechtskontrolle）或「合法性之審查」 (Rechts- od. Gesetzmäßigkeitskontrolle)（註三一二）, 因此, 一般只在

註三〇五　Vgl. O. Bachof, JZ 1972, S. 642.

註三〇六　裁量之本質, 在於有選擇之可能性。Vgl. F. Bertossa, Diss., S. 17 ff.

註三〇七　學說上稱「裁量收縮至零」（Reduzierung des Ermessens auf Null). Vgl. F. Bertossa, Diss., SS. 23, 94; G. Püttner, in: Götz/Klein/Starck (Hrsg.), S. 135; M. Bullinger, JZ 1984, S. 1002.

註三〇八　Vgl. F. Bertossa, Diss., SS. 17, 20; N. Achterberg, VwR 1, S. 346; W. -R. Schenke, BK. Rn. 306 zu § 19 IV GG.

註三〇九　參見翁岳生, 頁一〇二以下; F. Bertossa, Diss., SS. 15, 17, 19; N. Achterberg, VwR 1, S. 341; M. Bullinger, JZ 1984, S. 1003 ff.; Bedenken dazu, Vgl. K. -H. Weber, SS. 119, 141 ff.

註三一〇　Vgl. W. -R. Schenke, BK. Rn. 310 ff. zu § 19 IV GG.

註三一一　Vgl. W. -R. Schenke, BK. Rn. 312 ff. zu § 19 IV GG; a. A. Vfl. K. -H. Weber, S. 141 ff.

註三一二　有明文限於合法性之控制者, 如我國行政訴訟法第一條第一、二項, 西德財政法院法第一〇二條、行政法院法第一一四條之規定; 有明文排除裁量之審查者, 如瑞士聯邦司法組織法第一〇四條、奧國聯邦憲法第一三〇條第二項; 有委請實務發展者, 如法、日、義。

程序上審查裁量之瑕疵，　如裁量逾越（Ermessensüberschreitung）、　裁量濫用（Ermessensmißbrauch）（細分爲未做裁量、裁量不足及裁量過度）（註三一三），　西德之實務特重裁量之事項是否涉及法律保留者，採「重大性」或「本質性說」(Wesentlichkeitstheorie)（註三一四）。

　　不確定法律概念與裁量概念雖分別處理，已如上述，但實際上若干實定法，特別是計畫法及科技安全法上，常見構成要件使用不確定法律概念，　而法效果部分又使用裁量之概念者，　學說上稱「聯結性規定」(Koppelungsvorschriften)（註三一五）。　此時法院對其控制仍先構成要件，而後法效果部分；因此，前者不合法時，即不斟酌後者；反之，前者具備，後者仍須合法，決定始告全部有效作成（註三一六）。

　　上述第一項說明，在奧國之怠慢訴訟、瑞士之直接訴訟及義大利之強制訴訟與專屬權限，有不同之處理（註三一七）。

2.　法院對特別義務關係之審查

　　在法治國家中，　有認不應有所謂之「特別權力關係」（besonderes Gewaltverhältnis），　至多可稱爲特別之法律或權利關係（ besonderes Rechtsverhältnis)，而其別於一般權利關係者，　只在於程度之別。在所謂之「特別權力關係」中，　處於特別地位或身分之人（如公務員、軍

註三一三　Vgl. Mayer/Kopp, S. 159 ff.; N. Achterberg, VwR 1, §18, Rn. 53 ff.; W. -R. Schenke, BK. Rn. 331 ff. zu § 19 IV GG; R. Grote, NVwZ 1986, S. 269 ff.
註三一四　Vgl. M. Bullinger, JZ 1984, SS. 1001, 1005.
註三一五　Vgl. O. Bachof, JZ 1972, S. 641; K. -H. Weber, S. 121 ff.
註三一六　Vgl. N. Achterberg, VwR 1, § 18, Rn. 38.
註三一七　Genauer, Vgl. F. Gygi, BVwRP, S. 29 ff.; D. Karwiese, SS. 53 ff., 100 ff.

人、學生、受刑人及公營造物之利用人），受別於一般國民更多之特別拘束。在權利救濟上，以往鑒於行政功能之正常運作或其依法或自願放棄一部分權利，而限制其提起訴訟之機會（註三一八）。戰後人權思想高漲，所謂「特別權力關係」之權利救濟制度，乃被重新檢討。

在法國之類似概念，稱「不生對外法律效力之行為」（sans effets juridiques et quelques autres）所屬之內部秩序通告或措施（Les circulaires et les mesures d'ordre intérieur），除生事實上違法損害、第三人作用或具規則性之通告（circulaires réglementaires）者外，不許訴訟（註三一九）。

在西德之發展，先係一九五七年 Ule 教授提出「基礎關係」（Grundverhältnis）與「經營關係」（Betriebsverhältnis）之區別，前者允許完全之行政救濟，與一般權利關係無異（本質上實為同一，氏只係在便於說明而已）（註三二〇）。所謂基礎關係，指特別權力之發生、變更或終結之事項，反之，經營關係指明文或不明文之經營秩序（Betriebsordnung）下受支配者（註三二一）。下一步之發展，乃是一九七二年三月十四日西德聯邦憲法法院第二庭在受刑人之基本權利案（註三二二），使得特別權力關係之存在價值大受懷疑，甚至有採否定態度者（註三二

註三一八　關於特別權力關係之發展，請參見翁岳生，頁一三一以下；L. Wenninger, S. 11 ff.

註三一九　行政秩序通告，因對第三人發生作用，而允許訴訟者，首見於諸政院一九五四年 Kreisker 私立女中案（C. E., 29, Janv. 1954, Institution notre-fame du Kreisker, Rec. 64）。此案分通告為純解釋性及規則性者，後者允許訴訟。

註三二〇　參見翁岳生，頁一三九以下；C. H. Ule, VVDStRL. Hf. 15, S. 109 ff.; ders., VerwArch. 1985, S. 129 ff.

註三二一　Vgl. C.H. Ule, in: D. Merten (Hrsg.), Das besondere Gewaltverhältnis, S. 80.

註三二二　BVerfGE 33, 1.

三），實務界亦不再熱衷支持（註三二四）。唯學者一般認為不宜輕言廢棄，只係由以往之憲法上考慮移轉為行政法上之檢討（註三二五）。

　　目前西歐學界通說，皆一致肯認「只要涉及個人之權利或法律地位」，即允許充分之權利救濟機會（註三二六）。只有少數學者從西德基本法第十九條第四項、行政法院法第四〇條第一項，主張完全反對以所謂之「經營關係」限制法院之權利保護（註三二七）。唯問題所在，乃在於如何界定何等措施涉及「權利」或「法律地位」，特別是在兩難之情況，例如公務員之調職（註三二八），此須視種類及對當事人之具體情況而定（註三二九）。另一考察之方法，乃是以措施行為是否具有對外效果（Außenwirkung）定之（註三三〇），而是否具有此效果，復以當事人在組織法上之行為角色判定，質言之，為組織與組織成員關係（Organisation-Organisationsmitglieder-Verhältnis）者，此時當事人為法律關係之中間歸屬主體（Zurechnungszwischensubjekt），為基礎關係，具有對外效力；反之，為機關與組織成員關係（Organ-Organisationsmitglieder-Verhältnis）者，此時當事人為法律關係之終局歸屬主

註三二三　Vgl. E.-W. Fuβ, DöV 1972, S. 765 ff.

註三二四　Vgl. M. Ronellenfitsch, VerwArch. 1982, S. 245 ff.

註三二五　Vgl. M. Ronellenfitsch, DöV 1981, S. 933 ff.; ders., VerwArch. 1982, S. 245 ff.; ders., DöV 1984, S. 781 ff.; ders., in: D. Merten (Hrsg.), Das besondere Gewaltverhältnis,・S. 33 ff.; W. Loschelder, in: D. Merten (Hrsg.), aaO., S. 9 ff.

註三二六　Anstatt aller, Vgl. nur Mayer/Kopp, S. 335.

註三二七　Z. B. W.-R. Schenke, BK. Rn. 197 ff. zu § 19 IV GG.

註三二八　Vgl. N. Achterberg, VwR 1, § 20, Rn. 81.

註三二九　例如由管簽收，調負責歸檔，原則上不認侵犯其權利；但由甲地調至乙地，即使不涉及降級、降調，亦可能因須搬遷住家，而認為侵犯其遷徙自由及財產受影響。

註三三〇　Vgl. K. Köpp, in: U. Steiner (Hrsg.), S. 391 ff.

體 (Zurechnungsendsubjekt)，爲經營關係（註三三一），其決定特色在行政機關之行爲活動餘地（註三三二）。

在日本之情況，與我國極爲類似，卽使是戰後，一般仍認特別權力關係之內部規則行爲，不受法院審查（註三三三）。 在奧國實務上，否認所謂之特別權力關係（註三三四）。

3. 法院對統治行爲之審查

何謂統治行爲？ 其是否受行政法院之審查（註三三五）？

統治行爲之概念，源自法國之 acte de gouvernement，因法國不區分政府行爲與行政行爲（註三三六）， 故譯爲政府行爲並不恰當（註三三七）。法國之諸政院 (Le Conseil d'État) 在一八七五年二月十九日拿破崙王儲案（註三三八）， 裁判駁回軍政部長刪除 Napoléon-Joseph Bonaparte) 王儲之將軍名銜爲「 統治行爲 」， 而不受法院審查之主張。所謂統治行爲之學說，乃于焉蓬勃發展， 並將國家最高機關之國家

註三三一　Vgl. N. Achterberg, VwR 1, § 20, Rn. 83 ff.
註三三二　Vgl. N. Achterberg, VwR 1, § 20, Rn. 85.
註三三三　參見南博方編（南博方），頁十四以下； 同編（南博方、山村恒年），頁四三以下； 鈴木、三ケ月監修， 新講座 9，頁二〇一以下； 雄川、塩野、園部編（戶松秀典），行政爭訟I，頁一八三以下； Fujita/Ogawa, in: H. Mosler (Hrsg.), Bd. I, SS. 518 ff.
註三三四　Vgl. G. Winkler, in: H. Mosler (Hrsg.), Bd. II, S. 857 ff.; Adamovich/Funk, VfR., S. 373.
註三三五　關於統治行爲之概念及理論，中文文獻請參見林錫堯，碩士論文。
註三三六　V. G. Peiser, contentieux, p. 27.
註三三七　Siehe, H. Reinhard, JöR 1982, S. 101.
註三三八　C. E., 19, févr. 1875, Prince Napoléon, D. 1875, 3, 18, concl. David.

領導行為，歸為統治行為（註三三九），例如外交行為（外國之承認、外交關係之締結、使節之撤換等）、戰爭行為（如宣戰、媾和及交戰）、政府組成行為（如政府首長之任命、國會之解散、對政府不信任投票等）。由於其不受法律之拘束（rechtsfrei），本於依法裁判之原則，亦不受法院之審查（Gerichtsfrei od. Justizfrei），因此，乃有提出「統治行為」與「不受法院審查之高權行為」等於政治問題者（註三四〇）。在此一領域之行為，既不涉及權利之侵害，亦不許為訴訟，殆為戰前各國之通說。然而，戰後各國重視人權之保障，益以各國關係日形密切、交往更為頻仍，各種交流及合作領域擴大，在經濟、文化、科學等方面簽訂條約甚多，直接或間接影響國內人民之權益，並非絕無。

　　法國目前只將統治行為限於政府與國會、政府與外國政府或國際組織間關係之行為（註三四一）。國際關係發生內國法之作用者，允許訴訟（註三四二）。對外國人之遣送處分及對外國政府引渡之要求、赦免之決定，已不再視為統治行為（註三四三）。

　　戰後西德以基本法第十九條第四項之保障，以「公權力」（öffentliche Gewalt）之行使，致生個人權利受損為要件，政府之行為乃公權力行為，因此，同受該條項之支配（註三四四）。以往所謂政治問題，亦由憲法法院裁判，不得以基本法第九十三條之權限條款反面解釋，認

註二二九　Vgl. W.-R. Schenke, BK. Rn. 220 zu § 19 IV GG m. w. N.

註三四〇　Vgl. E. Loebenstein, in: FS f. H. R. Klecatsky, S. 591.

註三四一　Cf. Brown/Garner/Galabert, p. 100; M. Fromont, en: H. Mosler (dir.), Tome I, p. 234 et infra; G. Peiser, contentieux, p. 28 et infra.

註三四二　Vgl. H. Reinhard, JöR 1982, S. 102.

註三四三　Ibid.

註三四四　Vgl. W.-R. Schenke, BK. Rn. 219 zu § 19 IV GG.

只有清單上之政府行為才受法院審查，只有同法第四十四條第四項第一句所規定之調查委員會決議例外（註三四五）。 由於政府之行為多少寓有政治因素在內， 不得因此據為不受法院審查之理由（註三四六）。 所謂分權原則，亦不可為其依據，至多只生法院之尊重政府行為，而自行限制（註三四七）。 由於基本法第一條第三項規定所有國家權力直接受基本權利之拘束， 故只要涉及個人基本權利之事項， 皆受法院之控制（註三四八）。 實務上之表現態度， 得以一九五三年之聯邦憲法法院裁判（註三四九）， 間接拒絕政治問題， 及一九七三年同院對西德之基本條約合憲性裁判（註三五〇）， 所採之自制，為一說明。

在奧地利，學者 Loebenstein 主張從功能之意義瞭解統治行為（註三五一）， 在聯邦憲法上未特別提到政府， 而只涵括於行政中；聯邦憲法第一二九條之概括條款要求下，只有憲法明文不受法院審查者，始為正當（註三五二）， 因此， 在奧國既未創設，亦不能創設不受法院審查之高權行為（註三五三）， 即使統治行為 （不直接創設個人之權利或義務）， 亦受行政法院控制（註三五四）， 而赦免行為及無程序之事實行為，亦同（註三五五）。

唯政治問題之法律化，固提昇法治國家之層次， 亦不必因此即使其

註三四五　Vgl. W. -R. Schenke, BK. Rn. 221, 222 zu § 19 IV GG.

註三四六　Vgl. W. -R. Schenke, BK. Rn. 224 zu § 19 IV GG.

註三四七　Vgl. W. -R. Schenke, BK. Rn. 225 zu § 19 IV GG.

註三四八　Vgl. W. -R. Schenke, BK. Rn. 228 ff. zu § 19 IV GG.

註三四九　BVerfGE 2, 79 (596).

註三五〇　BVerfGE 36, 1.

註三五一　Vgl. E. Loebenstein, in: FS f. H. R. Klecatsky, S. 593.

註三五二　Vgl. E. Loebenstein, aaO., S. 599.

註三五三　Vgl. E. Loebenstein, aaO., S. 602.

註三五四　Vgl. E. Loebenstein, aaO., S. 606.

註三五五　Vgl. E. Loebenstein, aaO., SS. 619 ff., 622 ff.

司法化，否則，難免陷司法於政治化。

（三）民事訴訟轉換爲行政訴訟或兩訴之併存

戰後行政裁判權之擴大，另一現象乃是民事訴訟轉換爲行政訴訟或兩訴之併存。此乃因公權力行爲（特別是行政處分）發生第三人效力所致（註三五六）。 此等現象可總括分爲公法上鄰人訴訟及競爭（業）者訴訟制度，予以檢討。

1.　公法上鄰人訴訟制度之檢討

公法上鄰人訴訟（öffentlich-rechtliche Nachbarklage）之制度，乃行政法上第三人效力行政處分（Verwaltungsakt mit Drittwirkung）在行政訴訟制度上之反應，涉及訴權（Klagebefugnis）、暫行權利保護（vorläufiger Rechtsschutz）及其法規範基礎。

所謂公法上鄰人訴訟，指原告在公法上與公權力之作用或對象，具有特別之接近關係，爲其行爲所涉及，雖非行政行爲之相對人，仍可本於法律保護之作用，以公權力主體（行政官署）爲被告，訴請法院撤銷

註三五六　Vgl. H.-W. Laubinger, Der Verwaltungsakt mit Doppelwir-
　　　　　ung; N. Achterberg, VwR 1, § 21, Rn. 90 ff.; U. Battis,
　　　　　Rn. 121; H. P. Bull, Rn. 629; Erichsen/Martens, in: dies.
　　　　　(Hrsg.), S. 203 ff.; W. Schmidt, Rn. 142 ff.; V. Götz,
　　　　　S. 110; Giemulla/Jaworsky/Müller-Uri, Rn. 261; M. Wallerath,
　　　　　S. 171; H. Maurer, § 9, Rn. 50.

處分，或必要時，命其爲一定之作爲或不作爲（註三五七）。 因此， 狹義之公法上鄰人訴訟，亦卽公物（如公共道路、交通設施、公共場所）之鄰人訴訟， 乃非眞正意義之公法上鄰人訴訟， 在此不擬討論（註三五八）。換言之， 以下所討論者乃係三面關係（人民與行政及另一人民），而非二面關係 （人民與行政或人民與人民） 之公法上或私法上鄰人訴訟（註三五九）， 亦不以典型之建築許可案件爲限， 而及於建設計畫、環境保護法及重大工程設施之鄰人訴訟。

雖然若干如建築法規之違反，在民法上得以違反保護他人之法規爲由， 主張侵權行爲之責任（註三六〇）， 而獲致鄰人保護之效果， 然若執違法之行政處分非當然無效之公定力理論，則循民事訴訟途徑將不易有效獲致保護（註三六一）。 公法上鄰人訴訟， 屬於第三人或利害關係者訴訟 (Dritten- od. Interessentenklage) 型態（註三六二）， 其制度發

註三五七　Vgl. Eyermann/Fröhler, Rn. 98 ff. zu § 42 VwGO; D. Hahn, JuS 1987, S. 536 ff.; H. Konrad, BayVBl. 1984, S. 33 ff.; D. Neumeyer, S. 31 ff.; O. Schlichter, in: FS f. H. U. Scupin, S. 881 ff.; J. Schwabe, NVwZ 1983, S. 523 ff.; H. Sendler, in: FS f. M. A. Grisel, S. 793; W. Skouris, S. 175ff.; C. H. Ule, Verwaltungsprozeβrecht, S. 204 ff.; Redeker/v. Oertzen, Rn. 132 ff. zu § 42 VwGO; Cholewa/Dyong/von Heide, S. 134 ff.; K. Kleinlein, S. 268ff.; M. Oldiges, in: U. Steiner (Hrsg.), S. 473 ff.; Pietzner/Ronellenfitsch, Rn. 15 ff. zu § 9; K. H. Friauf, in: I. v. Münch (Hrsg.), VwR, S. 526, Fn. 647.

註三五八　Vgl. R. -P. Löhr, in: Pappermann/Löhr/Andriske, S. 174 ff.

註三五九　所謂私法上之鄰人訴訟，指因民法上不動產所有權人與其鄰人因不動產之使用所引起之涉訟。Vgl. R. -P. Löhr, in: Pappermann/Löhr/Andriske, S. 173 ff.; K. Kleinlein, SS. 7 ff., 267 ff.

註三六〇　BGHZ 40, 306; 66, 354; BGH, NJW 1979, 1409 (II), zitiert nach K. Kleinlein, S. 7 und Fn. 17.

註三六一　參見最高法院五十二年臺上字第六九四號。

註三六二　參見本篇第一章第二節第二項。

展之背景因素，乃法治國家強化基本權利之保護及法規注重人民間衝突利益之調和（註三六三）。

　就公法上鄰人訴訟，由於其係第三人或利害關係者訴訟，其關鍵要素在於其規範基礎。其發展之步驟，以西德爲例，一九五四年二月二十五日聯邦行政法院之決議（Beschluβ），首度承認公法上鄰人保護訴訟（註三六四），而於一九六〇年八月十八日之判決再度予以確認（註三六五），但直到一九六五年十月五日之判決（註三六六）後，始廣泛獲致承認（註三六七）。其法的理論架構，初以保護規範說（Schutznormtheorie）爲基礎，從法規之第三人保護性格，亦卽某法規不僅保護公益，至少同時亦保護原告之個人利益時，卽允許其在行政訴訟上提起鄰人訴訟，撤銷對其不利之處分，必要時亦可請求法院命行政官署爲一定之行爲（註三六八），繼則由法規之「顧及原則」（Gebot der Rücksichtnahme），導出其第三人保護之效力（註三六九），因其由整體法規之精

註三六三　Vgl. M. Oldiges, in: U. Steiner (Hrsg.), S. 473; K. Kleinlein, S. 4 ff.

註三六四　BVerwGE 1, 83.

註三六五　BVerwGE 11, 95.

註三六六　BVerwGE 22, 129.

註三六七　Vgl. K. Kleinlein, S. 5.

註三六八　Vgl. R. Breuer, NVwZ 1982, S. 275; E. Gassner, DöV 1981, S. 615 ff.; Ronellenfitsch/Wolf, NJW 1986, S. 1955 ff.; M. Oldiges, in: U. Steiner (Hrsg.), S. 475; Pietzner/Ronellenfitsch, S. 94 ff.; K. H. Friauf, in: I. v. Münch (Hrsg.), VwR, S. 526 ff.

註二六九　Vgl. Erichsen/Martens, in: dies. (Hrsg.), S. 204 ff.; Pietzner/Ronellenfitsch, Rn. 23 zu § 9; Redeker/v. Oertzen, Rn. 134a zu § 42 VwGO; M. Oldiges, in: U. Steiner (Hrsg.), S. 480 ff.; K. H. Friauf, in: I. v. Münch (Hrsg.), VwR, S. 528 ff.

神、目的為觀察，故跨進了一大步（註三七〇）；亦有從相鄰權上之交換關係之思想，導出實體建築法具有潛在之鄰人保護效力（註三七一）。目前則又直接從基本權利（特別是所有權之擔保）（註三七二），導出公法上鄰人保護（註三七三）。因此，凡建築許可或其行使，使既存土地狀態發生不利之改變，並致鄰人遭受嚴重而不可忍受之損害者，即允許其訴訟（註三七四）。

公法上鄰人訴訟，擴大訴權及於利害關係人，在科技發達之社會，因行政核可重大設施、對環境具有重大影響之工程，使可能受其波及之人得藉行政訴訟主張救濟，可補因如公害民事訴訟之缺陷（註三七五）等所致之權利救濟死角，以重大設施（如核電廠、機場、海港等）之核可言，乃具有第三人效力之行政處分，設施周圍之鄰人凡主張其權利或法規保護之利益為之所侵時（可能說），即具訴權（註三七六）；毗鄰

註三七〇 Vgl. BVerwGE 52, 122 (125-131); Weyreuther, BauR 1975, S. 1 ff., zitiert nach K. H. Friauf, aaO. (Fn. 131), S. 528, Fn. 663.

註三七一 Vgl. Pietzner/Ronellenfitsch, Rn. 26 zu § 9.

註三七二 能否有其他基本權利導出，目前仍不太明確。Vgl. K. H. Friauf, in: I. v. Münch (Hrsg.), VwR, S. 531.

註三七三 Vgl. M. Oldiges, in: U. Steiner (Hrsg.), S. 484 ff.; Pietzner/Ronellenfitsch, Rn. 24 ff. zu § 9; H. P. Bull, Rn. 1048; Erichsen/Martens, in: dies. (Hrsg.), S. 204; K. H. Friauf, in: I. v. Münch (Hrsg.), VwR, S. 530 ff. m. w. H.

註三七四 BVerwGE 32, 173 (179); 44, 244 (246); 50, 282 (287 ff.).

註三七五 以一般民事侵權行為雖主張違反保護法規易成立，但歸責之確定不易，舉證亦困難。

註三七六 Vgl. G. Gaentzsch, NVwZ 1986, S. 606; J. Ipsen, AöR 1982, S. 288 ff.; H. D. Jarass, NJW 1983, S. 2844 ff.; R. Steinberg, NJW 1984, S. 461.

國之居民權利被侵者， 在一定條件下， 亦具有訴權（註三七七）。 由於此等設施具高度危險性及損害之嗣後救濟缺失， 採取公法上鄰人保護，符合權利保護之完整性、迅速性及經濟性要求。上述公法上鄰人訴訟之採取， 提供鄰人公法上之權利救濟機會， 亦相對地增加行政法院裁判權之領域，唯並非即完全排除民事訴訟上之鄰人訴訟（註三七八）。

2.　公法上競爭者訴訟制度之檢討

平等享權利及盡義務， 乃現代法治國家之共同要求。如因公權力之介入，致無法平等享受權利，是否可以及如何以行政訴訟爲主張?

所謂公法上競爭（業）者訴訟（öffentlich-rechtliche Konkurren-tenklage） 之制度，卽應此而興者， 其乃指包括經濟活動、公務及教育領域之從業者（商人、公務員及申請入學許可之學生）， 對國家違法給予他人營業許可、解除特別限制或個別給予經濟輔助，認侵犯公平競爭秩序及其既得營業利益、公務員之任用或陞遷上， 競爭者（Mitbewer-ber）認爲職務主管（Dienstherr）之考選或評覈違法或有瑕疵， 侵害其

註三七七　奧地利曾因 Salzburg　機場與西德境內之人民訴訟（Vgl.　K. Küppers, DVB1. 1978, S. 687; M. Kriech, S. 5），原告初因奧國行政法院執主權原則， 被認缺乏訴權， 然西德爲此與奧國進行行政諮商， 後者乃於一九七三年十一月二十九日聯邦營業法（Bundes-gesetz von 29, 11, 1973 mit dem Vorschriften über die Ausübung von Gewerben erlassen werden- Gewerbcordnung; BGB1. 1974/50）第七五條第三項採互惠原則， 承認邊界居民之訴權。最近西德聯邦行政法院就原子法上之核可行爲， 亦允許邊境荷蘭居民之訴訟權（BVerwG, Urt. v. 17, 12, 1986-I.C. 29, 85 =DöV 1987, S. 494 ff.）。

註三七八　Vgl. H. Konrad, BayVB1. 1984, S. 33 ff.; K. Kleinlein, S. 267ff.

被任用或晉陞之利益、學生在入學有名額限制（numerus clausus）之情況，因許可之拒絕違法或有瑕疵（他人之許可有同類情形），致侵害其入學機會等，所提起之行政訴訟（註三七九）。由於此訴之規範基礎亦採取保護規範說，因此，實務上一般否認該等原告之訴權（註三八〇），而其例外乃客運路權之獨占（註三八一）及恣意之經濟輔助侵害原告值得保護之利益（註三八二）。在此等領域，或基於公務安定之原則，或基於公益至上之要求，一般只有例外情況下始允許訴訟，然學者亦有採原則上容許者（註三八三）。依本文所見，基於權利保護之完整性要求，宜允許合法權利受害者之訴權，但他人合法、善意所得之權益不受起訴之影響。

（四）法院裁判方法之強化

傳統行政訴訟之種類，乃撤銷之訴，以撤銷具有干預性、侵害性之

註三七九　Vgl. W. Brohm, in: FS f. C. -F. Menger, S. 235 ff.; Eyermann/Fröhler, Rn. 43 zu § 40, Rn. 98 zu § 42 VwGO; F. O. Kopp, Rn. 13, 30 zu § 40, Rn. 65, 81 zu § 42 VwGO; D. Neumeyer, S. 42 ff.; W. Skouris, S. 180 ff.; C. H. Ule, Verwaltungsprozeβrecht, S. 203; D. Köpp in: U. Steiner (Hrsg.), S. 365 ff.; H. -W. Arndt, in: U. Steiner (Hrsg.), S. 663 ff.; Pietzner/Ronellenfitsch, Rn. 29 ff. zu § 9.

註三八〇　Vgl. C. H. Ule, Verwaltungsprozeβrecht, S. 203; H. P. Bull, Rn. 1051 ff.

註三八一　BVerwG, in: DVBl. 1969, 367.

註三八二　Vgl. BVerwGE 30, 191, 196 ff.; H. P. Bull, Rn. 1051; C. H. Ule, Verwaltungsprozeβrecht, S. 203.

註三八三　Z. B., Zuleeg, Subventionskontrolle durch Konkurrentenklage, zitiert nach H. P. Bull, Rn. 1051.

公權力行爲（處分）爲目的，在干預行政 (Eingriffsverwaltung) 之領域，固綽有餘裕，然在給付行政之範圍，人民就公法上之請求權，於其向公權力機關（行政官署）請求給付時，若遭其違法拒絕或不爲履行，卽乏有效之救濟。此一方面格於強制執行之欠缺及權力分立之界限，乃必須另謀解決之道，以落實法治國家保障人民權利之旨，間接亦顯示出行政裁判權之擴大。以下分三項，就傳統廢棄性裁判以外之變更性裁判、義務課予裁判及實質性決定之裁判，予以檢討。

1. 變更性裁判之檢討

所謂「變更性裁判」(reformatische Entscheidung)，指法院就違法被訴之行政行爲，非只能撤銷或廢棄之而已，並得就所認定之事實，在法定要件內逕爲變更之決定者而言。其不同於「實質決定之裁判」(meritorische Entscheidung) 者，在於其不得依自由裁量決定事件之當否，而爲裁判。變更性裁判，法院不必只廢棄或撤銷原處分或決定，而命被告官署另爲「適法之處分」，可避免被告官署再生實體或程序瑕疵，引發另一訴訟，故具訴訟經濟之效。此外，原告亦不必再久等被告另爲處分，故權利保護亦較迅速。

法國只有在處罰之訴 (Le contentieux de la répression)，行政法院可變更罰額高度（註三八四）； 西德行政法院及財政法院，只就給付之金額有關案件爲變更（註三八五）； 義大利行政法院只能在強制訴訟 (Giudizio di ottemperanza)，藉實質決宗權爲變更性裁判（註三八

註三八四　Cf. Auby/Drago, Traité, 1257°.

註三八五　§ 113 II VwGO; § 100 II FGO.

六）；瑞士行政訴訟以廢棄裁判為主，變更性裁判為輔（註三八七）；我國行政訴訟法第二十六條雖規定行政法院得以判決變更原處分或原決定，但實務所行不多，類皆只撤銷，而命原處分機關「另為合法適當之處分」。

變更性裁判性質上涉及「選擇性裁量」（「如何」），因此，法院行使與否，雖難免有干預行政之嫌，但在禁止為更不利之裁判下，其程度即大為減少，且有助於救濟之迅速。

2. 課予義務裁判之檢討

人民若在公法上對行政之請求權被拒絕，或行政官署雖未為拒絕，然卻不為作為（履行），則其權利將受到損害，徒以撤銷之訴將無濟於事（註三八八）。為此，西德乃有「課予義務之訴」（Verpflichtungs-klage），奧國有怠慢訴訟（Säumnisbeschwerde）（詳次項），義大利亦有強制訴訟（Giudizio di ottemperanza）（亦詳次項）之設。

戰後美國占領區所頒第三九號法律第三十五條第二項規定有「不作為撤銷之訴」、第八十八條第一項規定有「給付及不作為給付之訴」；英國占領區第一六五號命令第二十四條規定有「課予義務之訴」，此乃

註三八六　詳下述第三項，本文一、（三）、5。
註三八七　Vgl. M. Metz, S. 43.
註三八八　例如我國訴願法第二條第二項規定：「中央或地方機關對於人民依法聲請之案件，於法定期限內應作為而不作為，致損害人民之權利或利益者，視同行政處分」，然目前我國行政訴訟法只有撤銷之訴，並無法達成使其作為之目的。行政訴訟法第一條第一項規定再訴願不為決定時得為行政訴訟，亦因同法第十條第一項之規定造成無所適從或不妥當之結果，另詳本文第三篇第一章第二節第三項。至於日本，亦只能依行政事件訴訟法第三條第五項提起「確認不作為違法之訴」，亦無法達到真正之救濟。

一九六〇年行政法院法第四十二條第一項、一九六五年財政法院法第四〇條第一項及一九五三年社會法院法第五十四條第一項之「課予義務之訴」之前身。法院本於此訴所賦與之權限，如訴有理由時，就違法之拒絕作處分，在可爲裁判時，卽命被告官署頒布被請求之處分；；否則，卽裁判被告官署有依法院之法律見解爲決定之義務（註三八九），此卽「義務課予之裁判」。

　　此一規定，一方面強化行政法院之權限，另一方面亦避免其過度介入行政權。

3.　實質性決定之裁判之檢討

　　奧地利一九三四年憲法規定擬制駁回申請之訴訟，亦卽凡行政之違法不作爲，訴願至最高行政機關，不於六個月內決定者，擬制爲駁回之裁定，行政法院就因此所提起之訴訟，可爲變更性裁判，如涉及自由裁量者，其亦可如行政機關般行使裁量性決定，此卽今日「怠慢訴訟」之前身（註三九〇）。怠慢訴訟以原告有申請決定之權，而行政官署違反裁判義務爲前提，依行政法院法第三十六條第二項（註三九一），裁判義務期間爲三個月，得因必要而延長。依一九八四年六月二十六日新規定（註三九二），就行政罰事件違反法定義務，除私人告發（Privat-

---

註三八九　Vgl. § 113 IV VwGO; § 101 FGO; § 131 II, III SGG.
註三九〇　Vgl. L. Adamovich, Hdb., S. 297 ff.; P. Oberndorfer, S. 30; H. Spanner, DöV 1955, S. 596; ders., in: Lehne/Loebenstein/Schimetschek (Hrsg.), S. 102 ff,; G. Winkler, in: Külz/Naumann (Hrsg.), Bd. I, S. 287; ders., in: H. Mosler (Hrsg.), Bd. II, S. 842.
註三九一　BGBl. Nr. 298/1984, Art. 1, Z. 13.
註三九二　BGBl. 296.

anklage) 及財政罰事件外，不得提起怠慢訴訟。蓋依行政罰法 (VstG) 第五十一條第五項規定，行政罰事件不於一年內裁決，則處罰之決定權喪失，此外，此一怠慢訴訟之排除，只限於行政罰，而非一切處罰也（註三九三）。在怠慢訴訟之裁判，或命被告官署頒布裁決，逾期由行政法院自行為實質性決定，如被告官署誤解（不依）法院之法律見解頒布決定，則只能對之提起另一裁決訴訟；如被告早即應為裁決而不為者，行政法院可為實質性決定（註三九四）。因此，奧國之怠慢訴訟之實質性決定裁判，可謂係不得已之代為決定。

瑞士聯邦之行政訴訟，分成直接訴訟與間接訴訟。所謂直接訴訟，或稱原始的行政裁判權訴訟，在瑞士使用 " verwaltungsgerichtliche Klage"，指向「行政法院」起訴前，不必先經行政官署之決定，此大皆為平等關係之當事人，為謀直接取得一「終局性決定」所提起者（註三九五）。由於以行政法院為唯一審級，故行政程序與行政訴訟結合，對法院殊少限制，而可如同行政官署般，就法律及事實方面審查，並為實質性決定（註三九六）。由於直接訴訟之任務，主要在「權利保護」（註三九七），故較少有侵犯行政權之虞。

一八八九年三月三十一日法律創設義大利諮政院第四部之同時，亦規定強制訴訟 (Giudizio di Ottemperanza)，以確保行政訴訟裁判之實現。一九七一年十二月六日第一〇三四號法律第三十七條，就裁判之執行義務之公共團體及其履行行為完全在地區行政法院轄區內或諮政院

註三九三　Vgl. Walter/Mayer, VfR., S. 293 ff.
註三九四　Vgl. P. Oberndorfer, S. 166 ff.
註三九五　Vgl. J. Hensler, S. 4 ff.; W. E. Hagmann, S. 15 ff.; M. Metz, S. 34 ff.
註三九六　Vgl. M. Metz, S. 51 ff.
註三九七　Vgl. M. Metz, S. 44 ff.

以此等為內容之地區行政法院之裁判予以確認者，地區行政法院亦行使強制訴訟之裁判權。行政法院行使強制訴訟之裁判時，享有擴大之裁判權限，就事件可行使實質決定權，如涉及裁量者，並可如行政機關般為裁量（註三九八）。義大利此一制度與奧國之怠慢訴訟裁判相埒。

四、行政裁判之司法化：發展趨勢之四

戰後行政裁判制度之司法化，其具體表現，可從行政訴訟裁判權由原先歸屬於行政權，轉而隸屬於司法權，以戰後之德、日、義三國為最；其次，行政訴訟裁判機關之獨立性亦加強；再其次，乃行政法院之審級普徧增加；最後，乃裁判程序之司法化，予以觀察。

（一）行政裁判權之歸屬

行政訴訟裁判權之歸屬，可分二大類型，亦即屬於司法權（司法的行政訴訟裁判權）或屬於行政權（行政的行政訴訟裁判權）。

1. 司法的行政訴訟裁判權及其優劣

屬於司法的行政訴訟裁判權，如我國自民國二十一年六月二十三日

註三九八　Vgl. C. H. Ule, Verwaltungsprozeβrecht, S. 420.

成立之行政法院迄今（註三九九）、奧地利行政法院（ Verwaltungs-gerichtshof ）（註四〇〇）及瑞士之「行政法院」（註四〇一）、戰後之西德（註四〇二）、日本（註四〇三）及義大利（註四〇四）。

（1）獨立性之問題

司法權，乃以獨立之第三者地位，就他人間之法律上爭議，依據既存之規則，爲最後、權威、而具拘束力決定（裁判）之國家權力（註四〇五），因此，獨立性乃司法之本質要求（註四〇六）。凡裁判權不克臻至獨立者，不得謂爲司法權，行政訴訟之裁判權。雖由國家自己之行政法院裁判「人民」與國家之「行政」間之爭訟，然在權力分立及人權保

註三九九　民國十七年十月二十日公布之司法院組織法第一、六條，「行政審判署」屬於司法院，掌理行政訴訟之裁判（國民政府公報，民國十七年十月二十日，第一號，頁六以下）；同年十一月十七日公布之修正司法院組織法第一、六條，改稱行政法院，其歸屬及權限仍舊（國民政府公報，第二二號，頁一以下）。該院之成立，以行政訴訟法之施行（國民政府公報，第一一六四號）及首任院長茅祖權就職之日爲準（國民政府公報，第一一七四號，第一二五五號指令）。

註四〇〇　在奧國不曰司法權（Rechtsprechung），而曰裁判權（Gerichts-barkeit）。除德奧同盟及德國占領期間外，其亦屬廣義之司法權。Vgl. Antoniolli/Koja, S. 735; Adamovich/Funk, VfR., S. 309; Walter/Mayer, VfR., S. 284; P. Oberndorfer, S. 33.

註四〇一　瑞士自一八七四年憲法、司法（Rechtspflege）即統轄於聯邦法院之下。

註四〇二　§§ 92, 95, 96 GG.

註四〇三　日本國憲法第七六條第二項。

註四〇四　義大利憲法第一〇一條以下。

註四〇五　請參見蔡志方，碩士論文，頁一三三。

註四〇六　羅馬法諺有：「不就得己案爲法官」（Nemo judex in sua causa）；戰後各國憲法亦明文保障司法之獨立，如我國憲法第八〇條、第八一條；日本國憲法第七六條第三項、第七八條；西德基本法第二〇條第三項、第九七條；義大利憲法第一〇一條第二項、第一〇四條。

障之要求下，特別是在「權利保護說」之觀點上，務必符合獨立之要求。行政裁判權既屬於司法權，其獨立性自不能例外。衡以各國之法律，其獨立性無不受到完密之保障（註四〇七）。吾人亦可謂在司法權支配下之行政訴訟裁判權，其獨立性已受充分之保障（註四〇八）。

(2) 專業化之問題

行政訴訟裁判機關（行政法院）之專業化，不只涉及其獨立性、公正性，更影響裁判之正確及迅速。在行政事項日益繁雜及行政法規數量日形龐大與兩者之高度技術化、專業化之今日，行政訴訟裁判機關專業化之要求日殷。

由於行政訴訟之裁判，乃司法行為，亦即認定爭訟事實及適用行政法之活動，而非行政活動。因此，行政訴訟裁判權之專業化，首須排除行政機關兼理裁判（與獨立性亦有關），亦須排除行政法院以行政程序處理訴訟（故程序須司法化，另詳本文四、（二）、3）；再者，行政訴訟之裁判講求正確性，如可能即兼求迅速，故合法性之確保至上（只在依法裁判下，始為眞正之權利保護），所謂公益之維護亦只能在合法範圍下為之，而行政法院之認事用法，乃在探究爭訟之事實是否符合一定之行政法之規定，故不可捨行政法本身之判斷，而就行政事務效率之考量（其與行政活動之別在此）。準此，行政法院之法官（評事）固應盡量通曉行政事項，但行政法之嫻熟則為首要。因之，不能以精通行政事

註四〇七　參見我國行政法院組織法第一一條、司法院大法官會議解釋第一六
　　　　　二號；§ 1 FGO；§ 1 VwGO；§ 1 SGG.
註四〇八　至於法官圖謀不法利益或司法首長以陞遷決定權左右其獨立性，亦
　　　　　應防止。故戰後西德及義大利乃強化法官之自治及陞遷制度之健
　　　　　全。參見西德法官法（Deutsches Richtergesetz）第二五條以下、
　　　　　第四九條以下；義大利憲法第一〇四條以下；D. Karwiese, S.
　　　　　20 ff.

取代行政法之瞭解。似此，行政法院不只應求其專業化（設特別法院或法庭），卽其法官（評事）亦應在通曉一般公法（憲法、行政法）及法學方法外，儘量精熟特殊領域之行政法，使其承辦斯類訴訟。

戰後之日本，格於憲法第七六條第二項禁止設特別法院之規定，只有東京及大阪地方法院設行政事件專庭（註四〇九），餘由民庭兼理，使其專業化要求不足（註四一〇）。

戰後之西德，在行政訴訟之裁判機關方面，除設一般行政法院外，尚有社會法院及財政法院、專利、懲戒、職業等法院（註四一一）。 所有法院之職業法官均須受全程之法學教育（Volljuristen）（註四一二），而輔以榮譽職法官（ehrenamtliche Richter），可防止職業法官「例行公事」之偏差，補其接近社會之不足（註四一三）。 在專業化上， 可謂天衣無縫。

奧國之行政法院未設專庭，而只依案件之重要性及難度，分正常庭（五人庭）、 加強庭（九人庭）及縮小庭（三人庭）（註四一四）。 行政法院之評事（Räten），必須修完法律及國家學（政治與行政學）之課程（die rechts- und staatswissenschaftlichen Studien），並已行使至少

註四〇九　Vgl. Fujita/Ogawa, in: H. Mosler (Hrsg.), Bd. I, S. 523, Fn. 23.

註四一〇　其實日本國憲法第七六條第二項規定之本意，乃在謀行政訴訟裁判之獨立，依同法第一項，非不可在最高裁判所以下以法律設置行政法院，此從東京及大阪地方法院行政事件專庭之實質意義及西德基本法第一〇一條（特例法院之禁止）（Verbot von Ausnahmegerichten）之立法例觀之，日本之作法除因美國勢力之因素外，未免膠柱鼓瑟。

註四一一　Vgl. M. Wolf, S. 111 ff.
註四一二　§§ 5 ff. DRiG.
註四一三　Vgl. G. Schiffmann, S. 221 ff.
註四一四　§§ 11 ff. VwGG.

十年之職務，其中至少三分之一具有得爲法官（Richter）之資格，至少四分之一來自邦之職位，而其儘可能出自行政單位（註四一五）。此外，一九四八年設審計法院（註四一六）、一九六五年設專利及商標法庭及若干具法官成分之合議的行政官署（kollegiale Verwaltungsbehörden mit richterlichem Einschlag)(註四一七）。行政法院各庭至少須有一名具得爲法官資格及一名得爲一般國家行政職務之評事；在財政案件，並須另有一名得爲高等財務官之評事參與（註四一八）。由上觀之，除具法官成分之合議的行政官署以外，其專業化程度尚屬充分。

　　義大利除專屬權限（giurisdizione exclusiva）外，原則上有關權利之行政訴訟，由普通法院管轄，有關法律保護之利益由行政法院管轄，此外尚設有若干特別行政法院（註四一九），故除最前一者外，符合專業化之要求。就一般行政法院之評事言，其來源在中央行政法院（Consiglio di Stato in sede giurisdizionale），自一九八二年四月二十七日第一八六號法律頒布後，院士（Consigliere）缺額之半數，由地區行政法院之評事 (Consigliere di tribunale amministrativo regionale) 遞補，另四分之一由法學正教授、最高法院執業律師（或具五年資歷之律師）及若干高等行政官（如部之主任）補充，再另四分之一由不同法院法官及其他管道之人員公開競試（註四二〇）。地區行政法院之評事，不得超過四十五歲，並具備下列資格之一：（1）民審職業法院至少任期三年以上者、審計法官、軍事法官；（2）諸政院之檢察官（國家律師）；

註四一五　§ 134 III B-VG.
註四一六　Vgl. Walter/Mayer, VfR., S. 362 ff.
註四一七　§ 133 (4) B-VG; Vgl. P. Oberndorfer, S. 48.
註四一八　§ 11 (2) VwGG.
註四一九　包括賦稅委員會、水權法院、審計法院及軍事法院。
註四二〇　Vgl. F. Mariuzzo, BayVBl. 1984, S. 738.

(3) 至少三年以上任期之高等公務員，曾受全程法學教育者；(4) 法學院助教任職五年以上者；(5) 受全程法學教育而任職至少五年之高級職務之區、國、自治機關職員；(6) 律師登錄滿四年者；(7) 受全程法學教育，職滿五年之區、省、自治縣市之參事及 (8) 前省行政委員會 (Giunta provinciale amministrativa) 成員受全程法學教育及五年以上任期者（註四二一）。

瑞士在聯邦法院內設一行政法庭（部）及一獨立之保險法院，此外，尚有一系列之特別行政法院（為訴訟委員會）（註四二二），游刃有餘。

在分工細密下，行政法院專業化之加強，有助於裁判之正確，但因之所生之權限劃分與認定，可能發生困難，自不能避免。

2. 行政的行政訴訟裁判權及其優劣

戰前之德、日、義及平政院時代之我國（註四二三）、向來之法國，其行政訴訟裁判權屬於（廣義之）行政權，除法國因傳統上憎惡司法法院 (Parlement) 之歷史因素外（註四二四），究其實際，乃在偏袒行政（主權者）、維護行政之靈活，與法規維持說之真義不符，而係行政自我監督之反映。

(1) 獨立性之問題

行政訴訟之裁判由行政權系統之法院為之，有違「不得就己案為法

註四二一　Ibid.
註四二二　Vgl. P. Stähelin, in: P. Pernthaler (Hrsg.), S. 31.
註四二三　平政院編制令第一條第一項後段。
註四二四　請參見蔡志方，憲政時代，七卷四期，頁三一以下。

官」及司法之本質要求。 如行政訴訟之作用亦係行政之自我反省、 監督，則不論矣! 如爲通說之行政的外在統制，則嚴重違反獨立性之法治國家要求（註四二五）， 因此， 各國在戰前至少亦講求裁判機關與行政機關之內部分立（註四二六）。

戰前德國之高等行政法院爭取事實上之獨立地位，而納粹時期以普魯士高等行政法院表現最佳（註四二七）。

一九六七年義大利憲法法院以缺乏獨立之保障，裁判原省行政委員會之行政訴訟裁判權違憲（註四二八）。

法國之中央行政法院缺乏明文保障其獨立性，但因人事陞遷制度，使其裁判官獲致事實上無可懷疑之獨立地位（註四二九）。 一九八四年元月十一日法律第九條頒布， 明文保障地方行政法院之獨立（註四三〇）。

儘管如此， 行政訴訟裁判權隸屬於行政權，苟缺乏法律（特別是憲法）保障其獨立性，則難免失其保障。試觀採取憲法保障之國家， 猶難

註四二五　請參見蔡志方，碩士論文，頁一四九以下。
註四二六　例如明治二十二年二月十一日「大日本帝國憲法」第六一條; 德國
　　　　　行政司法時代之高等行政法院較獨立於行政之外; 拿破崙一世致力
　　　　　於裁判行政與積極行政之分立，一八四九年三月三日法律一度創委
　　　　　任裁判，而一八七二年五月二十四日諸政院重組法終告予以確立;
　　　　　義大利之諸政院分別於 一八八九 年三月三十一 日第五九八二號法
　　　　　律、一九〇七年三月七日第六二號法律及一九四八年五月六日第六
　　　　　四二號法律創設訴訟部。
註四二七　Vgl. G.-G. von Unruh, in: FS f. C.-F. Menger, S. 28;
　　　　　L. Frege, in: Külz/Naumann (Hrsg.), Bd. I, S. 139.
註四二八　Vgl. R. Riz, in: FS f. H. R. Klecatsky, S. 809.
註四二九　Cf. Brown/Garner/Galabert, pp. 53 ff.; M. Fromont,
　　　　　DVBl. 1978, S. 89; W. Müller, DRiZ 1983, S. 215; A.
　　　　　Fischer, in: F. O. Kopp (Hrsg.), S. 75 ff.; Auby/Drago,
　　　　　Traité, 165°; Pacteau, contentieux, 34°.
註四三〇　Cf. B. Pacteau, contentieux, 49°.

免有官官相護之蜚語，其缺乏此種保障者，更不待言。即使事實上頗爲獨立，亦難保絕無攻訐之可能，悠悠之口，斷傷公信，何不以制度杜之？

(2) 專業化之問題

行政訴訟裁判機關之專業化與其歸屬於行政權無涉，甚且反有以行政決定取代訴訟裁判之嫌。行政訴訟裁判機關之專業化，如前所述，首須使其專事「行政訴訟之裁判」，故應講求排除行政機關兼司裁判業務；其次，行政訴訟之裁判機關內部組織應再分工專業，裁判官之養成除要求熟悉公法（憲法、行政法）外，應再求其精通特殊之行政法領域。

以目前仍採行政之行政訴訟裁判權的法國言，其在中央行政法院及地方行政法院 (Les tribunaux administratifs) 外，尚存有約九百所，四十類之特別行政法院（主要爲行政委員會）（註四三一），而中央行政法院目前有十庭 (sous-sections)，第一至六庭裁判一般行政訴訟，第七至九庭專司稅務等事件，第十庭稱支援庭 (troupe de choc)（註四三二）。至於負責大部分行政法院裁判官養成教育之國立行政學院（L'Ecole nationale d'Administration)，其課程亦注重行政法與行政學之探討。

(二) 審級之增加與程序之司法化

審級制度，包括審與級，前者爲對裁判救濟之制度，後者爲法院組

註四三一　Vgl. J.-M. Wöhrling, NVwZ 1985, S. 24.
註四三二　Cf. Brown/Garner/Galabert, p. 49.

織，相牽連而不同。

　日本、德國、法國及義大利，戰後行政訴訟之審級俱有增加。日本由一而三，西德由一而三或二（財政法院只有二審級），法國在形式意義之行政法院由一而二，義大利由二而三（註四三三）。審級增加之原因、作用及意義何在？

　戰後各國之行政訴訟裁判權大部分轉歸司法權，已見前述，然其程序是否亦司法化？如亦司法化，其特徵及要點如何？同爲司法事項，行政訴訟與民事訴訟有無區別？如有，則其對程序規則有何影響？以下分成三類，加以探討。

1.　審級在行政訴訟上之功能

　審級制度，如上所述，原可分審制與級制。前者爲對行政訴訟裁判之救濟制度（Rechtsmittelsystem），後者爲行政法院組織上階級之制度（Stufensystem）。在聯邦國家，行政法院之級制問題，始較爲複雜（註四三四）。

註四三三　由於義大利之行政訴訟分由普通法院及行政法院裁判，前者本採三審級，後者採二審級。若以形式意義言，目前後者爲二級，但從功能及訴訟審言，應爲三審級。§ 29, R. D. 29, 6, 1924, n. 1054. 不同見解, Vgl. C. H. Ule, Verwaltungsprozeβrecht, S. 419; I. Winkler, Die Verwaltung 1984, S. 492 ff.

註四三四　Vgl. C. H. Ule, Verwaltungsprozeβrecht, S. 63 ff.; F. O. Kopp, Rn. 1 ff. zu § 2 VwGO; ders., in: P. Pernthaler (Hrsg.), S. 17 ff.; J. Meyer-Ladewig, Rn. 1 ff. zu § 2 SGG; Redcker/v. Oertzen, Rn. 1 ff. zu § 2 VwGO; Eyermann/Fröhler, Rn. 1 ff. zu § 2 VwGO; P. Stähelin, in: P. Pernthaler (Hrsg.), S. 29 ff.; K. Berchtold, in: P. Pernthaler (Hrsg.), S. 85 ff.; P. Pernthaler, in: ders., (Hrsg.), S. 95 ff.

審級制度在行政訴訟上具有何等之功能, 學者間較少探討（註四三五）。 大概言之, 其與一般普通法院之審級制度同具有確保裁判之正確及統一法律見解之功能（註四三六）, 此外, 亦有使當事人折服（註四三七）, 進一步保障不受瑕疵之事實確認及適用法律錯誤, 而提供適當之法的安定性（註四三八）, 至於是否有減輕（上級）法院負擔之效（註四三九）, 則不能一概而論, 其重點應係防止因此草率從事。

審級制度, 可謂係司法制度之本質或要點（註四四○）, 乃建立在法院法官之裁判有錯誤之可能或不可能絕對正確之前提上（註四四一）。 各國戰後行政訴訟制度增加審級之目的, 雖非盡同, 但主要仍在於以裁判正確率之提高保障人民之權利, 蓋司法為人民而存在, 一切改革以為民興利著想, 而不應徒為減輕法院負擔為尚（註四四二）, 惟戰後法、

註四三五　中文文獻, 參見林紀東, 行政訴訟, 頁一七六以下；外文文獻, Vgl. Eyermann/Fröhler, Rn. 1 zu § 2 VwGO.

註四三六　參見吳明軒, 中國民事訴訟法, 下冊, 頁九八三；曹偉修, 頁一三七八以下。

註四三七　參見林紀東, 行政訴訟, 頁一七六。

註四三八　Vgl. Eyermann/Fröhler, Rn. 1 zu § 2 VwGO.

註四三九　我國各界於探討普通法院之審級是否增加時, 不少以減輕上級法院之負擔為理由。參見司法院第四廳編, 司法制度及法院組織專論選輯, 頁八八、一○○。

註四四○　見林紀東, 行政訴訟, 頁一七六。

註四四一　參見姚瑞光, 司法革新, 頁二五；同著者, 審級制度之我見, 頁一一○；胡開誠, 談司法革新, 頁五三；光復大陸設計研究委員會, 司法審級制度應否改進之研究案, 頁八九；呂光, 司法審級制度的研究, 頁一三四。

註四四二　請參見姚瑞光, 審級制度之我見, 頁一一○以下、一一四；蔡志方, 碩士論文, 頁二三六以下。

義兩國之情況雖表面上有違此理念（註四四三）， 但實際上最終目的，亦在提供人民更正確而迅速之權利救濟。

綜上所述，行政訴訟上之審級制度乃在確保裁判之正確，以保護人民之權利，如只爲減輕法院之負擔，則應循他途（如增加法官、法庭及疏減訟源等）。

2. 審級之適當性問題

如上所述， 審級制度之眞正目的在於確保裁判之正確性 （依法裁判）， 以強化人民權利之保護，當然行政訴訟裁判正確性之確保，尙須從法院之專業化、評事之素質及程序法之改善等著手。既然行政訴訟之審級制度以確保裁判之正確性爲鵠的，則應如何設計，始克達成此一目的? 此涉及行政法院組織之級數及對裁判救濟方法之審數（此外，各級法官之養成、能力考評、陞遷制度亦有關，但在此不擬贅述），兩者雖屬不同之問題，但彼此牽連。蓋審級制度意義下之審制，嚴格言之，主要指上訴及抗告制度， 而不及於再審程序（註四四四）。 無論純從理論或各國實務觀之，絕無以同一法院爲其上訴法院之例，而同級之數法院

註四四三　戰後法國因行政訴訟量大增，諸政院訴訟部雖增設二庭（一九四五年及一九七七年各增一庭），傾其全力仍無法消化年近二萬四千件之訴訟，故乃於一九五三年普設地方行政法院，將大部分初審權歸其管轄（Cf. C.E., histoire, p. 863 et suite）。義大利一八九〇年五月一日第六八三七號法律所設之省行政委員會，於一九六七年爲憲法法院宣告違憲，自一九六九年起，位在羅馬之諸政院爲單一審級，負擔過重，乃於一九七一年十二月六日第一〇三四號法律設地區行政法院。

註四四四　參見古登美，頁一八七；陳秀美，研究，頁二〇〇。

彼此互爲上訴法院，在進步之國家已不復可見（註四四五），矧言，此
易生紊亂法律見解之弊。

審級制度之主要功能在確保裁判之正確（統一法律見解之目的亦在
此），因此，決定行政法院之審級時，必須顧及下列因素：（1）適用之
法規是否統一？有無如德、瑞制度之情形（註四四六）？（2）依案件之一
般重要性，決定不同之審級；（3）採取圓桶型上訴制度或圓錐型上訴制
度，應分別考慮其背景及影響（註四四七）；（4）上訴法院之權限，是否
限於法律審（Revision），或及於事實審（Berufung）？（5）審級數以多
少最爲恰當？

就第一點言之，在聯邦制之國家始有討論之價值。西德自一九六〇
年行政法院法頒布後，已統一行政訴訟（一般行政訴訟）之程序，唯若
干聯邦屬性特強之案件，仍以聯邦行政法院爲單一審級（註四四八）。
在社會訴訟方面，只有聯邦與邦或不同邦間關於非憲法性質之社會行
政訴訟，以聯邦社會法院爲單一審級（註四四九）。奧國雖採聯邦制，
但行政法院只設一級，唯學者間已不因其爲法律審（Revision）（註四五

註四四五　法國舊制時代（Ancien Régime）之司法，曾採取循環上訴(appel
　　　　　de circulaire)。參見三個月章講，孫森焱譯，審級制度，頁八一
　　　　　六。
註四四六　西德之邦級法院適用邦之法規，聯邦法院則適用聯邦法規，除非其
　　　　　爲競合立法之事項，而有統一立法，或屬於聯邦統一（專屬）立
　　　　　法，始無此限制。§§ 70-75 GG.
　　　　　瑞士之聯邦法院，原則上只管轄因違反聯邦法律，同時依聯邦司法
　　　　　組織法所規定之事項，例外由邦委託其行使裁判權者，始以州法院
　　　　　之地位爲裁判。Vgl. F. Gygi, BVwRP, SS. 85, 98 ff.; K.
　　　　　Eichenberger, in: H. Mosler (Hrsg.), Bd. II, S. 964.
註四四七　參見三個月章講，孫森焱譯，審級制度，頁八一五以下，特別是頁
　　　　　八二〇～八二三。
註四四八　§ 50 VwGO.
註四四九　§ 39 II SGG.

〇），而主張應設邦級之行政法院（註四五一）。瑞士之州行政訴訟法以實體法為導向（註四五二），而聯邦法院之審查權，除直接訴訟 (Klage) 外，亦具嗣後審之特質，聯邦司法組織法亦限制其對事實之重新審查（註四五三），唯邇來因聯邦法院行政庭（部）負擔過重，聯邦政府乃於一九八五年五月二十九日提案國會修改聯邦司法組織法，只要對於州之行政直接可向聯邦法院起訴者，各州有義務以聯邦之行政法院或訴訟委員會列為其終局審（註四五四）。

就第二點言之，在採取三審級或二審級制之國家，亦非一切行政訴訟皆可提起全部審級之訴訟。法國一九五三年之改革，雖使地方行政法院就訴訟事件具有一般權限 (juges de droit commun du contentieux administratif)，而中央行政法院成為上訴及廢棄審 (juge d'appel et dernier ressort en cassation)，只就若干特別重要之事件保留其專屬審（註四五五），反之，較簡易之案件，亦以地方行政法院為唯一審（註四五六）。在義大利，原則上以地區行政法院為初審，中央行政法院為上訴審，而以普通最高法院為廢棄法院（註四五七），少數案件以中央行政法院為初審（註四五八）。日本戰後行政訴訟之審級，原則上

註四五〇　在奧國視行政法院為嗣後審及法律審，行政機關認定之事實除顯不正確或認定有瑕疵外，在裁決訴訟不再審查事實。Vgl. P. Oberndorfer, S. 36; § 41 I VwGG.

註四五一　Vgl. P. Pernthaler, in: ders., (Hrsg.), Vorwort und S. 99; K. Berchtold, in: P. Pernthaler (IIrsg.), S. 87 ff.

註四五二　Vgl. P. Stähelin, in: P. Pernthaler (Hrsg.), S. 29.

註四五三　§ 105 II OG.

註四五四　Vgl. P. Stähelin, in: P. Pernthaler (Hrsg.), S. 40.

註四五五　中央行政法院保留之權限，V. Décr. 28, Nov, 1953; G. Peiser, contentieux, p. 72 et suite.

註四五六　Art. 32, Ord. 31, Juill. 1945.

註四五七　Vgl. D. Karwiese, S. 111 ff.

註四五八　V. § 29, R. D. 19, 6, 1924, n. 1054.

同民事訴訟，若干特別規定之事件，則以高等法院或東京高等法院爲初審（註四五九）。 西德財政訴訟採二審級制； 社會訴訟及一般行政訴訟採三審級，然亦非一切案件均有三審機會。凡地方行政法院爲終審之案件（註四六〇）， 得向高等行政法院提起法律審上訴 (Revision)（註四六一）； 不服高等行政法院或地方行政法院之判決， 在一定條件下（註四六二）， 可向聯邦行政法院提起法律審上訴（註四六三）； 在社會訴訟方面， 除有特別規定者外（註四六四）， 不服地方社會法院之判決， 得向高等社會法院上訴 (Berufung)（註四六五）； 對於高等社會法院之判決（註四六六）及地方社會法院之判決（註四六七）， 在法定條件下， 可向聯邦社會法院提起法律審上訴 (Revision)。 邇來西德因行政訴訟過量，結案遲緩，特別是在一般行政訴訟及財政訴訟之領域，乃謀求各種改善之途徑， 其中除致力於統一行政訴訟法外（註四六八）， 於一九七八年三月三十一日頒布減輕行政法院及財政法院負擔法 (Gesetz zur Entlastung der Gerichte in der Verwaltungs- u. Finanzgerichtsbarkeit)（註四六九） 及於一九八五年七月四日頒布加速行政法院及財政法院程

註四五九　參見陳秀美，研究，頁一九七以下。
註四六〇　§§ 46, S. 1; 131 VwGO.
註四六一　§ 145 VwGO.
註四六二　§§ 132, 134, 138, 139, 49 VwGO.
註四六三　凡爲行政法院法第一三一條限制上訴 (Berufung) 之事件，邦立法可規定向高等行政法院提起法律審上訴 (Revision)。§§ 46, S. 3; 145 VwGO.
註四六四　§§ 144 ff. SGG.
註四六五　§ 143 SGG.
註四六六　§ 160 SGG.
註四六七　§ 161 SGG.
註四六八　Dazu, Vgl. F. O. Kopp, Gutachten zum 54. DJT.
註四六九　BGBl. I. S. 446; geändert durch G. v. 22, 12, 1983 (BGBl. I. S. 1514) u. v. 4, 7, 1985 (BGBl. I. 1274).

序之法律（Gesetz zur Beschleunigung verwaltungsgerichtlicher und finanzgerichtlicher Verfahren）（註四七〇），其最大特色，乃將重大案件由高等行政法院行使初審（註四七一）。

就第三點言，若行政訴訟制度施行之歷史較短（特別是新增審級）、經驗較少、行政法院之法官養成在行政法之訓練淺薄者，上級法院負有指導及教育下級行政法院之義務，則宜儘量允許上訴；反之，行政訴訟制度施行歷史悠久、經驗豐富、初級行政法院法官行政法之學養深厚、人民法律知識亦普及者，則應只就具原則性意義、困難之案件，允許其上訴。前者曰「圓桶型上訴制度」，後者曰「圓錐型上訴制度」（註四七二）。

就第四點言之，採取多審級制度之國家，如爲二審制者，其第二審原則上及於事實審，反之，採三審制者，其第三審原則上只行法律審，極例外之情況下，始衆及事實審（註四七三）。

就第五點言之，雖然各國之憲法大皆明文確保人民之訴訟權，但對審級之多寡則大皆持沈默態度（註四七四），唯吾人若基於司法本質 之

註四七〇　BGBl. I. 1274.

註四七一　Art. 2 § 9 EntlG.

註四七二　同註四四七。

註四七三　法國之中央行政法院在上訴程序（Appel），就案件之事實及法律方面，均加予審查（Cf. Brown/Garner/Galabert p. 73; B. Pacteau, contentieux, 338° et suite; Auby/Drago, Traité, 1342° et suite），在廢棄程序（Cassation），原則上只就法律方面審查，但就前審法院認定事實之眞確性、事實之法律定性、歪曲事實，則例外審查（Vgl. R. Chapus, in: Cammerer/Jetschek (Hrsg.), S. 93 ff.）。
西德之法律審上審（Revision），情形類似法國之廢棄之訴（Vgl. C. Rasenack, in: Cammerer/Jetschek (Hrsg.), S. 577 ff. ins, S. 583.）。

註四七四　其唯一例外，乃義大利憲法第一二五條。日本國憲法第七六條從第一、二項合併以觀，似亦未確保審級制度。

（正確性）要求，則應肯認至少應有二審級。至於是否應有三審級，則應從人民實際上所能眞正獲致保障之觀點著眼（註四七五），特別是裁判迅速性之兼顧。準此，吾人應依各國個別之需要（註四七六），在謀裁判之正確及法律見解之統一下考量，因此，二審應有必要，至於三級或二級，則視實際必要定之。附帶一言者，爲謀人民權利救濟之正確、迅速及經濟，行政訴訟之先行程序（訴願）應保留一級，如行政法院採二審或三審，則就抗告訴訟，其再訴願應採任意制或選擇制（註四七七），以防訴期過長。當然審級徒多，如不強化法官之素質、能力及使命感（註四七八）、當事人之正確心態及律師之職業道德（註四七九），亦屬枉然。

註四七五　近來西德因訴訟數量大增、程序進行緩慢（法官一向謹慎從事所致），致有權利保護機會太多，實際上受保護反少之怪現象。Vgl. H. Hill, JZ 1981, S. 806; H. Sendler, in: FS f. Richterakademie, S. 176 ff.

註四七六　以西德爲例，依 Ule 教授及 Rohwer-Kahlmann 教授之經驗調查分析，認爲二審爲已足。Vgl. C. H. Ule, Rechtstatsachen; ders., DVBl. 1983, S. 440 ff.; H. Rohwer-Kahlmann, Rechtstatsachen zur Dauer des Sozialprozesses. 目前之統一行政訴訟法草案，以三級二審爲努力方向。§ 1 I, II EVwPO; BT. Drucks, 10/3437. 另有學者主張二級二審爲已足。Vgl. F.O. Kopp, Gutachten zum 54. DJT, S. 43, Fn. 136 m. w. H.; H. Sendler, DVBl. 1982, S. 157 ff.; ders., in: FS f. Richterakademie, S. 184.

註四七七　參見翁岳生，頁三九五；陳秀美，研究，頁二〇〇。

註四七八　參見李學燈，審級制度與違警事件，頁一〇四。

註四七九　學者有從心理學觀點研究，認爲第二事實審之存在，往往使當事人（律師）不集中精神於第一審，致形成訴訟過量與程序遲緩。Vgl. M. Pagenkopf, DVBl. 1985, S. 982; C. H. Ule, DVBl. 1983, S. 446.

3. 行政訴訟程序之司法化與程序法之基本精神

(1) 自主的行政訴訟法

　　行政裁判之司法化，乃戰後法治國家之共同發展趨勢。所謂行政裁判之司法化，不只在裁判機關之由行政權改隸於司法權，尤其在程序之講求兩造爭訟性格、裁判之公開（言詞辯論屬於當事人公開）及「審級增加」；程序法之構造儘量向民事訴訟法看齊，但並非徒事邯鄲學步，亦步亦趨，而疏忽其特性要求，因此，吾人應從行政訴訟之特性要求著手，謀求自主之行政訴訟法，而非以「行政訴訟之程序，適用（準用）民事訴訟法」一條文賅括或應付即可，此從戰後各國行政訴訟法規，可見其一斑（註四八〇）。

　　所謂自主之行政訴訟法，乃是凡為行政訴訟特質之要求者，卽必須獨立、詳盡地自為規定，只有為所有訴訟之共通要求，如訴訟之迅速、經濟、公正、正確，在立法經濟之要求下，始轉致予民訴法或法院組織法（註四八一）。在法國之行政訴訟，民事訴訟法（Code de procédure civile）除法有明文，不能適用或準用（註四八二）；　奧國之行政訴訟程

註四八〇　義大利涉及權利之行政訴訟，雖由民事法院依民事訴訟法裁判，但仍有若干特殊之處：(1) 地域管轄依公行政之審判籍，以國家律師 (avvocatura dello Stato) 公務所所在地定之。(2) 國家無訴訟能力 (Capace di stare in giudizio)，以該管部部長為報告代表人。(3) 國家律師代理訴訟。(4) 國家以外之公法人執行訴訟，須得監督官署核可，否則法院以缺席程序（Del procedimento in contumacia）處理。(5) 執行別於一般民訴，並受限制。Vgl. D. Karwiese, S. 37 ff.; P. Virga, p. 220, 417 e se.

註四八一　如西德行政法院法第一七三條、社會法院法第二〇二條、財政法院法第一五五條。

註四八二　Cf. C. Gabolde, p. 533 et infra; G. Peiser, contentieux, p. 78.

序，除行政法院法有特別規定者外，適用一般行政程序法（註四八三）（此表示奧國行政程序之司法化，抑行政訴訟之行政程序化？）。依本文所見，凡行政訴訟有適用民訴法之規定必要者，應明定其轉致之條文；而準用之，亦必須性質相符，不宜籠統準用民訴法，否則，非犧牲設置行政訴訟制度之初衷，卽暗示該國行政法學之不發達及公法之不獲重視也。

行政訴訟之特質如何？亦卽其與民事訴訟之根本差別何在？一般學者皆以行政訴訟攸關公益（öffentliche Interessen），而其爭訟法律關係之規範法律亦具強制性質，不容許當事人自由合意處分，爲其特質所在（註四八四）。吾人以爲，尚必須從行政訴訟權利保護之眞正對象——合法權益——及依法行政原則追求之眞正目的，深切體察，始能得其肯棨。準此，爭訟事實必須絕對或盡可能符合眞實，裁判始能臻至正確。

(2) 職權主義之堅持及其內涵

如上所述，爲追求眞正合法權益之保護及法規之澈底執行，爭訟事實不容歪曲及偏差，爭訟標的不容任意妥協及處分。唯今日在以人民權利之保護爲主要目的之行政訴訟制度，已軟化昔日法規之維持爲目的之特所採之若干制度，如起訴後原則上禁止撤回（註四八五），而今若干國

註四八三　§ 62 I VwGG.
註四八四　參見林紀東，行政訴訟，頁一七二；同著者，行政法，頁五四四以下；陳秀美，研究，頁一八六以下；同著者，碩士論文，頁二三五以下。
註四八五　如我國民國三年五月十七日行政訴訟條例第十八條及同年七月二十日行政訴訟法第十八條。

家亦有限度地承認和解（註四八六）。

　　所謂「職權調查主義」(Untersuchungsmaxime)，指行政法院就訴訟關係所依據之重要基礎法律事實之蒐集及澄清，負完全之責任，不受當事人事實陳述及證據聲明之拘束，基於合義務之裁量，依職權調查與訴訟有重要關係之必要事實（註四八七）。 行政訴訟乃藉行政合法性之控制，以維護法律秩序及保障人民權利，則須依據實質眞實之法律構成要件事實，適用該當法規爲裁判，始能眞正契符「依法行政」之要求（註四八八）及確保人民「司法訴訟之基本權利」，亦始爲公益之所倚，實質正義與行政控制之眞義所在（註四八九）。 職權調查主義在積極方面，藉訴訟指揮及闡明義務，使當事人提出必要之事實資料、補充不完

註四八六　如法國 (Art. 75, 7°, Code administratif commune-Transa-tion) ；西德 (§ 106 VwGO; § 101 ISGG Vergleich); 日本（實務探之，學說有肯、否二說，詳參見山村、阿部編（片岡安夫），頁六九以下；南博方編（高林克已），頁八〇；鈴木、三ケ月監修（富澤達），講座 8，頁二七九以下）；瑞士法律允許 (§ 120 OG i. V. m. § 73 ZPG)，實務少見 (Vgl. F. Gygi, BVwRP, S. 327); 奧地利及義大利不許可 (Vgl. P. Oberndor-fer, S. 129; D. Karwiese, S. 95 ff.)。

註四八七　Vgl. W. Berg, in: FS f. C. -F. Menger, S. 540; Eyermann/Fröhler, Rn. 1 zu § 86 VwGO; W. Grunsky, S. 163; J. Hensler, S. 137; H. Kistler, S. 161; F. O. Kopp, Rn. 1 ff. zu § 24 VwVfG; B. Kropshofer, S. 25 ff. m. w. H.; A. Lang, VerwArch. 1961, S. 61; W. -R. Schenke, BK. Rn. 85 zu § 19 IV GG; Stelkens/Bonk/Leonhardt, S. 242; Ule/Laubinger, S. 165.

註四八八　W. Berg 謂：「要求依法行政公益，法律只有在要件事實已具備才適用，高權之決定，原則上不可只迎合私益之事實狀況，卽予以適用……」。Siehe, ders., Die Verwaltung 1976, S. 165; gleicher Meinung, F. O. Kopp, Rn. 2 zu § 24 VwVfG; C. G. v. Pestalozza, in: FS f. Boorberg Verlag, S. 192.

註四八九　Statt aller, Vgl. nur F. O. Kopp, Rn. 1 zu § 86 VwGO; B. Kropshofer, S. 47.

整或不明確之聲明， 以當事人之協力義務 (Mitwirkungspflicht)， 使法院更易於迅速發現眞實，促進訴訟，使當事人獲致眞正之滿足，而放棄（因誤會等所致之）不必要訴訟之防訴效果（註四九〇）。

日本之行政事件訴訟法強調行政訴訟與公益之密切關係（註四九一），特於第二十四條規定法院認爲必要時，得依職權調查證據，但證據調查之結果應予當事人表示意見之機會。

西德基本法強調司法保護之有效性（註四九二）、 國民法定聽審權（註四九三） 等基本權利之保障及依法行政與依法裁判之原則 （註四九四）， 三大公法裁判權之程序法準此分別規定確保此等要求之「職權調查主義」（註四九五）。 目前西德學界對行政訴訟上「職權調查主義」關心之重點，乃在於法院應依職權調查之範圍（有無限制）， 其與當事

註四九〇　Vgl. B. Kropshofer, S. 44.
　　　　　D. Kreitl 謂: 「法院有說明、指示及教示義務，使國民成爲程序之主體， 使敗訴者因自己責任所致， 而非因不知或不諳程序爲原因」。Ders., S. 72.
註四九一　參見山村、阿部編（矢代利則），頁二二九。
註四九二　基本法第十九條第四項蘊涵「權利保護無漏洞」及「（事實上）有效」。Vgl. P. Badura, Staatsrecht, SS. 217, 462 ff.; K. Doehring, S. 377 ff.; S. Hendrichs, in: I. v. Münch (Hrsg.), GG I, S. 790 ff.; W. Heyde, in: Benda/Maihofer/Vogel (Hrsg.), Hdb. I, S. 1219 ff.; A. Katz, S. 90 ff.; D. Lorenz, AöR 1980, S. 623 ff.; ders., Jura 1983, S. 393; E. Schmidt-Aßmann, in: Maunz/Dürig (Hrsg.), GG Bd. I, Rn. 2 ff. zu § 19 IV GG.; K. Stern, Staatsrecht, Bd. I, S. 840 ff.; W. -R. Schenke, BK. Rn. 72 ff. zu § 19 IV GG; K. Finkelnburg, in: Festgabe, S. 169 ff.; M. Antoni, in: Seifert/Hömig (Hrsg.), Rn. 12 zu § 19 GG; BVerwGE 19, 159; 16, 289; 17, 83; BVerfGE 35, 263; 35, 382; 25, 352; 8, 274.
註四九三　§ 103 I GG.
註四九四　§§ 20 III, 97 I GG.
註四九五　§ 86 VwGO; § 103 SGG; § 76 FGO.

人（參與人）協力義務間之關係（註四九六）、遲延提出之聲明，　能否
予以駁回（註四九七）及技術性行政規則對事實推斷之影響（註四九八）。
依目前之有力說，法院應依職權調查之事項，並非毫無限制，而係只在
法律所許範圍（註四九九），　就訴訟程序（如訴之許可要件事實）及與
本案相關、必要之待證事實（註五〇〇）、足以促成裁判者（Entschei-
dungsreife machen），利用有效、相當之證明方法廓清事實，足使法院
確信訴訟關係之成否即可。　因此，　證據方法不適當（ungeeignet）、無
法達成（unreichbar）、高度不經濟（höchst unökonomisch）、意在拖
延訴訟（Prozeßverschleppende）及事已顯然（Schon wahrscheinlich）
者，　均不予調查（註五〇一），　重要事項經法院指明，而參與人因過咎
不爲協力者，不得以違反闡明義務，嗣後爲（法律審）上訴（Revision）
（註五〇二），是以駁回遲延提出在上述條件下，　應予許可（註五〇三）。

註四九六　Vgl. W. Berg, in: FS f. C.-F. Menger, S. 543 ff.;　F.O.
　　　　　Kopp, Rn. 11 ff. zu § 86 VwGO; B. Kropshofer, S. 44 ff.;
　　　　　J. Meyer-Ladewig, Rn. 4,　7,　16 zu § 103 SGG; W.-R.
　　　　　Schenke, BK. Rn. 87 zu § 19 IV GG.
註四九七　站在依法行政及實質眞實之要求，類皆採否定說，Vgl. M. Marx,
　　　　　S. 225; J. Meyer-Ladewig, Rn. 13 zu § 103 Agg; W.-R.
　　　　　Schenke, BK. Rn. 87 zu § 19 IV SGG.
註四九八　Vgl. W. Berg, in: FS f. C.-F. Menger, S. 546ff.;　F.O.
　　　　　Kopp, Rn. 5a zu § 86 VwGO.
註四九九　如行政裁量之事項，非在探究裁量之瑕疵者，不得依職權調查；涉
　　　　　及原告人身自由者，不得命爲檢察身體。Vgl. A. Lang, Verw-
　　　　　Arch. 1961, S. 190; J. Meyer-Ladewig, Rn. 14 zu § 103
　　　　　SGG.
註五〇〇　因此，參與人提出不相關或法院認定不必要之事項，均不予調查。
註五〇一　Vgl. F.O. Kopp, Rn. 6, 21 zu § 86 VwGO; J. Meyer-
　　　　　Ladewig, Rn. 8 zu § 103 SGG.
註五〇二　Vgl. F.O. Kopp, Rn. 5 zu § 86 VwGO.; J. Meyer-Ladewig,
　　　　　Rn. 20 zu § 103 SGG.
註五〇三　Vgl. D. Kreitl, Diss., S. 82 ff.

至於技術性規範（Technische Normen）或行政規則，如 TA-Luft,
TA-Lärm 等，因其法規範形式之不同，對法院之拘束力其處理不一，
是否依職權調查，或得逕以之為認事用法之依據，目前尚乏統一之見
解（註五〇四）。依多數說，認技術性規則為「預行之鑑定」（antizipi-
erte Sachverständigengutachten)（註五〇五），因其只係「鑑定」，且
非就個案所為，無拘束法院之效力，至多只具推論 (tatsächliche Ver-
mutung) 之效果，如涉及應依職權調查之事項，法院就存在異常事實
或新知識之發現，仍應為調查（註五〇六），或存在顯然之瑕疵或矛盾，
以不當之事實為前提，鑑定人專業知識或獨立性可疑時，可再付調查
（註五〇七）。最近聯邦行政法院在 Wyhl 案之判決（註五〇八），認為
放射性之排放的一般理算基礎，不是預行鑑定，而是行政法院應受拘束
之規範具體化準則（normkonkretisierende Richtlinie)（註五〇九），

註五〇四　Vgl. R. Breuer, AöR 1976, S. 79 ff.; W. Brohm, DöV 1987,
S. 267.

註五〇五　Vgl. R. Breuer, AöR 1976, S. 82; S. Zängl, BayVB1.
1986, S. 357 ff.; P. Badura, JA 1984, S. 89; G. R. Baum,
DöV 1980, S. 429 ff.; D. Czajka, DöV 1982, S. 105 ff.;
ders., in: A. Roßnagel (Hrsg.), S. 192 ff.; P. Feuchte,
Die Verwaltung 1977, S. 295; J. Ipsen, AöR 1982, S.
269 ff.; M. Kloepfer, VerwArch. 1985, S. 395 ff.; T. C.
Paefgen, BayVB1. 1986, S. 518 ff.; C. H. Ule, BB. 1976,
S. 446 ff.; P. Marbuger, S. 24 ff.; F. Niklisch, BB. 1981,
S. 505 ff.; F. Ossenbühl, DöV 1982, S. 833 ff.; R. Stober,
AöR 1981, S. 41 ff.; W. Brohm, DöV 1987, S. 267; B.-C.
Funk, JB1. 1987, S. 155 ff.; K.-H. Ladeur, UPR 1987, S.
256ff.; C. Gusy, Natur u. Recht 1987, S. 156 ff.

註五〇六　Vgl. W. Berg, in: FS f. C.-F. Menger, S. 547; F. O.
Kopp, Rn. 5a zu § 86 VwGo; S. Zängl, BayVB1. 1986, S. 357.

註五〇七　Vgl. R. Breuer, AöR 1976, S. 83.

註五〇八　BVerwG, UPR 1986, 107 ff.; BVerwGE 72, 300.

註五〇九　UPR 1986, S. 112.

屬於具法規範特質之行政規則（註五一〇）。 最近更有學者提出 技 術規
範之計畫性質者（註五一一）， 其結果行政享有判斷及裁量餘地（註五一
二）。

　　法國之行政訴訟程序，具有糾問之性格(Caractère inquisitorial)，
調查爭訟所繫之事實， 全部由報告官（Rapporteur）準備調查事項（註
五一三）。一九八一年起， 庭長就被告官署在調查程序中之答覆考慮太
久者，可逕依其主張「推斷事實」(註五一四)。 法國行政法院之法官，
其權能及義務在訴訟之指揮，廣泛依裁量決定事實之闡明、對行政裁量
亦可為事實調查（註五一五）。 法國不區分舉證負擔與證明負擔， 原則
上原告負證明責任 (actori incumbit probatio)，但法院可為不同之分
配（註五一六）。 由於行政掌握事實較多， 可用之設備亦夥， 形式兩造
武器不平等， 故，法國之糾問主義旨在消弭此一現象，此外，亦重在促
進程序之迅捷（註五一七）。

　　義大利之行政訴訟程序， 有別於其他各國， 受當事人進行主義（
principio dell'impulso di parte）及處分主義 (principio dispositivo)
之支配（註五一八）。 就事實之澄清 (istruttoria, istruzione)，審判長
得命原告於起訴後三十日內， 抄送被訴決定或官署拒絕開立之證明、命
被告官署提出處分之副本，其依據之過程及文書，第三人亦同。就證據

註五一〇　Vgl. W. Brohm, DöV 1987, S. 267.

註五一一　Vgl. K. -H. Ladeur, UPR 1987, S. 257 ff.

註五一二　Vgl. K. -H. Ladeur, UPR 1987, S. 259.

註五一三　Cf. C. Gabolde, 465°; B. Pacteau, contentieux, 211°; G.
　　　　　Peiser, contentieux, p. 80 et suite.

註五一四　Cf. Brown/Garner/Galabert, P 60.

註五一五　Vgl. F. Bopp, Diss., S. 117.

註五一六　Vgl. F. Bopp, Diss., S. 119.

註五一七　Vgl. F. Bopp, Diss., S. 114 ff.

註五一八　Vgl. D. Karwiese, S. 69 ff.

調查， 採處分主義與職權調查主義之混合型態， 缺乏嚴格之證明負擔 (Onere della prova)（註五一九）。原告未遵行協力義務者， 訴卽被駁回； 被告不遵行協力義務者， 則法院依原告陳述之事實確認之（註五二〇）。

綜上所述，在職權主義之支配下，就事實之調查言，當事人雖不負舉證負擔，但證明負擔仍不能免，而依職權調查，並非在減免當事人之協力義務（ 行政秉持尊重司法之原則， 亦應主動協力， 以貫徹依法行政），使陷於拖延訴訟之境地。至於其具平衡兩造武器之不平等，則只係正義之要求而已。

(3) 言詞審理原則之契守及例外

如前所述，行政訴訟攸關眞正之公益: 合法權益之保護及依法行政之要求，對於事實不能以當事人不爭爲已足，致認事用法發生違誤，因此以職權調查主義爲支配原理。然此原則之眞義，並非免除當事人對確認事實眞相之全部責任， 因此， 在審理程序上並非卽以書面審理爲已足。言詞審理原則與職權調查主義並不衝突。何則? 言詞審理，乃辯論主義之精要所在，亦爲確保直接審理及發現實體眞實之方法，因此，競爲戰後各國之行政訴訟制度所改採（我國例外，另詳第三篇第一章第二節第三項）。所謂職權調查主義，旨在發現正確之裁判基礎事實—實質之眞實，並非不予當事人以言詞表達意見，而只蔽於訴狀之探求。「事實雖勝於雄辯（強詞奪理）」，然「一面之詞，何以取信」、「眞理越辯越明」。言詞辯論，乃給予當事人公開，使兩造有澄清事實，防止誤

註五一九　Vgl. D. Karwiese, S. 85 Fn. 121.
註五二〇　Vgl. D. Karwiese, S. 86.

解書面資料之機會（註五二一）。 矧言， 爭訟之事實當事人最接近，若不行言詞審理， 則失其協力，復未給予當事人更正錯誤之良機。吾人試再從職權調查主義與言詞審理原則之密切關係予以分析：(1)當事人之事實陳述及證據聲明， 並非皆須爲調查，因此， 言詞審理爲原則，非卽必生訴訟不經濟（視評事之能力定之）。(2)法院認爲有調查必要者，由當事人之言詞辯論益可發現眞實， 達成調查之目的。(3)爲言詞辯論時， 審判長就其不必要之部分， 得禁止之， 並曉諭其爲必要之辯論。(4)法院依職權調查證據之結果， 應曉諭當事人爲辯論， 給予書面辯論， 較諸言詞辯論更不經濟、更難追求眞實，亦不無牴觸「訴訟民主化原則」之嫌。(5)若採言詞審理， 非不可設書面審理之例外， 而不必要之言詞辯論，可以法律賦與審判長以裁定免除，更可因此使被告官署面對訴訟敬謹從事。(6)苟行政法院屬行職權調查以發現眞實，而乏當事人之協助，則匪特眞正之事實不被提出，法院徒爲奔波，此尤不經濟者也，亦形成法院過度負擔之重要原因。

行政訴訟無須踐行言詞審理者， 如訴訟之準備程序（ 各國通例如此）、訴願不合法或顯無理由， 而只作程序審查者、當事人協議放棄言詞辯論者（此時難以期望或強迫其再爲之）。然若行實體裁判，而不行言詞審理，則與只行準備程序卽爲判決者何異？

綜上所述，書面審理之微量價值，不得做爲其成爲原則之依據，而只能爲行政訴訟程序之例外。因此，追求實質眞實之行政訴訟，在爭訟事實日形複雜之今日，必須契守。

註五二一　Vgl. W. Grunsky, S. 215.

五、戰後行政訴訟制度發展趨勢優劣之總檢討

前面四章已分別就戰後各國行政訴訟制度之四大發展趨勢的優劣，做個別的、點的檢討。爲免掛一漏萬及以偏概全之弊，茲再從行政訴訟制度之整體，特別是戰後人權保障之加強的觀點，再做一全面性之總檢討，冀從他山之石及前車之鑑，獲取若干啟示，以爲吾人檢討及改進我國行政訴訟制度時之南針。

（一）從五大要求綜合評估戰後行政訴訟制度發展四大趨勢之優劣

戰後各國行政訴訟制度發展之趨勢，在整體上及全面性言之，乃各國憲法（政）保障人權之具體化及縮影（具體而微）。吾人得以大膽言之，戰後各國之行政訴訟制度，其發展之方向契符此四大趨勢者，其實現憲法保障人權之誠意越高、決心愈強。然各國行政訴訟制度所採行之方法，是否足以完全實現其目的，以下以第一篇所確立之完善的行政訴訟制度五大要求爲準繩，加以評估。

1. 權利保護功能之強化方面

現代法治國家之依法行政及依法裁判原則，乃在追求保障人民之權利，前者在事前保障，後者在嗣後救濟，其手段雖殊，最終目的則無不同，甚者，吾人可斷言曰：行政訴訟制度乃依法行政原則支配下之法治

國家產物，在輔弼依法行政原則劍履之不足，而依法裁判之原則，一方面在限制行政法院消極上不侵犯行政權、立法權及人民之權利，另一方面則在積極維護行政合法、立法權及人民權利受尊重及保護；行政訴訟制度本身只係手段，保護人民之權利始為目的，徒事手段而不知目的，則猶癡人說夢、盲人騎瞎馬，不知所云，不知所終。目的不明，手段不彰，為法治國家之大忌。

　　現代法治國家依法行政及依法裁判之要求下，眞正權利之保護，乃「合法權益之保障」，旣不容以眾暴寡（以違法之方式追求公共利益），亦不可只為迎合私利，而歪曲法律之眞義（美其名曰保障私益，實為戕害法治與公益）。因此，在權利保護功能之強化言，訴訟權能（適格）範圍擴大及於「被害者訴訟」、裁判實現之確保加強、暫行權利保護之制度鞏固者，卽符合權利保護之完整、實現及迅速之要求，然正確性及經濟性原則，尚有賴於其他方面之配合（詳下列各項）。

　　準此，日本之情況裁判及內閣總理異議、西德之公益代表人在受政府指令之拘束方面，有以眾暴寡之嫌，不能謂符合權利保護功能之強化。

　　多數國家之行政訴訟法上禁止為更不利之變更（Verbot der reformatio in peius）原則（消極在不為訴外裁判及漏為裁判，積極則並作有利於原告之變更裁判 "reformatio in melius"）（註五二二），形式上雖為強化人民權利之保護，實則有違「合法權益之保障」要求，鼓勵主張權利有餘，維護法規之眞義不足（只有在法治不甚發達之國家，始有採行之必要）。

註五二二　Vgl. F. O. Kopp, Rn. 1, 6 ff. zu § 88 VwGO; J. Meyer-Ladewig, Rn. 5, 6 zu § 123 SGG.

　　總體言之，戰後各國行政訴訟制度之發展趨勢，以強化人民權利之保護爲導向，而其保護限於合法權益者，契符現階段民主政治之根本價值理念，故爲優點，而以「合法權益之保障爲眞正公益」，運用訴權之擴張、裁判實現之確保及暫行權利保護等方法者，原則上亦優，至其內在缺失，詳本文第二篇各章之分析。

2.　訴訟種類之增加方面

　　訴訟種類在行政訴訟制度上之功能，依本文之分析，具有加強人民權利保護及強化法院裁判之方法。在行政訴訟制度上，行政訴訟裁判權與人民之訴訟權，處於互動之地位（司法的相對論），基於不告不理之原則，行政法院權限之發動及作用範圍，繫於人民之行使訴權（起訴）及訴訟上得以主張之範圍（請求權之領域），然人民權利實際上得受保障之程度，亦唯行政法院得以審查之範圍及裁判之方法是賴。兩者間在訴訟法之領域言，必須具有等量之作用範域，否則，將發生實體法與程序法失調之情形，訴訟制度亦易於故障或萎縮（少有膨脹之情形，亦即實體權利少，而程序上可主張者大）。因此，訴訟種類增加之行政訴訟制度，顯示其優點，然基於「法律賦與權利於先，必設救濟於後」及「權利救濟必須完善」之要求，訴訟種類之多寡，應以足夠完全、有效實現實體權利爲準，因此，訴訟種類太少或加以限制者，不能謂係良制，其明文規定，而採列舉主義者，有限制權利保護、抑制權利新生或發展之弊（權利發展可能說），非可謂良制。基於訴訟制度之附隨功能或地位，並兼顧明確及容許發展（因法律之具體化及再形成或發展所致），以明文及例示規定，應屬較佳之模式（註五二三）。

註五二三　參見本文二、（二）。

3. 行政裁判權之擴大方面

　　行政裁判權之擴大，乃達成加強保護人民權利之目的所採取之手段。如上項所述，基於人民權利保護之主張與法院權限行使之互動關係，行政法院裁判權（含審查權及裁判方法）之擴大，實亦寓有強化人民權利保護之意焉！因此，凡採取概括權限條款（及例示主義之訴訟種類）之制度者優，然概括之對象太狹隘（如以行政行為之方式作限制）者，則劣。基於權利保護之完整性，其以列舉條款控除者，必須另有救濟途徑者始可。其容許默示控除之事項（如統治行為、特別義務關係之行為），必須不涉及「權利」，而所謂「統治行為」實際上發生侵害人民之權利者，如沒收或凍結敵對國在內國之財產，致本國人民在該敵對國之財產亦遭沒收或凍結者，應允許救濟之機會。其因社會結構變遷所生之「準權利」，如公法上鄰人關係及競爭者地位，亦應酌予權利保護之機會。

4. 行政裁判之司法化方面

　　戰前行政訴訟之裁判程序，缺乏完密、公正之法規，裁判官亦乏獨立性之保障，因此，行政訴訟制度甚少能真正保護人民之權利，致普受詬病。戰後行政裁判之司法化，旨在確保行政訴訟裁判之正確性及迅速性要求，因此，其權限轉予司法權，克臻獨立及公正，法官具豐富之專業知識及能力者，則優，反之，則劣。審級增加，而其各級法官能力強、責任心重，則優，反之，則劣。在程序法方面，擁有足以實現行政訴訟之特質要求者，則優，反之，則劣。程序法堅持真正之職權主義及

言詞審理原則者，既可追求實體眞實、確保裁判正確，復有助於裁判迅速，故優，反之，則劣。

（二）從戰後行政訴訟制度發展之趨勢及成效所獲得之啟示

由本篇第一章至第四章之探討，吾人固得以獲知各國行政訴訟制度對人民權利之保護迭有加強，但因科技高度發展所致之各種現象，亦導致不少國家面臨訴訟過量、法院負擔過重、訴訟高度特別化、技術化等嚴重問題，在西德乃生「權利保護機會越多，實際上受保障反少」之怪現象（彼邦人民好訟，法官又慣於詳細推敲，幾至苛薄，致訴訟管道爲之擁塞）。因此，吾人於追求人民權利保護之強化過程中（特別是權利保護患寡之國家），除講求各種制度之符合正確、完整、實現、經濟及迅速之要求外，亦須在達成目的下，防患它不良副作用之發生，致生欲益反損之結果。

依余初步研究之結果（註五二四），導致訴訟過量之原因，計有：(1) 國家任務及行政活動之擴大，(2) 法治國家依法行政之要求，(3) 行政活動之瑕疵，(4) 行政裁判權之擴大，(5) 權利保護範圍之擴大，(6) 國民權利意識之加強，(7) 法規氾濫、不明確、複雜或不足，(8) 法院之友善及利用之簡便，(9) 先行程序及前審法院程序之瑕疵及 (10) 國民之好訟。其中有係現代國家之正常現象，而不能免者；有係不正常，而應謀求改進者，宜對症下藥（註五二五）。導致法院負擔過重之原因，

註五二四　其詳請參見蔡志方，植根雜誌，七卷三期，頁二十二以下。
註五二五　同上註，頁三十七以下。

計有：（1）訴訟過量，（2）法規不明確，（3）案件過於複雜與困難，（4）程序太多，（5）參與人違反協力義務，（6）職權主義之誤求或過求，（7）法院設備之不足及（8）法官能力不足與心態偏差。其改善方法，必須做全面性之檢討與努力，始克有濟（註五二六）。

　　總之，良制須輔以幹濟之才，始克淋漓發揮。

本文主要參考資料索引

一、中文著作

1. 司法制度及法院組織專論選輯　司法院第四廳（編），司法院秘書處，臺北，民國七十二年七月

2. 光復大陸設計研究委員會　司法審級制度應否改進之研究案，收於司法制度及法院組織專論選輯

3. 古登美　行政救濟制度，初版，文馨，臺北，民國六十六年三月

4. 呂　光　司法審級制度的研究，收於司法制度及法院組織專論選輯

5. 吳明軒　中國民事訴訟法，下冊，自刊，臺北，民國六十七年五月
   試評法院四級三審制之缺失，收於司法制度與法院組織專論選輯

6. 李學燈　審級制度與違警事件，收於司法制度與法院組織專論選輯

7. 林紀東　行政法，初版，三民，臺北，民國六十六年元月（簡稱：行政法）

8. 訴願與行政訴訟，臺初版，正中，臺北，民國六十五年十月（簡稱：行政訴訟）

9. 林明鏘　人民權利之暫時保護——以行政訴訟程序為中心，臺大法研所碩士論文，民國七十六年六月（簡稱：碩士論文）

10. 林錫堯　統治行為論，臺大法研所碩士論文，民國六十六年六月（簡稱：碩士論文）

註五二六　同前註五二四，頁三十四以下。

11. 城仲模　行政法之基礎理論，初版，三民，臺北，民國六十九年九月

12. 姚瑞光　司法革新，收於司法制度與法院組織專論選輯

13. 姚瑞光　審級制度之我見，收於司法制度與法院組織專論選輯

14. 胡開誠　談司法革新，收於司法制度與法院組織專論選輯

15. 翁岳生　行政法與現代法治國家，三版，自刊，民國六十八年十月
順應世界法制潮流，擴大行政訴訟範圍，司法周刊，第二八七期

16. 陳秀美　我國現行行政訴訟制度之研究，文化大學碩士論文，臺北，民國
七十一年四月（簡稱：研究）

17. 改進現行行政訴訟制度之研究，司法院，臺北，民國七十一年四月（簡
稱：研究）

18. 孫森焱（譯）　審級制度（東京大學教授三個月章講稿），收於林榮耀
編，憲法論文選輯

19. 蔡志方　法治國家中司法之任務，臺大法研所碩士論文，民國七十年六月
（簡稱：碩士論文）

20. 法國行政救濟制度研究（上）、（下），憲政時代，七卷四期、八卷四期

二、日文文獻（依著、編、監修者姓名筆劃順序）

1. 山村恆年、阿部泰隆編　行政事件訴訟法，初版，三省堂，昭和五十九年

2. 南博方編　注釋行政事件訴訟法，初版六刷，有斐閣，昭和五十六年

3. 原田尚彥　環境權と裁判，初版，弘文堂，昭和五十七年

4. 雄川一郎　行政行爲の預防的訴訟，公法學研究（上），杉村章三郎先生
古稀紀念，有斐閣，昭和四十九年

5. 雄川一郎、塩野宏、園部逸夫編　現代行政法大系，4卷，行政爭訟Ⅰ，
有斐閣，昭和五十八年（簡稱：行政爭訟Ⅰ）

6. 現代行政法大系，5卷，行政爭訟Ⅱ，有斐閣，昭和五十九年（簡稱：行
政爭訟Ⅱ）

7. 渡邊宗太郎　佛國における行政裁判制度の沿革㈠、㈡、㈢，法學論叢，

十八卷一、三、六號

8. 鈴木忠一、三ケ月章監修　實務民事訴訟講座 8，行政訴訟 I，有斐閣，昭和五十六年（簡稱: 講座 8）

9. 園部逸夫、時岡泰編　行政爭訟法，初版，青林，昭和五十九年

10. 藤田宙淸　行政法 I（總論），初版，青林，昭和五十八年

三、德文文獻（依姓名字母順序）

1. Achterberg, N. Allgemeines Verwaltungsrecht 2. Aufl. C. F. Müller, Heidelberg 1986 (abk.: VwR 1)

2. Adamovich, L. Handbuch des österreichischen Verwaltungsrechts 5. Aufl. Springer-Verlag, Wien 1954 (abk.: Hdb.)

3. Adamovich/Funk Österreichisches Verfassungsrecht 3. Aufl. Springer-Verlag, Wien 1985 (abk.: VfR)

4. Antoniolli/Koja Allgemeines Verwaltungsrecht 2. Aufl. Manzscher Verlag, Wien 1986

5. Bachof, O. Neue Tendenz in der Rechtsprechung zum Ermessen und zum Beurteilungsspielrsaum JZ 1972, S. 641 ff..

6. Badura, P. Grenzen und Alternativen des gerichtlichen Rechtsschutzes in Verwaltungsstreitsachen JA 1984, S. 83 ff..

　　　　　　Staatsrecht 1. Aufl. C.H. Beck, München 1986

Bähr, O. Der Rechtsstaat 1. Aufl. Georg h. Wigand Verlag, Kassel 1864

7. Bank, W. Zwangsvollstreckung gegen Behörden 1. Aufl. Duncker & Humblot, Berlin 1982

8. Baring, M. (Hrsg.) Aus 100 Jahren Verwaltungsgerichtsbarkeit 2. Aufl. Carl Heymanns, Köln 1964

　　　　　　Die Verwaltungsrechtspflege in Sachsen-Ereignisse und

Gestalten in: ders., (Hrsg.) Aus 100 Jahren Verwaltungsgerichtsbarkeit

9. Battis, U. Allgemeines Verwaltungsrecht 1. Aufl. C.F. Müller, Heidelberg 1983

_____Grenzen der Einschränkung gerichtlicher Planungskontrolle DöV 1981, S. 433 ff..

10. Baum, G.R. Die Verwaltungsgerichtsbarkeit im Spannungsfeld _____ zwischen Gesetzesvollzug und Individualrechtsschutz DöV 1980, S. 425 ff..

11. Baumgartner, U. Die Legitimation in der Verwaltungsrechtspflege des Kantons Aargau unter besonderer Berücksichtigung von § 38 Abs. 1 des Verwaltungsrechtsplegegesetzes 1. Aufl. Schulthess, Zürich 1978

12. Benda/Maihofer/Vogel (Hrsg.) Handbuch des Verfassungsrechts Bd. I. 1. Aufl. Walter de Gruyter, Berlin 1984 (abk.: Hdb. I.)

13. Bender, B. Die einstweilige Anordnung (§ 123 VwGO) in: Festschrift für C.-F. Menger zum 70. Geburtstag Carl Heymanns, Köln 1985

14. Berchtold, K. Menschrechtskonforme Neuorganisation der Verwaltungsrechtspflege in: P. Pernthaler (Hrsg.), Föderalistische Verwaltungsrechtspflege als wirksamer Schutz der Menschenrechte

15. Berg, W. Zur Untersuchungsmaxime im Verwaltungsverfahren Die Verwaltung 1976, S. 161 ff..

_____Grundsätze des verwaltungsgerichtlichen Verfahrens in: Festschrift für C.-F. Menger zum 70. Geburtstag Carl Heymanns, Köln 1985

16. Bertossa, F.D.A. Der Beurteilungsspielraum: Zur richterlichen Kontrolle von Ermessen und unbestimmten Gesetzesbegriffen im

Verwaltungsrecht Diss. 1. Aufl. Stämpfli, Bern 1984

17. Bettermann, K. A. Über die Legitimation zur Anfechtung von Verwaltungsakt in: Gedenkenschrift für Max Imboden Helbing & Lichtenhahn, Basel 1972

18. Blümel, W. Raumplanung, vollendete Tatsachen und Rechtsschutz in: Festschrift für Ernst Forsthoff zum 65. Geburtstag C. H. Beck, München 1967

_____Planung und Verwaltungsgerichtsbarkeit DVBl. 1975, S. 695 ff..

19. Bopp, F. Die Untersuchungsmaxime in deutschen und französischen Verwaltungsprozeß Diss. Nürnberg 1969

20. Breuer, R. Direkte und indirekte Konzeption technischer Regeln durch die Rechtsordnung AöR 1976, S. 46ff..

_____Die Kontrolle der Bauplanung- Analyse eines Dilemas NVwZ 1982, S. 273 ff..

21. Brohm, w. Die Konkurrentenklage in: Festschrift für C. -F. Menger zum 70. Geburtstag Carl Heymanns, Köln 1985

_____Verwaltung und Verwaltungsgerichtsbarkeit als Steuerungsmechanismen in einem polyzentrischen System der Rechtserzeugung DöV 1987, S. 266 ff..

22. Bull, H. P. Allgemeines Verwaltungsrecht 2. Aufl. C. F. Müller, Heidelberg 1986

23. Bullinger, M. Das Ermessen der öffentlichen Verwaltung-Entwicklung, Funktionen, Gerichtskontrolle-JZ 1984, S. 1001 ff..

24. Cammerer/Jeschek (Hrsg.) Tatsachenfeststellung in der Revisionsinstanz 1. Aufl. Metzner, Frankfurt a. Main 1982

25. Chapus, R. Die Tatsachenkontrolle durch den französischen Conseil

d'Etat als Kassationsgericht in: Cammerer/Jeschek (Hrsg.), Tatsachenfeststellung in der Revisionsinstanz

26. Cholewa/Dyong/v. Heide BauGB Kommentar 1. Aufl. C.H. Beck, München 1987

27. Czajka, D. Der Stand von Wissenschaft und Technik als Gegenstand richterlicher Sachaufklärung DöV 1982, S. 99 ff..

    Czajka, D. Richterliche Kontrollmacht und technisch-naturwissenschaftlicher Sachverstand im Atomprozeß in: A. Roßnagel (Hrsg.), Recht und Technik im Spannungsfeld der Kernenergiekontroverse

28. Degen, M. Klageverfahren und Klagegründe im französischen Verwaltungsprozeß Die Verwaltung 1981, S. 157 ff..

29. Degenhart, C. Vollendete Tatsachen und faktische Rechtslagen im Verwaltungsrecht AöR 1978, S. 163 ff..

30. Doehring, K. Staatsrecht der Bundesrepublik Deutschland 3. Aufl. Metzner, Frankfurt a. Main 1984

31. Dubs, H. Beschränkung der Rechtsmittel-Die Begrenzung der Anfechtungsmöglichkeiten als Problem der Gesetzgebung in: Festschrift für M.A. Grisel Editions Ides et Calendes, Neuchâtel 1983

32. Eichenberger, K. Der gerichtliche Rechtsschutz des Einzelnen gegenüber der vollziehenden Gewalt in der Schweiz in: H. Mosler (Hrsg.), Gerichtsschutz gegen die Exekutive

33. Erichsen/Martens (Hrsg.) Allgemeines Verwaltungsrecht 7. Aufl. Walter de Gruyter, Berlin 1986

34. Evers, H.-U. Bemerkungen zu einem System der Verwaltungskontrolle in: Festschrift für E.C. Helbling zum 80. Geburtstag Duncker & Humblot, Berlin 1981

35. Eyermann/Fröhler Verwaltungsgerichtsordnung（Kommentar）8.

Aufl. C. H. Beck, München 1980

36. Faber, H. Die Verbandsklage im Verwaltungsprozeβ 1. Aufl. Nomos, Baden-Baden 1972

37. Feuchte, P. Prognose, Vorsorge und Planung bei der Genehmigung industrieller Anlagen Die Verwaltung 1977, S. 291 ff..

38. Finkelnburg, K. Das Gebot der Effektivität des Rechtsschutzes in der Rechtsprechung des Bundesverwaltungsgerichts in: Verwaltungsrecht zwischen Freiheit, Teilhabe und Bindung Festgabe aus Anlaβ des 25. jährigen Bestehens des Bundesverwaltungsgerichts C. H. Beck, München 1978 (abk.: Festgabe)

39. Finkelnburg/Jank Vorläufiger Rechtsschutz im Verwaltungsverfahren 3. Aufl. C. H. Beck, München 1986

40. Fischer, A. Vergleich des deutschen und französischen Verwaltungsprozeβrechts hinsichtlich der Stellung des Vertreters des öffentlichen Interesses in: F. O. Kopp (Hrsg.), Die Vertretung des öffentlichen Interesses in der Verwaltungsgerichtsbarkeit

41. Fischer, C. Gegenwart und Zukunft des Vertreters des öffentlichen Interesses Diss. Passau 1984

42. Frege, L. Der Status des preuβischen Oberverwaltungsgerichts und die Standhaftigkeit seiner Rechtsprechung auf politischem Gebiet in: Külz/Naumann (Hrsg.), Staatsbürger und Staatsgewalt Bd. I.

43. Fröhler/Pindur (Hrsg.) Rechtsschutz bei "vollendeten Tatsachen" 1. Aufl. Kommunale Forschung in Österreich

44. Fröhlinger, M. Zum vorläufigen Rechtsschutz in verwaltungsgerichtlichen Massenverfahren DöV 1983, S. 363 ff..

45. Fromont, M. Verwaltungsgerichtsbarkeit in Frankreich und Italien in: Lehne/Loebenstein/Schimetschek (Hrsg.), Die Entwicklung der

österreichischen Verwaltungsgerichtsbarkeit

_____Der französische Staatsrat und sein Werk DVBl. 1978, S. 89 ff..

46 Frotscher, W. Rechtsschutz nur gegen Verwaltungsakt? DöV 1971, S. 259 ff..

47. Fujita/Ogawa Der gerichtliche Rechtsschutz des Einzelnen gegenüber der vollziehenden Gewalt in: H. Mosler (Hrsg.), Gerichtsschutz gegen die Exekutive Bd. I.

48. Funk, B.C. Sensible und defizitäre Bereiche des Rechtsschutzes in der öffentlichen Verwaltung JBl. 1987, S. 150 ff..

49. Fuß, E.-W. Zum Abschied vom besonderen Gewaltverhältnis DöV 1972, S. 765 ff..

50. Gaentzsch, G. Ausbau des Individualschutzes gegen Umweltbelastung als Aufgabe des bürgerlichen und des öffentlichen Rechts NVwZ 1986, S. 601 ff..

51. Gassner, E. Anfechtungsrechte Dritter und "Schutzgesetz" DöV 1981, S. 615 ff..

52. Giemulla/Jaworsky/Müller-Uri Verwaltungsrecht 2. Aufl. Carl Heymanns, Köln 1985

53. Götz/Klein/Starck (Hrsg.) Die öffentliche Verwaltung zwischen Gesetzgebung und richterlicher Kontrolle 1. Aufl. C.H. Beck, München 1985

54. Grawert, R. Verwaltungsrechtsschutz in der weimarer Republik in: Festschrift für C.-F. Menger zum 70. Geburtstag

55. Grote, R. Ermessenslehre und Ermessenspraxis in Frankreich NVwZ 1986, S. 269 ff..

56. Grunsky, W. Grundlagen des Verfahrensrechts 2. Aufl. Gieseking

Verlag, Bielefeld 1974

57. Grupp, K. Gerichtliche Kontrolle von Prüfungsnoten JuS 1983, S. 351 ff..

58. Gusy, C. "Antizipierte Sachverständigengutachten" im Verwaltungs- u. Verwaltungsgerichtsverfahren Natur u. Recht 1987, S. 156 ff..

59. Gygi, F. Verwaltungsrechtspflege und Verwaltungsverfahren im Bund 2. Aufl. Stämpfli & Cie., Bern 1974 (abk.: VwRP)

_____Bundesverwaltungsrechtspflege 2. Aufl. Stämpfli & Cie., Bern 1983 (abk.: BVwRP)

_____Beiträge zum Verfassungs-und Verwaltungsrecht Festgabe zum 65. Geburtstag des Verfassers Stämpfli & Cie., Bern 1986 (abk.: Beiträge)

60. Hagmann, W. E. Die st. gallische Verwaltungsrechtspflege und das Rechtsmittelverfahren vor dem Regierungsrat 1. Aufl. Schulthess, Zürich 1979

61. Hahn, D. Das baurechtliche Nachbarabwehrrecht JuS 1987, S. 536 ff..

62. Hensler, J. Die Verwaltungsgerichtsbeschwerde im Kanton Schwyz 1. Aufl. Schulthess, Zürich 1980

63. Heyde, W. Die Rechtsprechung in: Benda/Maihofer/Vogel (Hrsg.), Handbuch des Verfassungsrechts Bd. I.

64. Hill, H. Rechtsschutz des Bürgers und Überlastung der Gerichte JZ 1981, S. 805 ff..

65. Ipsen, J. Die Genehmigung technischer Großanlagen, rechtliche Regelungen und neue Judikatur AöR 1982, S. 259 ff..

66. Jarass, H. D. Der Rechtsschutz Dritter bei der Genehmigung von Anlagen NJW 1983, S. 2844 ff..

67. Karwiese, D. Kontrolle der Verwaltung durch ordentliche Gerichte und allgemeine Verwaltungsgerichte nach italienischem Recht 1. Aufl. Metzner, Frankfurt a. Main 1986

68. Katz, A. Staatsrecht 7. Aufl. C. F. Müller, Heidelberg 1985

69. Kersting, K. Vorläufiger Rechtsschutz durch aufschiebende Wirkung, zu Inhalt und Funktion von § 80 VwGO DVP 1982, S. 12 ff..

_____ Vorläufiger Rechtsschutz durch einstweilige Anordnung, insbesondere: Inhalt und Anwendungsbereich von § 123 VwGO DVP 1982, S. 50 ff..

70. Kistler, H. Die Verwaltungsrechtspflege im Kanton Graubünden 1. Aufl. Schulthess, Zürich 1979

71. Kleinlein, K. Das System des Nachbarrechts Eine Darstellung anhand des BBauG, des privaten Nachbarrechts u. des BImmSchG. 1. Aufl. Werner Verlag, Düsseldorf 1987

72. Kloepfer, M. Rechtsschutz im Umweltschutz VerwArch. 1985, S. 371 ff..

73. Kobzina, A. F. Die Parteistellung im Verwaltungsverfahren und die Beschwerdelegitimation im Verfahren vor dem Verwaltungsgerichtshof in: Festschrift für H. R. Klecatsky zum 60. Geburtstag

74. Konrad, H. Verwaltungsrechtsschutz im Nachbarschaftsverhältnis BayVBl. 1984, S. 33 ff..

75. Kopp, F. O. Die Vertretung des Interesses des Staates und des öffentlichen Interesses in anderen moderen Rechtssystem (I) VerwArch. 1980, S. 211 ff..

_____ Die Vertretung des Interesses des Staates und des öffentli chen Interesses in anderen moderen Rechtssystem (II) VerwArch. 1980, S. 353 ff..

_____Welchen Anforderungen soll eine einheitlichen Verwaltungsprozeβordnung genügen, um im Rahmen einer funktionsfähigen Rechtspflege effektiven Rechtsschutz zu gewährleisten? Gutachten zum 54. DJT C. H. Beck, München 1982

_____Der Vertreter des öffentlichen Interesses in der Verwaltungsgerichtsbarkeit DVBl. 1982, S. 278 ff..

_____Verwaltungsverfahrensgesetz mit Erläuterungen 4. Aufl. C. H. Beck, München 1986 (abk.: VwVfG)

_____Verwaltungsgerichtsordnung (Kommentar) 7. Aufl. C. H. Beck, München 1986 (abk.: VwGO)

_____Verwaltungsgerichtsbarkeit in den deutschen Ländern in: P. Pernthaler (Hrsg.), Föderalistische Verwaltungsrechtspflege als wirksamerSchutz der Menschenrechte

76. Kreitl, D. Präklusion verspäteten Vorbringens im Verwaltungsprozeβ Diss. Passau 1987

77. Kriech, M. Grenzüberschreitender Umweltschutz im schweizerischen Recht 1. Aufl. Schulthess, Zürich 1986

78. Kropshofer, B. Untersuchungsgrundsatz und anwaltliche Vertretung im Verwaltungsprozeβ 1. Aufl. Duncker & Humblot, Berlin 1981

79. Külz/Naumann (Hrsg.) Staatsbürger und Staatsgewalt Bd. I. II. C. F. Müller, Karlsruhe 1963

80. Küppers, K. Die Stellung ausländischer Nachbarn bei Genehmigung gefährlicher Anlagen im Inland DVBl. 1978, S. 686 ff..

81. Ladeur, K. -H. Zum planerischen Charakter der technischen Normen im Umweltrecht-Zugleich ein Beitrag zum Wyhl-Urteil des BVwG-UPR 1987, S. 253 ff..

82. Lang, A. Untersuchungs- und Verhandlungsmaxime im Verwaltungs-

prozeβ VerwArch. 1961, S. 60 ff..

83. Laubinger, H.-W. Der Verwaltungsakt mit Doppelwirkung 1. Aufl. Otto Schwartz & Co. Göttingen 1967

_____Die isolierte Anfechtungsklage in: Festschrift für C.-F. Menger zum 70. Geburtstag

84. Lehne, F. Ermessen und Verwaltungsgerichtsbarkeit in Österreich Die Verwaltung 1979, S. 299 ff..

85. Lerch, P. Die Verwaltungsgerichtsbarkeit in Geflecht der Rechtskontrollen BayVBl. 1980, S. 257 ff..

86. Lessona, S. Grundlagen der Verwaltungsgerichtsbarkeit in Italien VerwArch. 1959, S. 237 ff..

87. Loebenstein, E. Zur Problematik gerichtsfreier Hoheits-und Regierungsakte in: Festschrift für H.R. Klecatsky zum 60. Geburtstag

88. Lorenz, D. Der grundrechtliche Anspruch auf effektiven Rechtsschutz AöR 1980, S. 623 ff..

_____Das Gebot des effektiven Rechtsschutzes des Art. 19 Abs. 4 GG. Jura 1983, S. 393 ff..

89. Loschelder, W. Vom besonderen Gewaltverhältnis zur öffentlichrechtlichen Sonderbindung 1. Aufl. Carl Heymanns, Köln 1982

90. Marburger, P. Die Regeln der Technik im Recht 1. Aufl. Carl Heymanns, Köln 1979

91. Mariuzzo, F. Struktur und Wirkungskreis der italienischen Verwaltungsgerichtsbarkeit BayVBl. 1984, S. 737 ff..

92. Martens, W. Suspensiveffekt, Sofortvollzug und vorläufiger gerichtlicher Rechtsschutz bei atomrechtlichen Genehmigungen 1. Aufl. Carl Heymanns, Köln 1983

93. Marx, M. Die Notwendigkeit und Tragweite der Untersuchungs-
    maxime in den Verwaltungsprozeβgesetzen 1. Aufl. Peter Lang,
    Frankfurt a. Main 1985

94. Maunz/Dürig (Hrsg.) Grundgesetz (Kommentar) Bd. I. II. III.
    IV. C.H. Beck, München 1985

95. Maurer, H. Allgemeines Verwaltungsrecht 4. Aufl. C.H. Beck,
    München 1985

96. Mayer/Kopp Allgemeines Verwaltungsrecht 5. Aufl. Boorberg,
    Stuttgart 1985

97. Metz, M. Der direkte Verwaltungsprozeβ in der Bundesrechtspflege
    1. Aufl. Helbing & Lichtenhahn, Basel 1980

98 Meyer-Ladewig, J. Sozialgerichtsgesetz (Kommentar) 3. Aufl.
    C.H. Beck, München 1987 (abk.: SGG)

99. Mosler, H. (Hrsg.) Gerichtsschutz gegen die Exekutive; Judicial
    protection against the executive; La protection juridictionnelle
    contre l'exècutif Bd. I. II. III. Carl Heymanns, Köln 1969, 1970,
    1971

100. Müller, W. Le Conseil d'Etat-Der französische Staatsrat im
     Spannungsfeld von Tradition und Gewaltenteilung DRiZ 1983, S.
     210 ff..

101. Münch, I.v. (Hrsg.) Grundgesetz-Kommentar Bd. I. 3. Aufl. C.
     H. Beck, München 1985 (abk.: GG I.)

     _____Besonderes Verwaltungsrecht 7. Aufl. Walter de Gruyter,
     Berlin 1985 (abk.: VwR)

102. Neumeyer, D. Die Klagebefugnis im Verwaltungsprozeβ 1. Aufl.
     Duncker & Humblot, Berlin 1979

103. Nicklisch, F. Konkretisierung wissenschaftlich-technischer Standards

bei der Genehmigung komplexer Großanlagen BB. 1981, S. 505 ff..

104. Oberndorfer, P. Die österreichische Verwaltungsgerichtsbarkeit 1. Aufl. Verlag Rudolf Trauner, Linz 1983

105. Ossenbühl, F. Welche Anforderungen stellt der Verfassungsgrundsatz des demokratischen Rechtsstaates an die planende staatliche Tätigkeit? Gutachten zum 50. DJT C. H. Beck, München 1974

_____Die Bewertung technischer Risiken bei der Rechtssetzung DöV 1982, S. 833 ff..

106. Paefgen, T. C. Gerichtliche Kontrolle administrativer Prognoseentscheidungen BayVBl. 1986, S. 513 ff..

107. Panholzer, F. "Vollendete Tatsachen" und übergangene Partei in: Fröhler/Pindur (Hrsg.), Rechtsschutz bei vollendeten Tatsachen

108. Papier, H. J. Zur verwaltungsgerichtlichen Kontrolldichte DöV 1986, S. 621 ff..

Normenkontrolle (§47 VwGo) in: Festschrift für C. -F Menger zum 70. Geburtstag

109. Pappermann/Löhr/Andriske Recht der öffentlichen Sachen 1. Aufl. C. H. Beck, München 1987

110. Pernthaler, P. (Hrsg.) Föderalistische Verwaltungsrechtspflege als wirksamer Schutz der Menschenrechte, Wihelm Braumüller, Wien 1986

_____Rechtsschutz und Föderalismus in: ders., (Hrsg.), Föderalistische Verwaltungsrechtspflege als wirksamer Schutz der Menschenrechte

111. Pestalozza, C. G. v. Der Untersuchungsgrundsatz in: Festschrift zum 50. jährigen Bestehens des Richard Boorberg Verlags, Stuttgart

1977

112. Pietzner/Ronellenfitsch Widerspruchsverfahren und Verwaltungsprozeβ 6. Aufl. Werner-Verlag, Düsseldorf 1987

113. Püttner, G. Handlungsspielräume der Verwaltung und Kontrolldichte gerichtlichen Rechtsschutzes in: Götz/Klein/Starck (Hrsg.), Die öffentliche Verwaltung zwischen Gesetzgebung und richterlicher Kontrolle

114. Quaritsch, H. Die einstweilige Anordnungen im Verwaltungsprozeβ VerwArch. 1960, S. 210 ff..

115. Rapp, M. 100 Jahre badischer Verwaltungsgerichtshof in: Külz/Naumann (Hrsg.), Staatsbürger und Staatsgewalt Bd. I.

116. Redeker/v. Oertzen Verwaltungsgerichtsordnung (Kommentar) 8. Aufl. Kohlhammer, Stuttgart 1985

117. Reinhard, H. Der Staatsrat in Frankreich JöR 1982, S. 73 ff..

118. Riz, R. Probleme der Verwaltungsgerichtsbarkeit in der Region Trentino-Südtirol in: Festschrift für Hans R. Klecatsky zum 60. Geburtstag

119. Ronellenfitsch, M. Das besondere Gewaltverhältnis-ein zu früh totgesagtes Rechtsinstitut DöV 1981, S. 933 ff..

_____Die Entwicklungstendenzen in der Rechtsprechung zum besonderen Gewaltverhältnis VerwArch. 1982, S. 245 ff..

_____Das besondere Gewaltverhältnis als verwaltungsrechtliches Institut in: D. Merten (Hrsg.), Das besondere Gewaltverhältnis

_____Ausbau des Individualschutzes gegen Umweltbelastungen als Aufgabe des bürgerlichen und des öffentlichen und des öffentlichen Rechts? NJW 1986, S. 1955 ff..

120. Rupp, H. H. Kristische Bemerkungen zur Klagebefugnis im Verwa-

ltungsprozeß DVBl. 1982, S. 144 ff..

121. Scheerbarth, W. Das Schicksal der Verwaltungsgerichtsbarkeit unter dem Nationalsozialismus DöV 1963, S. 729 ff..

122. Schenke, W.-R. Vorbeugende Unterlassungs-und Feststellungsklage im Verwaltungsprozeß AöR 1970, S. 223 ff..

Rechtsschutz im besonderen Gewaltverhältnis JuS 1982, S. 906 ff..

Kommentierungen zum § 19 IV GG. in: Bonner Kommentar 1982

123. Schiffmann, G. Die Bedeutung der ehrenamtlichen Richter bei Gerichten der allgemeinen Verwaltungsgerichtsbarkeit 1. Aufl. Duncker & Humblot, Berlin 1974

124. Schlichter, O. Planungsrechtlicher Betroffenenschutz im Wandel in: Festschrift für H. U. Scupin zum 80. Geburtstag Duncker & Humblot, Berlin 1983

125. Schmidt, D. Die Unterscheidung von privatem und öffentlichem Recht 1. Aufl. Nomos, Baden-Baden 1985

126. Schmidt, W. Abschied vom "umbestimmten Rechtsbegriff" NJW 1975, S. 1753 ff..

127. Schmidt-Aßmann, E. Funktionen der Verwaltungsgerichtsbarkeit in: Festschrift für C.-F. Menger zum 70. Geburtstag

128. Schmidt-Bleibtreu/Klein Kommentar zum Grundgesetz 6. Aufl. Luchterhand, Neuwied 1983

129. Schoch, F. Suspensiveffekt unzulässiger Rechtsbehelfe nach § 80 Abs. 1 VwGO? BayVBl. 1983, S. 358 ff..

130. Scholz, G. Die aufschiebende Wirkungen von Widerspruch und Anfechtungsklage gemäß § 80 VwGO in: Festschrift für C.-F. Menger zum 70. Geburtstag

131. Schuy, J. Vorläufiger Rechtsschutz in atomrechtlichen Genehmigu-

ngsverfahrens 1. Aufl. Nomos, Baden-Baden 1986

132. Schwabe, J. Grundrechtlich begründete Pflichten des Staates zum Schutz gegen staatliche Bau-und Anlagengenehmigungen? NVwZ 1983, S. 523 ff..

133. Seifert/Hömig (Hrsg.) Grundgesetz für die Bundesrepublik Deutschland 2. Aufl. Nomos, Baden-Baden 1985

134. Sendler, H. Zum Instanzenzug in der Verwaltungsgerichtsbarkeit DVBl. 1982, S. 157 ff..

_____Wer kann sich vor Gericht wogegen wehren?- Zu Fragen der Klagebefugnis im Verwaltungsprozeβ in: Festschrift für M. A. Grisel Editions Ides et Calendes, Neuchâtel 1983

_____Zu wenig durch zu viel Rechtsschutz im Verwaltungsprozeβ? in: Justiz und Recht: Festschrift aus Anlaβ des 10. jährigen Bestehens der Richterakademie C. F. Müller, Heidelberg 1983

135. Shiono, H. Die Rolle und die Tätigkeit des Gerichts im atomrechtlichen Verfahren in Japan in: Lukes/Saito (Hrsg.), Japanisch-Deutsches Atomrecht-Symposium 1. Aufl. Carl Heymanns, Köln 1981

136. Skouris, W. Der vorläufige Rechtsschutz im französischen Amtsüberschreitungsverfahren Die Verwaltung 1981, S. 35 ff..

_____Verletztenklagen und Interessentenklagen im Verwaltungsprozeβ 1. Aufl. Carl Heymanns, Köln 1979

137. Sommer, W. Aufgaben und Grenzen richterlicher Kontrolle atomrechtlicher Genehmigungen 1. Aufl. C. F. Müller, Heidelberg 1983

138. Spanner, H. Die Verwaltungsgerichtsbarkeit in Österreich DöV 1955, S. 593 ff..

_____Die österreichische und die bundesdeutsche Verwaltungsgerichtsbarkeit-ein Strukturvergleich in: Lehne/Loebenstein/Schimet-schek (Hrsg.),

_____Die Entwicklung der österreichischen Verwaltungsgerichtsbarkeit

139. Sordi, B. Justiz und Verwaltung im liberalen Italien: Die Entwicklung einer Verwaltungsgerichtsbarkeit Zugleich: Über den Einfluβ Gneists in Italien Die Verwaltung 1986, S. 177 ff..

140. Stähelin, P. Kantonale Verwaltungsgerichtsbarkeit in der Schweiz in: P. Pernthaler (Hrsg.), Föderalistische Verwaltungsrechtspflege als wirksamer Schutz der Menschenrechte

141. Steinberg, R. Grundfragen des öffentlichen Nachbarrechts NJW 1984, S. 457 ff..

142. Steiner, U. (Hrsg.) Besonderes Verwaltungsrecht 2. Aufl. C. F. Müller, Heidelberg 1986

143. Stelkens/Bonk/Leonhardt Verwaltungsverfahrensgesetz (Kommentar) 2. Aufl. C. H. Beck, München 1983

144. Stern, K. Das Staatsrecht der Bundesrepublik Deutschland Bd. I. 2. Aufl. C. H. Beck, München 1984 (abk.: Staatsrecht)

_____Verwaltungsprozessuale Probleme in der öffentlichen Arbeit 6. Aufl. C. H. Beck, München 1987 (abk.: Probleme)

145. Stober, R. Zur Bedeutung des Einwendungsausschlusses an atom-und immissionsrechtlichen Genehmigungsverfahren AöR 1981, S. 41 ff..

146. Takada, B. Hauptprobleme des japanischen Verwaltungsrechts VerwArch. 1978, S. 60 ff..

147. Theuersbacher, P. Probleme der gerichtlichen Kontrolldichte im Kapazitätsrecht NVwZ 1986, S. 978 ff..

148. Tschira/Schmitt-Glaeser Verwaltungsprozeβrecht 7. Aufl. Boorberg,

Stuttgart 1985

149. Ule, C. H. Die Bindung der Verwaltungsgerichte an die Immissionswerte der TA-Luft BB. 1976, S. 446 ff..

　　　　　　Rechtstatsachen zur Dauer des Verwaltungs- (Finanz) prozesses 1. Aufl. Duncker & Humblot, Berlin (abk.: Rechtstatsachen)

　　　　　　Verwaltungsprozeβrecht 9. Aufl. C. H. Beck, München 1987

　　　　　　Die zweite Tatsacheninstanz in der Verwaltungsgerichtsbarkeit im Lichte der Rechtstatsachenforschung DVBl. 1983, S. 440 ff..

　　　　　　Rechtsschutz im besonderen Gewaltverhältnis in: D. Merten (Hrsg.), Das besondere Gewaltverhältnis

150. Unruh, G. -C. v. Verwaltungsgerichtsbarkeit im Verfassungsstaat 1. Aufl. Masimilian Verlag, Herford 1984

　　　　　　Die verfassungsrechtliche Bedeutung der preuβischen Verwaltungsrechtpflege in: Festschrift f. C. -F. Menger zum 70. Geburtstag

151. Vallender, K. A. Unbestimmter Rechtsbegriff und Ermessen in: Festschrift für M. A. Grisel Editions Ides et Calendes, Neuchâtel 1983

152. Wallerath, M. Allgemeines Verwaltungsrecht 3. Aufl. Reckinger, Siegburg 1985

153. Walter/Mayer Grundriβ des österreichischen Verwaltungsverfahrensrechts 3. Aufl. Manz, Wien 1984 (abk.: VwVfR) Grundriβ des österreichischen Bundesverfassungsrechts 5. Aufl. Manz, Wien 1985 (abk.: VfR)

154. Walz, E. 100 Jahre Verwaltungsgerichtsbarkeit in Baden-Randbemerkungen zu einem Jubiläum in: M. Baring (Hrsg.), Aus 100

Jahre Verwaltungsgerichtsbarkeit

155. Weber, K. Regelungs-und Kontrolldichte im Atomrecht 1. Aufl.
Nomos, Baden-Baden 1984

156. Wenninger, L. Geschichte der Lehre vom besonderen Gewaltverhäl-
tnis 1. Aufl. Carl Heymanns, Köln 1982

157. Widtmann, J. Verwaltungsrechtspflege in Bayern von 1863 bis 1963
in: M. Baring (Hrsg.), Aus 100 Jahre Verwaltungsgerichtsbarkeit

158. Winkler, G. Die Entscheidungsbefugnis des österreichischen Verw-
altungsgerichtshofes im Lichte der Gewaltentrennung in: Külz/
Naumann (Hrsg.), Staatsbürger und Staatsgewalt Bd. I.

_____Der gerichtliche Rechtsschutz des Einzelnen gegenüber der
vollziehenden Gewalt in Österreich in: H. Mosler (Hrsg.), Geric-
htsschutz gegen die Exekutive Bd. II.

159. Winkler, I. Die Einführung der unteren Stufe der Verwaltungsgeri-
chtsbarkeit in Italien Die Verwaltung 1984, S. 492 ff..

_____Die italienische Verwaltungsgerichtsbarkeit zwischen geset
zlich geschütztem Interesse und subjektivem Recht Die Verwaltung
1986, S. 519 ff..

160. Woehrling, J.-M. Die französische Verwaltungsgerichtsbarkeit
im Vergleich mit der deutschen NVwZ 1985, S. 21 ff..

161. Wolf, M. Gerichtsverfassungsrecht aller Verfahrenszweige 6. Aufl.
C.H. Beck, München 1987

162. Zängl, S. Rechtsverbindlichkeit technischer Regeln (Normen) im
Baurecht BayVBl. 1986, S. 353 ff..

163. Zippelius, R. Allgemeine Staatslehre 9. Aufl. C.H. Beck,
München 1985

四、英文文獻

1. Brown/Garner/Galabert French administrative law 3. Ed. Butterworth, London 1983

2. Friedmann, W. The state and the rule of law in a mixed economy 1. Ed. Stevens & Sons, London 1971

五、法文文獻

1. Auby/Drago Traité de contentieux administratif tome I. II. 2. Ed. Librairie Général de droit et de jurisprudence, Paris 1975 (abr.: Traité)

2. Bachelet, V. La protection juriditionnelle du particulier contre le pouvoir exécutif en Italie en: H. Mosler (dir.), La protection juriditionnell contre le pouvoir exécutif tome I.

3. C.E. Le Conseil d'Etat son histoire à travers les documents d'êpoque 1799-1974 Edition du centre national de la recherche scientifique, Paris 1974 (abr.: histoire)

4. Gabolde, C. La procédure des tribunaux administratifs 3. Ed. Dalloz, Paris 1981

5. Laubadére/Venezia/Gaudemet Traité de droit administratif tome I. Librairie Général de droit et de jurisprudence, Paris 1984 (abr.: Traité)

6. Letourneur/Bauchet/Méric Le Conseil d'Etat et les tribunaux administratifs 1. Ed. Librairie Armand 1970

7. Pacteau, B. Contentieux administratif 1. Ed. Press Universitaires de France, Paris 1985 (abr.: contentieux)

8. Peiser, G. Contentieux administratif 3. Ed. Dalloz, Paris 1979

(abr.: contentieux)

Droit administratif 2. Ed. Dalloz, Paris 1983 (abr.: Droit administratif)

六、義文文獻

1. Virga, P. La tutela giurisdizionale nei confronti della pubblica amministrazione 2. Ed. Dott. A. Giuffrè Editore, Milano 1976

叁、我國第一個行政訴訟審判機關
──平政院

一、平政院之起源

    (一) 我國固有政制對法律訟爭之影響

    (二) 我國固有法制欠缺行政爭訟下，對官吏監督之方法

    (三) 清末變法與立憲運動對行政爭訟思想與制度之影響

    (四) 大清行政裁判院官制草案之研析

    (五) 民初設立行政爭訟裁判機關之研析

二、成立平政院之法律依據

三、平政院之法律地位

四、平政院之組織

五、平政院之職權

六、平政院之功能

    (一) 糾彈之審理及請願之代陳

    (二) 訴訟之審理

七、平政院訴訟制度之特色及其對我國現代行政 救濟制度之影響

（一）平政院訴訟制度之特色

（二）平政院若干案例之研析

（三）平政院訴訟制度對我國現代行政救濟制度之影響

叁、我國第一個行政訴訟審判機關
——平政院

一、平政院之起源

（一）我國固有政制對法律訟爭之影響

創度之發生、存在與運作，輒受普徧觀念影響甚深。人治社會與法治社會之分野，猶不在於形式法律之有無，更重要者在於該法律形成、發展之根本環境思想是否深植民心，契符國民之普徧思想。制度之設，能否發揮功能於極致，胥賴乎運用該項制度之主體，是否存有，並真正願意實現其發生、存在與運作之根本特質（精神）。

我國於民國肇造以前，在政治上採君主專制，在社會上受層層尊卑名份之限制。猶有進者，社會之倫理思想往往與政治制度相結合，故所謂「君臣、父子、夫婦、長幼、朋友」五倫，在中國之歷史發揮極大之影響。所及者，非「溥天之下莫非王土，率土之濱莫非王臣」，卽「打虎、告官、辭別祖先」之觀念久蟄人心，卽屬今日，猶難免有見官而戰慄者，由此可知傳統思想與制度箝制民心之甚矣！民主共和之民國，人民猶不免存有畏官之觀念，其於君主專制時代，不待思而知過半矣！

（二）我國固有法制欠缺行政爭訟下，對官吏監督 之方法

我國向受專制之束縛，官尊民卑之心理久蟄民心，故人民雖受酷吏之侵害，輒忍氣吞聲，敢怒不敢言，卽逢承平之世，偶遇仁君仁政，人民始克就其因官所受之寃屈，上告於官府，而求公正廉明之青天循吏爲其伸白。故如宋之包拯、明之海瑞，迄今猶爲一般人所樂道者以此。至若歷代設有專官，以查民寃，並懲酷吏苛政者，如秦漢之廷尉與御史，唐之大理寺、御史臺及刑部，宋之大理寺、御史臺、刑部、審刑院及糾察刑獄司，元之大宗正府、刑部及御史臺，明清之大理寺、刑部及都察院（註一），然此皆爲皇帝之耳目，以維繫皇令之執行，整飭朝綱官箴爲目的，被害之人民只能以告訴（發）人之地位舉發，並無法與違法之官吏對簿公堂，各盡法理之爭，且彼時類皆只有刑事訴訟，以違法官吏本身爲質問及負責之客體，並無國家歸責之觀念，故乏二造訟爭之行政訴訟概念。矧言，彼時國土廣袤，天高皇帝遠，人民欲訟至京師，需費需時皆高，關山萬里，荊棘滿地，兼以交通不便，難免有含恨中途者；甚者，主簿官常貪緣科進，官官相護，導致人民常含寃莫白。

約而言之，我國固有法制中，並無行政爭訟之制度。

（三）清末變法與立憲運動對行政爭訟思想與制度 之影響

註 一 參見戴炎輝，中國法制史，頁一四一以下，三民，六〇年十月，三版；陳顧遠，中國法制史，頁一七六～一八四，商務，六十二年八月，臺五版；陳顧遠，中國法制史概要，頁一二一～一二八，三民，六十六年八月，五版。

　　考夫行政爭訟制度之發端，在於承認國家對行政有責，國家亦受法之拘束（法治國家之思想），而人民有與國家訴訟之權能，此乃立憲思想之結果。民國以前之君主專制，並未有此觀念，而共和肇造，於民國元年三月十一日公布之中華民國臨時約法第十條，忽有「人民對於官吏違法損害權利之行為，有陳訴於平政院之權」之規定（註二），苟非先有行政爭訟之思想，而後有制度之設，則此何其唐突耶！矧言，公法制度並非一蹴可幾，苟於此之前，對此缺乏任何之探索，即能於臨時約法中頓下決定，且其所本為何，誠令人匪夷所思也！

　　吾人固不可妄非前人之失，亦不可僭略前人之功，必須有實事求是，窮本溯源之精神，本著上述之疑問及法制環境之基因，對我國引進近代行政爭訟制度之歷史背景，意欲撥矇啟翳，以得真相，似應從清末變法及立憲運動中尋找其蛛絲馬跡或一鱗半爪也。

　　我國現行行政爭訟制度既非固有，而係外爍之物。然其於何時、何情況下，由何人以何方法由何處引進，乃值得吾人探賾。

　　現代之行政爭訟制度，發源於法國，而正式誕生於西元一八七二年（註三），時適我國清穆宗同治十一年，故其引進必在此後。清道光十九年鴉片戰爭、咸豐七年英法聯軍陷廣州、光緒二十年中日甲午戰爭、二十六年八國聯軍破津京，一連串喪權辱國之不平等條約，割地、賠款及法權淪喪，使清朝國勢日頹，有心人為謀振衰起弊，以滌國恥，故乃有咸同年間之自強運動及光緒一朝之變法運動，前者在謀物質改革，目的在求富強，故船堅砲利，盡學洋務，一時蔚為風尚；後者為政治（制度）改革，乃因自強運動內因守舊派之反對、領導分子之分裂及知識之

註　二　臨時政府公報，第三五號，頁二、八。
註　三　參見蔡志方，法國行政救濟制度研究（上），憲政時代，第七卷第四期，頁二八、三七。

迂陋，外因軍事外交一再挫敗，遂使徒鶩倣造器械以自強，仍無法挽中國貧弱之軀之思想崛起，並悟歐美帝國之富強，在於其學術之高明，必須從政治、文化方面著手，始稱正鵠。內有馮桂芬、陳虬、鄭觀應、何啟、胡禮垣及王韜等為思想主導（註四），外有西洋傳教士等之慫助，使立憲思想風起雲湧。雖然，立憲運動只是滿清苟延殘喘，紓緩革命浪潮之計，與維護民權立憲之議迴不相侔，但在內窘外逼之情況下，於光緒三十一年（西元一九〇五年）六月十四日諭派載澤、戴鴻慈、徐世昌、端方、紹英五大臣，分赴東西洋考察憲政（註五）。該五大臣先後至日、美、英、德、丹、法、瑞、挪、奧、俄、比、荷（註六）等國考察，於次年歸國，除進呈所編歐美政治要義，並編譯蒐羅之各國政書外（註七），復陳立憲可以固國本（註八），實行君主立憲可緩國民革命之情緒，削弱革命黨對羣眾之影響，達到君統萬世不易之目的（註九），因此，清廷遂於光緒三十二年七月十三日諭令預備立憲之旨，而以釐定官制為先（註十）。為研究各國憲法以備立憲之參考，遂將考察政治館改為憲政編查館（註十一），以大臣奕劻主其事，擬定辦事章程，並請

註　四　關於晚清變法，詳見汪榮祖，晚清變法思想論叢，聯經，七十二年，初版；段昌國，近代史，頁一一七以下，收於傅樂成編，中國通史，第六冊，長橋，六十八年三月，初版。

註　五　參見佚名（輯），清末籌備立憲檔案史料（上），頁一，文海，七〇年五月，初版。

註　六　詳見上揭（註五）書，頁五～二三。

註　七　光緒三十二年九月六日，出使各國考察政治大臣戴鴻慈等奏進呈所編歐美政治要義以備立憲採用摺。參見上揭（註五）書，頁二四以下。

註　八　參見光緒三十四年七月十一日，考察憲政大臣達壽考察日本憲政情形摺，收於上揭（註五）書，頁二五以下。

註　九　參見段昌國，現代史，頁十一，收於傅樂成編，中國通史，第七冊，長橋，六十八年三月，初版。

註　十　參見前揭（註五）書，頁四三以下。

註十一　參見光緒三十三年七月五日，考察政治館改為憲政編查館諭，收於前揭（註五）書，頁四五以下。

設各省調查局（註十二）。 此後各種憲政有關之法規， 即係出自該館及各部院會同之手。 依宣統二年十二月十七日， 憲政編查館大臣奕劻等擬呈修正憲政逐年籌備事宜摺（附清單）（註十三）， 有增頒行政審判法， 設立行政審判院之議， 並定於宣統三年籌備。 雖於釐定官制草案中， 以明設行政裁判院， 並已擬具行政裁判院官制草案（註十四）， 然均未見頒行（註十五）， 旋即因清祚壽終， 而告中輟。

由於民國三年三月三十一日公布之平政院編制令， 與清末之行政裁判院官制草案諸多彷彿，且平政院之人事， 亦不乏為前清之遺臣者（註十六）， 可知清末變法與立憲運動對行政爭訟思想與制度， 有相當程度之影響， 而絕非如一般論者所言，我國之行政爭訟思想非起於前清， 而係迸出於民國（註十七）。

註十二　參見光緒三十三年七月十六日，憲政編查館大臣奕劻等擬呈憲政編查館辦事章程摺（附清單），光緒三十三年九月十六日，令各省設立調查局各部院設立統計處諭，收於前揭（註五）書，頁四七以下、五二以下。

註十三　參見前揭（註五）書，頁八八以下。

註十四　參見大清新法令附錄，釐定閣部院官制總說帖， 行政裁判院官制草案，商務印書館，宣統元年二月。

註十五　參見宣統三年三月二十九日，憲政編查館大臣奕劻等奏官吏犯法應視情事不同分由審判廳或行政衙門受理以清行政司法權限片，收於前揭（註五）書，頁九○五以下。

註十六　平政院首任院長汪大燮曾為出使英國大臣、第二任院長周樹模為黑龍江巡撫、第五任院長胡惟德為出使俄國大臣、評事陳兆奎為度支部主事、庭長邵章為翰林院編修。

註十七　我國學者一般由於不知清末立憲運動之詳細情況，致每謂行政爭訟制度為民國元年三月十一日臨時約法所首揭。觀乎文獻，似只有陳之邁氏及章行嚴氏已注意及之。見陳氏所著，中國政府（二），頁一八七以下，及頁一九一，註三；章氏所撰，論特設平政院與自由原理不相容，民立報，新紀元三月十八日，第五百十一號，頁二。

（四）大清行政裁判院官制草案之研析

1. 草案之歷史背景

　　光緒三十二年七月十三日諭令宣詔預備立憲後，於明年七月五日改考察政治館爲憲政編查館，以編譯各國憲法及調查中國各行省政俗爲本務，依光緒三十四年八月一日，憲政編查館資政院會奏憲法大綱暨議院法選舉法要領及逐年籌備事宜摺（附清單二）（註十八），並無行政爭訟制度之設，而係於宣統二年十二月十七日，憲政編查館大臣奕劻等擬呈修正憲政逐年籌備事宜摺（附清單）中，首次將頒布行政審判法及設置行政審判院，擬定於宣統三年籌備。憲政編查館於宣統三年五月二十七日裁撤，其職務由新設之法制院及法律館接辦（註十九），而行政裁判院官制草案刊於宣統元年二月，可推知係成於憲政編查館。

　　憲政編查館庋藏大量之外國憲政文獻，而以清末留學生（註十九之一）及外人擔任翻譯，故彼時德法奧日等諸國制度，自爲其所知悉，故該草案卽係以此等文獻爲基礎，吾人觀該草案前言，自可明瞭（註二〇）。

註十八　參見前揭（註五）書，頁五四以下。

註十九　參見宣統三年五月二十七日，內閣屬官官制暨內閣法制院官制著先頒布，各項官規及京外官制妥速擬訂諭。收於前揭（註八）書，頁五七六。

註十九之一　參見劉汝錫，憲政編查館研究，頁十八，七燈出版社，七十一年三月。

註二〇　該草案前言曰：「謹按：唐有知匭納使，所以申天下之冤滯，達萬人之情狀，與御史臺並列。今各國有行政裁判院，凡行政各官之辦理違法，致民人身受損害者，該院得受其呈控，而裁判其曲直，英、美、比等國以司法裁判官兼行政裁判之事，其弊在於隔膜，義、法等國則以行政衙門自行裁判，其弊在於專斷。惟德奧日本等國，特設行政裁判衙門，旣無以司法權侵害行政權之虞，又免行政官獨行獨斷之弊，最爲良法美意。今採德、奧、日本之制，特設此院，明定權限，用以崇國法、防吏蠹，似於國家整飭紀綱，勤恤民隱之至意不無裨益。」同註十七，頁一一五。

前清資政院議員羅傑曾提出議案，謂：「行政之違法處分，必有審判機關爲之執行，然後可以防職權之濫用」（註二一）。而，憲政編查館於所擬籌備清單，亦確定「行政審判院，爲救濟行政違法處分而設，亦憲法機關之一」（註二二）。

2. 草案之內容及特色

行政裁判院官制草案共計二十一條，茲特照錄於下，並加注要旨及標點符號。

第一條（裁判之對象）：

行政裁判院掌裁判行政各官員辦理違法，致被控事件。

第二條（人事組織）：

行政裁判院置正使一人、副使一人、掌僉事三人、僉事十二人，別置一、二、三等書記官、錄事若干人屬焉。

第三條（正使之職權）：

正使總理本院事務，爲全院之長官，遇有本院重要事件，可隨時會同副使具奏，並得自請入對。

第四條（副使之職務）：

副使贊助正使整理院務，監督本院各員。

第五條（正使職務之代行）：

行政裁判院正使遇有事故，以本院副使代行。

第六條（掌僉事之職務）：

掌僉事掌理行政裁判事務。

註二一　同註十七所引章行嚴文。
註二二　同上註。

第七條（僉事之職務）：

　　僉事同理行政裁判事務。

第八條（本院與京外各衙門之行文）：

　　行政裁判院於本院與京外各衙門有關涉事件，可分別咨札飭辦理。

第九條（管轄權之範圍）：

　　行政裁判院應行裁判之事件如下：

　　一、奉　特旨飭交裁判之事件；

　　二、關於徵納租稅及各項公費之事件；

　　三、關於水利及土木之事件；

　　四、關於區劃官民土地之事件；

　　五、關於准否營業之事件。

第十條（越訴之事件及越訴之禁止）：

　　凡呈控事件關係閣、部、院及各省將軍、督撫暨欽差官者，准其徑
　　赴行政裁判院控訴，此外必須先赴各該行政長官衙門申訴，如不得
　　直，可挨次上控，以至行政裁判院，不許越訴。

第十一條（審判權之排除）：

　　行政裁判院不得受理刑事、民事訴訟。

第十二條（裁判之方式及裁判體）：

　　行政裁判院裁判事件，以會議決之。會議時以正使為議長、副使為
　　副議長。凡議事可否，以多數決之；如可否人數相同，則由議長決
　　定。

第十三條（裁判結果之處理）：

　　凡裁判事件之涉於細故者，由本院會議判結，並按月彙奏一次；其
　　涉於行政官員枉法營私者，一經審查確實，由正、副使聯銜奏參，
　　請旨懲處。

第十四條（僉事以上各官之自行及聲請迴避）：

　　行政裁判院僉事以上各官，於裁判案件應行迴避者如下：

　　一、事涉本身及親屬，例應迴避者；

　　二、事爲該員所曾經預聞者；

　　三、事爲該員原任行政官時所曾經辦理者。

　　僉事以上各官遇裁判案件有上三情節者，原被告均得具呈聲明請其

　　迴避。

第十五條（覆審之禁止）：

　　行政裁判院判決事件，原告及被告人不得再求覆審。

第十六條（僉事以上各官兼任官職之禁止）：

　　行政裁判院僉事以上各官，均不得兼任他項官職，亦不得爲資政院

　　參議員。

第十七條（掌僉事、僉事任期及其加銜加俸）：

　　行政裁判院掌僉事、僉事，以在任十年爲俸滿，方准遷除他衙門官

　　職；在任期內卓著成績者，由正使出具考語，奏請加銜加俸，以資

　　鼓勵。

第十八條（僉事以上各官職務之保障）：

　　行政裁判院僉事以上各官，非犯刑法及處分則例者，不得罷黜；其

　　處分則例，另定之。

第十九條（書記官之職務）：

　　行政裁判院一、二、三等書記官，承正使、副使之命，料理庶務。

第二十條（錄事之職務）：

　　行政裁判院錄事，承上官之命，繕寫文件，料理庶務。

第二十一條（辦事章程之擬定及本官制之施行日期）：

　　行政裁判院辦事章程，由正使擬定後，請旨裁定。

行政裁判院官制應俟 欽簡本院正使，會同修律大臣妥訂行政裁判法咨送閣議，奉旨裁定後，再由該正使奏請欽定施行日期。

由以上規定之內容，得以知悉清末擬議之行政訴訟，其裁判對象限於特旨飭交裁判之事件，關於徵納租稅及各項公費之事件，關於水利及土木之事件， 關於區劃官民土地之事件及關於准否營業之事件（第九條），而此等事件必須是行政官員辦理違法（第一條），並不以侵害人民權利為必要，故可知其制度之目的，在於維護法律秩序。由彼時行政事務發達之程度， 可知該草案擬議之行政裁判權範圍， 並不狹隘， 特別是第九條第一款乃抽象之保留事項，其功能無異於概括條款，唯其訴權保留於皇帝手中。就裁判官言之，依該草案第六、七條觀之，似由掌僉事及僉事行之， 但依第十二條之規定， 則正使、 副使似亦行使裁判權，且係以合議制方式行之。再就訴訟程序言，依同草案第十條，兼採越級訴訟及申訴前置主義（相當於現行訴願先行主義），亦即對於以中央之內閣、 各部、 各院（註二三）及各省將軍、 督撫及欽差官之違法事件，採直接向行政裁判院起訴之越級訴訟，餘則須依級向各該官員所屬之長官申訴，始能向行政裁判院起訴。就審判權之劃分，規定於第十一條， 此乃行政裁判院與大理院系統之普通法院（註二四） 權限之劃分。就判決言之，涉於細故者，由該院按月彙奏，如涉及行政官員枉法營私

註二三　依大清釐定官制草案，中央設內閣（分制誥局、庸勳局、編制局、統計局及印鑄局）、外務部、民政部（後改稱內政部）、財政部、陸軍部、海軍部、法部、學部、農工商部、交通部、理藩部及典禮院、集賢院、資政院、審計院、 行政裁判院 、都察院、大理院。參見前揭（註十四）法令附錄，頁九七以下。

註二四　依宣統二年元月九日公布之法院編制法第一條，審判衙門分為初級審判廳、地方審判廳、高等審判廳及大理院。依同法第二條，審判衙門掌審判民事、刑事訴訟案件，但其關於軍法或行政訴訟等另有法令規定者，不在此限。參見政治官報，第八百二十六號，頁七以下。

者，仍由同院審理調查後，請旨懲處（第十三條）。本草案對行政訴訟，採一審終結，禁止要求覆審（包括排除上訴及再審）（第十五條）。本院裁判官不得兼任他項官職（第十六條），採十年任期制（第十七條）及職務保障（第十八條），此與清末之謀司法獨立之議，若合符節（註二五）。

就本草案之特色言之，其乃中國第一部行政訴訟有關之法規，承認人民有控訴違法官吏行爲之權；該院採特設機關之德、奧、日制度，行委任行政司法權；其審判之事項採列舉主義及越級訴訟與申訴前置主義並行制，且採一審終結，可謂開我國行政爭訟制度之先河，深値研究中國近代行政爭訟制度學者之注意。

（五）民初設立行政爭訟裁判機關之研析

清末之立憲，爲全國人民所殷望（註二六），亦爲大部分朝臣所力

註二五　清末立憲運動中，各方謀求司法獨立之心甚切，故光緒三十二年十二月二十一日有御史吳鈁奏釐定外省官制請將行政司法嚴定區別摺，光緒三十三年四月三日，法部尚書戴鴻慈等奏擬司法權限繕單呈覽摺（附清單），光緒三十三年四月九日，修訂法律大臣沈家本等奏酌定司法權限並將法部原擬清單加具案語摺（附清單），同年八月二日，修訂法律大臣沈家本奏酌擬法院編制法繕單呈覽摺，宣統二年十月二十七日，郵傳部主事陳宗藩陳司法獨立之始，亟宜豫防流弊以重憲政呈中，尤剴陳再三。以上見前揭（註五）書，頁八二一以下。

註二六　光緒三十三年八月八日，留學生陳發檀於請速立憲法、興海陸軍呈中，即以其留學日本東京帝大法科之見聞，力陳立憲之急要。見前揭（註五）書，頁二四一以下。

贊（不乏因利害關係而反對者）（註二七）， 而主其事之憲政編查館及修律大臣亦不遺餘力，然宣統三年（西元一九一一年）清帝胤終，民國肇造，故修律造律工作，乃告中輟，唯修訂法律館之成果，仍爲民初之立法所參考。就民初設立行政爭訟裁判機關，值得研究者有二，一爲採取何種制度之爭議，二爲制定法所採取之制度爲何。

1. 採取何種制度之爭議

清末於研擬行政裁判院官制時，對於行政訴訟制度究採司法裁判官兼理，抑行政機關兼攝，或特設機關專司，即已注意及之，後以權衡得失， 採特設機關之制度（註二八）。 民前一年辛亥武昌起義成功， 十二月二日宋教仁所擬中華民國鄂州約法及官制草案第十四條，首揭「人民對於行政官署所爲違法損害權利之行爲， 得訴訟於行政審判院」之旨

註二七　反對立憲之說，如光緒三十一年十二月二十日御史劉汝驥奏請張君權摺，光緒三十二年八月二十二日內閣學士文海奏立憲有六大錯，請查核五大臣所考政治，並卽裁撤釐定官制館摺，同年八月二十八日內閣中書王寶田等條陳立憲更改官制之弊呈，光緒三十三年二月二十二日江蘇巡撫陳夔龍奏新政請毋寧擴充立憲變法或暫緩施行摺，同年七月五日裁缺通政使部曾炘奏宜徐議憲政摺，同年七月十七日章京、鮑心增條陳護惜三綱、振興吏治等項，不必拘言立憲呈，同年七月十八日揀選知縣舉人褚子臨等條陳憲政八大錯十可慮呈，同日候補內閣中書黃運藩陳情卽罷議立憲呈，同年七月二十八日湖南試用道李頤請徐圖立憲呈，宣統二年御史胡思敬奏立憲之弊摺等，皆以實關其仕途，而作反對之議。此誠如光緒三十二年出使各國考察政治大臣載澤奏請宣布立憲密摺中所言，「……憲法之行，利於國，利於民，而最不利於官。若非公忠謀國之臣，化私見，破成見，則必有多爲之說，……。蓋憲法旣立，在外各督撫，在內諸大臣，其權必不如往昔之重，其利必不如往昔之優，於是設爲疑似之詞，……。彼其心，非有所愛於朝廷也，保一己私權而已，護一己之私利而已。……」（參見前揭註五書，頁一七三）洵先見灼知也。

註二八　同註二〇。

（註二九），　然未獲實施；　同年月二十九日，中華民國浙江省約法繼於第八條規定：「人民對於官吏違法損害權利之行為，有陳訴於行政審判院之權」（註三〇）。　其後宋氏於「中華民國臨時政府組織法草案」第十四條規定：「人民得訴訟於法司求其審判，　其對於行政官署違法損害權利之行為，　則訴訟於平政院」（註三一），　雖該草案為參議院退回（註三二），　但該規定已為參議員所採，　而於中華民國臨時約法第十條規定：「人民對於官吏違法損害權利之行為，有陳訴於平政院之權。」第四十九條規定：「法院依法律審判民事訴訟及刑事訴訟。但關於行政訴訟及其他特別訴訟，　別以法律定之。」（註三三）由此可知，　行政裁判制度係採德奧日制度甚明，然其後於天壇憲法草案及平政院編制令之採何制度，　則又起爭議。此可特別就學者及政壇二方面，加以剖析。

　　首先，就論者之觀點言，其焦點在於行政訴訟之審判機關究歸三權中之何權，且採特設制或附設制之問題，對於承認應有行政爭訟制度，並無異議。就行政訴訟之審判機關之歸屬言，有主歸行政權者，有主歸司法權者，其理論根據皆執權力分立之說，而於國情及事實上之考慮，則多殊異焉。就主張歸行政權者，大皆屬於彼時之當權派，此等論者認為：行政訴訟亦隸屬於法院，則行政官無行政處分之權，法院得掣行政官之肘（註三四）；　如行政處分亦歸法院裁擊，　是欲使司法機關蹂躪行

註二九　參見民立報，一九一一年十二月二日。
註三〇　參見民立報，一九一一年十二月二十九日。
註三一　參見謝振民，中華民國立法史，頁三六一，三十七年，滬一版。「中華民國臨時政府組織法草案」，文刊民立報，新紀元一月二十七日，第四百六十七號，頁一。
註三二　同上註。
註三三　同註五。並刊於民立報，新紀元三月十一日，第五百四號，頁二。
註三四　參見大總統（時為袁世凱）為憲法草案致各督，收於經世文社（編），民國經世文編，法律（一），頁一七二〇，文海，六〇年，初版。

政（註三五）； 行政訴訟雖有屬於法院之例， 然皆緣於歷史上之習慣，自非他國所宜通行，若屬於法院，是以司法干涉行政官吏、非嫻於行政法規，且具有行政上之特別智識者，其判決難期允當，判決之結果必執行乃徵有效， 使受判決者之上級官廳不以法院之判決爲然， 則爭執易起，法院裁判行政事件，設使少失平允，則潔身自愛者必至望而卻步，在職者又以疑畏之心， 幸求免過， 全國政治必將淪於萎縮之地而不自知，我國司法尚在幼稚時代，一意扶持猶虞不及，設再益之事務，被涉牽混， 恐行政訴訟之效未收， 而司法獨立之實已失（註三六）； 我國司法甫經萌芽，全國各級審判廳之成立不及半數，未立審判廳之處多，以司法事業委託地方行政官吏兼理者，若見諸實行，是同處一國之中，某處行政官吏兼理審判行政官吏，司法前途成何景象，況際此地方凋敝，民氣囂張之餘， 官吏之責任不發達，將日日爲民刑訴訟被告之畏罪，補過之未暇，何能關心民瘼，盡力圖治，相率視宦途爲陷阱，惟有潔身引去而已，卽使強使任聘，官吏威嚴一墮，孰肯俯首聽命，屈就範圍，禍本亂階， 莫此爲甚（註三七）。 視上述反對普通法院兼理行政訴訟之意見，似非主張其應屬行政權，實則依彼時之觀念及制度，乃主張行政爭訟機關，應歸行政權也。

　　其次，論者於承認法院爲行政爭訟審理機關者，就該法院之歸屬於普通（司法）法院，抑屬於特設之法院，亦卽採英美一元制或大陸二元制，爭論尤烈。就反對另設行政法院（彼時或稱平政院、行政裁判所、

註三五　參見河南張都督對於憲法意見之陳述，收於上揭（註二四）書，頁一七二八。

註三六　參見湖北黎都督、饒民政長、漢口杜鎭守使、荆門丁鎭守使對於憲法意見之陳述，收於前揭（註三四）書，頁一七三〇以下。

註三七　參見河南各司使李兆珍等對於憲法意見之陳述，收於前揭（註三四）書，頁一七四五以下。

行政裁判院或稱行政審判院），亦卽主張由普通法院兼理者，尚分於普通法院中另設行政裁判特別庭及根本不承認適用行政法之審判者。就根本不承認適用行政法爲行政爭訟審判者，我國學者首推章行嚴氏，章氏曾游學英倫，故論多取英美法學思想。氏對袁世凱擬特設平政院，以伍廷芳爲院長及閩省法制局呈請該省政務院特設行政裁判機關，深表反對，其理由乃是「平政院妨害人民自由之平等」、「設平政院於原理及國情當否旣未深究，徒以日本之先例爲遵」、「設平政院乃行政官較之平民當得一種特權而已」、「亡清時代圖逞其君主之淫威而有此制，猶可說也，今吾自立爲自由國矣，自『由』國而沿襲君主國之劣制如法蘭西，不可說也」（註三八），「英人所謂分權者，乃法庭獨立不受行政大臣之節制」，「司法與行政之區域不得偏侵」，「以行政官廳干涉裁判，是行政權侵入司法權」，「自有行政裁判制度，尋常法庭全然失其效力，不足爲人民權利之保障，而私權之受害乃益甚」，「平等之國，行政審判制度不應發生」，「吾民國初立，首當注意者，卽在法律平等，今奈何漫以不平等之法律自縛」（註三九）。其次，論之最詳、立意最堅者，莫過於我國之名法學家王寵惠博士。王氏認爲欲合乎民權之精神，務採普通法派 (Rule of Law)，其理由如下：(1) 行政法漸有確定之趨勢，而浸失行政自由判斷之本意，終將與普通法律合而爲一，行政法院以同一之理由推之，亦恐有廢止之一日，則何如原始採用普通法派之原理；(2) 旣設立行政法院，則何等爲行政訴訟而歸之，頗難決定，必另設權限法院，然其界限學理上亦少標準。此必使國家因而增多

註三八　參見章行嚴前揭（註十七）文。

註三九　參見章行嚴，論行政裁判所之不當設，民立報，一九一二年二月二十二日，社論。同樣主張，氏撰，臨時約法與人民自由權，民立報，一九一二年三月十二日，第五百五號。

無益之繁費，人民亦苦於訴訟手續之煩難；(3) 行政法院既為行政便利而設，則其審判已有偏袒行政之虞，卽權限法院對於權限爭議之審判，亦往往有所左右；(4) 法院宜為全國人民所信仰，自應保其尊嚴，行政訴訟普通法院無權審理，且因權限審判而普通法院之審判權，或移於行政法院，是以人民對於普通法院，既有輕視之心，對於行政法院又懷疑懼之念，殊非所以尊重司法之道；(5) 官吏既有特別之保護，國民勢難與之對抗，而國民權利致有被蹂躪之虞，且行政法院與行政既有密切之關係，卽使其判斷公平，而國民亦難滿意；(6) 然行政不依一定之法律，其進步實無異於退步，蓋法治國官吏與人民，同受普通法律之支配，其政治之進步，亦必依據法律。德國法學大家彌斯特稱英國為法治國，蓋以其能依法律及以法律而治國也；(7) 實行民權之國，其人民與官吏於法律上為平等，卽應受同一法律之支配，乃憲法上之一原則，而凡反乎此原則者，皆應排斥之。此制定憲法時，所必具之眼光也；(8) 行政法者，卽官吏與人民於法律上為不平等也。其反乎上憲法之原則孰甚焉！而況以行政上言之，其所謂利者，僅利及於一部分之官吏而已，而其弊之多，則普及於國家人民（註四〇）。就主張由普通法院兼理行政爭訟者，其理由頗多與章、王二氏之主張相埒者，其理由不外乎：(1) 行政裁判只係便利行政而設，與司法獨立不相容；(2) 何者為行政訴訟，其界限殊少學理之標準，徒生困擾；(3) 予官吏以特別之保護，則大背憲法之原則，與法治之精神亦全然相反，故主張於普通法院設專

註四〇　參見氏著，中華民國憲法芻議，收於前揭（註三四）書，頁一五五一以下，後收於胡春惠（編），民國憲政運動，頁五五以下，正中，六十七年十一月，臺初版；中國國民黨中央委員會黨史委員會（編），王寵惠先生文集，頁一以下。

庭卽可（註四一）；（4）大陸派以行政人員司行政裁判之機關，而不知裁判者與當事人同屬一機關，其弊不可勝數。若採日奧制，設一獨立之制，則中國地大人眾，鞭長莫及，不如另設行政裁判所，而機關則附屬於通常裁判所（註四二），蓋我國地廣人稠，一二裁判所必不敷用，若遍地設立地方行政裁判所，則耗費太鉅，收效不償於消費，不如由司法裁判所兼職爲愈；現今司法經費方慮不敷，尚擬裁廳，安有餘款以從事於此，且現今司法人才之告乏已極，又安有人物以安挿於此，自經費與人才二方面觀之，均不如由司法機關兼職也。人謂司法官無行政經驗，不足爲行政之裁判，蓋行政裁判非但須依乎法律，且須熟悉行政情形也。然殊不知以行政官自爲裁判，不啻以被告同時而爲裁判官，弊將百出，而不可救藥矣！卽使不爲被告同體，亦聲氣相投，難免請託，不若司法官本爲獨立，不畏行政之權威（註四三）。此說論者，前一派根本否認行政訴訟，故無行政爭訟法之必要，但後一派則主張有行政法，且訴訟程序須另定行政裁判法以爲準據，是其異點（註四四）。

就主張歸屬於大陸二元制者，雖其若干理由與主張將行政爭訟裁判機關歸屬於行政權者相同，但其特徵在於行政法院雖屬廣義行政權，但機關則獨立於普通行政機關，不採附設制，此卽西元一八七二年五月二十四日，法國將積極行政（administration　active）與行政司法

註四一　參見王侃叔，憲法問題答案，收於前揭（註三四）書，頁一七〇五以下。
註四二　參見張東蓀，行政權消滅與行政權轉移，庸言，第一卷第二十一號，頁一以下；並收於前揭（註三四）書，頁一一五六以下。
註四三　參見張東蓀，行政裁判論，庸言，第一卷第二十三號，頁十二以下。此係著者意見之變更，氏曾主採奧日制。參所著，論普通裁判制度與行政裁判制度，庸言，第一卷第十五號，頁十四以下。
註四四　參見汪叔賢，論平政院，庸言，第二卷第四號，頁一以下。汪叔賢投書，民立報，一九一二年三月二十一日，頁二。

(Justice administrative) 分離之模式也（註四五）， 亦爲其後德、奧、日所採取之制度（註四六）。 就採此制之理由， 可以彼時之法務顧問，日本學者有賀長雄之見解爲代表。氏謂：「天壇議決案，不僅使大總統之行政權爲國會所干涉，且使其受法院之掣肘。夫各部行政事務，初亦猶民事刑事之須依據法律而行，然審判民事刑事適用之法律，與爲各部行政事業施行之法律，其間大有差異。區別司法權與行政權，而使之各異其機關者，其故實由於此。夫法官之徵用民法刑法，乃須依據法律文字，謹守而行，不得以己之私意左右其間，而爲各部行政施行之法律則不然。其所規定，範圍較大，行政官於其規定之範圍內，有自由裁量之權。自由裁量者，行政官審時勢之所宜,考地方之情況,用適當之方法,便宜行事，以達法律之目的，而對於人民爲行政處分之謂也。自由裁量爲行政官不可少之職權。然因自由裁量之故，違背根本之法律，亦非法治國之所宜。故於司法審判以外，另設行政審判制度。凡人民因行政官自由裁量，害其依法律應有之權利者，使其有出訴而受審判之途。此法院以外另置平政院之議所由起也。臨時約法第四十九條載明行政訴訟以特別法規定，即是此意。而新憲法案第八十七條，則以行政訴訟與民事刑事相提並論，均爲法院內之一部事業。若此條可決，則各部及各省之行政事務，均被束縛於獨立不可干涉之法官，而行政官原有之自由裁量之權，所謂察時勢之所宜，考地方之情況，便宜行事，以求達法律之目的者， 強半歸於消滅矣！」（註四七） 贊成以平政院爲行政訴訟審判機

註四五　參見前揭（註二）拙文，頁三七。
註四六　彼時日本依明治憲法第六十一條，採分離制之特設行政裁判所。奧國則由行政法院管轄一般之行政訴訟，帝國法院則管轄有爭議之事件。德國以行政機關爲一、二審，終審始由獨立之行政法院任之。參見張東蓀，前揭（註四三），論普通裁判制度與行政裁判制度，頁六以下。
註四七　參見氏著，共和憲法持久策，收於前揭（註三四），頁一六七七以下；後收於胡春惠（編），前揭（註四三）書，頁一三七以下。

關，而加以特別設置者，民初時之學者亦頗不乏人，例如吳貫因（註四八）、梁啟超（註四九）、有賀長雄（註五○），團體則如憲法期成會（註五一）。唯極少數主張仍設都察院者，如康有為是（註五二）。

2. 制定法所採取之制度

對於行政爭訟審判機關，民初之制定法（含約法及草案)有規定者，而公布於世，依次為一九一一年十二月二日中華民國鄂州約法及官制草案第十四條（註五三），同年月二十九日之中華民國浙江省約法第八條（註五四），民國元年一月二十七日中華民國臨時政府組織法（草案）第十四、五十二條（註五五），民國元年三月十一日公布之中華民國臨時約法第十、四十九條（註五六），民國三年三月三十一日以教令三十九號公布之平政院編制令及民國三年五月一日公布之中華民國約法第八條（註五七），民國三年五月十七日以教令第六十八號公布之行政訴訟條

註四八　參見氏著，憲法問題之商権，收於前揭（註三四）書，頁一二一六以下；擬中華民國憲法草案，收於同書，頁一五二五。

註四九　參見氏著，進步黨擬中華民國憲法草案，收於前揭（註三四）書，頁一三八三。然其權限如何，氏認有討論之必要。見氏著，進步黨政務部特設憲法問題討論會通告書，收於同書，頁一六八五，及胡春惠（編），前揭（註四○）書，頁一四六。

註五○　參見氏著，論憲法草案之誤點；收於前揭（註三四）書，頁一三五六以下。並同註四七。

註五一　參見是會所提，憲法草案修正理由書，收於前揭（註三四）書，頁一七七六以下。

註五二　參見氏著，擬中華民國憲法草案，收於前揭（註三四）書，頁一四八七以下。

註五三　同註二九。

註五四　同註三○。

註五五　同註三一。

註五六　同註五。

註五七　分別刊政府公報，第六百八十二號及第七百十二號。

例及以教令第六十九號公布之訴願條例（註五八）， 民國三年七月二十日以法律第三號公布之行政訴訟法及第五號公布之 訴 願 法（註五九）。以上諸法（含草案）除中華民國鄂州約法及官制草案、中華民國浙江省約法外，均規定平政院為訴訟審理機關，且人民亦均有訴願於行政官署之權（註六○）。

　　然依據中華民國臨時約法第九條、第十條，雖可知行政訴訟之審理機關為平政院，而非普通法院，但仍無法確知其究採行政機關附屬制或普通法院附屬制，抑為屬於行政權或司法權之特設機關。雖吾人或可由其草案係由臨時政府法制局長宋教仁所擬， 而氏曾留學日本， 精通日文， 並曾翻譯日本明治憲法（註六一）， 即推知其行政訴訟之概念來自日本，進而認定臨時約法第十條之平政院， 亦襲日本之制度， 但此畢僅屬情況證據而已！ 可資以確定者， 乃是法制局於民國三年所擬之平政院編制令（宋教仁於民國二年於上海為袁世凱派人暗殺，故此令似與之無關）， 其第一條規定平政院直隸於大總統， 而與司法官署並立，復依民初沿襲清末之法院編制法（註六二）第二條（註六三）， 可知平政院係採屬於行政權之特設機關。按彼時法國之行政訴訟機關為省諮議會

註五八　刊政府公報，第七百二十九號。

註五九　刊政府公報，第七百八十七號及第七百九十三號。

註六○　中華民國臨時政府組織法（草案）第十六條、中華民國臨時約法第八條稱「陳訴」，中華民國約法及其後之訴願條例及訴願法， 始使用「訴願」之名稱。

註六一　參見宋教仁，我之歷史，開國紀元四千六百零四年一月十一日記載，其翻譯明治憲法， 持往友好處欲得就教未果。 文星書店，吳相湘主編，中國現代史料叢書，第一輯，五十一年六月。

註六二　參見姚嘉文校訂，法院組織法，頁七，正中，六○年四月，臺初版。

註六三　其第二條規定：審判衙門掌審判民事刑事訴訟，但其關於軍法或行政訴訟等另有法令規定者，不在此限。參見前揭（註二四）政治官報，第八百二十六號，頁八。

（Conseil de prèfecture）及諸政院（Conseil d'Etat），隸屬共和總統；德意志之行政訴訟終審機關爲帝國行政法院，隸屬於德皇；日本之行政訴訟機關爲行政裁判所，隸屬於日皇。雖彼時中華民國憲法草案，卽「天壇憲草」第八十六條，擬採英美一元主義法制，以普通法院兼理行政訴訟（註六四），但終未獲實現。

二、成立平政院之法律依據

　　雖然清末立法，已致力於行政爭訟法規之制定（註六五），但行政訴訟審判機關之眞正建立及運作，則首推於民國三年三月三十一日成立之平政院。由於平政院係我國史上第一個成立之行政訴訟審判機關，在法制上具特殊之地位與意義，其實際功能又受近代學者之誤解及以訛傳

註六四　彼時參議院議員雖部分對於起草委員蔣舉清所提出之「不取行政裁判制之理由」（參見吳宗慈，中華民國憲法史前編，頁七六以下，北京東方時報館，十三年，初版）持相異之看法，例如賈庸熙、林長民、駱繼漢、劉恩格、黃雲鵬、范熙壬，但持贊同之意見者，例如王紹鰲、秦廣禮、陳家鼎、何雯等（參見吳宗慈上揭書，頁一四五以下），表決則以贊同說居多數。

註六五　參見本文三、（一）。我國學者似除陳之邁及章行嚴氏已注意清末之立憲運動中之法制現代化工作及於行政訴訟制度以外（同註十七），一般學者均謂「滿清末年雖致力於法制之現代化，但未制定行政訴訟法」（例如林紀東，行政法，頁五二一，三民，六十六年元月，初版；同著者，訴願及行政訴訟，頁一二八，正中，六十五年十月，臺初版；同著者，清末民初中國法制現代化之研究，第一輯，行政法規篇，頁二三；陳秀美，改進現行行政訴訟制度之研究，頁七，司法院，七十一年四月；王國慶，我國第一個行政訴訟審判機關——平政院，憲政時代，第八卷第四期，頁四〇），至於將行政訴訟之觀念，係起於民初者，更所在多有，茲不贅。

訛（註六六），殊非公平之道。爲徹底認識平政院之眞正面目，茲依次就成立平政院之法律依據、平政院之法律地位、平政院之組織、平政院之職權、平政院之功能及平政院訴訟制度之特色及其對我國現代行政救濟制度之影響，詳加論列，冀得窺其全豹焉！

民初中華民國鄂州約法及官制草案第十四條，開行政訴訟審判機關成立之先聲，繼於中華民國浙江省約法第八條又有同樣呼籲，而平政院之名，則首見於民元宋教仁起草之「中華民國臨時政府組織法草案」第十四條（註六七），並確立於中華民國臨時約法，然而，該臨時約法並未卽設立平政院，而係迄於民國三年三月三十一日以教令第三十九號頒布之平政院編制令，始正式成立。故，中華民國臨時約法第十條乃平政院之憲法依據，而平政院編制令乃其組織法也。

三、平政院之法律地位

中華民國臨時約法第十條，雖然規定「人民對於官吏違法損害權利

註六六　我國學者陳顧遠氏（氏於民國九年曾應文官考試，至平政院工作數年），曾謂：「平政院設於北平豐盛胡，內分三庭，是個淸閒機構，每年所收的案子不到十件，各方對其地位都不重視……平政院便有了一個眾人皆知的黑名──貧症院。」「新來的幾位評事，學問很多，卻都不懂法律，案子分派某位評事主辦，均以我對法律生疏，拒絕接受。」參見陳顧遠，雙睛室餘文存稿選錄，頁一七〇、一七一，引自吳庚，行政法院裁判權之比較研究，頁十八，註四六，嘉新文化基金會，五十六年五月。
　　　　　院毅成氏亦謂：「平政院與北京政府相始終，十餘年間，殊少令人滿意之成績與表現。」（氏著，法語，下冊，頁三七四，商務，六十九年十一月，初版）
註六七　平政院一詞，有謂係宋教仁氏所創（見王國慶前揭註六五所引文，頁四五），有謂係　國父所創（見立法院公報，第六十四卷第八十九期，頁一九，陳顧遠發言）。

之行為，有陳述於平政院之權」，但於第六章對法院之規定，並未包括平政院，故臨時約法並未定平政院之法律地位，致引起種種之理論爭執，已如前述。直到民國三年之平政院編制令第一條規定：「平政院直隸於大總統，察理行政官吏之違法不正行為，但以法令屬特別機關管轄者，不在此限。平政院審理糾彈事件，不妨及司法官署之行使職權。」始確立其法律地位，乃屬廣義行政權（註六八），而與一般行政機關分離之特設行政裁判機關，尚非司法權形式意義上之一部分。

由於平政院之權限於行政訴訟外，尚有裁決糾彈官吏可否之權（註六九），故兼具前清都察院之功能（註七〇），故乃有稱其與都察院相同之制度者（註七一），實則都察院依清末之制，置左都御史二人，左副都御史四人，右都御史由總督兼任，右副御史由巡撫兼任之，分二十一局、六科、十五道，其職權計有檢閱行政事務、檢查會計、彈劾官吏、伸張冤枉、封駁奏旨、給發勅書、考覈官吏、干與終審裁判及監察朝儀。其功能甚廣，幾含今日之監察院及其審計部、考試院銓敍部、行政院人事行政局、總統府第一、四局及最高法院檢察署之職權，豈彼時不

註六八　彼時我國大總統之地位，究採美國之總統制，或法國之內閣制，尚有爭議。參見李家駒著，李景龢、曾彝進錄，官制篇，頁九以下，沈雲龍主編，近代中國史料叢刊第六十五輯，文海，六〇年，初版。藍公武，大總統之地位及權限；翟富文，關於總統及國會問題意見書，收於前揭（註三四）書，頁一〇六九以下、一〇九一以下。

註六九　參見民國三年四月十日以教令四十八號公布之糾彈條例，載政府公報，第六百九十二號，頁一七一以下。

註七〇　參見織田萬，清國行政法汎論，頁三九一以下，宣統元年五月，初版，民國六十八年三月，華世，影印一版。

註七一　日本學者織田萬，以都察院有伸張冤枉之權，故謂其乃實質上之行政裁判者。見氏著上揭書，頁三九三；日本學者宇高寧，於所著「現行支那行政」一書（坂本甲午郎發行），頁二三一，稱平政院乃與前清都察院相同之物，依法直隸於大總統，被委以特別機關管轄以外之行政官吏的違法不正行為之察理。

政院所可娩者耶!

四、平政院之組織

平政院直隸於大總統， 下設院長一人， 指揮監督全院事務（註七二）， 爲該院之行政首長。

審判部門設三庭，每庭評事五人，其中一人兼任庭長，每庭須有司法職出身者一人或二人，庭長由院長開列平政院評事，呈請大總統任命之；平政院評事由平政院院長、各部總長、大理院院長及高等諮詢機關密薦具有薦任職以上行政職三年以上著有成績者，或任司法職二年以上著有成績者，而年滿三十歲，呈由大總統選擇任命之（註七三）。

平政院設肅政廳，置肅政史十六人，以都肅政史爲其長，指揮監督全廳事務及決定無法協議之糾彈事件，肅政史之任命資格及程序，與評事者相同（註七四）。

註七二　參見平政院編制令第三條、平政院處務規則第一條、平政院裁決執行條例第二條。

註七三　平政院編制令第二、四、十四、十七、十八條，平政院處務規則第十條。
　　　　平政院開院時之評事，爲董鴻禕、張一鵬、曾鑑、曾述棨、楊彥潔、陳兆奎、蔣邦彥、盧弼、范熙壬、延鴻、鄭言、賀崀、馬德潤、李榘、吳煦、邵章，前三者爲庭長（政府公報，民國三年六月一日）。

註七四　平政院編制令第六、七、十一、十三、十四、十五、十八條。平政院開院時肅政廳肅政史爲王瑚、夏壽康、蔡寶善、周登皞、徐承錦、夏寅官、張超南、江紹杰、李映庚、雲書、方貞、程崇信、蹇念益、俞明震、張超南、惲毓齡（政府公報，第七一九號，頁一〇四以下）。

　　平政院院長及都肅政史，由大總統任命之（註七五）。平政院評事
及肅政史，在職中不得爲下列事項，以保其獨立之地位，即政治結社及
政談集會之社員或會員、國會及地方議會議員、律師、商業之執事人
（註七六）；評事及肅政史身分之保障有三，其一乃其非受刑法之宣告
及懲戒之處分，不得強令退職、轉職或減俸，但有第二十三條、第二十
四條情事者，不在此限；其二乃其懲戒處分，以平政院懲戒委員會行
之。平政院懲戒委員會置會長一人、委員八人，遇有懲戒事件時，由大
總統選任平政院長或大理院長爲會長，委員由大總統於平政院評事、肅
政廳肅政史、大理院推事、總檢察廳檢察官中選任之；其三乃平政院評
事及肅政史，雖因受懲戒調查或刑事訴追，被命解任，尚未判決者，仍
給以俸給之半額（註七七）。

　　爲確保行政訴訟及糾彈裁判、提起之正確，保障法律適用之無誤及
原、被告之權益，凡評事及肅政史若因精神衰弱及其他不治之障礙，致
不能執務時，由平政院長呈請大總統命其退職（註七八）。

　　平政院得設平政院總會議，議決法令特別規定及院長指定之事項，
由院長及評事組織之，以院長爲議長，院長有事故時準用平政院編制令
第三條第二項之規定；此會議之開議須有評事全體三分之二以上出席，
議決須有出席評事過半數之同意，可否同數由議長決之（註七九）。

　　平政院置書記官，掌理訴訟紀錄、統計、會計、文牘及其他庶務。

註七五　平政院編制令第十六條。平政院第一任院長，袁世凱初擬任命伍廷芳
　　　　（見民立報，一九一二年三月十七日，頁三，北京電報），未果，乃
　　　　以前清出使英國大臣汪大變任之（政府公報，第六百八十二號，頁七
　　　　四）；都肅政史爲莊蘊寬（政府公報，第六八五號，頁一〇二）。
註七六　平政院編制令第十九條。
註七七　平政院編制令第二十一、二十二、二十四條。
註七八　平政院編制令第二十三條。
註七九　平政院處務規則第二～五條。

平政院肅政廳爲處理前項事務，認爲必要時，得置書記官；書記官須具有下列資格之一：（一）有薦任文職之資格者；（二）有委任文職之資格者。薦任書記官由平政院院長呈請大總統任命之。委任書記官由平政院院長或都肅政史任命之（註八〇）。

五、平政院之職權

平政院爲行政審判機關，其職權有特有之專屬職權及附屬之法定職權。

平政院之專屬職權乃是審理行政訴訟事件及糾彈事件（註八一）。行政訴訟之提起有二種，一種係由人民提起，分爲二類，第一類稱越級或直接訴訟，乃中央或地方最高級行政官署之違法處分，致損害人民權利，經人民陳訴者；第二類稱逐級或層次訴訟，爲訴願先行之訴訟，乃中央或地方行政官署之違法處分，致損害人民權利，經人民依訴願條例之規定，訴願至最高級行政官署，不服其決定而陳訴者。第二種係由平政院肅政史就人民依第一條第一款之規定，得提起訴訟，經過陳訴限期而未陳訴者，或人民依訴願條例得提起訴願，經過訴願限期而不訴願者，於陳訴、訴願限期經過後六十日內提起訴訟者，或對於中央或地方行政官署違法之命令或處分，於六十日內提起訴訟者（註八二）。就糾彈事件之審理言，指平政院肅政史依糾彈條例，對於官吏有違反憲法、行賄受賄、濫用權威或玩視民瘼之事件，本於職權，由大總統特交查辦

註八〇　平政院編制令第二十五～二十七條。
註八一　平政院編制令第五條。
註八二　平政院編制令第八條、行政訴訟條例第一、十一、十二條。

或因人民之告訴或告發，經呈大總統決定糾彈者而言（註八三）。

　　就平政院之附隨權限言，因其仍屬廣義之行政官署，依中華民國臨時約法第八條及中華民國約法第八條之規定，亦可受理人民之陳訴或訴願，此外，雖依法其非為得請願之機關，但仍可代轉請願事件，實務上亦曾為之（註八四）。

六、平政院之功能

　　平政院設有審判庭三，職司行政訴訟事件及糾彈事件之審理；另設肅政廳以司調查糾彈事件及決定是否呈大總統糾彈違法之官吏；此外，有時亦受理請願而代呈轉。茲依就其對糾彈之審理及請願之代陳、訴訟之審理、訴訟之費用及訴訟之執行，從其於民國三年三月三十一日開院，迄於民國十七年十二月畢院止，就其靜態及動態之活動，加以分析及統計，冀以認識其實況。

（一）糾彈之審理及請願之代陳

　　糾彈行政官吏之違反憲法、行賄受賄、濫用權威及玩視民瘼之事件，係由平政院肅政廳肅政史糾彈條例規定之程序為之（註八五）。依其後頒布之糾彈法，將糾彈之事件變更為違反憲法、行賄受賄、營私舞

註八三　平政院編制令第九條、行政訴訟條例第九條、糾彈條例第一、二、
　　　　三、七條、平政院裁決執行條例第二條。
註八四　參見平政院呈據京師商務總會籲懇將特種營業執照稅迅予停辦一案，
　　　　除依法批示外，擬請暫緩實行文。政府公報，民國三年十一月二十五
　　　　日，第九百十九號，頁七五六以下。
註八五　平政院編制令第九條。

弊及溺職殃民事件，對於國務卿、各部總長之違法行為，亦受糾彈（註八六）。糾彈之對象，糾彈法已擴張至所有官吏，不再限於行政官吏，且非在職之官吏亦及之（註八七）。

平政院肅政廳之發動糾彈之調查及呈請　大總統糾彈，有係由肅政史依職權主動行之者（註八八），有係由　大總統特交查辦者（註八九），有係由人民告訴或告發者（註九〇）。

肅政廳對於糾彈事件，應先行審查或查辦。凡　大總統特交查辦之事件，由都肅政史指定肅政史二名查辦之（註九一），如被指定之肅政史與查辦官員有親屬關係或與查辦事件有特別關係者，應向都肅政史聲明理由，自請廻避（註九二）。凡由人民告訴或告發之事件，都肅政史應指定肅政史二名以上審查之（註九三），上述廻避之規定，亦適用之（註九四）。肅政史於被指定後，應協議定期查辦或審查（註九五）。對人民告訴或告發之事件審查時，如係一案疊控，或係數案均係一事者，得併案審查（註九六）。對於　大總統特交查辦之事件，應就該事件發生地查辦之，如該事件發生地或在京外，並須聘用書記、攜帶僕役時，所有旅費、薪資及其他各費，應查照平政院呈定暫行章程辦理（註九七）。

註八六　糾彈法第一條第一項、中華民國約法第四十三條。
註八七　糾彈法第一條第一、二項。
註八八　糾彈條例第二條、糾彈法第二條。
註八九　糾彈條例第三條、糾彈法第三條。
註九〇　糾彈條例第七條、糾彈法第六條。
註九一　糾彈條例第四條、糾彈法第四條第一項。
註九二　糾彈法第四條第二項。
註九三　糾彈條例第七條、糾彈法第六條第一項。
註九四　糾彈法第六條第二項。
註九五　肅政廳肅政史辦事細則第九、十五條。
註九六　肅政廳肅政史辦事細則第十六條。
註九七　肅政廳肅政史辦事細則第十條。

因查辦或審查事件，得依肅政廳詢問規則詢問當事人及證人（註九八）。調查結果認應行糾彈者，由承辦肅政史依職權逕呈　大總統糾彈之；認為毋庸糾彈者，應報告於都肅政史，由肅政廳分別呈復　大總統及批駁之，後者並按月彙呈　大總統（註九九）。糾彈與否，以由行政職出身及由司法職出身之肅政史二人以上協議行之，意見不一時，取決於都肅政史（註一○○）。但對於肅政史主動進行者，得由一人行之（註一○一）。上述案件，亦可召開全廳總會議決（註一○二），可否同數亦取決於都肅政史。肅政史於糾彈事件認情節重大，未便洩漏者，應密呈　大總統糾彈之（註一○三）。前述調查程序，如認應行調查證據者，得由肅政廳派肅政史或屬託司法官署調查之（註一○四）。

　　糾彈事件是否行使糾彈權，由　大總統核定之。如核定應交平政院審理者，由　大總統特交平政院審理（註一○五）。平政院受理糾彈事件後，應交審判庭審理，並行裁決，如有應付懲戒或屬司法審判者，由平政院呈明　大總統分別交主管官署（註一○六）行之（註一○七）。對於糾彈事件之審理，依據糾彈事件審理執行令（註一○八）第一條，平政院依約法第四十三條審理關於糾彈國務卿及各部總長之違法事件，於審

註九八　肅政廳肅政史辦事細則第十一、十八條。
註九九　糾彈條例第五、六、八、九、十條、糾彈法第五、七條。
註一○○　平政院編制令第十一條。
註一○一　糾彈法第二條。
註一○二　肅政廳肅編史辦事細則第三、二二條。
註一○三　糾彈條例第十一條、糾彈法第九條。
註一○四　糾彈法第十條。
註一○五　糾彈條例第十二條、糾彈法第十一條、行政訴訟條例第九條。
註一○六　如涉及刑責，交出普通法院審理，如涉及懲戒責任，則依其官別、官等，分別交司法官懲戒委員會、平政院懲戒委員會、普通文官懲戒委員會或高等文官懲戒委員會評議懲戒之。
註一○七　糾彈條例第十三條、糾彈法第十二條。
註一○八　政府公報，民國三年七月二十一日，第七百九十三號，頁三四八。

理後呈請 大總統裁奪；第二條，平政院審理官吏之被糾彈事件，除依法裁決外，其被糾彈事件有涉及刑事範圍者，得於呈報裁決情形時，聲請先行褫職；第三條，第二條應付司法審判之官吏，由 大總統特交司法總長飭管轄該案之檢察廳立即向管轄該案之法院提起公訴。其審判之管轄另定之。至於糾彈事件之執行，涉於刑律者，由平政院長呈請 大總統令交司法官署執行；涉於懲戒法令者，由平政院長呈請 大總統以命令行之（註一〇九）。 由此可知， 平政院審理糾彈事件， 並不妨及司法官署之行使職權（註一一〇）。

依政府公報所載之糾彈案件甚少，依學者所述，平政院初成立三年中，所審理之行政官吏舞弊案未及二十件，而主動為之者，亦不過二、三件（註一一一），未能發揮應有之功能。

至於請願之代陳，則係平政院於收受人民之請願案件，如係對其他機關有所請求者， 平政院長得批示之， 或交平政院總會議議決（註一一二）。

（二）訴訟之審理

1. 訴訟程序之剖析

行政訴訟之提起，係由於中央或地方最高級行政官署之違法處分，致損害人民權利者，或中央或地方行政官署之違法處分，致損害人民權

註一〇九　平政院裁決執行條例第四條。
註一一〇　平政院編制令第一條第二項。
註一一一　參吳宗慈前揭（註六四）書，頁一五八。
註一一二　平政院編制令第三條、平政院處務規則第三條。

利，經人民依訴願法（條例）之規定，訴願至最高級行政官署，不服其決定，而向平政院提起者（註一一三），或肅政史於人民得提起行政訴訟，而經過陳訴期限未陳訴者，或人民得提起行政訴訟之訴願，經過訴願期限而未訴願，於其後六十日內提起訴訟者（註一一四）。人民或法人提起訴訟者，得委託訴訟代理人，行政官署為當事人時，得命屬官或聲請主管長官特派委員為訴訟代理人（註一一五）。訴訟代理人須提出委任書，證明代理之事實（註一一六）。利害關係人得自願參加或命參加訴訟（註一一七）。肅政史提起行政訴訟者，以肅政史執行原告職務（註一一八）。

　　人民或法人提起行政訴訟者，應擬具訴狀，載明下列各款，由原告或代理人署名簽押：(1)原告之姓名、年齡、職業、住址。若原告為法人，則其名稱及住址。(2)被告之行政官署及其他被告。(3)告訴之事實及理由。(4)證據。(5)年月日。有證據書狀者，須添具繕本；其已經訴願者，須附訴願書及決定書（註一一九）。肅政史提起行政訴訟者，以公文載明下列各款，並署名鈐章：(1)被告之官署及其他被告。(2)告訴之事實及理由。(3)證據。(4)年月日（註一二〇）。人民及法人起訴之訴狀及其他必要書狀，須具副本提出（註一二一）。案件受理後，

註一一三　行政訴訟條例第一條、行政訴訟法第一條。
註一一四　行政訴訟法第二、十二條，行政訴訟條例第一條第三款、第十一條；若依第十二條，肅政史對於中央或地方行政官署違法之命令或處分，得於六十日內提起訴訟。
註一一五　行政訴訟法第六、九條。
註一一六　行政訴訟法第七條。
註一一七　行政訴訟法第八條。
註一一八　行政訴訟法第十條。
註一一九　行政訴訟法第十五條。
註一二〇　行政訴訟法第十六條。
註一二一　行政訴訟法第十七條。

由庭長依案件到庭之先後順次，分交評事五人中之一人專任審理；專案審查之評事，應將全案之重要事由作報告書，連同本案全卷及其他文件交庭長；庭長應將前條之報告書交書記官繕具副本，分配該庭各評事；各庭之案件經庭長及專任審查評事認爲無須受理者，應由該庭評事合議議決，專任審查評事應依前項之議決擬具決定書送交庭長（註一二二）。訴狀經平政院審查認爲不應受理時，得附理由駁回之，但訴狀僅違法定程式者，發還原告令其於一定期限內改正。肅政史提起之訴訟，不適用此規定（註一二三）。 各庭之案件經庭長及專任審查評事認爲應行受理者，由專任審查評事依法令所定之程序（註一二四）。

行政訴訟未經裁決以前，除法令別有規定外，行政官署之處分或決定不失其效力，但平政院或行政官署認爲必要或依原告之請求，得停止其執行（註一二五）。 訴訟當事人已提起之訴訟， 非經平政院許可後，不得請求撤銷；肅政史所提起之訴訟，亦同（註一二六）。

平政院於受理訴訟後，其訴狀副本及其他副本，須交被告，並指定限期令其提出答辯書。前項答辯書應添具副本，由平政院發交原告。肅政史提起之行政訴訟，應由平政院抄發原文，並指定限期令被告提出答辯書。 前項答辯書應由平政院以公文通知肅政史（註一二七）。 平政院認爲必要時，得指定限期令原告、被告以書狀爲第二次相互之答辯，但對於肅政史執行原告職務時以公文行之（註一二八）。 專任審查評事經過開庭以前之程序，應作報告書送交庭長。庭長審查前條之報告書，認

註一二二　平政院處務規則第十三～十六條。
註一二三　行政訴訟法第十九條。
註一二四　平政院處務規則第十七條。
註一二五　行政訴訟法第十四條。
註一二六　行政訴訟法第十八條。
註一二七　行政訴訟法第二〇、二一條。
註一二八　行政訴訟法第二二條。

為應行對審者，應指定開庭日期（註一二九），傳原告被告及參加人出庭對審，但平政院認為便利或依原告之請求時，得就書狀裁決之。肅政史提起之行政訴訟有對審之必要時，應由平政院通知蒞庭（註一三〇）。原告、被告或參加人於對審或蒞庭時，得補正已提出之書狀或另舉證據（註一三一）。原告、被告或參加人所提出之證據外，庭長認為必要時，得傳證人或鑑定人證明或鑑定之（註一三二）。平政院得派遣評事或屬託司法官署、行政官署調查證據（註一三三）。肅政史提起行政訴訟亦得調查，或屬託各官署調查（註一三四）。訴訟程序不因原告、被告或參加人不到庭對審而中止（註一三五），行政訴訟當事人同時在司法官署提起民事訴訟時，經庭長認為必要時，俟民事訴訟判決確定後行其審理（註一三六）。審理應行公開，但庭長認為必要時，得禁止旁聽（註一三七）。為謀裁判之正確，評事遇有下列各款情形之一，應自請廻避或由訴訟當事人請其廻避：（1）自為訴訟當事人者，（2）曾以行政官資格參與該訴訟事件之處分或決定者，（3）與訴訟當事人有親屬之關係者。評事於前項各款規定外，凡與訴訟當事人或訴訟事件有特別關係者，訴訟當事人亦得具理由請其廻避。前項之廻避由平政院各庭評事議決之（註一三八）。此時卽發生評事兼代之必要，其辦法依平政院各

註一二九　平政院處務規則第十八、十九條。
註一三〇　行政訴訟法第二三條。
註一三一　行政訴訟法第二四條。
註一三二　行政訴訟法第二五條。
註一三三　行政訴訟法第二八條。
註一三四　肅政廳肅政史辦事細則（載政府公報，第八百五十三號）第二二、二三條。
註一三五　行政訴訟法第二九條。
註一三六　行政訴訟法第三一條。
註一三七　行政訴訟法第三〇條。
註一三八　行政訴訟法第二七條。

庭評事兼代辦法定之（註一三九）。 開庭終結之本日或翌日， 應由該庭評事合議議決事實上及法律上之判斷，並由專任審查評事依該議決，擬具裁決書送交庭長；如係經庭長認爲無須對審者，應依第二十二條之規定，由該庭評事合議議決，由專任審查評事擬具裁決書；決定書及裁決書經庭長核定後，應送交院長；各庭審理案件於宣告裁決前，發現下列情事，院長得爲適當之指示：（1）解釋法令之錯誤，（2）適用法令之失當，（3）審理程序之欠缺，（4）文字有誤或體裁未備。 受前項之指告者，除第四款外，應再由該庭評事合議議決（註一四〇）。 宣告裁決後須具裁決理由書，由評事、書記官署名、鈐章，並另用繕本發交原告、被告及參加人（註一四一）。 由於行政訴訟不得要求損害賠償（註一四二），亦不得請求再審（註一四三）， 其裁判種類只限於取銷或變更違法之處分（註一四四）。 平政院之裁決有拘束與裁決事件有關係者 之 效力（註一四五）。

平政院之裁決， 其對於主管官署之命令或處分， 得取銷或變更之（註一四六）；行政訴訟事件經評事審理裁決後，由平政院院長呈報 大總統批令主管官署按照執行（註一四七）； 主管官署對於行政訴訟 事 件不按照平政院裁決執行者，肅政史得提起糾彈，請付懲戒（註一四八）。

註一三九　本辦法於民國三年六月二十日由平政院呈准，同年六月二十五日政府公報刊載，共計四項。
註一四〇　平政院處務規則第二一～二五條。
註一四一　行政訴訟法第三二條。
註一四二　行政訴訟條例第二條、行政訴訟法第三條。
註一四三　行政訴訟條例第三條、行政訴訟法第四條。
註一四四　行政訴訟法第三三條。
註一四五　行政訴訟條例第三四條規定，平政院之裁決有拘束第三者之效力。但行政訴訟法第三四條，予以減縮至如此。
註一四六　行政訴訟法第三三條、平政院裁決執行條例第一～三條。
註一四七　行政訴訟法第三三條。
註一四八　平政院裁決執行條例第三條。

　　行政訴訟雖採取嚴格之法規保護說，但間亦保護人民之權利，故裁判須繳訴訟費用（民國十四年二月七日起徵收），依財產及非財產性案件分別標準徵收之（註一四九）。

2. 受理案件之數量

　　平政院從民國三年三月三十一日開院，以迄於民國十七年十二月閉院止，其間共受理多少案件，雖其統計正確數目不可考，但依政府公報所得之保守資料可知，民國三年計三件、民國四年計五十七件、民國五年計三十八件、民國六年計四件、民國七年計五十七件、民國八年計六十二件（正確之數目截至本年底，應爲二七五件，已決二三七件。）（註一五○）、民國九年計六十八件、民國十年計十六件、民國十一年計六件、民國十二年計十二件、民國十三年計十一件、民國十四年計六件、民國十五年計六件、民國十六年計四件、民國十七年計三件（註一五一）。十五年間共計四○七件，平均每年受理二十八件左右。

　　由上述統計可知，平政院固屬清閒機構，但並非每年皆收不到十件案子。至於其成績是否令人滿意、表現是否良好，並非以受理案件之多寡定之，蓋此與彼時之政治局勢攸關（註一五二），或因畏官之觀念猶深，或因人民尙不知權利受公權利侵害有此救濟途徑，且因肅政史提

註一四九　參見徵收行政訴訟費用規則（政府公報，民國十四年二月六日，第三千一百八十號，頁六四一）、行政訴訟費用規則施行細則（政府公報，民國十四年二月十日，第三千一百八十四號，頁七一一以下）。

註一五○　統計數目，見政府公報，民國九年三月十七日，第一千四百八十九號，平政院詳報之統計表。

註一五一　以上數目，係本文撰者統計政府公報已刊者，故實際裁決數當不止此數。

註一五二　參見吳庚前揭（註六六）書，頁十三。

起之訴訟絕少之故（註一五三）等，有以致之。由此數目，似亦可推知彼時我國法制之生態環境之一斑（此尚須就起訴之種類、起訴者之省籍，可推知綜合性之法制生存及發展條件）。

3. 受理案件種類之分析

由行政訴訟案件之種類，可得知彼時之法制動態資料，故本文將平政院公布於政府之公開案件計一百二十六起，予以分析整理，計分二十八類。茲依其件數之多寡羅列如下：(1) 公私產權及私人產權爭執，三十三件；(2) 承買公地、回贖產權、標售爭買權或優先承買權，十八件；(3) 人事資格（含公私法上之地位）之剝奪、確認，十七件；(4) 礦權，十二件；(5) 沒收、查封產權，七件；(6) 特別捐四件；(7) 營業限制四件；(8) 鹽權，四件；(9) 收歸國有，三件；(10) 行政罰，三件；(11) 學款使用，三件；(12) 交通路線權，二件；(13) 稅務，二件；(14) 營業執照，二件；(15) 林地請領，一件；(16) 禁墾，一件；(17) 退稅，一件；(18) 貼補，一件；(19) 警察處分，一件；(20) 市場規劃，一件；(21) 區域規劃，一件；(22) 勒補荒價，一件；(23) 利率限制，一件；(24) 工程責任，一件；(25) 退還鹽本，一件；(26) 拆除違章建築，一件；(27) 冒銷公款，一件；(28) 議會決議之撤銷，一件。

由上述統計可知，財產性之案件最多，共計一百零六件；人事性之案件其次，共計十七件，餘則各一件。

平政院受理之案件，計分二大類，一類為糾彈事件，另一類為行政

註一五三　根據政府公報所示，尚未見有由其提起之行政訴訟。

訴訟。值得吾人注意者，乃是人事案件中，彼時對於公務員之撤職，得
陳訴於平政院以獲平反，換言之，當時縱未將所謂之「特別權力關係」
分爲「基礎關係」與「經營關係」，亦仍容許對該關係之處分提起行政
訴訟（註一五四）。　其次，於彼時之行政訴訟因訴訟客體（舊訴訟標的
理論）廣泛，　故諸如公法契約（註一五五）、　公用事業經營權之特別規
制（註一五六）、　撤退寺廟住持（註一五七）及命令公選寺廟主持（註一五
八）等案，亦由平政院管轄。

註一五四　例如民國七年七月十七日，　政府公報，　第八百九十號所載陝西前
禁煙委員劉式金陳訴不服該省公署停委處分案；民國十年十月十三
日，政府公報，第二千零二十三號所載直隸天津縣民張鑑陳訴因塘
沽梗首被撤不服鹽務署之處分案；民國十二年三月二十八日，政府
公報，第二千五百三十號所載陳時利爲內務總長違法免職案；民國
十二年九月二十七日，政府公報，第二千七百零九號所載黃藝錫因
不服農商總長違法免職之處分案；民國十二年九月三十日，政府公
報，第二千七百十二號所載黎鴻業因不服農商部免去署職之處分不
服案；民國十二年十月七日，政府公報，第二千七百十九號所載吳
妯祥等因龍泉縣署撤換通俗教育演講所職員案；民國十二年十月二
十三日，政府公報，第二千七百三十三號所載陳宗毅對於航空署所
爲免職處分不服案；民國十三年三月十五日，政府公報，第二千八
百六十七號所載尹良等因不服蒙藏院呈請免職之處分不服案及民國
十三年五月五日，政府公報，第二千九百十七號所載徐德培爲交通
部無故免官侵害法益案。

註一五五　民國六年三月二十五日，政府公報，第四百三十二號所載李榮蘭等
因王河清等違反貼補堤工舊約不服湖北前巡按使公署之決定案。

註一五六　民國八年五月三十一日，政府公報，第一千一百九十三號所載京師
華商電燈公司陳訴農商部案。

註一五七　民國九年一月二十日，政府公報，第一千四百十四號所載僧人性海
等因撤退住持爭執廟產不服內務部維持原處分之決定案；民國十年
四月十二日，政府公報，第一千八百四十四號所載僧昌緣陳訴順義
縣知事判令出廟不服京兆尹公署之決定案；民國十五年八月二十一
日，政府公報，第三千七百二十一號所載吉慶寺僧本治不服內務部
撤退住持之處分案。

註一五八　民國七年八月三十日，政府公報，第九百三十三號所載僧人福海陳
訴因京師警察廳令行各寺院公舉廣善寺住持案。

4. 審理結果之分析

行政訴訟審理之結果，有係訴訟無理由以裁決駁回者，有係有理由分別以撤銷或變更原決定者，影響駁回及撤銷或變更率之原因有幾：一、人民不諳法律規定，而妄訴或濫訴者；二、法院偏護行政官署者；三、行政官署確有違法者；四、人民不輕易起訴，而於確有違法之行政官署處分，且情況嚴重始起訴者。現在之行政法院有「駁回法院」之稱，亦卽在於其駁回率甚高所致（註一五九）。平政院裁決之結果，依其公布於政府公報之案件，除去糾彈案件，於一百二十四件之行政訴訟中，維持原決定者，僅五十七件，亦卽駁回率只有百分之四十五·九七；撤銷原決定者，計三十七件，變更原處分者，計三十件，合占百分之五十四·〇三。由此可知平政院並無「駁回法院」之稱，非無故也。然何以致此？豈彼時之人民較諳法律，或較不妄訴或濫訴、或行政官署之訴願決定品質太差，抑或平政院較公正，而偏向於保護人民耶！

5. 陳訴者省籍之分布

由行政訴訟之陳訴者省籍之分布，可約略瞭解我國彼時各省法治知

註一五九　自民國六十二年以來，以判決駁回者，約占九成，以裁定駁回者，約占三成三。參見司法院，司法案件分析，民國七十年部分，頁二九一，民國七十一年部分，頁三八〇以下，民國七十二年部分，頁四一八以下。
　　　　　行政法院向以「鑑於行政爭訟事件原已經復查、異議、訴願、再訴願等程序有相當比例獲救濟之情形，行政法院百分之十之撤銷比例，不可謂過低」，以爲辯護。實則若於先行程序已獲救濟，則當不致再起訴。豈人民好訟、濫訴，或以無訴訟費用之負擔，而致此？

識或觀念之程度及行政活絡之情況。茲就政府公報公布之一百二十五件訴訟，分析陳訴者省籍之分布，冀以認識人民利用平政院之程度。以下就案件多寡之順序，臚列如下：（1）河北（直隸），四十五件；（2）浙江，二十二件；（3）江蘇，十二件；（4）湖北，七件；（5）安徽，五件；（6）江西、湖南、黑龍江、吉林，各四件；（7）河南、福建、山西、奉天（遼寧），各三件；（8）陝西、山東，各二件；（9）廣東、廣西，各一件。

七、平政院訴訟制度之特色及其對我國現代行政救濟制度之影響

（一）平政院訴訟制度之特色

平政院是我國第一個行政訴訟審判機關，其採取之制度及運作之實績，在我國法制現代化上，具有特殊之意義。

平政院之訴訟制度之特色，得就其組織法、審判依據之程序法及實體法三方面分別觀察。至於實際運作之活動及實績，亦堪稱係我國近代活的行政法之發現、具體化及發展。

就組織法言之，主要係以民國三年四月一日大總統以教令第三十九號公布之平政院編制令為根據。其特色如下：　1. 平政院直隸大總統，屬於廣義之行政權（第一條第一項前段），　2. 審理權及於一切行政官吏之違法不正行為（第一條第一項後段），　3. 審理權及於官吏之糾彈，屬於公務員懲戒之先行程序（第一條第二項），　4. 行政審判採行政、

司法職評事合議庭制（第二條第二項）， 5. 審判權之對象，包括行政訴訟及糾彈（第五條）， 6. 採行政訴訟檢察官制（設肅政史）（第七條）， 7. 採取肅政史補充起訴權主義（第八條）， 8. 糾彈之提起，採合議制原則及首長取決例外主義（第十一條），9. 審檢分立主義（第十二條）， 10. 評事及肅政史資格限制（第十四、十九條）、員額固定（第十五條）及行政職、司法職默示確定主義（第二、十一條）、成員密薦主義（第十八條）， 11. 審檢獨立主義（第二十條）， 12. 評事、肅政史身份保障法定主義（第二十一～二十四條）。

就程序法言之，先係以民國三年四月十日大總統以教令第四十八號公布之糾彈條例及民國三年五月十七日大總統以教令第六十八號公布之行政訴訟條例為依據，二者復於民國三年七月二十一日分別以法律第三號之「行政訴訟法」及法律第四號之「糾彈法」取代之。

糾彈法之特色： 1. 糾彈之對象及於國務卿、各部總長及一切官吏（第一條）， 2. 糾彈事件採列舉主義（第一條第一項各款）， 3. 糾彈之官吏及於非在職者（ 第一條第二項）， 4. 大總統有糾彈權（第五、七條）， 5. 糾彈分肅政史主動提起（第一條、第二條）、大總統特交查辦（第三條）、人民告訴、告發（第六條）， 6. 特交查辦及告訴、告發之糾彈事件，採合議審查制（第四條第一項、第六條第一項）， 7. 重大糾彈案件密呈主義（第九條）， 8. 糾彈與懲戒及刑罰分離主義（第十二條）。

就行政訴訟法之特色，計有 1. 行政事件列舉及內容概括主義（彼時之處分包括行政處分、決定、命令、公法契約）（第一條）， 2. 肅政史有補充之訴權（第二、十二條）， 3. 損害賠償之訴排除主義（第三條）， 4. 一審終結主義（第四條）， 5. 巡迴訴訟主義（第五條）， 6. 採取不可抗力之事變或故障回復原狀主義（第十三條）， 7. 訴訟無

停止執行效力之原則（第十四條），8. 訴訟禁止撤銷之原則（第十八條），9. 言詞辯論原則，書面審理之例外，（第二三條）（註一六〇），10. 證據職權調查主義（第二五、二八條）及自由心證主義，11. 裁決合議，多數決主義（第二六條），12. 程序繼續進行主義（第二九條），13. 程序公開原則（第三條），14. 先決問題職權裁定先行主義（第三一條），15. 裁決執行大總統批令主義（第三三條）。

　　就實體法言之，各案件係分別以彼時有效之法律、規章爲主要依據，但不乏以情理及法理爲審斷根據者（註一六一），故間亦發生造法之功能。此外，引慣例爲法源，以補充法律（註一六二），亦有發現法律及塡補法律之作用。

（二）平政院若干案例之硏析

　　平政院之裁判，及於糾彈案件及行政訴訟案件，除前者外，後者所受理不少與現制相異者，茲選取糾彈、公私產權爭執、人事資格糾紛、學款使用、工程責任、議會決議之撤銷等六類有關之裁決，略予分析，以明其梗概，並曉今昔別異所在。

註一六〇　平政院之判決幾全部採取書面裁決，經公布之案件，尚未見採言詞辯論，而係書面辯論，旣費時又未貫徹法定原則之規定。
註一六一　例如民國四年三月十五日趙慶華糾彈案、民國六年三月十七日李榮蘭等控告湖北前巡按使公署案、民國七年五月二十一日崔秀峯控告內務部案（採自由裁量之法理）、民國七年六月二十日裵慶遠等控告江蘇省行政公署案（採事理法則）、民國七年七月十三日劉式金控告陝西行政公署案（不採公權力授與之代理公務員法理）。
註一六二　例如民國七年八月二十五日僧法海控告內務部案（採慣例及情理，補充管理寺廟條例）。

1. 糾彈案件: 依政府公報所公表之糾彈案件裁決，共計三件，皆係由肅政史主動偵查後提起，由大總統特交平政院裁決者（註一六三）。茲就事實調查最清、說理最明之糾彈津浦鐵路局長趙慶華案，加予解析。

本件糾彈係由都肅政史莊蘊寬、肅政史夏壽康、王瑚及雲書呈以路政不修，負債急迫，亟應澌除弊端，以資補救。其要旨乃以路政事權未一、情面未除、弊病未剔爲憂，而其最值憂者乃津浦鐵路。查津浦鐵路屬營業性質，且全係借款興辦，倘不刷新整頓，債權人必有異言，經肅政史查得十項重大弊端，爰呈 大總統糾彈。經特交平政院審理，院飭交通部將該路局長趙慶華立予撤差傳解就質外，並交平政院審理，案內重要人證分別傳提，查得確鑿事證，依法予以裁決。

(1) 本件事實: 津浦鐵路局長趙慶華逢迎權要位置私人（含饋送交通部次長葉恭綽禮物奔走其門、派葉道繩爲南段處長、路員加多開支加臣、辦事處各設數科與總務處名目相複、設津浦路事務所於上海電政局以其戚袁長坤兼任）、虛糜公款自便私圖、朋開公司營私舞弊（運費計帳、減折收費、包運零件、減收電費、撥給站產、專掛車輛、發給免票）、侵蝕運力幾釀風潮，乘亂吞款揑造報銷、縱容站長需索陋規、包庇私人賞罰紊亂（含鄭鴻賓營私舞弊、梁兆蓉虧款潛逃、滁州站長周錦潼、徐川站長陸洪開、營業科主任關瑞麟、總務處科長歸寶熙等疑案）、秘設機關違禁煙賭、路政廢弛不加整理、濫發免票不顧路款。

<hr>

註一六三　此爲平政院審理已撤覇縣知事劉鼎錫觚法婪贓案（政府公報，民國三年八月一日，第八〇四號，頁四三九以下）、平政院審理前順天府府尹王治馨被糾彈案（政府公報，民國三年九月八日，第八百四十二號，頁四九〇以下）及平政院審理糾彈津浦鐵路局長趙慶華案（政府公報，民國四年十月二十三日，第一千二百四十二號，頁九九五以下）。

（2）證據調查：除分別傳提重要人證，並先後咨行交通部、農商部及直隸、山東、江蘇、浙江各巡按使調集案件，查明一切情形。尤其對趙慶華、葉恭綽、葉道繩、袁長坤、袁長慶、高節、袁齡、洪少圃、馬德祥、袁長濚等，訊據甚詳。

（3）裁決：本糾彈事件應付懲戒。

（4）理由：查趙慶華無朋開公司，侵吞路款實據，惟與洪少圃素來熟識，到任未久即為詳轉推廣全路最有利益之合同，對於公司運貨記帳之款，任憑洋帳房送單，遲延不加催繳，腳力收支全數及南段軍事報銷事隔數年，經本院行查後始和盤托出，其他如用人太濫、賞罰不公、廢弛路政、濫發免票，均屬咎有難辭，應付高等文官懲戒委員會懲戒，葉道繩資望尚淺，遽予擢升處長，難免徇情，其對於南段事，各員亦復不知約束，致有在公寓旅館聚賭狎妓情事，應即併付懲戒。葉恭綽查無受人饋贈及朋開公司實證，惟狃於轉運公司不盡註冊之慣例，致未援據商律取銷匯通合同，偶爾疏虞，尚非故意。袁長坤向未入有公司股份、袁長慶初雖充任公司執事人，到部後即行斷絕關係，應一併免其置議。高節收受乾薪一節，雖經張謙益證明收回，惟先事不知遠嫌，致洪少圃有此非分之饋贈，亦屬有虧職守。關瑞麟平日不知檢束，為趙慶華所深知，本年考試觔票司事取列不公，行查屬實，應一併撤差，不准在路局貪緣進用。周錦潼曾因記過降調；陸洪開年少氣浮，雖查無運動實據，而於站長要差能否勝任，應由該局詳加察看，如不盡職立即撤換；歸寶熙、袁長濚從趙慶華辦事日久，致滋物議，惟查尚無劣跡，應准留局酌用，策其後效；洪少圃身為公司總經理，輒與路局人員暗中勾結，并引立名目，致送月薪，經張謙益證明先與高節商委，然後令伊寫信交付，實涉及行求賄賂之範圍，應付普通司法審判，至匯通公司合同利益獨優，久為銀公司所藉口；路局中如車務總管余埕，京曾一再言之，見於文卷，

此實爲妨礙路政之大者，應由交通部飭令將合同取銷。

評析：平政院審理糾彈事件，性質屬於預審程序，依審理決定其究交普通司法或懲戒機關進行審判及審議。其裁判權亦屬大總統所授權，故需大總統令飭交或執行。糾彈裁決制度，相當於今日監察院之審議及薦任職以下公務員送懲時之各級行政首長之呈請（註一六四）。

就本件裁決言之，認事調查詳細，逐條訊查，並分別依其法律關係爲處斷，洵堪敬佩。

2. 公私產權爭執：依政府公報所刊，此類案件之裁決，共計三十三件（註一六五）。 此類案件發生於新生淤地， 籍屬不明之山場、寺廟情形最多，茲舉朱家恕等與蕭清源等互爭山場不服江西省公署之決定提起行政訴訟案（註一六六）及李熒等陳訴縉雲縣知事收回永寧 寺田 畝 籌備森林苗圃一案不服浙江省長公署之決定提起行政 訴 訟 案（註一六七）加以分析。

(1) 朱家恕等與蕭清源等互爭山場案：

（甲）事實：江西泰和縣仙槎鄉有山場一座，名鵝頸嶺。原告朱家恕等以紅契譜牒租據等爲據，稱爲該姓祖山，蕭清源等稱爲伊等所住十七、十八兩洞之水口山屬兩洞各姓所共有，彼此爭執，訴經泰和縣知事委員履勘，並傳訊兩造及中證人，認爲無主公山，以民事判決形式施行行政處分，將所爭之鵝頸嶺按照森林法第六條第一款之規定，編充仙槎鄉保安林，原告不服，控訴於南昌地方審判廳，復上告於江西高等審判

註一六四 參見公務員懲戒法第十、十一條。
註一六五 參見本文第六章、第二項、第三款。
註一六六 刊政府公報， 民國七年十月六日， 第九百六十八號，頁一三一以下。
註一六七 刊政府公報，民國八年五月二十三日，第一千一百八十五號，頁五七二以下。

廳，均判決保安林之編充係屬行政處分，是否違法或不當，司法官署未便受理。原告復據情陳訴至江西省長公署省公署，以處分既屬錯誤，卽飭令泰和縣知事撤銷原判決，更爲審判。嗣復據泰和縣知事呈復謂鵝頸嶺係無主荒山，且有水利關係，又批照縣知事原處分編爲仙槎鄉保安林，立碑永禁砍伐，以杜爭端，並咨行農商部查照備案。原告心不甘服，於本年四月二十日提起行政訴訟，並請咨部停止執行。

（乙）爭點：①關於山場所有權問題；②關於編制保安林問題。

（丙）推理：所有權確認之訴，屬司法訴訟範圍，保安林之編充，屬行政處分範圍。泰和縣知事雖兼有司法行政兩種職權，然二者之性質不同，處理之方法亦異，系統攸分，豈容牽混。本案該山場及林木所有權之爭議，既由朱家恕等在該縣公署提起民事訴訟，該縣知事卽應本兼理司法之權限，按照民事訴訟性質，依法判決，該民如有不服，得依民事訴訟之程序，請求控訴審及上告審之救濟，今該縣知事雖用民事判決之形式，而其實質純係行政處分，致訴訟人失其上訴之權，上級司法官署失其受理之權，省公署初以根本錯誤，飭令撤銷，自是正當辦法，乃嗣據該縣知事之呈，又復維持原判，實有未合，自應撤銷原決定，由該縣知事本兼理司法之權限依法判決；其應否編充保安林之處，應俟判決確定後，再由行政官署酌量辦理。

（丁）判決：江西省公署之決定取消之。

評析：本件判決，無論在程序上之細密，調查證據之縝密，皆足稱道，而於法律見解及推理上，將先決問題、司法裁判與行政處分之區別及權限角色之釐清，尤其可佩。本件裁決，堪爲模範。

（2）李熒等陳訴縉雲縣知事收回永寧寺田畝籌辦森林苗圃案：

（甲）事實：民國四年十二月，浙江縉雲縣奉省令籌設森林苗圃，查有已廢永寧寺田產多畝，由寺僧典押散在民間，糧册仍載永寧寺戶

當，由該縣知事詳准給價收回籌辦苗圃。先據施丙林等十餘戶具結願歸公用節，經該知事出示諭禁耕種，旋有各戶聲稱是項田畝前由寺僧出典民間，輾轉承售，執有契據，該知事傳令各戶，將契據檢呈，李焭等不服，向省公署訴願，六年九月奉到決定書維持縣知事之處分，乃於七年一月提起行政訴訟到院，初因陳訴逾期，當經批駁，續據聲明故障，准予受理。

（乙）爭點：①永寧寺是否為私產或公產？如係私產，寺僧是否得以處分？②不動產買賣，其所有權之移轉手續如何？是否以有買契為已足？緝雲縣慣例是否存在，並據法效？③本件有時效取得之適用否？④土地收用法中對於收用補償之對象（土地）為何？

（丙）調查證據之程序：調取原卷，命兩造進行二次攻擊防禦，囑託浙江高等審判廳調查緝雲縣慣例。

（丁）推理：收回寺產是否合法，應以是否公產為先決問題。查寺產之性質，何者為公，何者為私，管理寺廟條例既未明定，卽內務部咨復安徽省長文，亦稱俟修改條例時再行詳加區別，則關於寺產公有私有之認定，既無法令可資依據，該管官廳應有自由裁量之權。本案省公署決定，認為地方公產，其答辯書所具理由，則以原告所稱該寺產由寺僧募化而來，自不得謂其臆斷。此項寺田既為公產，卽非寺僧私人所有，而承受是產及輾轉承典承買者，法律上應視為瑕疵行為。由此推斷，該民等於寺田考其由來，既非合法買受，其未經過戶，無論有無習慣當然不成問題，而不准回贖之時效亦屬無從取得。至於土地收用法係指所有權完全者而言，非本案所能援用，是原告所持各項理由根本不能成立，按管理寺廟條例第十三條，凡寺廟久經荒廢無僧道住守者，由該管地方官詳請該管長官核准處分之，則該知事以公有之寺產撥充苗圃之用，其處分自屬適法，省公署決定亦應維持。

（戊）裁決：浙江省長公署之決定維持之。

評析：本件裁決確定「法無規定者，行政官署有自由裁量之權」、「本於權利瑕疵所爲法律行爲，法律上應視爲瑕疵行爲」、「非合法者，無主張習慣之餘地」、「行政參酌地方情形，法外體恤，庶幾公私交利，情法兩平」，具有補充法律、具體化及發展法律之功能。

3. 人事資格糾紛：此類案件，包括公私法上之地位，如公務員之資格、寺廟之住持、教員、粳首等（註一六八），依公布之裁決，共計十三件。茲擇最具代表性之陳時利陳訴內務總長違法免職案（註一六九）加以解析。

（1）事實：內務部土木司司長陳時利，因患胃病，於民國十一年十一月四日請假赴津就醫，因據醫生囑咐須住院靜攝方易奏效，因假滿未癒，乃續假二週，然於同年十一月二十日爲內務總長孫丹林呈大總統以其擅離職守命令免職，而提出不服之理由四，提起行政訴訟。

（2）爭點：（甲）原告是否未假擅離職守？（乙）原告是否確有續假？（丙）內務總長未將原告送付懲戒，卽呈由大總統命免職是否合法？

（3）推理：依前述事實，本案之先決問題應以該原告是否曾經請假爲斷。查內務部咨送請假單五紙，係自十一月四日起至十六日止，皆有長官手批閱字，其十六日續假兩星期，亦據內務部咨稱土木司呈堂文件登記簿有此項文件可資證明等語。復檢閱呈案附件，又有醫生王祖祥之證書，是該原告因病請假已無疑義。乃免職呈文謂爲未先請假擅離職守，核與事實不符。本是論斷，內務部呈請將該原告免職之處分殊與法

註一六八　同（註一五四）、（註一五七）。

註一六九　政府公報，民國十二年三月二十八日，第二千五百三十號，頁一五四五以下。

令有違，應予取消，再內務部對於此案因無卷可稽無從答辯，依本院處務規則第八條，既有得參用通常程序之規定，在本院亦有先例可援，況內務部咨送文件並有可爲此案之證明等語，自無須必經答辯方可斷定。

（4）裁決：內務部之處分取消之。

評析：本件裁決首開高級文官因人事糾紛提起行政訴訟之例，亦可見民初並未將所謂之「特別權力義務關係」籠統地含括全部公務員關係，而將變更公務員身分關係之「基礎關係」允許提起行政訴訟（註一七〇），此由平政院之多數裁決，可知其觀點大異於行政法院之保守看法（註一七一），與現代之新理論深相脗合（註一七二）。

其次，本件裁決承認程序上先例之援引，以重公平與安定之要求，亦甚可取。

4. 學款使用：平政院之裁決關於學款之使用者，共計三件，茲擇張國翰等陳訴永清縣知事將學款移作他用不服京兆尹之決定案（註一七三）加以研析。

（1）事實：京兆尹永清縣屬四聖口村之菩薩廟有香火地一頃八十餘畝，歷年外租可得東錢二千三百餘吊。民國六年十月，該村村佐王之弼稟明縣署創設國民學校，以菩薩廟香火地爲常年經費，推舉村民張國翰爲校長，甫經縣署委任，即有村長王炘具稟攻擊，並另推邢永年爲校長，經縣署飭令勸學所所長智蔭槐協同區董李鍾奇向兩造勸導，並由縣

註一七〇　關於特別權力關係中「基礎關係」與「經營關係」之分野及我國理論與實務之概況，參見翁岳生，行政法與現代法治國家，頁一四三以下，尤其頁一五二以下，六十八年十月，三版。

註一七一　關於行政法院之保守看法，參見翁岳生，上揭（註一七〇）書，頁一五三以下。

註一七二　新理論可以 C. H. Ule 之理論爲代表, Vgl. Das besondere Gewalt-verhältnis, VVDStRL, Hf. 15, 1957, SS. 142 ff.

註一七三　政府公報，民國九年四月二十日，第一千五百二號，頁四九一以下。

諭令村中辦學應由村長主政，村佐協助，不得互生意見，校長仍以張國翰充任，另委邢永年爲幫辦，經兩造共同認可，惟菩薩廟租款係由王炘經收，張國翰因支用不便，屢向縣署稟請轉飭王炘隨時劃撥，不得拖欠，經縣署核明按照該校預算清册，全年共需洋二百五十八元，分作十二期支用，每月由王炘交付張國翰洋二十一元五角。嗣後兩造仍屢有糾葛，七年九月王炘等爲息爭計，擬將村中所有香火地畝按數均分，一半留村辦公，一半撥充學款，稟請縣署備案，經縣署令知張國翰遵照，乃張國翰爭執不允，迭以撥定學款不得移作他用等語，先後向縣署及京兆尹公署陳訴，經京兆尹飭縣核議具覆。八年三月八日據永清縣呈稱該校原定預算每年約需洋二百五十八元，村長王炘將香火地分給一半，共得永錢一千一百七十八吊，折合洋一百四十餘元，加以兩季津貼四十元，計一百八十元，又該村青款每年約可得二千餘吊，照團總智藍棠准定案，以三分之一歸學款，約有七八十元之譜，綜計三項收入較原定預算有過之無不及。又查七年十二月縣教育行政會議議決國民學校預算分爲三等，上等二百五十元，中等二百元，下等一等五十元，列於上等者，必須有兩班學生以上，該校一班學生入款滿上等之數，經費似無支絀之虞等語。旋奉京兆尹指令，昭准如呈辦理，由縣轉飭王炘、張國翰等遵照。張國翰不服，於上年五月二十八日向本院陳訴，經本院查核與行政訴訟程序未符，批令依法訴願，靜候決定，同年七月二十九日復據原告訴稱，國翰等遵向京兆尹公署訴願，旋於本年六月二十五日奉批開此案。前據該校長呈訴，當卽令縣詳查議覆，去後嗣據該縣呈覆該校每年入款較原定預算有過無不及，經費似無支絀之虞等語。校長呈訴目的原爲辦學經費旣無不足，自當息爭罷訟，免妨教育之推行。前據呈覆業經本公署批准如呈辦理在案，仰卽遵照息訟勿瀆等，因國翰等對於此項批示情不甘服，謹依法陳訴。

(2) 程序：原告起訴經批准受理後，平政院咨行京兆尹公署限期答辯，並調取關於本案卷宗以憑審核，十月二十九日准京兆尹公署提出答辯書三點：（一）檢閱該縣原卷村佐王之弼等於六年十月二十六日具稟該縣僅批准辦學，並委任張國翰為校長，撥款一節未加若何表示，此不能認為確定者一，（二）王之弼等甫奉批示，該村村長王炘等即聯名以王之弼等謀充教員等詞提出抗議，經該縣批令勸學等所查覆核奪，此對於撥產一節不能認為確定者二，（三）該村長佐對於學務均應負責，只因主張各不相侔，遂致彼此纏訟經年，縣署為息事寧人計，始准王炘等之請求，將此項地畝平均分撥，本公署亦因纏訟不休，殊非人民之福，因予維持原處分，況撥產本未確定，自無變更定案之可言。

(3) 推理：查本案原告所主張之理由約分兩項：（一）村款撥作學款經永清縣令准有案，（二）既為學款即應按照京兆尹行政會議議決案辦理永遠不得移作他用。本院詳查縣卷民國六年十月王之弼等稟請籌辦國民學校原文，雖有將村款均歸作學校經費一語，但永清縣署批示及委任令內，均只云准委任張國翰為校長，而於撥款一節未置一詞，是原告所主張之第一項理由並無根據，又查永清縣行政會議議決案載已經縣署或京兆尹批准有案之學款，應永遠不得移作他用等語。本案原告所稱之學款既未經該管各官署俱准立案，核與行政會議議決案之情形實有未符，該原告自不得援引學款不得移作他用一語，希圖翻異，況村務學務未可偏廢，倘如該原告所請求將村款全數撥充學校經費，則該村其他公益事項必全行停滯，殊非彙籌並顧之道。且查該校經費經永清縣署籌畫，合津貼、青款及村款之半三項，與原定預算相較有盈無絀，而上年九月二十日京兆尹公署咨覆本院文內並有將來青款收入果有不足，當於每年學款支配時通盤計畫，不令向隅等語是，嗣後該校學款已確實可靠，原告自不得再行爭執。

(4) 裁決: 京兆尹公署之決定維持之。

評析: 本件確認二項原則，即 (一) 對於未表示或核定之事件 (本件中之學款撥充)，不得以無為有，據以爭執，(二) 原告請求之目的如既已達成，即無可再爭執之實質理由。

5. 工程責任: 關於私人築設工程不得侵及他人權益，固為民法規範所及，但受害人亦可訴請官署命拆除，此乃行政法效力所及，試以王金榮等陳訴為築堰爭執不服浙江省公署之處分案 (註一七四)，以為評析。

(1) 事實: 浙江衢縣北鄉四十一都地方有田百餘畝，均藉荷花堰蓄水灌溉，鄉民王理成等舊有水碓在荷花堰之下，傾圮已久，民國十一年間王理成等興工重築，並在荷花堰上首添築橫堰藉以引水入碓冲動碓輪，堰長方文聞等因該橫堰有礙農田水利等情，呈請衢縣公署拆除，當經縣署查明屬實，即飭令拆毀。王理成等不服，先後訴願於金陵道尹公署及浙江省長公署，均經維持原處分。王理成等仍不服，遂委任王金榮等提起行政訴訟。

(2) 爭點: (甲) 原告所灌溉之水是否出自荷花堰? 有無妨礙他人水利? (乙) 原告之堰是否新設? 有無妨礙水利?

(3) 推理: 依據上述事實，本案係爭橫堰經衢縣知事查明係屬新築，確有減少荷花堰水量，損及荷花堰所有權人之水利等情事，自不能因該原告等有引水轉輪之利，置他人農田水利於不顧，被告官署責令該原告等將橫堰拆除處分，並無不合。

(4) 裁決: 浙江省公署之處分維持之。

評析: 本件裁決確認私人引水設堰，必須依法為之，不得損及他人

註一七四　政府公報，民國十五年十二月十五日，第三千八百三十三號，頁三四五一以下。

權益，否則，行政官署得令拆除。

　　6. 議會決議之撤銷：行政官署撤銷地方議會決議之裁決，並不多覯，茲據浙江省議會不服省公署撤銷該議會議決裁撤溫屬護商警察局案之處分提起行政訟案（註一七五），加以評析。

　　(1) 事實：浙江舊溫州府屬洋面，清季海盜縱橫，商民賄盜購旗保護，名曰旗費；其後商民出資購船募勇，由溫處道特設海防局管理，遂化旗費為海防捐。民國二年改稱護商警察局，委地方士紳為局長，改海防捐為護捐，由商船董事會徵收，官廳認此項護捐為地方稅，並未列入國家預算。七年十一月，浙江省議會因該局章程未交會議決提出質詢；省公署以該局是否屬於官治行政，咨准內務部覆稱，警察屬官治行政，不在省單行條例範圍之內，毋庸交會議決等。因省議會以該局不能確實保護商船，並有縱盜殃民情事，且該局性質確係省自治行政，經大會議決將該局裁撤，咨請省公署公布施行。省公署根據部咨，以該局不屬省議會議決範圍，依照省議會暫行法第三十九條咨覆撤銷。原告不服處分提起行政訴訟。

　　(2) 爭點：護商警察局之設，究屬官治行政，抑為自治行政？護捐為中央稅或地方稅？如為自治行政及地方稅，則省議會之裁撤議決何時生效？

　　(3) 程序：原被告均有參加人，各提出陳訴要旨、答辯要旨及相互答辯要旨，平政院依書面審理。

　　(4) 推理：原告議決撤銷之護商警察局，係由前清海防局改編，雖節經官督商辦，而經費出自船商捐。其徵收任之船商所設之董事會，並由地方人民執行局長事務，可見該局組織委因當時水上警察未備，地方

註一七五　政府公報，民國十年三月七日，第一千八百九號，頁一八八以下。

人民為自行保護航業，爰公司出資藉補官廳保衛所不及，自為一時權宜起見，本非永制。據稱該處洋面現已分區設隊，增設警員多人，巡船亦復不少，是前項護商警察局顯屬贅設。原告謂捐款未列入國家預算，官廳承視為地方稅有案，不得為官治行政等語，認為確有理由。又查民國八年該省修正護商警察局章程第八條載，護商警察局專為保護商船而設，不得處理違警案件等語；該局職務權限既經明文規定，其性質自不能與曹運官治行政之警察並論。被告於省議會議決裁撤該局之案不予執行，援據內政部解釋，致認為官治行政，不免誤會，且水上警察廳官制頒布在該局成立之後數年，而該局並無援據該官判改組，並適用之明文。所謂該局係以該官判為根據之詞，核與事實不合，且證以該局章程附則規定，由本省行政長官核准頒行，是該局顯為自治行政，其章程自屬該省單行條例，按照省議會暫行法第十六條第一項之規定，該會實有議決之權。據此論斷，所有被告官署撤銷原告議決裁撤舊溫屬護商警察局一案之處分，認為應予取銷，即由被告官署將議決原案公布施行。至參加人楊煥如等陳訴意旨，並無充分理由，自可置之不論；其王煦堂等所訴各節與原告議決原案大致相同，依上裁決亦可毋庸另行置議。

(5) 裁決: 浙江省公署之處分取銷之。

評析: (1) 由人民代表所組成之議會，具有人民之身分，自可本此身分享有行政訴訟權。(2) 非依公法組織，並使用中央稅，由中央任官治理之機構，屬於地方自治行政單位，地方議會對之有裁撤、增設、變遷之議決權。(3) 法律不溯及既往，欲溯及既往，必須明文規定之。(4) 屬地方自治行政之單位，其職權不得逾越設立之目的。

（三）平政院訴訟制度對我國現代行政救濟制度之影響

就平政院所採之訴訟制度對我國現代行政救濟制度之影響言，計有如下幾點：1. 一審終結，2. 訴訟無停止執行效力，3. 書面審理為原則，言詞辯論為例外，4. 職權調查主義，5. 行政訴訟與懲戒分離主義，6. 裁判限於撤銷或變更原決定。

就平政院之訴訟制度與現行行政訴訟制度，亦有主要、重大之差異如下：1. 前者採列舉主義，後者採概括主義（第一條）；2. 前者採直接訴訟及訴願前置主義，後者只採訴願前置主義；3. 前者之訴訟對象及於一切行政官署之處分，後者只及於行政處分（第一條）；4. 前者不採損害賠償之訴，後者採附帶損害賠償之訴（第二條）；5. 前者無視同起訴之規定，後者有之（第十一條）；6. 前者以言詞辯論為原則，後者以書面審理為原則（第十九條），然因實務上絕少進行言詞辯論，故兩者實少有差異；7. 前者無不利變更之禁止規定，後者則有之（第二十七條）；8. 前者禁止再審，後者則允許之（第二十八條）；9. 平政院隸屬大總統，行政法院隸屬於司法院；10. 前者尚審理糾彈事件，後者無之；11. 前者設肅政史，對行政訴訟有補充訴權，後者無之；12. 前者採起訴禁止撤回原則，後者無禁止；13. 前者採就地審判，後者不採；14. 前者採訴訟收費制，後者不採；15. 前者裁決之執行，若係撤銷或變更原決定，則由平政院長呈報大總統批令主管官署按照執行，後者由行政法院報請司法院轉有關機關執行（第三十二條）；16. 高級文官懲戒委員會由平政院評事及大理院推事組成，今則另行成立建制、獨立之公務員懲戒委員會，其委員不由行政法院評事及最高法院推

事臨案組成。

　　平政院在我國行政訴訟制度萌芽之時擔當裁判者之角色，於法治及法制均不甚發達之際，能有此成績，尚屬難能，至於其與現制同以行政官及司法官擔任評事，以一人充任專任審查評事，乃其缺點（有評事以對法律生疏拒絕受理者），實應加強法官之行政法及行政實務、鑑定著手。

　　平政院之實際運作，既鮮爲學者做系統之研究，復因原始文件晦冥，今日之法政學者每多隔閡，致造成殊多之誤解，亦使原本有心之人不願加以研究、探索，使吾儕欲系統化研究中國之行政爭訟制度之沿革，不得不望卷與嘆。本研究爲蘄鑒往知來，特整理有關之原始文獻，做初步之介紹，願使來津得窺門徑，而進一步加予批判探賾。

（本文原載於憲政時代十一卷一期）

肆、國民政府時代之行政訴訟制度

肆、國民政府時代之行政訴訟制度

一、前　言

我國清末卽致力於行政訴訟制度之建立，唯其實際運作，則始自民初之平政院（註一）。 平政院後期之運作， 完全操縱在北洋軍閥手中之北方政府，而以中國國民黨爲中心之國民革命武力，則以廣州爲基地，致力於全國之統一， 民國十七年北伐成功， 使國民政府支配全國之政局， 其間國民政府亦致力於建立行政訴訟制度， 以澄淸吏治，保障民權。唯其實況如何，尚尠有系統之介紹及分析，本文擬賡續對平政院史實之說明，進一步探討行憲以前國民政府時代行政訴訟制度之實況，以供吾人之回顧及檢討。

二、國民政府審政院

民初平政院之職權，包括對官吏之糾彈及對行政官署違法行爲之行政訴訟（註二），南方國民政府之努力， 亦包括此二項目， 因此，國民

註　一　關於清末籌設大淸行政裁判院及 民初建 立平政院與 其實際運 作之史
　　　　實，請參見蔡志方，我國第一個行政訴訟審判機關——平政院，憲政
　　　　時代，第十一卷第一期，頁二〇以下。
註　二　參見蔡志方上揭文，頁三〇以下。

政府初期之行政訴訟制度，亦未嚴格區分二種職權之分別職司，故以下一併加以探討。

（一）審政院成立前之懲吏院

民國十四年七月一日，以中國國民黨爲中心之國民革命武力，成立國民政府於廣州，採委員制；國民政府設置軍事、外交、財政各部，每部設部長一人，由委員兼任之；有添部之必要時，經委員會議議決行之（註三）。

國民政府爲澄清吏治，懲處污吏，乃於民國十五年一月二十三日公布之國民政府懲吏院組織法計十條（註四），並於同年二月十七日公布懲治官吏法（註五），共計十九條。

懲吏院設委員若干人，並互選一人爲主席委員（組織法第一條），其主席委員首任爲鄧澤如（註六）；懲吏院審理案件，以委員三人至五人組織之合議庭行之。合議庭以主席委員爲庭長，主席委員缺席時，以主任該案之委員代理之（同法第三條）；懲吏院設院務會議，以主席委員爲主席，其缺席時，由其臨時推舉一人代理之（同法第四條）；懲吏院設秘書處，掌管機要文書、統計、會計、庶務及其他事項（同法第六條）；懲吏院置秘書長一人，科長若干人，由院呈國民政府任命之。科員、書記若干人，由院委任之（同法第七條）；懲吏院得酌用僱員，司

註　三　參見中華民國十四年七月一日公布之中華民國國民政府組織法第二
　　　　條、第六條，刊國民政府公報，第一號，頁五以下。
註　四　國民政府公報，第二十二號，頁八以下。
註　五　國民政府公報，第二十四號，頁十以下。
註　六　參見國民政府公報，民國十五年六月二十五日，第三十七號，批字第
　　　　四三九號。

繕校及特定事務（同法第八條）。

　　依懲治官吏法之規定，受懲治之對象為文官、司法官及其他公務員（第一條）；受懲官吏懲吏院認為必要者，得呈請國民政府或通知該監督長官先行停止其職務。受停職之官吏並停俸；其未受褫職或科刑之判決，得依前項程序命其復職（第三條）；懲吏院委員應廻避者，依刑事訴訟律之規定（第四條）；官吏應受懲戒之行為為違背誓辭及違背或廢弛職務（第五條）；懲戒處分為褫職、降等、減俸、停職、記過、申誡（第六條）；褫職者褫奪其現職（第七條）；降等者降現官等一等改敘（第八條）；減俸者減其現俸十分之一以上，三分之一以下（第九條）；降等處分無等可降者，減其月俸三分之一（第八條第二項）；停職停止一月以上，六月以下，停職者並停俸（第十條）；記過由該管長官登記之，如一年以內受記過處分至三次者，由該管長官依前條之規定減俸（第十一條）；申誡由懲吏院呈請國民政府或通知該管長官以命令行之（第十二條）；除記過申誡處分國民政府或該管長官得逕予行之外（第十四條），由監察院或請監察院聲敘事由，連同證據咨送懲吏院懲戒之（第十三條）；懲戒事件分配後，應將原送文件鈔交被懲戒人，並指定日期令其提出申辯書或令其到院面加詢問，但有正當事故不能到會時，得委託代理人到會答辯詢問，否則得為逕為懲戒之議決（第十五條）；懲吏院應製作議決書，並呈報國民政府，咨送監察院，傳知被懲戒人外，並將其主文或全文登政府公報公示之（第十六條）；懲戒事件認有刑事嫌疑應交法庭辦理（第十七條）。

　　國民政府懲吏院自民國十五年一月成立，至同年五月奉裁止（註七），

註　七　參見國民政府公報，民國十五年五月四日，第三十二號，懲吏院裁撤令，第二三一號令；民國十五年六月二十五日，第三十七號，第四三九號批。

只做成議決書一件（註八），其業務另設審政院辦理。

（二）審政院之實像

國民政府懲吏院於民國十五年五月四日奉令裁撤，而另設審政院掌理懲吏及平政事項（註九），命鄧澤如、林翔、李章達、潘震亞、盧文瀾爲委員（註十），唯初因財政困難，一切職員均暫由監察院職員兼任（註十一），且彼等委員均遲未到任，屢遭催促（註十二），始於同年七月到職（註十三），然未見提出審政院組織法，即又於同年十月二日令裁撤審政院（註十四）。

由上可知，審政院在我國行政救濟史上，有如曇花一現，倏爾消亡，亦未發生足堪與平政院及行政法院相埒之功能（註十五）（註十六）。

註　八　參見國民政府公報，民國十五年五月七日，第三十三號，周雍能及周熙春懲戒書。

註　九　國民政府公報，民國十五年五月四日，第三十二號，第二三一號令。

註　十　國民政府公報，民國十五年五月四日，第三十二號，審政院委員任命令。

註十一　同註九。

註十二　參見國民政府公報，民國十五年五月二十九日，第三十四號，第三七六號批。

註十三　審政院委員到職並未見於公報，唯國民政府於民國十五年七月十三日第三六五號令，則亦達審政院，似可間接推知已到任（見國民政府公報，第三十九號）。

註十四　參見國民政府公報，第四十七號。

註十五　謝冠生氏謂審政院相當於彼時之平政院及後來之行政法院。見氏著，中國司法制度概述，頁十，收於中國政治思想與制度史論集，文化出版事業，四十三年十一月，初版。

註十六　廖與人氏謂民國十三年國民政府成立於廣州，設審政院，亦與史實不符。見氏編著，中華民國現行司法制度（上），頁二一七，黎明，七十一年一月，初版。

（三）審政院裁撤後之監察院

國民政府懲吏院裁撤後，審政院未成立前，其一切事務即由監察院職員兼辦（註十七），迨審政院於民國十五年十月二日奉令裁撤後，依同年月四日公布之修正國民政府監察院組織法第一條第二款，關於懲戒官吏事項爲其職權，而依同條第三款並及於審判行政訴訟事件（註十八），故審政院之一切文卷亦歸監察院接管（註十九）。

由上可知，此期行政訴訟歸監察院管轄，唯其實際運作情形如何，則乏史料可稽。

三、國民政府時代之行政法院

現行行政院之組織、權限及程序等，與國民政府時代之行政法院，可謂一脈相傳，撫今追昔，更可知制度建立維艱，其開展創新亦屬不易。以下分成六節，分別探討國民政府時代行政法院（民國十七年至民國三十五年）之法律依據、法律地位、組織、權限及功能與此時期我國行政訴訟制度之特色。

註十七　國民政府公報，民國十五年六月二十五日，第三十七號，第四四五號批。

註十八　國民政府公報，民國十五年十月四日，第四十七號，頁五以下。

註十九　國民政府公報，民國十五年十月十六日，第四十八號，第五七四號令。

（一）行政法院之法律依據

　　國民政府於民國十七年十月二十日公布司法院組織法，於第一條規定司法院由司法行政署、司法審判署、行政審判署及官吏懲戒委員會組成；依同法第六條規定，行政審判署依法律掌理行政訴訟審判事宜（註二〇）。未幾，國民政府於同年十一月十七日，又公布修正司法院組織法，其第一條將各署分別改成司法行政部、最高法院及行政法院；而依同法第六條亦規定行政法院依法律掌理行政訴訟審判事宜（註二一）。民國二十一年十一月十七日復公布行政法院組織法，全文共十二條，並自公布日施行（註二二），是為行政法院之組織依據。

　　行政法院之形式上的成立，與行政訴訟法之施行，同為民國二十二年六月二十三日（註二三），而其正式運作，受理案件，則係同年九月一日之事（註二四）。行政法院之成立，使民國十七年北伐成功後，我

註二〇　參見國民政府公報，民國十七年十月二十日，第一號，頁六以下。

註二一　參見國民政府公報，第二十二號，頁一以下。

註二二　參見國民政府公報，洛字第六三號，頁一。司法院史實紀要編輯委員會所編司法院史實紀要，第二冊，頁一三七一，謂其自翌年六月二十三日起施行，與法定史實不符。

註二三　謹按：民國二十一年十一月十七日公布之行政訴訟法，依其第二七條規定，其施行以命令定之。而國民政府於民國二十二年六月二十二日，明令以同年月二十三日為施行日期（見國民政府公報，第一一六四號），而行政法院之成立，係以行政法院首任院長茅祖權就職之日為準，並有政府之指令為依據（見國民政府公報，第一一七四號，第一二五五號指令），司法院上揭史實紀要，頁一三七一，謂以九月一日正式成立，似屬誤解。我國學者之著作，亦皆有相同之記載。

註二四　行政法院院長茅祖權，於民國二十二年九月一日，偕同各員分庭視事，正式辦公。見國民政府公報，民國二十二年九月十三日，第一二三五號，頁十，第一六九七號指令。

國行政訴訟審理機關中落之情況，得以重補缺漏（註二五）。

（二）行政法院之法律地位

依中華民國十七年十一月十七日，國民政府公布之修正司法院組織法第一條，行政法院爲司法院之組織機關之一；同法第六條規定，行政法院依法律掌理行政訴訟審判事宜，可知行政法院乃形式及實質意義之法院，且爲與最高法院及官吏懲戒委員會並行之司法機關，直屬於司法院，此與平政院之直隸於大總統者不同。

（三）行政法院之組織

依據民國十七年十一月十七日公布之修正司法院組織法第十三條，行政法院之組織以法律定之。國民政府於民國二十一年十一月十七日公布行政法院組織法十二條（註二六），嗣先後於民國三十四年四月十六日修正公布共十四條（註二七），同年十月三十日公布修正第十二條（註二八），民國三十七年三月二十四日公布修正第六條（註二九）。

綜合上述法條，行政法院之組織如下：置院長一人，綜理全院行政事務，兼任評事，並充庭長（第二條），爲特任（第八條、第二次修正第十條）。行政法院分設二庭或三庭，每庭置庭長一人，除由院長兼任

註二五　民國十七年北伐成功至二十二年成立行政法院，行政訴訟一度呈現中空狀態。見司法院院字第三五四號解釋（民國十九年十月九日）。

註二六　國民政府公報，洛字第六十三號。

註二七　國民政府公報，渝字第七七一號。

註二八　國民政府公報，第八九四號。

註二九　國民政府公報，第三〇九〇號。

者外，就其餘評事中遴充之，監督各該庭事務，並定其分配（第三條）。行政法院每庭置評事五人，掌理審判事務。每庭評事應有曾充法官者二人（第四條）。行政法院之審判，以評事五人之合議行之。合議審判，以庭長為審判長，庭長有事故時，以評事之資深者充之（第五條）。行政法院評事之資格，除須年滿三十歲（第六條）外，此期計有三次不同之規定。民國二十一年十一月十七日之行政法院組織法第六條規定，非對於黨義有深切之研究者，並曾任國民政府統治下簡任職公務員二年以上者，不得充任。民國三十四年四月十六日修正公布之行政法院組織法第六條，則規定非對於三民主義有深切研究者，及在教育部認可之國內外專科以上學校修習政治法律學科三年以上畢業，並曾任簡任公務員二年以上，確有成績者，不得充任行政法院評事（第六條）。民國三十七年三月二十四日之修正，則規定，行政法院評事，非年滿三十歲，在教育部認可之國內外專科以上學校修習政治法律學科三年以上畢業，並曾任簡任公務員二年以上，確有成績者，不得充任。行政法院置書記官長一人（第七條），薦任（註三〇）或簡任（註三一）。書記官十人至二十一人，分別掌理紀錄、編案、撰擬、統計、會計、收發、典守印信、蒐集編審法規等事務（註三二）。書記官委任（第八條；第一次修正後為第十條，則尚增訂其中八人得為薦任）。民國三十四年四月十六日公布修正後之行政法院組織法，第八條規定，行政法院設會計主任一人、統

註三〇　民國二十一年十一月十七日公布之行政法院組織法第八條。

註三一　民國三十四年四月十六日修正公布之行政法院組織法第十條規定為薦任或簡任。

註三二　民國二十一年十一月十七日公布之行政法院組織法第七條，規定為十人至十八人，分別掌理紀錄、編案、撰擬、統計、會計、收發及典守印信等事務；民國三十四年四月十六日修正公布之行政法院組織法第七條，則規定為十二人至二十一人，分別掌理紀錄、編案、撰擬、收發、典守印信及搜集編審法規等事務。

計員一人，辦理歲計、會計、統計事項，受行政法院院長之指揮監督，並依國民政府主計處組織法之規定直接對主計處負責。會計統計佐理人員名額，由行政法院及主計處就本法所定委任人員及雇員名額中，會同決定之。同法第九條規定，行政法院設人事室，依人事管理條例之規定，掌人事管理事項。行政法院並得酌用雇員及庭丁（註三三），其名額原未規定，民國三十四年十月三十日修正之第十二條，定爲十五人至二十人爲雇員，四人至六人爲庭丁。

（四）行政法院之權限

行政法院依據民國十七年十一月十七日公布之修正司法院組織法第六條及歷次行政法院組織法第一條，其權限只限於掌理行政訴訟之審判，與平政院、懲吏院及審政院顯不相同。

（五）行政法院之功能

國民政府時代之行政法院，爲一純粹之行政訴訟審判機關，其所能發揮之功能，亦只在於審判行政訴訟案件，藉以維護法律秩序及保障人民之權益。其成效之良否，非視法律之規定而已，更重要者，乃其實際運作之成果。茲就訴訟程序之剖析、受理案件之數量、受理案件種類之分析、審理結果之分析、原告省籍之分布，依次縷述於後。

註三三　民國二十一年十一月十七日之行政法院組織法第十條，民國三十四年四月十六日修正公布之行政法院組織法第十二條。

1. 訴訟程序之剖析

民國二十一年至三十六年時期之行政法院， 其訴訟程序之準據法 ——行政訴訟法，見於國民政府公報者，計有二十一年十一月十七日公 布之行政訴訟法二十七條（註三四）、二十六年一月八日修正公布之行政 訴訟法二十九條（註三五）、三十一年七月二十七日修正公布之行政訴訟 法三十條（註三六）， 然坊間所刊六法全書及司法院所印行之改進現行 行政訴訟制度之研究（註三七）， 尚列有未見乎國民政府公報之「民國 二十四年十月四日公布之行政訴訟法」，茲只附帶述及以供參考。以下 未特別標明者，均指民國二十一年公布之法律。

行政訴訟之提起，乃人民因中央或地方官署之違法處分，致損害其 權利，經依訴願法提起再訴願，而不服其決定或提起再訴願於一定期間 內不爲決定者所爲者（註三八）。 行政訴訟之當事人得委任代理人代理

註三四　政府公報，洛字第六三號，頁二以下。

註三五　政府公報，第三二四八號，頁三以下。其中與舊法比較，經修正者，
　　　　計有第一條、第七條～第十條、第十二條第二項第四款、第二○條第
　　　　二項、第二三條～第二五條。

註三六　政府公報，渝字第四八七號，法規頁一以下。與民國二十六年一月八
　　　　日行政訴訟法比較，經修正者，計有第一條第一項、第十二條第二項
　　　　第一、四款、第十三條及第二六條。

註三七　參見司法院秘書處，改進現行行政訴訟制度之研究，頁二二七以下附
　　　　錄，民國七十一年四月，初版。

註三八　民國二十一年之行政訴訟法第一條規定爲三十日；二十六年之行政訴
　　　　訟法第一條定爲二個月；三十一年之行政訴訟法第一條，則規定爲三
　　　　個月。「民國二十四年之行政訴訟法」第一條則採訴願先行任意（選
　　　　擇）制，其規定爲： 人民因中央或地方官署之違法處分，致損害其權
　　　　利者，得向行政法院提起行政訴訟。
　　　　對於違法處分依訴願法提起訴願或再訴願，而不服其決定者，亦同。
　　　　已提起訴願或再訴願，非俟訴願或再訴願決定後，不得提起行政訴訟。

訴訟，代理人應提出委任書證明其代理權（第七條）（註三九）。行政訴訟因不服再訴願之決定而提起者，自再訴願決定書到達之次日起六十日內為之，其因再訴願不為決定而提起者，自滿三十日之次日起六十日內為之（第八條）（註四〇）。提起行政訴訟應以書狀為之。訴狀應記載下列各款，由原告或代理人簽名、蓋章或按指印。其不能簽名、蓋章、按指印者，得使他人代書姓名，並由代書人記明其事由，並簽名：一、原告之姓名、年齡、性別、籍貫、職業、住所或居所，如係法人，其名稱、事務所及代表人之姓名、年齡、性別。二、由代理人提起行政訴訟者，代理人之姓名、年齡、性別、職業、住所或居所。三、被告之官署。四、再訴願之決定及起訴之陳述。五、起訴理由及證據。六、年月日（第十條）（註四一）。行政法院接到原告起訴狀後，即應編號分由各庭審查是否受理。行政法院審查訴狀認為不應提起行政訴訟或違背法定程序者，應附理由以裁定駁回之，但僅係訴狀不合法定程式者，應限定期間命其補正（第十一條）（註四二）。如經受理，行政法院應將訴狀副本及其他必要書狀副本送達於被告，並限定期問命其答辯（第十二條）；被告答辯書應具副本，行政法院應將答辯書副本送達於原告

註三九　民國二十六年之行政訴訟法第七條第二項。

註四〇　民國二十六年之行政訴訟法第十條規定，行政訴訟之提起，於再訴願決定到達之次日起二個月內為之。

註四一　民國二十六年之行政訴訟法第十二條第二項第四款，將起訴之事實、理由、證據及再訴願決定，併為一款。
民國三十一年之行政訴訟法第十二條第二項第一款增列「或其他團體」「及代表人與法人或團體之關係」；第四款增列「及收受其決定之年月日」。
民國二十四年之行政訴訟法第十條第二項第四款則增列「經訴願或再訴願者，其決定」。

註四二　民國三十一年之行政訴訟法第十三條後段增訂為……有補正之必要者，應由審判長限定期間，命其補正。

（第十三條）；行政法院認爲必要時，得限定期間命原告、被告以書狀爲第二次之答辯（第十四條）；被告官署不派訴訟代理人或不提出答辯書，經行政法院另定期間以書面催告而仍延置不理者，行政法院得以職權調查事實，逕爲判決（第十五條）。行政訴訟就書狀判決之，但行政法院認爲必要或依當事人之聲請，得指定期日傳喚當事人及參加人到庭爲言詞辯論（第十六條）（註四三）；當事人及參加人於爲言詞辯論時，得補充書狀或更正錯誤及提出新證據（第十七條）；行政法院認爲必要時，得傳喚證人或鑑定人（第十八條第一項）；行政法院亦得指定評事或囑託法院或其他官署調查證據（第十九條）。行政法院審理結果認爲起訴有理由者，應以判決撤銷或變更原處分（或決定）（註四四），其附帶請求損害賠償者並應爲判決，認起訴爲無理由者，應以判決駁回之，其附帶請求損害賠償者亦同。判決書應送達當事人，如因處所不明，得依職權爲公示送達（註四五）。有民事訴訟法上得爲再審原因之一者，於判決送達時起算，其事由發生在後或知悉在後者，自發生或知悉時起算六十日（二個月）內提起再審之訴（第二十二條、第二十三條）。行政訴訟判決之執行。由行政法院呈由司法院轉呈國民政府訓令行之（第二十五條）。行政訴訟費用條例另定之（第二十四條）（註四六）；本法未規定者，準用民事訴訟法（第二十六條）。

註四三　當事人依民國二十六年之行政訴訟法第七條新增，指原告、被告及參加人。依同法第八條，參加人須爲有利害關係之第三人。

註四四　民國二十四年之行政訴訟法第二一條前段、民國二十六年之行政訴訟法第二三條前段、民國三十一年之行政訴訟法第二三條前段。

註四五　民國三十一年之行政訴訟法第二六條。

註四六　行政訴訟費用條例於民國二十二年五月六日公布，凡六條，依第五條之規定，不收審判費，附帶請求損害賠償者亦同（刊政府公報，第一一二四號，法規，頁一）。

2． 受理案件之數量

行政法院之裁判主文，皆刊於國民政府公報，另行政法院亦選編其判決九十件（註四七）。 茲依年次， 從民國二十二年起， 計算至三十六年底，統計其受理之案件。爲求一目瞭然， 以表列如下：

年度	22	23	24	25	26	27	28	29	30	31	32	33	34	35	36	總計
件數	2	40	53	82	82	63	63	33	47	69	43	31	20	27	57	712
備考	年不均四十八件弱															

3． 受理案件種類之分析

行政法院於民國二十二年至三十六年間所受理之七百十二件案件中，有係一件兩訴訟標的者，茲依其種類，按其多寡表列如下：

種類	土地	稅捐	商標	營業	教育	關務	水利	交通	鑛業	倉儲	鹽務	考詮	訴願	戶籍	其他	總計
數量	191	166	99	40	32	29	29	25	16	14	10	3	1	1	57	712
備考																

茲再就各類之細目分析如下： 土地一九一件中，官荒六件、廟產及

註四七　行政法院判決彙編，上海法學編譯社出版，民國三十七年四月。

管理十四件、沒收財產十一件、土地征收合法性十七件、征收補償五件、房屋租賃糾紛一件、承領湖灘蕩沙場坦三十件、租賃放領公地十二件、發還土地二件、扣押查封財產二件、查征所被毀一件、標賣土地三件、標購市地二件、爭買河基一件、縣鄉村界勘劃六件、標售財產一件、建築一件、租佃及取消取回七件、青圈青苗及費用三件、牧場一件、提賣私產二件、旗地讓與一件、承耕學田一件、地權爭執及土地登記二十五件、撥交土地一件、侵占溢地及侵害權益二件、房屋災害救濟金一件、撤銷土地買賣標賣七件、勒繳田價一件、估定地價一件、地目變更二件、承包草租、退讓基地及拆屋還地十五件。

稅捐一六六件中，匿稅未稅短報二十六件、退稅抵稅二件、押追房捐一件、稅率二件、稅則二件、緩徵一件、賠稅一件、稅額一件、稅證三件、教育稅一件、幫稅一件、貨物稅一件、車捐一件、畝捐一件、米捐一件、罰金一件、警款一件、兵差保甲款十二件、公費七件、水泥稅一件、契稅及補稅八件、營業稅及其補稅八件、房捐二件、牙稅三件、舖捐一件、屠宰稅二件、糧稅一件、田賦一件、遺產稅三件、利得稅一件、斗息牲捐一件、越境勒捐一件、私製售菸捲十二件、私製土酒四十九件、攙充土酒四件、藏匿私酒一件。

商標九十九件，其他五十七件中，拘押執行及執行行規二件、組織會館一件、責令出資二件、擡高鬻價被罰一件、訟費等攤款十二件、罰金給獎一件、發還財產紗布三件、公務員污瀆三件、法院及行政官員舞弊五件、代理簽名一件、侵吞託繳稅款一件、查辦保長一件、撤除保證金一件、污告違警、包捐各一件、中用爭執一件、沒收保證金一件、村務村款鄉村帳四件、公共衛生一件、鳴鐘開會一件、火柴被罰一件、被追墊款三件、清算、賠償村款攤納款五件、給付存款二件、分捐木排一件、賠償劣種鬻一件。

營業四十件中，隱匿囤積糧銀五件、派費一件、發行兌條一件、醫業歸併與藥械限制二件、營業權移轉一件、處分堆棧一件、私藏紅糖一件、舖業一件、營業界限三件、股款爭執二件、清算帳目三件、養蜂場一件、頂用牙帖一件、私開當舖、撤銷包運一件、接收公司資產及業務三件、取消營業三件、撤銷牙證一件、私收牙佣一件、遷移營業地點與營業登記四件、取締繭行一件、當舖違法取利一件、不准設立交易所一件、電氣業被處罰一件、停止報紙發行一件、發還產業之請求一件。

教育三十二件中，設校許可一件、補助校款一件、提寺田產興學六件、返還學產一件、校產三件、校款爭執五件、追繳教育基金一件、學租一件、學捐一件、學膳費一件、財產管理二件、勒提學款一件、截留學款一件、學款二件、校董改組二件、移交校長職務一件、砍伐校樹一件。

關務二十九件中，海關查扣沒收十一件、運茶被罰二件、運酒被罰一件、私運（銀幣等）六件、運銷肥料一件、收購黃金沒收一件、沒收糖貨三件、沒收銀幣一件、私運錫箔一件、私運火藥二件。

水利二十九件中，溝水利用及引水六件、水利管理規則修正一件、排水一件、修堰攤款四件、拆除堤埽及閘門二件、撤銷水利社一件、攤派堤費二件、移築水壩及堰塘七件、修堤取土一件、開河分圍及分流二件、水利費一件、水利權一件。

交通二十五件中，駁運及水渡權五件、人力車減租二件、人力車路線權一件、汽車傷人賠償一件、妨害交通及消防二件、禁止行車一件、禁泊木排一件、公路爭執一件、建築橋樑二件、管理搬運人員規則一件、修築通路及攤款四件、設置公用碼頭一件、繳納船價及罰金二件、侵吞路款一件。

礦業十六件中，採礦權七件、開碏一件、沒收土硝一件、礦地一

件、探鑛優先權一件、鑛品查驗補征辦法一件、鑛區二件、探鑛一件、更正鑛圖一件。

倉儲十四件中，積穀管理四件、派繳積穀一件、積穀名稱及清算一件、糧不事件、經營積穀一件、變賣倉穀一件、糧穀借墊一件、糧款及欠薪一件、虧欠糧款及積穀四件。

鹽務十件中，私鹽沒收二件、停發執照、鹽務爭執、取消鹽坦、運鹽淹消、運鹽被扣、圍鹽被罰、販賣運鹽觔、運鹽勒繳差價各一件。

考詮三件中，選舉舞弊一件、律師登錄一件、確認縣長考試一件。

訴願疑義及戶籍管轄各一件。

4. 審理結果之分析

行政法院自民國二十二年至三十六年間所受理，而經判決之案件，依其裁判結果，卽是否全部駁回原告之訴，統計各年之駁回率及十五年之全部駁回率。茲爲求一目瞭然，表列如下：

年度	22	23	24	25	26	27	28	29	30	31	32	33	34	35	36	總計
案件總數	2	40	53	82	82	63	63	33	47	69	43	31	20	27	57	712
駁回數	2	19	29	44	54	41	42	22	32	39	30	81	17	18	31	438
比例(%)	100	47.5	54.7	53.6	65.8	65	66.6	66.6	68	56.5	69.7	58	85	66.6	54.8	61.5

5. 原告省籍之分布

行政法院自民國二十二年至三十六年間所判決之七百十二件，其原告之省籍，依人數分布之多寡，列表如下：

省籍	江蘇	浙江	河北	廣東	四川	湖南	福建	江西	廣西	安徽	山西	湖北	河南	山東	陝西	貴州	綏遠	遼寧	雲南	總計
人數	177	142	70	68	55	44	22	18	17	16	15	14	12	7	6	6	5	1	1	712

由原告省籍之分布，亦可得知各省之社會發達程度及法治水準之高低。

（六）行政法院訴訟制度之特色

行政法院繼平政院之後，擔當我國行政爭訟之審判職務，茲就其組織、權限及程序上之差別，略述行政法院訴訟制度之特色。

就組織上之特色言，計有 1. 行政法院直隸司法院，爲形式及實質之司法機關； 2. 行政法院全國只設一所； 3. 行政法院分設二庭或三庭； 4. 行政法院每庭評事應有曾充法官者二人； 5. 行政法院之審判採合議制； 6. 行政法院評事之資格，其中曾列有須對於黨義、三民主義有深切之研究者； 7. 不設肅政史； 8. 評事不採密薦主義。

就權限上之特色言，行政法院爲純粹之行政訴訟審判機關，爲初審及終審、再審之法院，不受理糾彈案件，但受理附帶損害賠償案件；其次，審判權採概括主義及行政處分違法中心主義。

就程序上之特色言，計有： 1. 採取訴願前置主義（民國二十四年

之行政訴訟法曾採選擇的任意主義）；2. 准許提起附帶損害賠償之訴，但損害不及於所失利益；3. 禁止上訴或抗告，但允許提起再審之訴；4. 不作爲再訴願得提起行政訴訟；5. 採取起訴不停止原處分執行力之原則；6. 採取書狀審理爲原則，言詞審理爲例外之主義；7. 採取對行政官署不爲代理指派或不提出答辯，經催告仍不置理者，依職權調查事實逕爲判決；8. 言詞辯論得補充書狀或更正錯誤及提出新證據；9. 行政法院得指定評事或囑託法院或其他官署調查證據；10. 行政法院之判決，其執行由行政法院呈由司法院轉呈國民政府訓令行之；11. 民事訴訟法補充主義；12. 承認視爲提起再訴願之制度（民國二十六年之行政訴訟法第一條第二項）；13. 明文規定當事人之範圍爲原告、被告及參加人，並對被告機關明文確定（民國二十六年之行政訴訟法第七條、第九條）；14. 撤銷或變更之判決對象，及於原處分及決定；15. 允許公示送達（民國三十一年之行政訴訟法第二十六條）；16. 訴訟原告只限於人民（自然人、法人及團體）；17. 不採就地審判；18. 不禁止撤回訴訟。

四、結　語

由上述之分析，吾人可知國民政府時代之行政訴訟制度，在國事蜩螗、局勢艱困之際，尚難以言完善，而其制度亦未被充分利用，以致於就其史實稍事回顧，卽難免有國步維艱之嘆，然而今日之行政訴訟制度，不但植基於此時期之建制，且少有大幅度之修正，比較彼時此地之環境，確有大事更張之必要，此亦爲司法院行政訴訟制度研究修正委員會成立之原因及努力之任務所在。

（本文原載於憲政時代十六卷三期）

伍、我國憲法上行政訴訟制度之規範取向

一、前　言

二、憲法對行政訴訟制度功能之規範取向

(一) 憲法前言對行政訴訟制度功能之規範取向

(二) 憲法有關條文對行政訴訟制度功能之規範取向

三、憲法對行政訴訟上訴訟權能範圍之規範

(一) 我國憲法對行政訴訟上訴訟權能範圍之規範取向

四、憲法對確保行政訴訟裁判實現之規範取向

(一) 憲法前言對規範確保行政訴訟裁判實現之程度

(二) 憲法第九十條、第九十七條、第九十八條對確保行政
訴訟裁判實現之規範

(三) 依法行政原則與行政訴訟制度關係衍義

五、憲法對暫行權利保護措施之規範取向

六、憲法對訴訟種類之規範取向

七、憲法對行政裁判權範圍之規範取向

八、憲法對行政裁判司法化之規範取向

九、從我國憲法對行政訴訟制度之規範取向，檢
討我國行政訴訟制度之妥當性及合憲性

（一）行政法院之組織方面
（二）行政法院之權限方面
（三）行政訴訟之程序方面

十、從我國憲法對行政訴訟制度之規範取向，檢
討司法院行政訴訟制度研究修正委員會「行
政訴訟法修正草案」及「行政法院組織法修
正草案」之妥當性

（一）改善之規定
（二）尚待加強之規定

十一、結　論

伍、我國憲法上行政訴訟制度之 規範取向

一、前　言

　　憲法爲國家之根本大法，萬法之母，憲政之基石也。憲政國家，一切法律制度之妥當性及合憲性，必須溯源於憲法之規範上。由於憲法爲國家之根本大法，欲以有限之法條規範凡百庶政，殆有困難，故多具綱領性質（其詳多委予法律再規定），而憲法亦須顧及憲政生活之安定性與妥當性，其最佳之方法，乃視需要、依條件、隨時潮就其規定，把握制定精神、目的及相關規定或法制，予以具體化及再發展。我國憲法對於行政訴訟制度，雖不乏明文，但仍嫌簡略，有進一步加以探討、闡發之必要。以下擬就行政訴訟制度之功能、訴訟權能（適格）之範圍、裁判實現之確保、暫行權利保護之措施、訴訟之種類、行政裁判權之範圍及行政裁判之司法化，探賾我國憲法上行政訴訟制度之規範取向，並以之詳嚴現行行政訴訟制度與擬議中行政法院組織法及行政訴訟法草案之妥當性。

二、憲法對行政訴訟制度功能之規範取向

(一) 憲法前言對行政訴訟制度功能之規範取向

1. 憲法前言之內容及其對行政訴訟制度功能之規範程度

我國憲法前言曰:「中華民國國民大會受全體國民之付託,依據孫中山先生創立中華民國之遺教, 爲鞏固國權, 保障民權, 奠定社會安寧, 增進人民福利,制定本憲法, 頒行全國, 永矢咸遵。」吾人從憲法前言之制憲四大目的, 雖不能逕行肯定其對行政訴訟制度功能是否有直接之規範作用,但從憲法前言之法規範性質觀之, 如憲法本文對行政訴訟制度之功能缺乏明文, 則其至少亦具有間接及補充之效用(註一)。觀諸我國憲法之本文,其涉及行政訴訟制度者,計有: 第十六條、第七十七條及第八十二條 (主要規定)、第一條、第二條、第二十二條、第二十三條、第二十四條、第八十條及第八十一條 (次要規定)。然該等條文並未就行政訴訟制度之功能,做明白之規定 (另詳下述)。因此,憲法前言就行政訴訟制度之功能, 應具有規範上解釋或闡發之作用。

2. 憲法前言對行政訴訟制度功能之規範方向

行政訴訟制度具有何等之功能? 依學者之通說,可大別爲「法規維持說」及「權利保護說」(註二)。依「法規維持說」, 則行政訴訟制度

註 一　參見湯德宗,論憲法前言之內容及性質,收於中美憲法論文集,頁四二○以下,中國憲法學會編印,七十六年九月。

註 二　參見拙著, 從權利保護功能之強化, 論我國行政訴訟制度應有之取向,頁七以下,臺灣大學法研所博士論文,七十七年六月。

之功能，首在於確保行政活動之合法，使法規得以被正當適用或遵守，而其尊嚴得以維繫，至於人民（個人）權利因之而獲致保障，則僅係附帶目的或附隨作用而已（註三）。而依「權利保護說」，行政訴訟制度之功能，其最終功能，在於保護人民之權利，或者以之爲主要目的，而法規之維持行政行爲合法性之確保，只係其附帶作用或當然結果（註四）。我國憲法並無明文規定行政訴訟制度之功能，究偏向「法規維持說」或「權利保護說」，因此，憲法前言所揭櫫之制憲四大目標：「鞏固國權」、「保障民權」、「奠定社會安寧」及「增進人民福利」，似亦可引爲解釋我國憲法對行政訴訟制度功能規範方向之準據。

　　行政訴訟制度之發端及存續基礎，在於就行政違法之行爲，侵害人民之權利，提供司法之救濟途徑。我國行政訴訟制度之設，其目的在藉行政訴訟除去違法之行政行爲，以「鞏固國權」（國民之主權及立法權），同時亦在謀「保障民權」、「奠定社會安寧」（以行政訴訟制度取代自力救濟，維護公權力之尊嚴，促進社會秩序）及「增進人民福利」（消極上爲民除害，減少行政違法侵害民權，積極上以合法行爲改善人民之生活）。至於此四大目的，是否有優先順序，余意以爲應平行存在，兼籌並顧，於無法得兼時，始以法文規定其優先順序（註五）。唯茲所謂

註　三　主此說者，如普魯士之 Gneist, Zorn, Otto Mayer, 參見　C. H.
　　　　Ule, Verwaltungsprozeβrecht, 9. Aufl. S. 3 ff., C. H. Beck,
　　　　München 1987.

註　四　戰前主此說者，如南德之 Otto von Sarwey, 參見 C. H. Ule, aaO.
　　　　(Fn. 3), S. 3; E. Kersten, Die Entwicklung und Ausgestaltung der
　　　　Verwaltungsgerichtsbarkeit, S. 18 ff., Diss., Freiburg 1963; C.
　　　　F. Menger, Zur Geschichte der Verwaltungsgerichtsbarkeit,
　　　　DöV 1963, S. 726.

註　五　參見前揭（註二）拙著，頁一八二。我國學者林紀東教授，認爲本質
　　　　上卽有先後之別，參見氏著，中華民國憲法逐條解義，第一冊，頁二
　　　　三以下，自刊，再版，六十四年十一月。

「平行存在」，意在四者應均予以顧及，然「理想者未必存在」、「理想者未必可行」。 蓋目的之遂行， 胥賴適當之方法或手段， 始克有效。綜觀我國憲法前言所揭之四大目的，若移置於行政訴訟制度之功能上，似亦不脫離「法規維持說」及「權利保護說」之藩籬。唯在此欲予以澄清者，乃是目的與手段應嚴予區別。余曾就戰前與戰後歐陸各國之行政訴訟制度，分析其目的與制度間之離合，得一結論，曰：法規之維持與權利之保護不易以獨立之目的併存，因此，即使欲併存兩者於同一制度，亦必須有主從之別，並使訴訟制度產生不同之結構及要求（註六）。再者， 在現代法治國家中， 行政訴訟制度之 最終目的，亦在於人民權利之保護（註七）。我國憲法前言所揭制憲四大目的，其涉及權利之保護者，既多而明顯；其涉及法規之維持者，則少而隱晦。因此，吾人似可斷言：我國憲法前言，甚至整部憲法，就行政訴訟制度之功能，乃以權利之保護爲規範導向。

（二）憲法有關條文對行政訴訟制度功能之規範取向

1. 憲法第一條

我國憲法第一條規定：「中華民國基於三民主義，爲民有、民治、民享之民主共和國。」此條除一方面以三民主義爲立國精神外，並使其具有法源之地位（註八），它方面亦揭櫫國家一切措施，應以民有、民治、民享爲目標。就司法制度言，吾人得以引伸而謂「司法爲人民而存在」、「一切司法改革應爲人民之利益著想」， 其於行政訴訟制度之建立與改

註　六　參見前揭（註二）拙著，頁九以下，特別是頁十六。
註　七　參見前揭（註二）拙著，頁十六以下。
註　八　參見林紀東前揭（註五）書，頁二八。

革亦同。因此，所謂以人民權利之保護爲行政訴訟制度之最終目的之確認（註九）及權利之保護必須符合正確（憲法第八十條與之有關）、完整（憲法第二十二條、第二十三條與之有關）、實現、經濟及迅速（憲法第七十七條與之有關）五大要求之確立（註十），亦契符憲法之目的要求。

2．憲法第二條

我國憲法第二條規定：「中華民國之主權，屬於國民全體。」此條在於呼應第一條之規定，亦屬第一條規定當然之結果。準此，所有政權與治權之行使，均不得違反全體國民之意志，並應爲全體國民之利益而行使之（註十一）。行政訴訟之審判，屬於司法權之一部分（我國憲法第七十七條），亦爲治權之一支，其設置、行使與改革，應符合「全體國民」之意志及爲「全體國民」之利益而行使，故不可純爲行政權或司法權本身之方便著想。所謂公益云云，亦須解釋爲「全體國民之利益」，而非單純行政機關之利益。

3．憲法第十六條

我國憲法第十六條規定：「人民有請願、訴願及訴訟之權。」請願、訴願及訴訟三權，其內容、行使之對象及程序不同，但目的接近，合稱「權利保護請求權」（註十二）。

註　九　參見前揭（註二）拙著，頁六以下。
註　十　參見前揭（註二）拙著，頁二三以下。
註十一　參見林紀東前揭（註五）書，頁三一。
註十二　參見林紀東前揭（註五）書，頁二五一。

第十六條只曰「訴訟權」，然因第七十七條規定之結果，知其包括
「行政訴訟權」在內。但此一規定，配合第二十二條之規範作用，似可
解爲其乃「最低之保障規定」（另詳下述）。

4. 憲法第二十二條

我國憲法第二十二條規定：「凡人民之其他自由及權利，不妨害社
會秩序、公共利益者，均受憲法之保障。」其目的在補充第七條至第十
八條及第二十一條之規定，並所以顯示憲法關於人民憲法上之權利只採
例示規定（註十三），而使因時勢之變遷所產生之新權利，亦受憲法之
保障。準此，配合上述第十六條之規定，更可肯定我國憲法上之行政訴
訟制度，傾向於保護人民之權利，當然第二十二條與第二十三條並涉及
保護之範圍問題，另詳後述。

三、憲法對行政訴訟上訴訟權能範圍之規範

由於我國之司法體制亦採不告不理原則，使得訴權決定行使裁判權
之發動及作用範圍。何謂訴權(Klagebefugnis; Locus standi; Standing;
L'intérêt à agir dans le recours; la legittimazione del giudice)？ 學
者間定義不一，大致言之，係指何人就一定事項有權提起一定種類之訴
訟，而就其標的受有利裁判之資格（註十四）。訴權（適格），恆與訴之
利益（權利保護之利益或必要）及訴訟標的，相互牽連、影響。各國

註十三　參見林紀東前揭（註五）書，頁三二九以下。
註十四　參見前揭（註二）拙著，頁四七，註六六。

行政訴訟制度為確保行政之靈活營運、法之安定性、避免濫訴所生之訴
訟過量㦸及司法之功能，咸於訴訟種類或訴訟原因之規範時，一併（明
文或默示）確立訴權之誰屬，除法定之職務訴訟外，因其要求條件之不
同，可類型化為（權利）被害者訴訟（Verletztenklage）、利害關係者訴
訟（Interessentenklage）及民眾訴訟（Popularklage）三大類。所謂「被
害者訴訟」，本指欲提起行政訴訟者，必須其「權利」為「違法」之被
訴行為所「侵害」為許可要件（註十五）。此種以原告之權利為違法之
行政行為所侵害為起訴要件之訴訟型態，符合行政訴訟之「權利保護作
用」目的，故為多數國家之行政訴訟制度所採用。然由於訴權之享有，
以原告之權利被害為要件，實際上乃限制起訴者之範圍，匪特無關自己
之利益，任何人（quivis ex populo）皆得提起之民眾訴訟（詳後述）
被排除，即只關係自己之利益者，亦不得起訴，故可稱係「權利被害者
訴訟」。邇來因社會化日形嚴密，權利與利益不易分別，為確保正當利
益之享有，若干原採「權利被害者訴訟」之國家，乃擴張訴權至「法律
保護之利益」，而形成「利益被害者訴訟」（註十六）。所謂「利害關係者
訴訟」，乃原告訴之提起，只要其具有值得保護之實質的或理念的、直
接的或間接的、現實的或將來的及任何可以估量之利益為已足（註十七）。
唯此等利益，須為自己所有，以有別於民眾訴訟。由於行政處分或行為
之相對人，其權利恆為行政處分或行為所侵，故其亦以「被害者訴訟」
型態處理即可，對於區分被害者訴訟或利害關係者訴訟，無甚意義。準
此，利害關係者訴訟乃以「非處分（行為）相對人」（Nichtsadressaten）
或「第三者」（Dritten）或「關係者」（Betroffenen）為重點。質言之，

註十五　Vgl. W. Skouris, Verletztenklagen und Interessentenklagen im
　　　　Verwaltungsprozeβ, 1. Aufl. S. 10, Carl Heymanns, Köln 1979.
註十六　關於各國法制之實況，詳請參見前揭（註二）拙著，頁四九～五六。
註十七　Vgl. W. Skouris, aaO. (Fn. 15), S. 11.

被害者訴訟之原告雖非處分或行為相對人，只要其權利為處分或行為所侵害，不論其為直接或間接，皆可成立，但衡以實際，仍以相對人成立之機會為多。反觀利害關係者訴訟，因其主體之「第三人」或「關係者」性格，使其成立情形與被害者訴訟適相反。至於處分之相對人，只有於其處分對象之物或事項間接為處分所波及時，始能以「第三者」之地位同時為主張。利害關係者訴訟與被害者訴訟之區別，只有在非相對人訴訟，方能突顯其重要性。在利害關係者訴訟，對於處分之撤銷具有利益者，只要處分違法，非處分相對人之訴即有結果；反之，在被害者訴訟上，非處分相對人之撤銷請求，只處分違法尚不足夠，必須處分所違反之法律至少同時亦保護其利益始可（註十八）。此外，利害關係者只有在利害關係者訴訟，始能以原告之地位起訴，而在被害者訴訟上，其只能以參加人之角色參與訴訟（註十九）。當然在利害關係者訴訟，其仍得以參加人之地位參與他人訴訟，唯實際上少如此為之。在利害關係者訴訟，訴權與一般訴之利益無顯著之區別，且有合一或重疊之處（註二〇）。至於「民眾訴訟」云者，可分廣、狹義二種。前者乃真正意義之民眾訴訟，指任何人可藉訴訟指摘措施之違法（註二一）；後者，則僅限於一定區域範圍之人民，或其具有一定特別資格者（如選舉人、納稅人、住民），就行政活動之違法、不正，得以訴訟予以指摘者而言。

註十八　Vgl. W. Skouris, aaO. (Fn. 15), S. 151.

註十九　參見我國行政訴訟法第八條、日本行政事件訴訟法第二二條、西德§ 65 VwGO、奧地利§ 21 VwGG、義大利§ 22 II, L. 6, Decembre 1971, n. 1034, § 37 I, TU 17, 8, 1907、瑞士§ 120 OG, §§ 15, 16 ZPG、法國§ 154 Règlement CTA.

註二〇　關於採取利害關係者訴訟法制之國家，詳請參見前揭（註二）拙著，頁五八～六六。

註二一　Vgl. W. Skouris, aaO. (Fn. 15), S. 7 ff.; A. Bleckmann, in: H. Mosler (Ed.), Judicial protection against the executive, Bd. Ⅲ, p. 21, Carl Heymanns, Köln 1971.

目前世界各國之行政訴訟制度，鮮有採取廣義之民眾訴訟者（即使採取，亦只限於一定之領域），而各國所欲排除之民眾訴訟，即指此種而言。民眾訴訟乃實現依法行政及法規維持作用之最佳訴訟方式，然衡以人類之利己心性（自私）及在訴訟無償制之國家，易導致濫訴，特別是「愛發牢騷者訴訟」(Querulantenklage)（註二二），使法院負擔過重，阻礙他人利用法院之機會（註二三），並因不易限定起訴期限，易陷法律狀態於不安定，阻礙行政之正常運作，故世界各國少有採取者。由於民眾訴訟屬於客觀訴訟，其目的並非在於權利之保護，雖其為訴權之擴大，並可能預防個別人民權利之受損，然吾人以為就權利保護功能之加強言，其不值得強加採納，但亦不必特加反對。所應注意者，不得以民眾訴訟之採取，反排除被害者訴訟，而在今日權利概念之膨脹及正當利益之應受保護言，利害關係者訴訟型態之訴權理論，值得採取。

（一）我國憲法對行政訴訟上訴訟權能範圍之規範取向

我國憲法對於行政訴訟上訴訟權能範圍之規範，雖欠缺明文，然間接蘊涵「被害者訴訟」及允許利害關係者訴訟，甚至民眾訴訟之規定，

註二二　Vgl. W. -R. Schenke, Bonner Kommentar, Rn. 154 zu § 19 IV GG; H. Sendler, in: Festschrift für M. A. Grisel, S. 800, Editions Ides et Calendes, Neuchâtel 1983; D. Neumeyer, Die Klagebefugnis im Verwaltungsprozeβ, S. 134, Duncker & Humblot, Berlin 1979.

註二三　依我國專利法第三二條，再審查之請求採「民眾再審查」，依第三七條之規定，似亦可提起「民眾訴訟」，然該條規定「依法提起訴願及行政訴訟」，是否受行政訴訟法第一條第一項之要件限制？再者，事實上是否可能有不關自己利益，而願以維護公益為己任之人？均值得再研議。

卻亦非無有，此即憲法第二十二條及第二十四條。

1. 憲法第二十四條

我國憲法第二十四條規定：「凡公務員違法侵害人民之自由或權利者，除依法律受懲戒外，應負刑事及民事責任。被害人民就其所受損害，並得依法律向國家請求賠償。」雖原係在規範國家賠償責任，但在行政訴訟附帶賠償之訴上，無疑地係採取「被害者訴訟」。然吾人不能忽略或誤解者，乃民主法治國家之憲法涉及人民權利之規定，應解為係「最低之保障」，而涉及人民義務或權利、自由之限制，則宜解為係「最高之課予或限制」，我國憲法第二十三條即顯示此一意旨。

2. 憲法第二十二條

我國憲法第二十二條，除在補充第七條至第十八條及第二十一條對人民權利之保護，以資概括外，並積極保障「不妨害社會秩序、公共利益者」（第二十三條重在消極保障）之其他權利及自由。此一規定在憲法規範功能上，不但使如著作、專利、商標等智能財產權得以受到保障，即若干準財產權或自由，特別是因社會環境變遷所生之新權利或自由種類，不妨害社會秩序及公共利益之「利益」，亦為憲法所保障，而形成「法律所保護之利益」，影響所及，在訴訟權能（適格）上，似已不能再以法律（行政訴訟法）限於「權利被害者訴訟」，亦即此只係最低保護之要求，而非最高之保護，而使之在精神上，得與西德基本法第十九條第四項，為同一之解釋（同註二二），而為允許「利害關係者訴訟」之依據。我國訴願法第一條採利害關係者訴願，專利法第三十二條

併同第三十七條，似更允許「民眾訴訟」（同註二三），可間接肯定。

四、憲法對確保行政訴訟裁判實現之規範取向

裁判不能實現，則與未裁判無大差異！裁判貴在實現，司法之尊嚴繫之！

行政訴訟之裁判，恆以行政權為對象，加上其欠缺直接、強制實現其內容之實力，故行政訴訟裁判之實現輒賴行政官署之善意，主動合作，始克有濟，亦正因如此，產生不少弊端，而普受詬病。戰後各國強調司法權之強化及司法保護請求權之改善，學者亦主張司法保護請求權，不僅包括程序上訴權及有利己裁判之主張權，並包括執行裁判之請求權（註二四）。

由於行政訴訟種類之不同，其裁判內容及實現方法亦異，有需執行始能實現者（給付判決），有無需執行即得實現者（確認、撤銷、形成判決），然兩者皆需行政機關配合，前者如為一定之作為或不作為；後者如除去或不為妨礙裁判內容之狀態及行為是。準此，所謂裁判實現之確保，包含積極促成裁判內容之實現及消極不妨礙裁判內容之實現。無論裁判由行政法院或普通法院執行，或交由行政機關自行執行，皆需行政機關協力，而其關鍵又在於實際上替代行政機關為「法律行為」之自然人（公務員），特別是機關首長及負責執行職務之公務員。造成裁判不能或遲滯實現之原因，不外乎行政機關不知如何協力實現及故意不協力或存心阻撓實現裁判。如能蠲除此等因素，則裁判內容自易於實現

註二四　參見拙著，法治國家中司法之任務，頁一四九、一七五註八三，臺大法研所碩士論文，七十年六月。

（其他因素仍有之，但非最重要或嚴重）。就前者言，裁判之內容應明確、簡易、可行、適當；就後者言，應責成有司，課予違反時應負之責任。

目前各國在行政訴訟制度上，採取特別之確保措施者，如法國之報告委員（Rapporteur）及強制罰（Astreinte）、西德之強制金（Zwangs-geld）、奧國之怠慢訴訟（Säumnisbeschwerde）及義大利之強制訴訟（Giudizio di ottemperanza）制度，均具成效（註二五）。我國憲法未專就行政訴訟制度規定類此之措施，而只能從憲法前言之制憲四大目標及「依法行政原則」與行政訴訟制度之關係，依法治國家之原則，或憲法之一般原理中求得；另監察制度亦其作用。

（一）憲法前言對規範確保行政訴訟裁判實現之程度

我國憲法前言揭櫫制憲四大目標：鞏固國權、保障民權、奠定社會安寧、增進人民福利，從論理解釋所衍生之憲法規範功能，吾人亦可肯定，我國憲法不只肯認行政訴訟制度而已，更亦要求具有實效，得以實現之行政訴訟裁判制度。蓋不能確保其實現之行政訴訟裁判，絕不能用以「鞏固國權」、「保障民權」、「奠定社會安寧」及「增進人民福利」，亦非憲法第十六條及第七十七條創設行政訴訟制度之本意。

（二）憲法第九十條、第九十七條、第九十八條
對確保行政訴訟裁判實現之規範

我國憲法第九十條、第九十七條及第九十八條，規定監察權之內容

註二五　詳請參見前揭（註二）拙著，頁七〇～七六。

及行使，其雖非針對行政訴訟制度而發，然因其具有五權分立之一般
性，故，就造成阻礙行政訴訟裁判不能實現之原因，亦得以發揮糾正之
效果。唯考此制度之設，似無排他之效果，亦即排除其他確保行政訴訟
裁判實現之措施之作用。

（三）依法行政原則與行政訴訟制度關係衍義

依法行政原則(Grundsatz der Gesetzmäßigkeit der Verwaltung)
乃法治國家不替之規範，其目的在納行政於軌範之中，使其得盡服務人
民之能，而不生傷民之事。其重要內容，包括「法律之法規創造力」、
「法律優位」及「法律保留」。我國憲法第二十三條、第六十二條、第
六十三條、第一百四十四條、第一百四十五條、第一百七十二條等，直
接蘊涵此一原則，而第一條及第二條亦間接得以推知。其次，行政訴訟
制度為我國憲法第十六條及第七十七條所承認，固不待論，然行政訴訟
制度乃依法行政原則之下位概念，或其衍生之制度。無依法行政原則之
存在，行政訴訟制度亦頓失依憑。就依法行政原則與行政訴訟制度在憲
法上之關係，值得吾人深切研討者，乃依法行政原則與行政訴訟制度之
目的是否相同、依法行政原則與依法審判在行政訴訟領域，其法源是否
相同，依法行政原則與行政訴訟之界限（範圍）是否相同，在法治國家中行
政訴訟之制度，是否足够充分確保依法行政原則之實現（包括行政訴訟
權利保護功能之強化、訴訟種類之適度、行政裁判權範圍之充分等）。

就依法行政原則之目的言，在市民的夜警國家，在求保護人民之生
命、自由及財產免於受國家違法之侵害。行政訴訟制度之目的，在戰前
各國被倡言在維護法規之尊嚴，實則仍偏向於權利之保護（註二六）。時

註二六　參見前揭（註二）拙著，頁九～十六。

至今日之社會福利法治國家，由於人民倚賴國家提供各類生活需要之照顧、計畫、建設及提昇日眾，致依法行政原則之目的，不再侷限於保護人民之生命、自由及財產權免於國家違法之侵害而已，抑有進者，講求人民積極參與國家與社會事務之形成及服務之享有，在公益或社會正義之追求下，更擴大人民權利之保障，而行政訴訟制度在依法審判原則之約束下，亦同此趨勢（另詳前述訴權部分之說明）。

就依法行政原則與依法審判在行政訴訟領域，其法源是否相同言之，在市民的夜警國家時代，行政偏於消極，無法律即無行政，因此，依法行政之法源限於議會通過之形式意義法律，而行政訴訟制度在依法審判原則下，亦屬亦步亦趨。時至今日，行政應主動為民服務，無法律即無行政之原則不復存在，唯其根本精神乃侵害事項，仍唯形式意義之法律是賴，而給付事項，則可在一般憲法或法律原則不牴觸下，自頒規則以為依據。而行政享有委任立法權之時，亦享有廣泛之裁量權。此一現象，使行政一方面就形式法律之藩籬跨出一大步，然另一方面卻又為實質法律（特別是憲法或一般法律原則）加上另一枷鎖，換言之，依法行政之法源大為擴張，不再侷限於形式意義之法律矣！反觀行政訴訟之法源，亦如影隨形，窮追不捨，擴大依法審判之法源基礎，此似可以我國司法院大法官會議解釋第三十八號、第一三七號及第二一六號為說明。綜觀此三號解釋，一方面擴大行政訴訟之法源，但就「行政法院」受法的拘束言，在權力分立原則下，似仍只受形式法律之支配，對行政命令則享有實質之合法性審查權，而不限於形式合法性之審查矣！

就依法行政原則與行政訴訟之界限（範圍）是否相同言，戰前格於行政權優位下，有所謂裁量事項、特別權力關係及統治行為不受法院審查，亦即此等事項既無需「依法行政」，亦屬行政訴訟之界限（不得行政訴訟之事項）。戰後發展之趨勢，乃司法權之加強，裁量雖有相當程

度之自由，但不可違反禁止濫用及一般法律原則（如平等原則、比例原則）；特別權力關係被限縮於純經營關係（Betriebsverhältnis）；統治行為之緊縮在高度政治性之行為，且涉及人民權利者，即允許救濟（註二七）。就行政訴訟之界限言，戰後之行政訴訟制度，一方面擴大人民之訴權（詳前述），另一方面則擴大行政裁判權之範圍（另詳後述），而行政訴訟允許與否之界限（非關勝訴之所有因素），厥在其涉及合法性一端，凡涉及違反保護人民利益之法律，一般即被允許。

　　最後就行政訴訟制度是否足夠充分確保依法行政原則之實現言，行政訴訟制度一方面是依法行政原則之下位概念或結果之制度，另一方面，其目的又大致雷同，因此，凡為依法行政原則效力所及之範圍，行政訴訟制度應提供正確、完整、實現、經濟及迅速之救濟，此亦為憲法所應內涵者。換言之，在法治國家中之行政訴訟制度，應確保依法行政原則之最後拘束力。

五、憲法對暫行權利保護措施之規範取向

　　傳統（戰前）之行政訴訟，以行政權優位、公益至上之思想為基礎，普遍不承認起訴有停止行政處分或行為之（執行）效力，即民事訴訟上之保全程序，或因訴訟性質不同，或因事實上無必要，或因不重視人民權益之保障，亦鮮有予以採行者（註二八）。然而戰後由於社會結

註二七　參見前揭（註二）拙著，頁一一四以下。
註二八　德國　八七九年符騰堡之高等行政法院就行政訴訟得為假處分(einst-weilige Verfügung)，唯只在 Koburg-Gotha, Oldenburg 及 Hessen 實施；普魯士一八八三年七月三日所頒之一般邦法（ＡＬＲ），則限制起訴之停止效力。Vgl. H. Quaritsch. VerwArch, 1960, S. 211 ff.

構重大改變，行政任務擴大，行政措施多元化（以往爲雙方之行政法關係，轉而爲三方或多方之行政法關係）（註二九），致侵害個人權益之機會日多，而行政法院負擔過重，訴訟程序進行緩慢，若案案必待判決確定而後動，輒造成「旣成事實」（vollendete Tatsache; fait accompli）（註三〇）或無可回復之損害，所謂完善之司法保護盡被鏤空，矧言，個人起訴並非皆屬濫訴，其中不乏頗具理由者。戰後強調人權之保障及司法之權利保護之強化，乃不能不綢繆個人權利在裁判確定前之保障，是以有暫行權利保護（vorläufiger Rechtsschutz）制度之普徧出現（註三一）。

由於暫行權利保護制度攸關公益與個人權益，其由行政法院命令爲之或因起訴而生停止效力，則涉及司法權與行政權之界限問題，故向來

註二九　Vgl. P. Lerche, BayVBl. 1980, S. 261; E. Schmidt-Aβmann, in: Festschrift für C.-F. Menger zum 70. Geburtstag, S. 110 ff., Carl Heymanns, Köln 1985.

註三〇　Vgl. W. Blümel, in: Festschrift für E. Forsthoff zum 65. Geburtstag, S. 137 ff., C. H. Beck, München 1967; ders., DVBl. 1975, S. 701 ff.; C. Degenhart, AöR 1978, S. 163 ff.; J. Ipsen, AöR 1982, S. 294; D. Lorenz, AöR 1980, S. 634; W. Martens, Suspensiveffekt, Sofortvollzug und vorläufiger gerichtlicher Rechtsschutz bei atomrechtlichen Genehmigung, S. 18 ff., Carl Heymanns, Köln 1983; F. Ossenbühl, Gutachten zum 50. DJT, S. 192; F. Panholzer u. E. Wolny, in: Fröhler/Pindur (Hrsg.), Rechtsschutz bei "vollendeten Tatsachen", Kommunale Forschung in Österreich.

註三一　Vgl. B. Bender, in: Festschrift für C.-F. Menger, aaO. (Fn. 29), S. 657; Finkelnburg/Jank, Vorläufiger Rechtsschutz im Verwaltungsverfahren, 3. Aufl. Rn. 5, C. H. Beck, München 1986; K. Kersting, DVP 1982, S. 12; K. Stern, Verwaltungsprozessuale Probleme in der öffentlichen Arbeit, 6. Aufl. S. 100. C. H. Beck, München 1987; G. Scholz, in: Festschrift für C.-F. Menger, aaO. (Fn. 29), S. 641 ff.; C. H. Ule, aaO. (Fn. 3), S. 364.

學者主張其基本精神在調和個人利益與公益、司法權優越於行政權（註三二）。唯現代之行政訴訟對象往往爲具有第三人效力之行政處分或第三人具有值得保護之重大利益，其間之利害衝突乃加劇，如何調和，乃必須有相應之措施。此外，因暫行權利保護之功能在提供迅速而有效之救濟，基於保障合法之權益始爲眞正之公益的思想，益以今日行政訴訟普徧結案遲緩（特別是在西德），又格於其不得先爲本案審查之見解（註三三），暫行權利保護日形重要，大有喧賓奪主之勢，但其核可與否亦日益困難，無論在立法或司法上更應倍加審愼。

　　我國憲法雖乏明文規定暫行權利保護制度，然從憲法承認有效之行政訴訟下，似亦應同時承認其包括暫行權利保護制度在內，此亦爲現代民主法治國家之所必備，我國憲法前言，第一條、第二條、第十六條及第七十七條等，亦蘊涵之。唯如前所述，暫行權利保護制度涉及個人利益與公益之協調，在我國憲法上，究應先認爲人民有暫行權利保護請求權，而其限制只能於符合第二十三條之要件下，始能以法律爲之，抑或認爲人民只有在符合第二十二條之要件下，始承認其具有此種權利？我國法說及實務，均乏可稽之文獻。依本文所見，依內涵於有效之行政訴訟制度之原則，應認其爲人民所固有之權利，而只能本於第二十三條限制其行使，如此，始能合理克服具第三人效力行政處分之行政訴訟時，

註三二　參見林明鏘，人民權利之暫時保護──以行政訴訟程序爲中心，頁四三以下，臺大法研所碩士論文，七十六年六月。

註三三　特別是西德之假命令之申請在起訴前卽可提出，故法院必須嚴審其有無必要及有無申請權，至於本案內容原則上禁止先行處理，只有在非先行處理，卽無法確保其有效性下，例外允許之。學者間有認此不切實際，與基本法第十九條第四項之精神亦不符。Vgl. B. Bender, in: Festschrift für C.-F. Menger, aaO. (Fn. 29), S. 665; Finkelnburg/Jank, aaO. (Fn. 31), Rn. 236 ff.; K. Kersting, DVP 1982, S. 53.

申請暫行權利保護發生利害衝突不易解決之情形。唯縱然有符合我國憲法第二十三條之情形，就起訴是否具有停止之效力，應以合法權利之保障為目標，不容以違法侵害合法，以眾暴寡或投機取巧，造成既成事實。因此，行政訴訟之起訴不當然具有停止效力或當然不具停止效力，亦非截然以利益之優越性決定是否予以停止執行或即時執行，而係於法院為大略之即審裁決程序 (summarishes Verfahren) 後，凡訴訟顯不合法或無理由，則起訴不生停止效力，申請假命令者不得許可；反之，被起訴事項之合法性嚴重可疑時，不得命即時執行，起訴具停止效力。如起訴非顯不合法或顯無理由，而被訴行為之合法性亦無嚴重之可疑時，則本於憲法第二十三條，依利益之輕重緩急，以關係法益為衡量標準，兩利取其重，兩害取其輕。公共利益、第三人利益及原告之利益一併加以衡量，裁定前應予原、被告及利害關係人陳述意見之機會，但情況急迫者，不在此限。此外，情況之變更，得為廢止（棄）原裁決之原因（註三四）。

六、憲法對訴訟種類之規範取向

戰前各國行政訴訟欲以維持法規為目的（究其實際，並未完全如此），其主要表現據點並非在於訴權方面，而係在訴訟種類，此向為學者所疏忽。戰後各國行政訴訟制度以保護人民之權利為導向，除表現於訴訟之擴大、裁判實現之確保、暫行權利保護之加強外，首推訴訟種類之增加。

註三四　關於各國之制度，請參見前揭（註二）拙著，頁七九～八九。

　　訴訟種類之增加，具有強化人民權利之保護及法院裁判方法之雙重功能（註三五），而訴訟種類之規範模式，復有明定（如日、奧、西德）及未明定（如法、瑞、義）（註三六）。訴訟種類明定之優點，在於明確，但若係探列舉主義，特別是狹隘之列舉，則妨礙人民權利之保護及法院因應實際需要所爲之發展。基於權利保護之完整性及法院裁判之正確性，在採取訴訟種類明定之國家，亦宜認其係採例示主義及特別要件之規定而已。訴訟種類未明定之優點，乃是不發生以訴訟種類限制人民權利之保護，而法院亦可隨環境之需要進一步發展新訴訟種類；其缺點乃是對於法院之裁判方法欠缺明確性。

　　我國憲法未明文規定訴訟種類，因此，在憲法之規範層次，可認係採訴訟種類不明定之模式。是以在我國憲法之規範取向上，訴訟種類一以能完全、有效實現行政訴訟制度所欲追求之目的爲鵠的。至於能否以其涉及人民之權利，而依據憲法第二十三條限制之？從憲法第二十三條之文義解釋，應採否定之見解；甚者，亦不能執憲法第二十二條，而導致人民依第十六條所應享之權利。

七、憲法對行政裁判權範圍之規範取向

　　戰後各國行政訴訟制度發展之一趨勢，乃行政裁判權之擴大，其表現包括概括權限條款之採取、不受審查範圍之限縮、民事訴訟轉換爲行政訴訟或兩訴之併存、法院裁判方法之強化四端（註三七）。

註三五　參見前揭（註二）拙著，頁九二～九五。
註三六　詳請參見前揭（註二）拙著，頁九六～一○三。
註三七　詳請參見前揭（註二）拙著，頁一○四～一四三。

我國憲法缺乏行政訴訟裁判範圍之明文規範，因此，欲探求其規範取向，只能訴諸憲法對行政訴訟制度功能之期許及依法行政原則與行政訴訟之關係。從我國憲法前言及第二十二條所蘊涵之完全、有效之行政訴訟制度之要求，我國憲法對行政裁判權範圍之規範取向，乃採取概括權限主義，殆可肯定。至於其例外事項，亦只能從五權分立之要點中確立，要不能以其涉及人民之權利或自由，而以憲法第二十三條爲依據，而採取列舉權限條款。

八、憲法對行政裁判司法化之規範取向

行政訴訟裁判司法化，爲戰後各國行政訴訟制度發展之趨勢，其表現計有：行政訴訟裁判權歸屬於司法權、審級之增加及訴訟程序之司法化（註三八）。

我國憲法第七十七條明文規定行政訴訟裁判權歸屬於司法權，而就審級與程序則乏明文，其規範取向之推求，須從完善行政訴訟制度之五大要求中探賾（註三九），庶可得其肯綮，從依法行政原則及訴訟制度之正確性要求，得肯認在審級上，至少應有兩審級，在程序上應堅持職權主義及言詞辯論主義。

九、從我國憲法對行政訴訟制度之規範取向，檢討我國行政訴訟制度之妥當性及合憲性

由於我國憲法對行政訴訟制度之取向，缺乏具體、明確之規定，因

註三八　詳請參見前揭（註二）拙著，頁一四四～一七二。
註三九　詳請參見前揭（註二）拙著，頁二三以下。

此，吾人不易直接發現目前之行政訴訟制度與之有相牴觸之處，然從憲法前言及有關條文所蘊涵之規範精神，可以得知現行行政訴訟制度未能契符此等精神者，所在多有。以下分別就行政法院之組織、行政法院之權限及行政訴訟之程序三部分予以檢討。

（一）行政法院之組織方面

我國目前形式意義之行政法院，只設一所（註四〇），但實質（功能）意義上之行政法院，則尚包括公務員懲戒委員會、財務法庭、交通法庭、選舉罷免訴訟專庭、國家賠償訴訟專庭；而就事項言，應歸行政法院（若依現行行政訴訟法第一條之規定，自無法做如是觀），但事實上之組織不具法院之要求者，有律師懲戒委員會及其覆審委員會、會計師、建築師及醫師懲戒委員會及其覆審（議）委員會（註四一）。

就行政法院之組織言，雖係我國憲法第八十二條規定之間接結果（註四二），姑不論其是否契符憲法第七十七條之要求（解釋上憲法第八十二條及行政法院組織法，應以憲法第七十七條為依歸，唯實際運用上則頗遷就既存狀態），只就行政法院之組織體例言，上述各實質（功能）意義上之「行政法院」，非欠缺行政訴訟裁判專業化之條件（法官公法能力）（如普通法院兼理者；目前行政法院評事之養成教育，亦屬

註四〇　從行政法院組織法本身觀之，不能推知只能設一所，但因其欠缺審級與分院之規定，故結果亦同。

註四一　我國憲法第七七條、公務員懲戒法第十八條以下、公務員懲戒委員會組織法、財務案件處理辦法第九條以下、道路交通管理處罰條例第八八條、動員戡亂時期公職人員選舉罷免法第一〇八條、國家賠償法第十二條、律師法第四二條及第四四條、會計師法第四二條及第四四條以下、醫師法第二九條第二項、建築師法第四七條以下。

註四二　司法院組織法第七條、行政法院組織法。

有問題），即不符司法獨立之要求（如各種專門職業人員之懲戒委員會）（註四三）。

其次，就各種行政法院之裁判官言，多不具行政法之專門知識，即得充任，有違專業化之先決要件（註四四）。最後，特別是普通民事法院之國家賠償訴訟專庭與行政法院組織上雖分立，但權限卻難免有牽涉而造成困擾（詳後述）。

綜上所述，我國現存之各種實質（功能）意義上之行政法院，在組織上之缺失，非欠缺專業化之先決條件，即缺乏獨立性之保障，至於以實體（行政）法爲法院權限之賦與，而非以法院組織法爲之，本非無可議之處（目前民事法院、刑事法院依法院組織法第一條，只能審判民事、刑事訴訟案件，並依法律所定管轄非訟事件，準此，「國家賠償訴訟」及「選舉罷免訴訟」，除定性爲民事訴訟案件，如何有權審理？至少法院組織法第一條應修正爲：法院審判民事、刑事訴訟案件，並依法律所定管轄非訟事件及其他訴訟事件），而以行政命令爲之（如財務案件處理辦法），更屬有違法之嫌（註四五）。

註四三　該等職業從業人員之懲戒，涉及人民之工作權（憲法第十五條），就懲戒事項只能申請覆審（議），不免有違憲法第十六條訴訟權及法治國家司法保護之要求。

註四四　一般論著，皆執行政訴訟裁判涉及法律與行政，故主張法官應有法律知識及行政經驗，此乍視之，似頗有道理，但吾人不可誤以行政訴訟之裁判爲「行政決定」，而應係「訴訟之裁判」，故法官應具備行政法（一般行政法學、專業行政法學及行政訴訟法學）之知識爲先。參見林紀東，訴願與行政訴訟，臺初版，頁一八○以下，正中，六十五年十月；翁岳生，行政法與現代法治國家，三版，頁四○七以下，自刊，六十八年十月。

註四五　參見憲法第十六條、第二三條及中央法規標準法第五條以下。

（二）行政法院之權限方面

行政法院之權限（行政訴訟裁判權），攸關人民權利保護之範圍，因此，有關其權限之規範，特別值得吾人注意。（吾人可謂：行政法院權限之擴大，表面上係司法權對行政權之擴張，實則依司法之被動性言，乃係人民權利保護之強化而已！）

依我國憲法前言、第十六條、第七十七條及第二十二條之綜合規定及法治國家原則以觀，行政法院就行政訴訟之裁判，享有充分之權限，乃極自然之結果，即從憲法第八十二條，司法院組織法第七條及行政法院組織法第一條觀之，其結果亦同。但若從行政訴訟法第一條、第二十六條及第二十七條迂迴觀之（我國缺乏如西德行政法院法第四十條之規定），則其權限即大受限制。若再從國家賠償法第十二條、財務案件處理辦法第九條、道路交通管理處罰條例第八十八條、動員戡亂時期公職人員選舉罷免法第一○八條、律師法第四十二條及第四十四條、會計師法第四十二條及第四十四條、醫師法第二十九條第二項、建築師法第四十七條以下及違警罰法第四十七條第二項，甚至實務上有關特別權力關係之判（決）例（註四六），則其權限將更形狹隘。我國此等法律（規）規定之結果，不但限制行政法院之權限，造成事權之不專，形成司法分歧，且在欠缺專業化之先決要件下，亦危及裁判之正確性，而實務上之見解，則限制行政法院之權限。以上兩者交織後之結果，乃影響人民權利保護之正確、完整、迅速，是其最大缺失所在。

依本文所見，當前行政法院權限上不當之限制，主要來自行政訴訟

註四六　參見前揭（註二）拙著，頁一九五註四二所引判（決）例。

法第一條第一項之採取以「違法之行政處分」為中心之「狹隘的概括權限主義」及「訴願先行主義」、第二十六條裁判方法之限制於列舉主義。雖然國家賠償法第二條第二項，使實質之行政裁判權擴大，但就第一次權利保護制度言，反而被限縮。目前行政機關所採取之行使公權力方式，既不限於行政處分，而其結果亦可能侵害人民之權利，行政訴訟法第一條第一項規定之結果，不但有違現代法治國家權利保護完整性之要求，與我國憲法第十六條及第二十二條合併以觀後之取向，亦有未洽（註四七）。

（三）行政訴訟之程序方面

我國現行行政訴訟法共三十四個條文，顯然不足以充分規範完善之行政訴訟程序外（註四八）， 若干規定復與我國憲法之規範 取向不 盡符合，以下試舉出若干規定，略予論述。

1. 關於訴權之規定

行政訴訟法第一條第一項對於涉及訴權（適格）之「權利損害」規定之範圍太窄，與憲法第二十二條所蘊涵之「最低權利保護之保障」不符，亦即其採取「權利被害者訴訟」型態，以為最高之保護，與憲法之規範取向不一致。抑有進者，排除「利害關係者訴訟」，而允許「民眾

註四七　參見翁岳生前揭（註四四）書，頁三九二以下；陳秀美，改進現行行政訴訟制度之研究，頁八二以下所引學者之見解，司法院，七十一年四月。

註四八　關於其矛盾、疑義、不當及疏漏之探討，請參見前揭（註二）拙著，頁一九七～二○六。

訴訟」（專利法第三十二條與第三十七條），其與憲法對行政訴訟制度之功能取向，豈不相互刺謬耶？

2. 對行政訴訟裁判權範圍之規定

行政訴訟法第一條第一項將行政法院之審查權限，限於違法之「行政處分」，以今日行政任務之廣袤，行為方式之複雜及多元化，而俱有侵害人民權利之可能，徒以「行政處分」為訴訟對象，於人民權利之保護未免不週，而依法行政之要求亦難保，其不符憲法之規範取向也明矣！

3. 關於暫行權利保護之規定

行政訴訟法第十二條限制原告於起訴後始得為暫行權利保護，對於人民之權利保護，難免不週；起訴不停止執行之原則，偏勞於原告，加上缺乏一般給付之訴，易形成既成事實狀態。再者，暫行權利保護請求權應認係內涵於憲法第十六條訴訟權之內，本於合法權利之保護，始為真正之公益之思想，只能依憲法第二十三條予以適當之限制。

4. 對訴訟種類之規定

行政訴訟法第二十六條規定法院之裁判方法，使訴訟種類間接受限制於撤銷之訴，不易對行政廣泛之違法型態，提供適當之救濟，有違憲法創設行政訴訟制度之本旨，於人民權利之保護及法規之維持，均屬力有未逮。

5. 關於行政裁判之司法化規定

行政訴訟法雖若干規定涉及職權主義, 如第五條、第十二條、第十八條、第二十五條、第六條、第八條、第十四條第二項、第十五條、第十七條、第二十一條及第二十二條。唯缺乏其界限之規定, 就職權主義之要點亦未把握, 易形成過求及程序參與人之諉責, 亦無法平衡兩造之武器不平等現象。

行政訴訟法第十九條採書面審理為原則, 言詞辯論為例外之規定, 不易發現實體之真實, 且可能違反直接審理主義, 使第二十條之規定流於形式。

行政訴訟法第一條第一項規定再訴願前置主義, 有疏忽憲法第十六條賦與人民訴願與訴訟權及第二十三條限制人民權利、自由四大原因之規定要旨, 換言之, 訴願制度究應為行政訴訟之先行程序(Vorverfahren) 或併行程序 (mitlaufendes Verfahren)？ 如屬前者, 則應契符憲法第二十三條之要件; 如屬後者, 則應允許人民有自由選擇之權 (註四九)。

十、從我國憲法對行政訴訟制度之規範取向, 檢討司法院行政訴訟制度研究修正委員會「行政訴訟法修正草案」及「行政法院組織法修正草案」之妥當性

司法院為加強行政訴訟之功能, 以保障人民之權益, 溯自民國七十

註四九　略見前揭（註二）拙著, 頁一八四以下, 詳當另文探討。

年七月，成立司法院行政訴訟制度研究修正委員會，延攬學者專家，共
同參與研修工作，蒐集中外有關之立法例及學說，並分區舉行座談，廣
徵各界意見，先後歷時七年，完成「行政法院組織法修正草案」四十六
條及「行政訴訟法修正草案」三百零七條。綜觀修正之精神與幅度，顯
較現行法進步，更符合我國憲法對行政訴訟制度之規範取向，唯若干規
定似仍不盡理想。以下試分別就其改善與尚待加強之處，舉其犖犖大者
略予陳明，以求斯學先進共獻嘉猷焉。

（一）改善之規定 (註五〇)

1. 增加行政法院之審級（組織法第二條）。

2. 強化行政法院評事之任用資格（組織法第十七條至第十九條）。

3. 擴大行政訴訟裁判權之範圍（訴訟法第二條）。

4. 增加訴訟之種類（訴訟法第三條至第十條）。

5. 增訂上訴及抗告審程序（訴訟法第二百三十四條至第二百六十
七條）。

6. 增訂重新審理程序（訴訟法第二百八十二條至第二百九十條）。

7. 加強保全程序（訴訟法第二百九十一條至第三百零一條）。

8. 增訂強制執行程序（訴訟法第三百零二條至第三百零六條）。

9. 加強言詞辯論審理程序（訴訟法第一百二十一條至第一百三十
二條）。

10. 明定程序規定及準用民事訴訟法之條文。

註五〇　參見司法院行政訴訟制度研究修正委員會，行政訴訟法修正草案總說
　　　　明暨條文對照表，頁二以下，七十七年八月。

（二）尚待加强之規定（註五一）

1. 訴訟種類仍採例示主義及特別構成要件明定主義，以兼概括及明確之長，因此，行政訴訟法修正草案第三條得以刪除。

2. 訴願前置主義在抗告訴訟宜保留，但以採訴願一級爲原則，並設免除訴願之例外，所謂「雙軌制」之行政訴訟制度，應以「單軌制」代之，以免引起不必要之困擾（註五二）。

3. 確認之訴似應及於事實行爲。

4. 國家賠償訴訟應考慮併入行政訴訟之範圍。

5. 訴訟經濟之原則，應加强斟酌採納。

6. 行政訴訟暫行權利保護制度應在合法權益之保障基礎上，參酌憲法第二十三條予以規定（行政訴訟法修正草案第一百十七條以下）。

註五一　細節性問題，本人已代表政戰學校向司法院行政訴訟制度研究修正委員會提出書面意見，在此不擬贅言。

註五二　採取二級二審與一級一審併行之雙軌制，具有下列之缺失：（1）違反增設行政訴訟審級之根本目的，卽裁判正確性之提高；（2）造成行政訴訟法之繁冗龐雜；（3）與單純之二級二審單軌制比較，過多之訴願審級，旣有違精簡行政之要求，亦可能阻礙權利保護之實效；（4）未改善訴願制度，而維持再訴願前置主義，與革新現行行政訴訟制度之訴求不符；（5）「視同再訴願之訴願」，使雙軌制精神所在之「選擇救濟途徑」有名無實；（6）不得再訴願之事項，如違警罰法第四七條第二項、所得稅法施行細則第七四條，是否仍排除其行政訴訟之權，或只能向地區行政法院起訴，易滋疑義；（7）易誤導人民以爲再訴願程序爲行政訴訟之事實審；（8）依憲法第一〇七條第四款，司法制度爲中央立法並執行之事項，包括地區行政法院，均屬中央機關，在依法行政與依法裁判原則之支配下，無需忌諱其審判中央機關爲被告之行政訴訟案件，雙軌制雖可避免中央政府所在地之地區行政法院負擔過重，但卻增加中央行政法院之負擔；（9）易使中央行政法院之角色趨於複雜；（10）新設二審級制，中央行政法院應盡量居於地區行政法院之指導者地位，雙軌制易抑制之。

7. 情況判決之制度有違保障合法權益之理念，且未顧及涉案利益之輕重，有以眾暴寡之嫌，宜再斟酌（行政訴訟法修正草案第一百九十七條）。

8. 行政訴訟裁判之確保措施，宜參酌德、法制度，予以加強。

十一、結　　論

我國憲法對行政訴訟制度之規定雖相當簡略，但運用法律解釋學之方法，特別是合目的性解釋為探求，得以發現經由憲法之具體化及再發展（填補），其仍屬相當進步之憲法。吾人應致力於其體系化及內容之豐富化（充實），則吾國憲法必能更登一新境界，而發揮經世濟民之功能。司法院行政訴訟制度研究修正委員會之巨擘性改革，具有時代性意義，值得吾等公法學者予以臂助，並樂觀其成。謹從我國憲法之規範取向，略陳淺見如上，願獲指教！

（本文原載於憲政時代十四卷四期）

陸、從人性尊嚴之具體化，論行政程序法及行政救濟法之應有取向

一、問題之提出——當代行政法之任務與功能為何之反省

二、人性尊嚴作為行政法發生、存續及發展之基礎

（一）人性尊嚴之意義與發現

（二）人性尊嚴在法律規範上之地位

（三）民主立憲國家憲法之最高價值理念與規範

（四）憲法之具體化、實踐、延伸與行政法

（五）人民之自由權、分配請求權、參與形成權對行政法規範秩序之影響

三、人性尊嚴與行政程序法之規範體系

（一）行政權運作之程序化要求與人性尊嚴

（二）行政決定理由說明與人性尊嚴

（三）行政目的之正當性與手段之適當、必要、有效，並合乎比例——比例原則與人性尊嚴

（四）行政決定程序之參與、聽證與人性尊嚴

（五）行政教示與人性尊嚴——特別著重於依職權主動告知

（六）適當期限內作成行政決定與人性尊嚴——擬制行政處
　　　分制度之檢討

（七）行政自動化與人性尊嚴——特別著重於決定之具體妥
　　　當性

四、人性尊嚴與行政救濟法之規範體系

（一）行政救濟制度中人民法主體性之確立與人性尊嚴

（二）完善之行政救濟制度與人性尊嚴

（三）我國行政救濟法人性尊嚴成就率之評估與檢討

五、結論——我國行政法、行政法學及行政法學教育之新方向

陸、從人性尊嚴之具體化，論行政程序法及行政救濟法之應有取向

一、問題之提出——當代行政法之任務與功能爲何之反省

法治國行政之最大特色，在於行政須受法（律）之支配，所謂依法行政原則是也。唯何以行政須受法（律）之支配，如謂其乃因法治國之要求，則難免陷於循環論證（petitio principii）。爲免於斯，勢必進一步探討爲何法治國之行政須受法（律）之支配，甚至爲何需要法治國家（卽法治國存在之根本價值及需要性何在之問題）？向來之行政法學論著，特別是教科書，於定義行政法爲何物之餘，亦常介紹行政法發展之背景（行政法制史）。卽使如此，在一般行政法理論架構及論述上，常偏向於行政法之應用論，而以存在之實證行政法做概念法學式之處理，對行政法之本體論及價值論，則殊少闡揚，以致習此法者，於學習過程及從事實務上，均流於知其然，而不知所以然，導致學習行政法成效不彰，或不能觸類旁通，或憚於浩瀚之行政法規，而裹足不前；於行政之實務，則或徒事因循，或因不知其可活動之畛域及不得逾越之界限，導致非引喻失義，卽數典而忘祖，其於法治之建立及推展，存有莫大之障礙，洵値得吾人深切反省。本人前於立法院新國民黨連線主辦之憲政改

革學術論文研討會中，曾以「從司法的現代化，論我國憲法關於司法制
度的改革方向」為題發表論文，提出司法民主化、人性化及完善性為現
代司法之根本理念，頗得實務界之接受（註一），茲蒙中國比較法學會之
寵邀，以人性尊嚴與行政法為探討對象，撰文發表。雖然與本題有關之
專論並不多覯（註二），且不易從事，但人性尊嚴之理念，為本人向來為
人處世及教學研究戮力之所在（註三）， 故樂於嘗試。 茲卽以「從人性

註　一　參見蔡志方，從司法的現代化， 論我國憲法關於司法制度的改革方
　　　　向，新國民黨連線主辦，中華民國憲政改革學術論文研討會，中華民
　　　　國七十九年十二月二十三至二十五日，民航局國際會議廳；蔡志方，
　　　　從司法之現代化，論我國憲法關於司法制度的改革方向，律師通訊，
　　　　一三九期，頁三〇以下（轉載）；此文之見解，復為司法院林院長洋
　　　　港先生所採納，而供為司法革新之最高理念。請參見林院長八十年六
　　　　月十日「八十年高等法院以下各級法院院長會議」開會致詞——因應
　　　　時代需要，加速司法革新，司法周刊，第五二三期；中央日報記者李
　　　　漢揚報導，司法的功能在保護人民權利，林洋港：裁判應依民意表現
　　　　的法律為根據，中央日報，八十年六月十一日；聯合報記者汪士淳報
　　　　導，司法需要現代化、民主化、人性化，林洋港：法官應以禮相待當
　　　　事人，聯合報，八十年六月十一日；中國時報記者劉益宏報導，林洋
　　　　港在司法院各級法院院長會議中指出：法與時轉則治，司法革新三項
　　　　原則：司法保護人民權利、司法為國民而存在、人民為法律的主體，
　　　　中國時報，八十年六月十一日；自立早報社論，評林洋港院長司法革
　　　　新三大原則方向，自立早報，八十年六月十五日。
註　二　國內行政法之論著，似尚無人論及；德國行政法教科書亦只有少數論
　　　　及（Vgl. N. Achterberg, Allgemeines Verwaltungsrecht, 2. Aufl.
　　　　§ 5, Rn. 19; § 6, Rn. 15; § 14, Rn. 40, C. F. Müller, Heid-
　　　　elberg 1986; C. H. Ule/H. -W. Laubinger, Verwaltungsverfah-
　　　　rensrecht, 3. Aufl. S. 4 ff., Carl Heymanns, Köln 1986)，專
　　　　論則不勝枚舉，有關文獻: Siehe, R. Zippelius, in: Bonner
　　　　Kommentar (Drittbearb), Art. 1 Abs. 1 u. 2, Schriftum zu
　　　　Art. 1 Abs. 1, 57 Lfg. Dez 1989, C. F. Müller, Heidelberg.
註　三　本人應邀參加全國教育會每月教育論題：「教育人員人事制度應與文
　　　　官制度分離而獨立嗎？」及「教師管教學生矯正不良行為應負法律責
　　　　任嗎？」，卽前後以人性尊嚴之確保出發，對各該問題表示意見（請
　　　　參見師說，三十六期，頁六以下；三十八期，尚未出刊）。另本人在
　　　　東吳大學法學院擔任之法學緒論、憲法及行政法課程，亦以人性尊嚴
　　　　之實現為最高理念；甚至參與院務之改革事項及輔導學生，亦以實現
　　　　人性尊嚴為價值核心。

尊嚴之具體化,論行政程序法及行政救濟法之應有取向」爲題,形諸文字,發爲議論,以就教於斯學之博雅先進,並期對提昇我國行政法、行政法學(教育)及行政實務之現代化有所助益,則何其榮幸也。

　　謹就本文所關心之問題,提出三點,供作參考,卽(1)除去或未置入人性尊嚴之理念(要素),則是否仍存有現代化之行政法、行政法學及行政實務?(2)現代化之行政程序法,其體系與內容,是否亦建立在人性尊嚴之理念上?(3)現代化之行政救濟法,其存續之根本目的與價值,是否亦在於人性尊嚴理念之具體實現?

二、人性尊嚴作爲行政法發生、存續及發展之基礎

　　人性尊嚴與行政法之間,究有何等之關係,必須從法(律)觀念之發端、法(律)制度之建立目的中予以思考,特別是從法規範秩序之位階結構 (Stufenbau der Rechtsordnung)(註四)、 行政法與憲法之關係及當代國家觀 (Staatsauffassung od. -räson) 中人民對國家所得主張之權利系譜,本著「窮理乎事物始生之處,研幾於心意初動之時」,分析、溯源行政法發生之根本動因、存續之維繫要素及發展(改革)之激素。因此以下依次分別就人性尊嚴之意義與發現、人性尊嚴在法律規範上之地位 、 民主立憲國家憲法之最高價值理念與規範、 憲法之具體

註　四　此係藉用維也納法學派之法學方法,詳請參見 H. Kelsen, Reine Rechtslehre, 2. Aufl. S. 228 ff., Franz Deuticke, Wien 1967; R. Hauser, Norm, Recht und Staat, S. 59 ff., Springer, Wien 1968.

化、實踐、延伸與行政法、人民之自由權、分配請求權、參與形成權對
行政法規範秩序之影響，探討人性尊嚴與行政法間之密切關係。

（一）人性尊嚴之意義與發現

吾人常於言談或文字中使用「人性尊嚴」，如謂「此舉有損人性尊
嚴」、「此設施不過人性化」、「此人缺乏人性」（他不是人——詛咒
語）、「此舉有損人的尊嚴」等等。唯於論及或使用類似語時，使用者
及其可能之相對人，對於該等類似語之內涵，未必有深（精）確之認識
及意識，甚至在專業之文獻使用時，亦只將之當做「應先行認識或瞭解
之概念」（共識）（Vorverständnis）（註五），為避免不必要之誤會或認
識之分歧，首應表明者，乃本文所稱之「人性尊嚴」，乃借用德儒康德
「實踐理性之批判」中「目的」（Zweck）與「手段」（Mittel）、「價
值」（Wert）與「尊嚴」（Würde）間之評價關係（註六）及公法學者杜
里西（Gunter Dürig）之「消極定義方法」（Methoden einer Negativ-
definition）與德國聯邦憲法法院（Bundesverfassungsgericht der Bun-
desrepublik Deutschland）之「客體公式」（Objektformel）（註七）

註 五 "Vorverständnis" 在法學概念之使用，為 J. Esser 教授所首倡
　　　（Siehe, ders., Vorverständnis und Methodenwahl in der
　　　Rechtsfindung, 1. Aufl. 1970），現已為學界所通行。

註 六 Vgl. I. Kant, Grundlegung zur Metaphysik der Sitten, Ausgaber
　　　von Weischedel, Bd. IV. 1956, S. 67 ff., 600; N. Hoerster,
　　　Zur Bedeutung des Prinzips der Menschenwürde, JuS 1983, 93 ff.

註 七 Vgl. G. Dürig, in: Maunz/Dürig (Hrsg.), Grundgesetz-Kom-
　　　mentar, Rn. 28, 34 zu Art. 1 Abs. 1, C. H. Beck, München
　　　1983; ders., Der Grundrechtssatz von der Menschenwürde, AöR
　　　81 (1956), S. 127.

（註八），予以闡釋，而謂「每一個人（類）本身，即爲目的，而非只係他人用以實現一定目的之手段；每一個人（類）本身，即爲價値，甚至爲完全或最高價値，其價値之形成及完成，乃緣於自律，而非他人所給與」、「價値之成全及維護，尊嚴存焉」。就人民與國家間之關係，「國家爲人民而存在，非人民爲國家而存在」（Der Staat ist um des Menschen willen da, nicht der Mensch um des Staates willen）（註九）、「人民不得只作爲國家統治之客體，否則即牴觸人性尊嚴」（Es widerpricht der menschlichen Würde, den Menschen zum bloβen Objekt im Staat zu machen）（註十）。爲了確保及實現人性尊嚴，在私人之間，乃形成私的法律規範，以「定分止爭」而建立了文明之人類社會（另詳後述），並塑造維繫不同型態及範疇生活秩序之國家（及其他公權力主體），而發生了個人之公的生活關係（人民與國家之關係），且民主之理念、國民主權之原理、法治國家之思想及社會正義國家等，乃迤邐而下，次第發生及確立。

人性尊嚴之理念，雖爲現代民主、社會、法治國家之主導價値，但並非均被明示揭櫫於各國之根本大法——憲法之中，但此並不影響其爲一切人間法律（包括憲法在內）之最高的根本規範（註十一）。各國憲法明文提到「人性尊嚴」，最先似爲一九一九年之威瑪帝國憲法（Weim-

---

註　八　BVerfGE 27, 1(6)-Mikrozensus; BVerfG NJW 1981, 1719 (1722)-faires Strafverfahren (Zeuge vom Hörensagen); BVerfGE 45, 187 (228)-lebenslange Freiheitsstrafe; BVerfGE 50, 205 (215)-Verbrechensbekämpfung.

註　九　Die ursprüngliche Formulierung des Art. 1 I im ch. E. JöR N. F (1951), S. 48, zitiert nach I. v. Münch, in: ders (Hrsg.), Grundgesetz-Kommentar, Bd. I. 3. Aufl. Rn. 2 zu Art. 1, C. H. Beck, München 1985.

註　十　BVerfGE 27, 1(6)-Mikrozensus.

註十一　Vgl. I. v. Münch, aaO. (Fn. 9), Rn. 1 zu Art. I.

arer Reichsverfassung von 1919）第一百五十一條第一項第一句（註十二），唯該規定只限於經濟生活秩序，而未及於其他。 直到一九四九年西德基本法（Grundgesetz 1949）第一條第一項，始予以一般化、全面化，而宣示「人性尊嚴不可侵犯，尊重及保護人性尊嚴，乃所有國家權力（機構）之義務」（Die Würde des Menschen ist unantastbar. Sie zu achten und zu schützen ist Verpflichtung aller staatlichen Gewalt.）。此一明文規定，姑不論其具有根本動機何在，已將人性尊嚴明白地置於具有支配性地位之憲法原則 （tragendes Konstitutionsprinzip），最高之憲法原則(oberstes Verfassungs-od. Konstitutionsprinzip)（註十三）或「憲法秩序內之最高法律價值」（der höchsten Rechtswert innerhalb der verfassungsmäβigen Ordnung）（註十四），使憲法不再是無靈魂、無精神之現代化石，而是具有生命之價值規範體系，同時亦課予國家消極上不牴觸，而積極上應予以實現及保護之義務。人性尊嚴匪特成為羣己間確立本分之標準， 更成為國家奮鬥之 根本目標 所在。

註十二　「經濟生活之秩序，必須符合為保障所有人之合乎人性尊嚴的生存之正義原則」（Die Ordnung des Wirtschaftslebens muβ den Grundsätzen der Gerechtigkeit mit dem Ziel der Gewährleistung eines menschenwürdigen Daseins für alle entsprechen）.

註十三　BVerfGE 6, 32(36)-Elfes-Urteil; BVerfGE 45, 187(227)-lebenslange Freiheitsstrafe; BVerfGE 50, 166(175)-Ausweisung; BVerfGE 54, 341(357)-Asylrecht; G. Dürig, aaO. (Fn. 7), Rn. 14 zu Art. 1. Abs. I, E. Benda, in: Benda/Maihofer/Vogel (Hrsg.), Handbuch des Verfassungsrechts, Studienausgabe, Teil I, S. 107 (108) de Gruyter, Berlin 1984; K. Hesse, Grundzüge des Verfassungsrechts der Bundesrepublik Deutschland, 15. Aufl. Rn. 116, C. F. Müller, Heidelberg 1985.

註十四　BVerfGE 45, 187(227)-lebenslange Freiheitsstrafe; E. Benda, aaO. (Fn. 13), S. 107(110).

人性尊嚴之內涵，屬於本質的存在，只能發現，而不能創造。憲法上之明文，只係規範之宣示及價值之體會（意識）而已！因此，憲法之制定，如係以體現人性尊嚴爲導向，即使缺乏宣示性之明文，仍屬於現代化之文明憲法；反之，縱然條文上列有尊重人性尊嚴之字樣，而整部憲法其他條文實際上與之截然無關，猶如同床異夢，則只不過一部樣板「憲法」而已！準此，我國憲法雖缺乏人性尊嚴之明文，亦不能因此將我國憲法自絕於人性尊嚴理念之外，而在憲法國度拒絕人性尊嚴入境（註十五）。當前正值修憲時刻，全民應特別關心之所在，乃如何將人性尊嚴落實在相關條款上，並念茲在茲，隨時珍視自己與他人之尊嚴，方能過著不是「非人之生活」！

（二）人性尊嚴在法律規範上之地位

人性尊嚴存在於所有法規範領域，爲一切法規範之價值指標，故具有支配及引導之作用。唯其何以具有如此重要而崇高之地位，則有必要進一步從法認識論或本體論，加以探討。

1. 法的需求與人性尊嚴

人類乃具有理性及慾望之動物，在其進化之過程中，經由學習，而發明各種文明的社會規範，法（律）即爲其中之一。法（律）規範異於

註十五　我國學者探討中華民國憲法之最高精神時，向偏於國父　孫中山先生之遺教，學者荆知仁教授獨認爲我國憲法的基本精神，乃民主主義，爲其例外（參見氏著，中國立憲史，初版，頁四六二，聯經，七十三年十一月），但仍未論及人性尊嚴。

其他社會規範者，在於其係建立在人性尊嚴之基礎上。在洪荒世界，「人」與獸爭，全憑腕力（自然的暴力或實力），即在人類尚未具人性時（即尚未發現人類之特殊價值與能力之階段），其亦將他「人」，甚至自己，直覺地當作與「野獸」無異之動物，故於其本能之慾望的滿足發生衝突時，即以對付一般野獸同樣之方式解決。至於爲對抗大自然，則只好訴諸智力，且隨著人智之益蒸，而獲致大幅度之成就（人定勝天之豪語，即緣於此）。隨著人類文明進程之加速，人性彰顯，而益覺人與人間存在同質性，互助及和平解決爭端，互利存焉，爰有各種社會規範之產生，初以倫理親情爲基礎，個人在社會中有固定之身分，不符合正義之情形甚多，各種型態之專制（如帝制、封建、領主等），所謂人性尊嚴只存在於實力相當者之間，普遍之平等並不存在。其後，以身分爲基礎之共同社會（Gemeinschaft）逐漸解組，個人主義檯頭，啟蒙思想發現原始社會中之「人」，原本既自由，又平等，每個「人」並無受他「人」支配之情形，厥後弱者爲求自保，乃仰仗強者，而發生奴隸或類似奴隸之制度，於是普遍存在少數人以他「人」爲追求一定目的之工具。啟蒙主義之思想家溯源於初民社會，爲個人主義羅致哲學之基礎，繼推翻神權主義之後，又推翻了專制主義，於是提倡以人性尊嚴爲基礎之契約社會，此種現象被英儒梅茵（Sir Henry Maine）描述爲「從身分至契約」（From the Status to the Contract）。雖然人從君權中解放，但只有個人平等之思想，猶無法滿足人欲之求所致之紛爭，是以乃在人性尊嚴之基礎上創設了法（律）規範及司法制度，以爲定分止爭之工具。

　　人類社會係一有組織之秩序體，爲維持眞正之和平秩序，益發覺得需要一套符合理性、客觀之法律規範，特別是隨著分工日細、組織日繁、人與人間之關係更加複雜之社會，對法的需求，更趨於殷切，長此

以往、陳陳相因，人性尊嚴要求更多更細之法規範以實現其理念，而法規範亦更形需要契守人性尊嚴之本旨。由此可知，需法愈殷，則相對地須遵守人性尊嚴之要求亦愈嚴格。

2. 法的本質與人性尊嚴

法之本質爲何？法之異於其他社會規範者幾希？法學者對此論述頗多（註十六），吾人以爲，從法之認識論探究法之本體，人間之法乃係經其所存在之社會的成員普遍之認同，用以規範人類社會世俗生活，以人性尊嚴爲基本價值導向，並追求平均與分配之正義爲鵠的，透過利益衡量（法益之考量）之程序，定該社會成員之本分（權利義務），以國家之公權力爲後盾，以解決權義紛爭爲目的，所採取之手段組合體系也（註十七）。

如前所述，法的需求乃建立在理性及客觀之基礎上，爲謀以和平之法解決紛爭，則須先合理定分，而後才能止爭。爲有效臻於此，又須以平等及自由爲其要素，蓋無一方得片面制定規則以壓迫對方，視他方爲

註十六　參見美濃部達吉著，林紀東譯，法的本質，臺灣商務印書館，六十四年十二月，臺四版；洪遜欣，法理學，初版，頁三二一以下，洪林翠鳳，七十一年十二月; R. Zippelius, Das Wesen des Rechts, 4, Aufl. C. H. Beck, München 1987.

註十七　本人於東吳大學講授法學緒論時，分別從法之認識論、應用論、效力論及價值論，剖析法律，其中法之認識論，乃以「人類之生活態樣與可能之紛爭」，探討法的需求，而以定分止爭之人類生活規範，說明法之目的與功能，並分析法之特質有六，卽(1)目的導向之社會規範──法之目的性與手段性，(2)確保人類社會價值秩序（人性尊嚴）之社會規範──法之本體性，(3)以正義爲價值秩序之社會規範──真善美之要求（法的理念），(4)以公權力爲實現基礎之社會規範──法之強制性，(5)平和秩序與契合法的價值理念之社會規範──法的安定性與妥當性，(6)人類日常生活之社會規範──法之世俗性與現實性（法之普遍性與確實性）。

實現其理想之客體，陷他方於不自由之境地，此時事實上只有暴力，而無法律。野蠻之社會無需法律，強者刀俎，弱者魚肉，卽使有法律之名，亦必無法律之實。受支配者，非甘心雌伏也，實力所未逮也。一旦其力強克勝，必一躍而反奴爲主也。於此情況之下，只有強者之法，而無恆久存在之法，除非其係以人性尊嚴爲最高理念，人人本身卽爲目的、價值，平等原則生焉，權利之概念生焉，而自由繫焉。法（律）定合理之分，人人樂而守之，此法自可大可久（永恆之人間法──理性之自然法）。故，眞正之法（律）並非強者欺凌弱者之工具，蓋強者無法，而強無恆強，弱無恆弱，奉法強者強，奉法弱者弱。因此亦可知，眞正之法，其不可或缺之要素，卽爲人性尊嚴。

（三）民主立憲國家憲法之最高價值理念與規範

　　人民爲國家之根本要素，且爲諸要素之首。至於主權乃用以支配國家各項利益之力量，其歸屬在君主專制國家，歸於君主；在專制國家，歸於獨裁之統治者；而在民主國家，則歸屬於國民全體，稱國民主權原則（註十八）。雖然個人因民主運動之結果，而從君主或專制之桎梏中獲得解放，但基於社會聯帶之關係，君主或專制者可廢，但國家則仍須續存，蓋國家之組織及制度，正可維護人民之共通利益。民主立憲國家

註十八　國民主權 (Volkssouveranität) 之思想，雖發端甚早（希臘及羅馬時代），但眞正獲得概念之理論基礎者，似爲瑞儒盧梭 (Jean Jacques Rousseau) 社會契約論（或稱民約論）(Contrat social 1762) 一書問世之後 (Vgl. E. Stein, Staatsrecht, 11. Aufl. S. 69, J.C. B. Mohr (Paul Siebeck), Tübingen 1988)。唯此一概念似仍乏一明確之定義（請參見樋口陽一，比較憲法，頁三八八以下，青林，東京，一九八四年五月二十日，改訂版，第一刷）。

之憲法，其目的在於維持國家為人民存在之要求，使國家之機關為人民謀福利，確實貫徹國民主權之原理。因此，吾人亦可斷言，民主立憲國家憲法之最高價值理念或規範，亦為人性尊嚴。為具體化人性尊嚴，民主立憲國家之憲法乃又衍化出民主原則、法治國原則及社會國原則。

1. 人性尊嚴與民主原則

所謂民主原則，乃建立在國民主權思想之上。依民權論者之說明，個人原本係平等而自由者，但各別個人之力量不足以確保其生存，而只有結合各個人之力量，始足當之，社會或國家之誕生，仍應運於此。人民基於社會契約，創設國家，並賦予國家以公權力，國家據此取得法的支配力量（專制只係事實上之支配，缺乏法的基礎）。本此推論而得知，國家為人民而存在，非人民為國家而存在（Der Staat ist um des Menschen willen da, nicht der Mensch um des Staates willen）。唯此之人民，乃所有國民之意，故此命題與個人主義無涉（註十九）。基於人性尊嚴之真義，在私法秩序上，各個人因而平等、自由，在公法之領域，則形成人民乃公法生活秩序之主體及真正目的，人民對國家本於此，而享有公權利（Subjektiveöffentliche Rechte）（註二〇）。人民與國家間之關係，其實亦只係葷己之關係而已。人民既係主人，則國家只係僕人，而所有公務員自名正言順為公僕矣！人民受國家權力之支配，

註十九　Vgl. E. Stein, aaO. (Fn. 18), S. 184.
註二〇　人民若對國家無公法上權利，則人民只係公權力統治之客體而已
　　　　（Siehe, H. U. Erichsen/W. Martens, in: dies. (Hrsg.),
　　　　Allgemeines Verwaltungsrecht, 8. Aufl. S. 155, de Gruyter,
　　　　Berlin 1988）。

並非易主爲奴，而係在維護其等建立國家所追求之根本目的。正如多數具有共同利益取向之人，以股東之身分籌設公司，則公司爲股東而存在，非股東爲公司而存在。

其次，在民主國家中，國民乃固有之主人，爲國家權力之主體，但同時受國家權力之支配，而爲其客體，此時發生主體與客體歸於一之情形，因此，必須創設各種憲政制度，以確保國民免於受壓迫，此亦爲純粹法學派健將克爾生（Hans Kelsen）認爲國家爲法律國家，而法律爲國家法律，法律與國家陳陳相因，爲一體之兩面，甚至互爲因果之所在（註二一）。再者，國家既係爲國民，而由國民所創立，則其權力亦應由國民行使，此即我國憲法第一條「民有、民治、民享」之所由訂也。其次，基於分工之要求，而採取間接民主制度；基於利益衝突之妥協，乃採取多數決之制度。唯爲防止多數欺壓少數之弱者，乃又有基本權利之設，並以法治原則確保其實現（詳次項）。爲確保國民主權，則國民應有精神上之自由（Geistesfreiheit），並儘可能擴大其參與共同事項之決定（或決定之形成），而以「國民自決」（Selbstbestimmung des Volkes）爲其實質。

綜上所述，吾人似無法明確探究人性尊嚴與民主原則之密切關係及界限。然吾人可以再從下述三大步驟予以還原，並確保人性尊嚴之根本性及最高性：（1）每個人本身即爲目的，具有固有之價值，確保該價值之實現，始有尊嚴可言，人與人間存有各自之需要及共同之需要，爲謀其滿足，乃基於此種分工及同求之聯帶關係（引用法儒狄驥＜Léon

---

註二一　Vgl. Hans Kelsen, aaO. (Fn. 4), S. 289 ff.; ders., Der soziologische und der juristische Staatsbegriff, S. 75 ff, J. C. B. Mohr, Tübingen 1928.

Duguit＞之概念）（註二二）， 而保有各自之自由領域及共同受拘束之範圍。國家之組織，卽在實現其共同需要，故人性尊嚴之理念，乃化爲民主原則，以確保國家爲人民存在之本旨。(2) 由於分工之需要，乃以民主程序，透過代議制度（間接民主）以選任代行公權力之人。爲避免事實力較強者壓迫弱者，乃採取平等之決定權，並定期重新決定，以防人性尊嚴之淪陷。(3) 爲防僞裝之支持，而有壟斷政治資源，斲喪人性尊嚴之情形，應進一步以法治原則保障足以促成反壟斷、反獨裁之開放方法（如意見之自由、集會結社之自由、公共媒體之開放），並以平均之正義爲基礎，以社會國家原則排除人類不能自主決定之先天上、事實上的不平等，使之得以保有基本之人權，並保有發展其人格，實現其人性尊嚴之機會（註二三）。

2．人性尊嚴與法治國原則

法治國家原則（Rechtsstaatsprinzip）起源於德國（註二四）， 乃與

註二二　請參見張訓嘉，狄驥社會聯帶說之研究，頁一二二以下，臺大法研所碩士論文，六十九年六月。

註二三　關於國家權力與主權之關係，有關文獻，另請參見 A. Randelzhofer, in: Isensee/Kirchhof (Hrsg.), Handbuch des Staatsrechts, Bd. I, S. 691 ff., C. F. Müller, Heidelberg, 1987; K. Stern, Das Staatsrecht der Bundesrepublik Deutschland, Bd. I. 2. Aufl. S. 604 ff., C. H. Beck, München 1984; Th. Schramm, Staatsrecht, Bd. I. 4. Aufl. S. 3 ff., Carl Heymanns, Köln 1987。
關於民主原則之問題，另請參見 E.-W. Böckenförde in: Isensee/Kirchhof (Hrsg.), aaO. S. 887 ff.; Th. Schramm, aaO., S. 2 ff.; W. Maihofer, in: Benda/Maihofer/Vogel (Hrsg.), aaO. (Fn. 13), S. 173 ff.

註二四　Siehe, E. Stein, aaO. (Fn. 18), S. 150.

專制國家 (absolutischer Staat) 鬥爭勝利之具體成果（註二五）。法治國家之意義，乃在於防止專制之復辟，亦卽不容許有人藉國家之組織獨攬國家公權力，而使其他人淪爲單純受支配之客體。基於成立國家之目的及國民主權之原則，國家政務之推行仍無法事事由每一位國民親躬，致需設置代議機構及政府機關，本於委託及專業能力，爲全民服務，但爲防渠等之濫權或違反人民之公意，對前者乃設罷免、創制、複決及定期改選之制度以反饋之 (Rückkoppelung)，對於前者及後者，復以憲法爲最高規範，規制其所得活動之軌域（憲法拘束之原則），此外，基於經濟及共識之客觀化，乃以法律拘束各政府部門（依法行政及依法審判之原則），以防其以自己之意志，取代國民之自我決定，斯爲法治國家之本意所在。

法治國家之原則，雖如上述，尙嫌籠統，爲實現該原則所追求之目的，乃又具體化爲多項下位原則，包括: (1) 權力分立原則，(2) 依法審判或司法獨立之原則，(3) 依法行政之原則，(4) 對抗公權力行爲之權利救濟制度，(5) 公法上損失補償制度，(6) 法的安定性原則與信賴保護原則，(7) 國家賠償制度，(8) 基本權利之保障，(9) 形式意義法律之具備，(10) 國家行爲之可預測或可衡量性，(11) 形式意義法律之明確性，(12) 罪刑法定主義，(13) 比例原則（註二六），(14) 憲法之

註二五　關於法治國家概念之形成及發展，有關文獻，請參考張瓊文，從法治國家思想之演變論依法行政原則，頁一以下，政大法研所碩士論文，六十九年六月; 蔡志方，法治國家中司法之任務，頁十一以下，臺大法研所碩士論文，七十年六月; E. Schmidt-Aβmann, in: Isensee/ Kirchhof (Hrsg.), aaO. (Fn. 23), S. 992 ff.; E. Stein, aaO. (Fn. 18), S. 150 ff.

註二六　有認爲其係由基本人權中所衍出，不具獨立性。Vgl. F. E. Schnapp in: I. v. Münch, aaO. (Fn. 9), Rn. 27 zu Art, 20.

最高規範性（拘束立法權）（註二七）。總括言之，國家乃權力有限之政府所掌理、國家負有責任及國家受法之支配(Primat des Rechts)。此外，凡所有國家之權力表示，皆可從法律予以估測或衡量者，爲形式的（技術的）法治國家（Formeller Rechtsstaat）（註二八），而國家以正義之理念爲基礎者，爲實質的法治國家（Materrieller Rechtsstaat）（註二九）。換言之，凡國家承認前述，特別是第一項至第五項法治國

註二七　以上各原則，係綜合諸家學說之結果，詳請參見蔡志方前揭（註二五）文，頁四三以下; R. Herzog, in: Maunz/Dürig (Hrsg.), aaO. (Fn. 7), Rn. 22 ff., zu VII Art. 20; F. E. Schnapp, aaO. (Fn. 26), Rn. 23 zu Art. 20; F. Klein, in: Schmidt-Bleibtreu/Klein, Kommentar zum Grundgesetz für die Bundesrepublik Deutschland, 6. Aufl. Rn. 9 ff. zu Art. 20, Luchterhand, Neuwied 1980; O. Model/K. Müller, Grundgesetz für die Bundesrepublik Deutschland, 9. Aufl. S. 238. ff, Carl Heymanns, Köln 1981; K. -H. Seifert, in: Seifert/Hömig (Hrsg.), Grundgesetz für die Bundesrepublik Deutschland, 2. Aufl. Rn. 9 zu Art. 20, Nomos, Baden-Baden 1985; P. Badura, Staatsrecht, Rn. 47 zu D. C. H. Beck, München 1986; E. Benda, in: Benda/Maihoger/Vogel (Hrsg.), aaO. (Fn. 13), S. 482 ff.; Ch. Degenhart, Staatsrecht I, Rn. 181 ff., C. F. Müller, Heidelberg 1984; K. Doehring, Staatsrecht der Bundesrepublik Deutschland, 3. Aufl. S. 231 ff., Metzner, Frankfurt am Main 1984; K. Hesse, aaO. (Fn. 13), Rn. 193 ff.; I. Richter/G. F. Schuppert, Casebook Verfassungsrecht, S. 372ff, C. H. Beck, München 1987; A. Katz, Staatsrecht, 7. Aufl. Rn. 170ff.; C. F. Müller, Heidelberg 1985; Th. Maunz/R. Zippelius, Deutsches Staatsrecht, 26. Aufl. S. 90ff., C. H. Beck, München 1985; Th. Schramm, aaO. (Fn. 23), S. 242 ff.; K. Stern, aaO. (Fn. 23), S. 787 ff.

註二八　Vgl. C. Schmitt, Verfassungslehre, 5. Aufl. S. 130 ff., Duncker & Humblot, Berlin 1970.

註二九　Vgl. Roellecke, Politik und Verfassungsgerichtsbarkeit, 1961, S. 93 m. w. N. zitiert nach F. E. Schnapp, aaO. (Fn. 9), Rn. 22 zu Art. 20.

家之下位原則者，為形式之法治國家；而國家實際上得以達成上述原則之內涵，特別是以憲法拘束立法權，且以基本權利之規範，加以確保者（註三〇），為實質之法治國家。此外，是否符合法治國家之要求（Rechtsstaatlichkeit），尚須從立憲國家之特質（Verfassungsstaatlichkeit）、法之特別的給付能力(besondere Leistungsfähigkeit des Rechts)及先於法治國家而存在之人性尊嚴，是否契符而定（註三一）。質言之，就人性尊嚴言之，國家之任務乃在確保安全、自由及社會之均衡（註三二）。

3. 人性尊嚴與社會國原則

在法的正義要求上，希望人人生而平等、自由（註三三），但事實上卻未必如此，往往因其出身之不同，與他人相較時，乃處於不平等、不自由之狀態。此與人性尊嚴之根本要求，實貌合而神離。為緩和、抑制或除去在現實上存在之社會上差距，追求每一個人最基本之生存條件，基於社會正義之理念，人民並非享有夜警國家或市民法治國家（Bürgerlicher Rechtsstaat）免於國家之壓迫為已足，尚必須在現實之社會生活中，擁有最基本之生存條件，而在芸芸眾生之間，有立足之餘地，此種保護社會上弱者之理念，即為社會正義（Soziale Gerechtig-

---

註三〇　Statt aller, Vgl. E. Schmidt-Aßmann, aaO. (Fn. 25), S. 997. ff.

註三一　Vgl. E. Schmidt-Aßmann, aaO. (Fn. 25), S. 999 ff.

註三二　Ibid.

註三三　一七八九年八月二十六日法國人權及市民權宣言第一條第一句。

keit)（註三四）。

　　往昔之市民法治國家時代，人民奮鬥之目的，在於爭取免於國家束
縛之自由，故國家之任務或功能偏於消極面，而有「夜警國家」之稱。
此階段，國家與一般生民之社會分離，各有各自之存在價值及任務，彼
此迥不相侔（註三五）。厥後，隨著工業化之加速，社會問題叢生（如
勞資爭議、貧弱者之照顧、甚至近時之環保問題），並非社會所能自力
解決者，而有賴於國家公權力之介入，特別是兩次世界大戰所造成之社
會重大破壞（就業、給養、家庭、傷殘等），更需有一力量予以規劃、
照料、分配及管制，始足以復原，並促成良好之發展條件（註三六）。
因此，所謂社會國家，其任務乃在於針對急難（Not）及貧困（Armut）
提供協助及提供每一個人符合人性尊嚴之最基本的生存條件（ein men-
schenwürdiges Existenzminimum für jedermann），透過除去財富之
差距，以獲致更多之平等，並管制倚賴之關係，對於人生命運起伏，提
供更多之安全感，最後就是提昇及擴大每個人之財富（註三七）。或者
說，在於建立可以忍受之生活條件、促進社會安全、社會之平等及社會

　註三四　關於社會正義理念之制度及思想基礎，請參見 R. Herzog, in:
　　　　　Maunz/Dürig (Hrsg.), aaO. (Fn. 7), Rn. 10 zu Art. 20; E.
　　　　　Benda, in: Benda/Maihofer/Vogel (Hrsg.), aaO. (Fn. 13),
　　　　　S. 512 ff.; W. Gitter, Sozialrecht, 2. Aufl. S. 7 ff., C. H.
　　　　　Beck, München 1986.
　註三五　關於國家與社會間關係及任務之分野，請參見 E. Benda, in:
　　　　　Benda/Maihofer/Vogel (Hrsg.), aaO. (Fn. 13), S. 530 ff.; Th.
　　　　　Maunz/R. Zippelius, aaO. (Fn. 27), S. 97 ff.
　註三六　促成社會國家理念之發生及制度建立之原因，請參見 R. Herzog,
　　　　　in: Maunz/Dürig (Hrsg.), aaO. (Fn. 7), Rn. 9 ff. zu Art. 20;
　　　　　E. Benda, in: Benda/Maihofer/Vogel (Hrsg.), aaO. (Fn. 13),
　　　　　S. 510 ff.
　註三七　Vgl. H. F. Zacher, in: Isensee/Kirchhof (Hrsg.), aaO. (Fn.
　　　　　23), S. 1060 ff.

之自由，甚至於概括之公法的補償制度（註三八）。可以歸結爲：社會正義之建立與維護及設法補救社會之需要（Herstellung und Wahrung sozialer Gerechtigkeit und auf Abhilfe sozialer Bedürftigkeit）（註三九）。甚至只係在「改善社會」（die Gesellschaft verändern um die zu verbessern）。

社會國家之原則，乃本於平均之正義（justitia commutiva），使凡爲人者，享有在社會中所得享有之基本生活條件及機會。因此，其前提乃建立在社會成員（個人）之自立更生，而非委棄自己，全然倚賴國家（與共產主義不同在此）（註四〇）。畢竟社會國家之原則，乃在協助弱者，而非在製造弱者，爲實現社會國家原則，國家恒以給付者（Leistungsträger）或照顧者（Vorsorger）之姿態出現，但國家給付之能力（Leistungskraft）有時而窮，矧言，國家爲鏟除現實社會各種利益狀態之不平等，不免發生利害衝突，而引起緊張狀態（如利弊相陳、禍福相倚之情形），特別是在經濟、財政及勞動之秩序，此首先有賴於立法者根據可利用之國家財源及法益衡量，爲社會立法，始克有濟（註四一）（註四二）。由上觀之，國家介入社會領域，國家對社會負有義務（Sozialpflichtigkeit des Staates），基本權利在社會正義之追求下，受社會

註三八　Vgl. A. Katz, aaO. (Fn. 27), Rn. 221 ff.

註三九　BSGE 6, 213/219, zitiert nach P. Badura, aaO. (Fn. 27), Rn. 33 zu D; ähnlicher Meinung, E. Benda, in: Benda/Maihofer/Vogel (Hrsg.), aaO. (Fn. 13), S. 512.

註四〇　Vgl. H. F. Zacher, in: Isensee/Kirchhof (Hrsg.), aaO. (Fn. 23), S. 1062 ff.

註四一　通說謂德國基本法第二〇條之社會國條款，主要之規範對象，乃對「立法者之委託」（Auftrag auf Gesetzgebung）。Vgl. K. Stern, aaO. (Fn. 23), S. 915.

註四二　因此，德國之社會立法最多（八百種左右）（Vgl. A. Katz, aaO. (Fn. 27), Rn. 217），所支出之預算比率亦最高（超過百分之五〇）（Vgl. K. Hesse, aaO. (Fn. 13), Rn. 210）。

之拘束（Sozialbindung der Grundrechte），國家與社會不再對立，而係同質（Homogenisierung von Staat und Gesellschaft）（註四三），唯仍非國家完全取代社會，並予以替廢也（註四四）。

社會國家爲實現社會正義之實現，必須獲致資源、調整既存之秩序，規劃未來之取向，以防止新的社會問題，故總合言之，其表現方式，計有：給付行政（Leistungsverwaltung）、生存照料（Daseinsvorsorge）、制定措施法（Maβnahmegesetz）、進行計畫（Pläne）及輔助（Subventionen）（註四五）。凡此種種，均必須以人性尊嚴之實現，爲最高及最終之目的，庶可避免竭澤而漁，全民力不出於己之情形。

（四）憲法之具體化、實踐、延伸與行政法

眞正現代意義之行政法，發生於民主立憲國家，卽市民法治國家或夜警國家，可見憲法與行政法關係之密切。行政法與憲法之關係，可舉下列三位學者之名言，予以說明。Otto Mayer 於一九二四年刊行其所著「德意志行政法」（Deutsches Verwaltungsrecht）第三版時，適逢第一次世界大戰結束，帝國瓦解，感慨繫之，而謂：「憲法消逝，行政法

註四三　Helmut Ridder 稱此爲社會國家原則之三度關係。Siehe, ders., Zur verfassungsrechtlichen Stellung der Gewerkschaften im Sozialstaat nach dem Grundgesetz für die Bundesrepublik Deutschland, 1960, S. 3 ff.; ders., Die soziale Ordnung des Grundgesetzes, 1975, S. 44 ff., zitiert nach E. Stein, aaO. (Fn. 18), S. 230 ff.

註四四　Siehe, R. Herzog, in: Maunz/Dürig (Hrsg.), aaO. (Fn. 7), Rn. 52 ff. zu Art. 20; H. F. Zacher, in: Isensee/Kirchhof (Hrsg.), aaO. (Fn. 23), S. 1061.

註四五　Vgl, F. E. Schnapp, in: I. v. Münch (Hrsg.), aaO. (Fn. 9), Rn. 17 zu Art. 20.

續存」(Verfassungsrecht vergeht, Verwaltungsrecht besteht)（註四六）；Lorenz von Stein 先前更已提出，「行政，乃實作之憲法」(Die Verwaltung ist "tätig werdende Verfassung")（註四七）；德國聯邦行政法院已故院長 Fritz Werner，謂：「行政法乃具體化之憲法」(Verwaltungsrecht als konkretisiertes Verfassungsrecht)（註四八）。

唯行政常受當代政治、社會、經濟、科技及文化關係之影響，故行政並非只係憲法之成分而已（註四九），亦非只係其執行（實踐），而尚須積極地實現憲法之基本決定（基本國策）（註五〇）。

由上述說明，吾人得以推論出，憲法既以人性尊嚴爲最高理念，憲法爲行政法之最高位階法源，行政法且爲憲法之具體化（Konkretisierung）、實踐（Praxis od. Verwirklichung）及延伸（Ausdehnung od. Ausbreitung），則人性尊嚴自亦爲行政法之最高指導理念。

（五）人民之自由權、分配請求權、參與形成權對行政法規範秩序之影響

市民法治國家之重點，在於維護人民之自由權、生命權及財產權，

註四六　Siehe, O. Mayer, Vorwort zur dritten Auflage seines "Deutsches Verwaltungsrecht", I. Band. Duncker & Humblot, Berling 1969, Unveränderter Nachdruck der 1924 erschienenen dritten Auflage.

註四七　Vgl. Lorenz von Stein, Handbuch der Verwaltungslehre, 3. Aufl., Bd. I. S. 6, 1888, zitiert nach H. Maurer, Allgemeines Verwaltungsrecht, 7. Aufl. Rn. 1 zu § 2, C. H. Beck, München 1990.

註四八　Vgl. F. Werner, Verwaltungsrecht als konkretisiertes Verfassungsrecht, DVBl. 1959, S. 527.

註四九　Vgl. H. Maurer, aaO. (Fn. 47), Rn. 2 zu §2; I. v. Münch, in: H-U. Erichsen/W. Martens (Hrsg.), aaO. (Fn. 20), S. 36.

註五〇　Ibid.

但偏向於消極面，故彼時之依法行政中之法，限於形式意義之法律，形成「無法律，即無行政」，且所謂委任立法亦被排除。基於民主之原則，人民有參與形成國家政策及其他決定之權，初限於立法及擔任公職，但之後提昇其層次，並擴大範圍，而允許人民參與行政程序之發動、進行及終結（註五一）。基於社會國家之原則，人民則享有分配社會行政給付資源之權，此種請求權較諸附許可保留之禁止的解除禁止之請求權為重要。蓋社會之弱者基於生存之需要，而請求給付，較諸富人之請求准許核准建屋開店，對於生存之基本要求為迫切，在人性尊嚴之維護上，亦更具意義。換言之，人民之自由權、參與形成權及分配請求權，對人性尊嚴在行政規範秩序之重要性，恰係依此順序成反比，亦即後者較前者重要。

三、人性尊嚴與行政程序法之規範體系

若從目的言之，整部行政法（包括實體及程序行政法）皆含有實現人性尊嚴之作用，但在程序之行政法上，更能透視人性尊嚴之是否受重視，兼以時間與篇幅之限制，以下只探討行政程序法及行政救濟法。

（一）行政權運作之程序化要求與人性尊嚴

1. 行政程序之基本作用

實質（體）之正義固然重要，程序之正義較諸前者，亦毫不遜色，

註五一　Vgl. M. Schnell, Der Antrag im Verwaltungsverfahren, SS. 17 ff.; 32 ff., Duncker & Humblot, Berlin 1986; F. Hufen, Fehler im Verwaltungsverfahren, S. 127 ff., Nomos, Baden-Baden 1986.

甚至後者正足以影響前者之眞正實現。 各國制定行政程序法之動機不一，成果亦有別（註五二）。有學者謂行政程序法制定之實際意義，在於（1）行政營運之民主化和公正化，（2）人民權利保護之適確化，（3）行政的圓滑化和能率化，（4）立場之簡易明確化和其教育的效果（註五三）。另有學者謂行政程序（法）之功能，從法教義觀言之，在於（1）確保人性尊嚴，（2）符合法治國家要求，（3）基於民主之要求，（4）本於社會國家之原則，（5）根據平等原則，及（6）實質之基本權利（註五四），其中法治國家之要求，又分爲（1）確保實質決定之正確或合理，（2）依法行政原則之要求，（3）公正程序之原則，（4）法的安定性及程序正義之

註五二　有關文獻，請參見林紀東，一般行政手續法之法典立法問題，原載社會科學論文集（四十六年三月），收於氏著，行政法論文集，頁七九以下，特別是頁八三～八六，臺灣商務印書館，六十二年元月；同著者，行政法原論（下），臺修一版，頁六二九以下，正中，六十八年三月；同著者，行政法新論，改訂第三十版，頁二八八以下，自刊，七十八年三月；同著者，行政法，修訂六版，頁四四五以下，三民，七十九年十二月；林紀東、高崑峰、張劍寒、翁岳生、古登美，各國行政程序法比較研究，頁十三以下，行政院研究發展考核委員會，六十八年十一月；翁岳生，行政法與現代法治國家，三版，頁一八三以下，特別是頁一九一、一九七、二九四、三二七以下，自刊，六十八年十月；林錫堯，行政法要義，初版，頁二七三以下，法務通訊雜誌社，八十年元月；陳新民，行政法學總論，修訂二版，頁三〇七以下，自刊，八十年六月；南博方，行政手續と行政處分，初版一刷，頁二以下，弘文堂，昭和五十五年十二月十日；雄川一郎、塩野宏、園部逸夫（編），現代行政法大系3・行政手續・行政監察（園部逸夫），頁七以下，有斐閣，昭和六十一年十一月二十日，初版二刷；C. H. Ule/H.-W. Laubinger, aaO. (Fn. 2), S. 7 ff.

註五三　參見田中二郎，行政手續法の諸問題，引自林紀東等，上揭書，頁十四以下。

註五四　Vgl. H. Hill, Das felerhafte Verfahren und seine Folgen im Verwaltungsrecht, S. 200 ff., R. V. Decker's, G. Schenck, Heidelberg 1986; G1. M. Vgl. F. O. Kopp, Verwaltungsverfahrensgesetz, Rn. 4 zur Vorbem. § 14. Aufl. C. H. Beck, München 1986.

原則（註五五）。唯此等要求，主要的不外乎在於爲國民（註五六），誠如一九六〇年西德聯邦內政部長簡化行政之專家委員會報告（Der Bericht der Sachverständigenkommission für die Vereinfachung der Verwaltung beim Bundesminister des Inneren）所致力於制定行政手續法者，乃在於「爲已不再係屬民，而係具有完全之權利及權能之當事人的國民，創設一可瞭解及一覽無遺之秩序」（für den Staatsbürger, der nicht mehr Untertan, sondern Partei mit vollen Rechten und Befugnissen ist, eine verständliche und überschaubare Ordnung zu schaffen）（註五七）。從本文前述之分析二之㈠～㈤可知，上述之描述，其實最終只係在尊重及維繫人性尊嚴而已（註五八）。即使從權利保護之事前化或迅速化，以行政程序爲先行的行政救濟體系，而以行政訴訟爲續行之行政救濟體系（奧國制度爲最佳代表）（註五九）（註六〇），其最終目的亦同。

再者，行政權運作結果之妥當性、合法性，固然重要，其動態意義

註五五　Vgl. H. Hill, ebenda, S. 201 ff.

註五六　Vgl. K. Leonhardt, in: Stelkens/Bonk/Leonhardt, Verwaltungs-sverfahrensgesetz- Kommentar, 2. Aufl. Rn. 9 zur Einleitung, C. H. Beck, München 1983.

註五七　Siehe, J. Möllgaard, in: H. J. Knack (Hrsg.), Verwaltungsver-fahrensgesetz- Kommentar, 3. Aufl. S. 49, Carl Heymanns, Köln 1989.

註五八　同說及不同看法，參見 F. O. Kopp, aaO. (Fn. 54), m. w. H.

註五九　關於奧國行政訴訟之續審性格，請參見 P. Oberndorfer, Die österreichische Verwaltungsgerichtsbarkeit, 1. Aufl. S. 35, Universitätsverlag Rudolf Trauner, Linz 1983.

註六〇　對於預防性救濟之理念，Otto Mayer 早即已提出。Siehe, ders., aaO. (Fn. 46), S. 122。此亦可言爲預防紛爭之制度，請參見園部逸夫，前揭（註五二）書，頁八。對於兩種程序功能之關係，Vgl. C. H. Ule/H. -W. Laubinger, aaO. (Fn. 2), S. 13 ff., C. H. Ule, Verwaltungsprozeβrecht, 9. Aufl. S. 26ff., C. H. Beck, München 1987.

之過程，往往係用以瞭解、監督其意志之形成、目標之設定、手段之採取、資源之投入、結果之形成及其間對各種法益之影響，及用以判斷行政活動正當性與合法性之最重要根據（註六一）。 行政既為服務人民而存在，則其效率之考慮，應配合人民權利之保護而調適（註六二），否則，數典而忘祖，斯非人性尊嚴之本旨也。

2. 行政程序之要式性

行政程序之根本作用，在使行政活動之結果，確實遵守一定之法規範，而得以從外界觀察其形成過程，所以一般行政程序法及文獻，將行政之程序（行為）分成不要式之行政程序（das nichtförmliche Verwaltungsverfahren）及要式之行政程序（das förmliche Verwaltungsverfahren）（註六三），而所謂不要式性（Nichtförmlichkeit），僅指行政活動不必依法定之特定方式為之，而非謂其不受法的拘束或規範，而為所欲為也（註六四），其目的在使行政活動程序儘可能簡單(einfach) 及合於目的（zweckmäβig），而達到迅速(rasch) 及節省（kostensparend）（註六五），行政具有自由及彈性，而發揮最佳之完成任務的功能(optimale

---

註六一　Vgl. H. Hill, aaO. (Fn. 54), S. 193 ff.; F. Hufen aaO. (Fn. 51), S. 55ff.

註六二　關於行政效率與人民權利保護之問題，詳請參見 Ch. Degenhart, Das Verwaltungsverfahren zwischen Verwaltungseffizienz und Rechtsschutzauftrag, DVBl. 1982, S. 872 ff.

註六三　此可以德國一九七六年五月二十五日（聯邦）行政程序法第十條及第五篇（第六三條以下）為例。 文獻請參見 C. H. Ule/H.-W. Laubinger, aaO. (Fn. 2), SS. 161 ff., 221 ff.

註六四　Vgl. C. H. Ule/H.-W. Laubinger, aaO. (Fn. 2), S. 159; K. Leonhardt, in: Stelkens/Bonk/Leonhardt, aaO. (Fn. 56), Rn. 2 zu § 10; F. O. Kopp, aaO. (Fn. 54), Rn. 6 zu § 10.

註六五　故有迅捷原則（Beschleunigungsgebot）及程序經濟原則（Gebot der Verfahrensökonomie), Vgl. C. H. Ule/H. W. Laubinger, aaO. (Fn. 2), S. 158 ff.

Erfüllung ihrer Aufgabe) (註六六)。至於要式性 (Förmlichkeit)，乃指行政程序之類似司法性 (Justizförmigkeit) 或司法化，其目的在於慎重 (Sorgfältigkeit)、周全 (Vollständigkeit od. Umfänglichkeit)，以避免對人民權利之侵害（註六七），或因錯誤造成浪費與損失。此外，所謂不要式性，並非禁止行使機關採取要式之行為，採取與否，其有裁量權，抑且不少情形，因採行要式性，反可達到簡化及迅速之效果（註六八），特別是對新進、資淺之公務員為然。

由於要式行為，程序之發動、進行及結束，須踐行法定方式或程序，則決定之考量較慎重、確實而周延，對於有關法益之斟酌及人性尊嚴之維護，自較勝一籌也。

（二）行政決定理由說明與人性尊嚴

司法裁判應附理由 (Begründung)，以說明裁判所根據之原因(ratio decidendi)，為法治國家依法審判原則之結果，裁判不備理由，乃當然違法（註六九），得予以上訴，以資救濟。裁判之理由，包括事實及法律上之理由，特別是得心證 (Indiz, Würdigungserfolge; Finding) 之理由（註七〇）。理由之記載，一方面使當事人信服（如不服，則有反駁之根據），它方面可以防止擅斷及恣意，藉以保障人民合法之權益。

行政程序乃行政行為之司法化，基於法治國家依法行政原則，行政行為（特別是行政處分）合法性之控制，亦有賴於其附理由。在民主國

註六六　Vgl. F. O. Kopp, aaO. (Fn. 54), Rn. 1 zu § 10.
註六七　Vgl. F. O. Kopp, aaO. (Fn. 54), Rn. 1 zu Vorb, Teil V.
註六八　Vgl. F. O. Kopp, aaO. (Fn. 54), Rn. 7 zu § 10.
註六九　參見我國民事訴訟法第四六九條第六款、刑事訴訟法第三七九條第十四款。
註七〇　參見我國民事訴訟法第二二二條第二項。

家時代，已非「民可使由之，不可使知之」所可搪塞敷衍。爲防止行政有悖民主、法治原則所根據之人性尊嚴，行政決定自應附理由(註七一)，庶可避免人民再度淪爲國家行爲之客體。矧言，理由之附具，足使行政有可能自我審查，確保行政之合理性，增進行政效率(註七二)，謹愼將事，促進權利保護之有效(註七三)，防止單純之目的推估(Zweckkalkül)，在複雜之行政程序，能思慮週到(註七四)。

綜上所述，行政決定理由之說明，具有促進和平及權利保護之功能(Befriedungs- und Rechtsschutzfunktion) 及控制之功能 (Kontroll-funktion)(註七五)，爲當事人公開之一部分(註七六)，與法律上之聽審 (rechtliches Gehör)、諮商(Beratung)及提供資訊 (Information)，共同構成維護人民之人性尊嚴的嚴密體系（另詳後述四、五）。其重要性由此可知，是以凡行政機關之決定餘地（空間）愈大者，則不只行政程序之意義，卽行政程序結果之正當性，以及因而所需之理由說明亦愈大 (Je größer der Entscheidungsspielraum der Behörde ist, desto größer ist nicht nur die Bedeutung des Verfahrens, sondern auch der Legitimations- und damit auch Begründungsbedarf des Verfahrensergebnisses)(註七七)。所以，責備人民在權利上睡著，應先讓人民知其有權利；責備人民違反義務，先讓其知義務之所在。唯如此，

註七一　Vgl. F. Hufen, aaO. (Fn. 51), S. 208.

註七二　Ibid.

註七三　Vgl. P. Badura, in: Erichsen/Martens (Hrsg.), aaO. (Fn. 20), S. 418; R. Dechsling, Rechtsschutz und Begründungspflicht, DöV 1985, S. 714 ff.

註七四　同（註七一）。

註七五　同說, Vgl. F. O. Kopp, aaO. (Fn. 54), Rn. 1 zu § 39.

註七六　Ibid.

註七七　Wort von H. Schoch, DöV 1984, S. 430 ff., zitiert nach F. Hufen, aaO. (Fn. 51), S. 209.

才不致失諸暴虐也。

1. 行政處分之附理由

　　一切行政活動，皆宜附理由，但行政處分（特別是負擔處分或駁回申請之不利處分）尤應附具理由。德國行政程序法第三十九條之規定，乃其犖犖大者。我國之訴願及行政訴訟制度向侷限於行政處分所致之救濟（註七八），謂行政處分不存在（非處分、尚未作成處分、處分效果已不存在），不得訴願（註七九），更遑論行政訴訟矣! 可知行政處分在我國行政救濟制度上之重要性，抑且在此情況下，如行政處分附有完整而正確之理由，則人民易於信服，相對地亦可疏減訟源；反之，如行政處分不附理由，則存在瑕疵之行政處分，或所述理由不明確、不周延，則必造成訴願（訟）案件之氾濫（註八〇）。

2. 行政間接強制處分之預告（告戒）

　　刑期無刑，罰期無罰，斯為仁政。凡符合人性尊嚴之民主國家，不得以故陷人民於罪，而以處罰人民為樂事。準此，我國行政執行法第二

註七八　其缺失與批判，請參見蔡志方，從權利保護功能之強化，論我國行政訴訟制度應有之取向，頁一九六、二〇一，臺大法研所博士論文，七十七年六月；同著者，我國憲法上行政訴訟制度之規範取向，憲政時代，十四卷四期，頁十一；同著者，擬制行政處分制度之研究，東吳法律學報，六卷二期，頁一五九以下；同著者，論行政處分之存在與訴願之提起——訴願法第二條第二項與第九條規定間之齟齬，憲政時代，十六卷二期，頁八〇以下。

註七九　請參見蔡志方上揭文，憲政時代，十六卷二期，頁八〇、八三、八四。

註八〇　請參見蔡志方，論行政訴訟過量與行政法院負擔過重之原因及解決之道，植根雜誌，七卷三期，頁一〇三以下，尤其頁一一一。

條第二項規定:「前項處分（按: 指間接強制處分），非以書面限定期間預爲告戒，不得行之。（下略）」，不只涉及要式性，且規定預警制度——告戒，使人民有自行決定履行或接受間接強制處分之機會，深符人性尊嚴之要求（註八一）。

（三）行政目的之正當性與手段之適當、必要、有效，並合乎比例——比例原則與人性尊嚴

人性尊嚴之發現，建立了個人之自由及平等，並樹立民主之原則，使國家爲服務、保護全體人民而存在。行政爲積極、具體實現國家對人民照顧及給付，甚至分配與規劃之最主要動力。因此，行政活動之運作，不管係積極興利或消極除弊，其目的均必須在於實現人性尊嚴爲導向之國家任務，換言之，其目的只在此範圍內具有正當性（Legitimation）。再者，追求之目的與採行之手段或方法相應之間，必須係適當（恰當）（geeignet），不得有不當之株連（不當聯結之禁止〔Koppelungsverbot〕），尚須必要（erforderlich）（不可或缺）及有效（effektiv），而且獲得之結果與付出成可以接受之比例（ 狹義之比例性〔 Verhältnismäβigkeit i. e. S. 〕)（註八二）。

註八一 類此之刑法第十六條、第十八條～第二四條及社會秩序維護法第七條～第十四條之規定，亦頗符合人性尊嚴之要求。其中刑法第十六條之規定，若能輔以普遍之法律教育，當更爲理想。

註八二 關於比例原則，較深入之探討，文獻請參見 H. Goerlich, Grundrechte als Verfahrensgarantien, S. 221 ff., Baden-Baden 1981; P. Lerche, Übermaβ und Verfassungsrecht: Zur Bindung des Gesetzgebers an die Grundsätze der Verhältnismäβigkeit und der Erforderlichkeit, Köln 1961; E. Grabitz, Der Grundsatz der Verhältnismäβigkeit in der Rechtsprechung des Bundesverfassungsgerichts, AöR 98 (1973), S. 568 ff.; R. Wendt, Der Garantiegehalt der Grundrechte und das Übermaβverbot, AöR 104 (1979), S. 414 ff.; L. Hirschberg, Der Grundsatz der Verhältnismässigkeit, Göttingen 1981.

欲瞭解比例原則之眞義，可以俗話之「小題不必大作」、古諺之「殺鷄焉用牛刀」及瑞士學者 Fritz Fleiner 之名言「不要用大炮轟小鳥」(Die Polizei sollnicht mit Kanonen auf Spatzen schieβen) （註八三），予以思考。我國法規範中亦不乏此一原則之具體化，如憲法第二十三條、動員戡亂時期集會遊行法第二十六條、行政執行法第十一條、警械使用條例第五條、電信法第二十三條、土地法第二百十四條、電業法第五十一條、行政訴訟法第一條第二項及第二十七條。

比例原則在裁量之領域，特具意義。例如教師體罰學生目的何在？如係爲教育之目的，而非發洩個人情緒，則似屬正當。但教導學生是否無其他更好之方法？ 如有之，則體罰卽非必要。或縱別無選擇 (ultima ratio)，如體罰之結果，只造成學生身心之傷害，則其顯非有效之方法。或雖體罰對若干學生有效，亦不可將之施於所有學生。或者施以細竹鞭三小許於學生臀部，卽可見效，卽不得以火具火斷學生之手指，致其不能再寫字。 以此例出發，在教育之領域中，學生乃係主人，具有主體性，爲享有人權之人，而非教師用以謀生（發財）之唯一工具（如不認眞教學，而濫行補習）或發洩情緒之對象。教師之功能，只係用以協助學生進德修業，以發現自我，並有能力實現自我之價值，而非剝奪學生人權之獨裁者。

（四） 行政決定程序之參與、聽證與人性尊嚴

如本文(二)之分析得知，因人性尊嚴之發現，而衍生出民主原則、法治原則及社會國原則，並因此得以依法參與社會給付資源之分配，甚

註八三　Siehe, F. Fleiner, Institutionen des deutschen Verwaltungsrechts, 2, Aufl. S. 354, 8. Aufl. S. 404 ff.

至就一切攸關人民自由、權利之事項，有參與形成決定之機會，以免行政機關有偏頗或不顧本末，置事實眞相於不顧，將關係人民權利把玩於股掌之中者，因此，人民參與行政決定程序或進行聽證，則其可及早糾正、防止行政偏差，並提出有利於己之事證，恰如在司法之領域，請求法院服務或接受法院審判之人民，具有法之主體性，並非只係國家達成其統治之客體而已（註八四）， 在行政之領域， 人民亦具法的主體性，乃行政給付之收受者（ Empfänger ） 及參與決定者（ Entscheidungs-mitbeteiligter）。

1. 避免錯誤

基於人性尊嚴之原則，孰爲行政事項法律效果之歸屬，在法治國家中，應以含有價值因素之客觀的法規範秩序定之（「本分」之決定）。法治國家之行政，受依法行政原則之支配，凡行政事項已爲法律所規範者，於執行或處理該等事項時，消極方面不得牴觸法律明文，謂之法律優位（Vorrang des Gesetzes）。凡行政事項必須有明文之法律爲其積極之根據者，稱爲法律保留（Vorbehalt des Gesetzes）（註八五）。所謂法律優位，今應轉指上位階法規範優位（Vorrang des höherrangigen Rechts）在內之法的優位（Vorrang des Rechts）（註八六）， 換言之，

註八四　參見蔡志方前揭（註一）文，律師通訊，一三九期，頁三一、三二。
註八五　關於依法行政之原則，文獻請參見城仲模，論依法行政之原理，收於所著「行政法之基礎理論」，頁三以下， 三民， 八十年十月，增訂版；張瓊文前揭（註二五）文，頁七一以下；H. Maurer. aaO.（Fn. 47）, Rn. 1 ff., zu § 6; J. Schwarze, Europäisches Verwaltungs-recht, S. 198 ff., Nomos, Baden-Baden 1988.
註八六　此在國際行政法上尤其如此，Vgl. J. Schwarze, aaO.（Fn. 85）, S. 219 ff.

行政行為（特別是具體行為）不得牴觸各位階之上級規範。此外，就法律優位言，行政活動不只消極上不能牴觸行政法之法源，尚必須積極地契符該當行政法法源之精神或目的。此涉及行政法之恰當解釋及正確適用問題（註八七），且包括正確事實之掌握在內。為臻於此，行政官僚應具備實事求是之科學方法及良好之法律素養，不足時則善用專家鑑定制度（另詳本文四、㈠、1）。再者，行政事件之構成要件是否具備，行政機關固得本於職權調查（Untersuchung von Amts wegen），但事實於關係人知之最稔，如能透過其協力（Mitwirkung），則較可避免錯誤，並加速程序之進行及減輕行政之負擔（註八八），特別是在複雜及重大案件之決定。矧言，人民並非只係以「屬民」（Untertan）及行政機關單方規制之單純相對人（bloβe Adressaten）參與程序而已，甚至更以官署決定之共同形成的主體（mitgestaltendes Subjekt der Behördenentscheidung）之身分，以自己之義務及權利參與行政之決定程序（註八九）（註九〇）。人民唯有透過程序之參與，才能避免「大權旁

註八七　關於行政法之法學方法論，請詳參考 H. Blasius/H. Büchner, Verwaltungsrechtliche Methodenlehre, 2. Aufl. Kohlhammer, Stuttgart 1984 關於其實際運用，請參考 F.O. Kopp/F. J. Kopp, Allgemeines Verwaltungsrecht und Verwaltungsprozeβrecht in Fragen und Antworten-Multiple-Choice-Verfahren, 1. Aufl. Boorberg, Stuttgart 1988; R. Pietzner/M. Ronellenfitsch, Das Assessorexamen im öffentlichen Recht, 6. Aufl. Werner, Düsseldorf 1987.

註八八　Vgl. C. G. V. Pestalozza, Der Untersuchungsgrundsatz, in: Festschrift zum 50 jährigen Bestehens des Richard Boorger Verlags, S. 186 ff., Boorberg, Stuttgart 1977; C. H. Ule/H. -W. Laubinger, aaO. (Fn. 2), SS. 106 ff., 226 ff., 229 ff.; F. Hufen aaO. (Fn. 51), SS. 106. ff., 108. ff., 127.

註八九　Vgl. F. Hufen, aaO. (Fn. 51), S. 127 ff.

註九〇　關於協力義務，另參見 K. Grupp, Mitwirkungspflichten im Verwaltungsverfahren, VerwArch. 1989, S. 44 ff.；關於程序參與權及失權效果，請參見 R. Streinz, Materielle Präklusion und Verfahrensbeteiligung im Verwaltungsverfahren, VerwArch. 1988, S. 272 ff.

落」，而淪爲行政權支配之奴隸也。至於法律保留之範圍，究爲全部保留（Totalvorbehalt）或部分保留（Teilvorbehalt），與避免錯誤雖無直接關聯，但此涉及人民之自主決定（民主原則），與人性尊嚴之密切性更高，附此說明。

2. 防止行政濫用權力

雖然在民主法治國家中，行政權之運作須受法及法律（Recht und Gesetz）之約束，行政亦受議會及司法機關之監督，但行政權之具體行使是否有違法濫用之情形，往往不易確實掌握，故有賴於關係之人民親躬參與，始克有濟。再者，議會之事前監督（如對施政方針及預算計畫之聽取與審查）或其與司法機關分別進行之事後審查，對於個別之人民而言，非無關宏旨，而不關心，則因危害已生，既成狀態（Vollendete Tatsachen; Faite accompli）已在，就其免於受公權力違法侵害之自由（權利保護之事前性），已受摧殘無遺，於人性尊嚴豈非有損！因此，人民參與行政程序，足以防止行政濫用權力（註九一）。

3. 減少突襲性決定

法治國家之行爲應有預測（見）可能性（Voraussehbarkeit u. Vorberechnenbarkeit），故設成文之法規範，以資定分止爭，並達成前述要求。此外，國家之行爲（特別是司法及行政行爲）應盡可能附理由，以備審查追究。抑有進者，國家之具體決定本於法規與事理，亦應

註九一　行政程序參與之三大功能，請參見 F. Hufen, aaO. (Fn. 51), S. 128.

讓人民對其結果有期待可能性，不得使人民有大出意表，而受突襲之感覺，所謂司法上之突襲性裁判（Überraschungsentscheidung）（註九二），即在乎此。在法治國家之行政，必須符合透明化原則（Grundsatz der Transparenz），亦即行政具有可透視性（Einsehbarkeit）及可預見性（Vorhersehbarkeit），欲臻乎此，其最好之方法，即讓人民有參與行政程序，表示意見及聽取決策觀點之機會。唯有如此，才能防止突襲性決定（Überraschungsentscheidungen）（註九三）。

4. 保護人民之權益

前述人民參與行政決定程序及聽證，具有避免錯誤，防止行政濫用權力及減少突襲性決定諸功能，究其結果，不外乎在保護關係人民之權益而已，抑且保護人民之權益，乃其真正之最終目的所在。

（五）行政教示與人性尊嚴——特別著重於依職權主動告知

傳統之行政任務，重在秩序之維持，故多採干預行政；現代之行政任務，則轉而重視人民基本生存條件之改善及社會福利制度之建立，故

註九二　關於此一理念之深入介紹及檢討，論參見邱聯恭，突襲性裁判，法學叢刊，二十六卷二期，頁九〇以下，並收入民事訴訟法研究會，民事訴訟法之研討（一），頁二九以下，七十六年十月，二版。相關文獻，請參見蔡志方，行政訴訟經濟制度之研究，東吳法律學報，七卷一期，頁一一二以下；F. O. Kopp, Verwaltungsgerichtsordnung, 8. Aufl. Rn. 22, 24, 86 zu § 86; Rn. 3 zu § 104; Rn. 25 zu § 108; Rn. 3 zu § 138, C. H. Beck, München 1989.

註九三　Vgl. F. Hufen, aaO. (Fn. 51), SS. 64 ff., 136 ff.

給付行政乃益受重視（註九四）。 專制國家之統治者， 居於絕對之支配
地位，故不教而罰而殺之情形，屢見不鮮，迤邐而下，人民乃視行政及
其機關爲寇讎。反觀民主國家，主權在民，行政不再只是統治之制度，
而係提供人民服務之機關，故若干國家之警察，曾以「警察——您的朋
友及協助者」(Die Polizei dein Freund und Helfer) 爲口號，並致力
於其形象之改善（註九五），在我國亦常以「警察是人民的褓姆」自況。

在民主法治國家中，倡行依法行政，舉凡人民義務之課予或權利之
賦與，行政均必須有法的基礎 (Rechtliche Grundlage; qui pro quo;
Consideration)， 而人民欲享有或行使公法所賦與之權利， 亦必須循法
律途徑爲之。然而， 由於法治教育之未臻普及及行政法規範之龐雜，人
民往往不易窺知，苟爲執法單位之行政機關，不克以人民之協助者或教
導者之地位協助之、教導之，則人民權利之享有，旣未臻確實，亦因其
法律知識之有無，而有厚薄之不公平待遇，此等殊非吾等鼓吹「別讓您
的權利睡著了」，並爲吾國法治植根之學者所樂見。就人性尊嚴之實現
言，行政必須教導指示（簡稱教示）（註九六），特別是主動教示人民，

註九四　關於行政任務之變遷及行政手段之改變，文獻可參見 L. K. Adamo-
　　　　vich/B. -C. Funk. Allgemeines Verwaltungsrecht, 3. Aufl. S.
　　　　5 ff., Springer, Wien 1987; W. Antoniolli/F. Koja, Allgemeines
　　　　Verwaltungsrecht, 2. Aufl. S. 109ff., Manz, Wien/1986; E.
　　　　Forsthoff, Lehrbuch des Verwaltungsrecht, Bd. I. 10. Aufl.
　　　　S. 36 ff., C. H. Beck, München 1973.
註九五　Vgl. H. -W. Laubinger, Die Verwaltung als Helfer des
　　　　Bürgers-Gedanken zur; behördlichen Betreungspficht, in:
　　　　Demokratie und Verwaltung 25 Jahre Hochschule für Verwal-
　　　　tungswissenschaften S. 439, Speyer 1972.
註九六　有關行政機關以指導者之地位，教導或指示人民有關其權義事項，各
　　　　國法制或學理，在概念及其實質內容，均不甚一致。日本稱「教示」
　　　　（きようじ），德國用 Beratung（諮詢）、Belehrung（教導）及
　　　　Betreuungspflichten（指導義務）或 Rechtsmittelbelehrung（權利
　　　　救濟方法之教導）。

使知所遵循，方爲善政也。

夷考各國之行政程序法，不少對行政教示制度加以規定者（註九七）（註九八）， 我國之憲法第八條第二項、動員戡亂時期國家安全法第三條第三項、動員戡亂時期集會遊行法第十三條第二項、建築法第三十五條、請願法第八條、訴願法第二十二條第三項、專利法第三十八條第三項、商業登記法第二十一條、戶籍法施行細則第二十七條、土地登記規則第四十八條等共計十條之規定，亦屬此種性質，對維護人性尊嚴，實現行政之民主化，應有所貢獻，唯其缺失乃欠缺違反時之效果規定（訓示規定？），再者其未能一般化，而成爲行政程序之一般規定，亦屬美中不足之處。

（六）適當期限內作成行政決定與人性尊嚴 —— 擬制行政處分制度之檢討

民主法治國家之行政，不但須消極上不牴觸有效之法規，在積極上

註九七　Vgl. C. H. Ule, Verwaltungsverfahrensgesetze des Auslandes, SS. 215, 217, 509, 579, 824, 874, Berlin 1967, Zitiert nach H.-W. Laubinger, aaO. (Fn. 95), S. 460 ff., und Fuβnoten 97~102.

註九八　另參見日本之行政不服審查法第五七條、第五八條、第十八條、第十九條、第四六條、第四一條第二款、第四七條第五款、行政事件訴訟法第十四條第四項；德國軍事訴願法（Wehrbeschwerdeordnung）第七條第二項、第十二條第一項第二款、軍事懲戒法（Wehrdisziplinarordnung）第十一條、行政法院（訴訟）法（Verwaltungsgerichtsordnung）第五九條、第六〇條、第七三條第三項第一句、第八六條、聯邦建設法（Bundesbaugesetz）第一五四條、建設法典（Baugesetzbuch）第一一三條第一項、財政法院（訴訟）法（Finanzgerichtsordnung）、勞工法院法（Arbeitsgerichtsgesetz）第九條、第七二條 a、第八〇條及第九一條；行政程序法（Verwaltungsverfahrensgesetz）第二五條；奧國一般行政程序法（Allgemeines Verwaltungsverfahrensgesetz, AVG）第十三條、第四六條、第六一條第一項、第六一條 a 及第七一條第一項（b）。

尤應本於法規之本旨，主動爲人民提供完善而迅速之服務。在行政法之
規範秩序下，人民欲有效爲一定之行爲，輒需得主管行政機關之許可。
主管機關就人民之申請，如旣未許可，又未予拒絕，曠日持久，遷延不
決，於講究效率機宜及環境瞬息萬變之今日，對於申請核可之人民，自
極不利，是以行政法規往往有規定人民申請案件應行決定之期限（註九
九），各級政府亦有一般性之案件處理時限規定（註一〇〇），抑有進
者，爲防止因行政機關泄沓致侵害人民之權益，乃有訴願法第二條第二
項擬制行政處分制度之規定（註一〇一）。

我國現行法規中採取擬制行政處分之制度者，計有：所得稅法第五
十六條第二項、關稅法第五條之一第一、二項、都市計畫法第二十條第
三項、動員戡亂時期集會遊行法第十二條第三項（以上乃擬制爲核可之

註九九　我國之行政法規明文規定決定期限者，如動員戡亂時期集會遊行法第
十二條第一、二項、都市計畫法第二〇條及第二一條、建築法第三三
條、第四〇條、第七〇條及八〇條、勞資爭議處理法第十一條及第十
五條、所得稅法第五六條第二項、關稅法第五條之一、第二四條、
外銷品沖退原料稅捐辦法第二〇條第一項、契稅條例第二二條、商業
登記法第二四條、商標法第十五條、商品檢驗法第二五條（間接規
定）、獎勵投資條例施行細則第四八條第一項、第五八條第一項及第
六一條第二項、華僑回國投資條例第七條第三項、外國人投資條例
第八條第三項、礦業法第二一條、違警罰法第四七條第一項、訴願法第
二〇條及專利法第三八條。

註一〇〇　例如臺灣省政府所屬各機關公文處理規則第一九八條、臺灣省政府
暨所屬機關處理人民或法團申請案件項目暨期限表、臺北市人民法
人或團體申請案件服務項目處理時限表之規定。

註一〇一　關於我國有關擬制行政處分制度之建立及引起之諸問題，有關文
獻，可參見蔡志方前揭（註七八）文，東吳法律學報，六卷二期，頁
一四五以下；同著者，論行政處分之存在與訴願之提起——訴願法
第二條第二項與第九條規定間之齟齬，憲政時代，十六卷二期，頁
八〇以下；同著者，論遲到之行政處分，植根雜誌，六卷十二期，
頁三以下；同著者，論擬制行政處分與訴之利益，植根雜誌，七卷
六期，頁二以下。

處分）（註一〇二）， 對於保障人民權利， 免於奔波、 請託及焦慮， 於人民人性尊嚴著有貢獻。至於訴願法第二條第二項所規定之「視爲駁回之行政處分」（註一〇三）， 其規定之始意， 係基於訴願及行政訴訟制度「 行政處分中心主義 」， 爲使人民迅速展開訴願程序 所設（註一〇四）， 且亦只有在承認 「求爲行政處分之課予義務之訴（願 ）」種類下， 始能發揮設置之本意（註一〇五）。

再者，我國訴願法第二條第二項之規定，若採取狹義之文義解釋，將「法定期限」解爲「法律明定之期限」，則將因我國大部分之行政法規缺乏完整之法定期限的規定，而無法實現其增訂之始意，而形成重大缺陷； 抑且行政機關所頒布之處理案件時限表， 亦將流於形式或僅爲內部之處務規則， 而無法發揮保護人民權利之功能。 基於漏洞之塡補（Lückenausfüllung; Rechtsfortbildung），應擴張解釋「法定期限」，包括「法律明定之期限」、「本於法定職權所定之期限」及「依法理所定之適當期限」（本於比例原則所衍生之期限）。

最後， 爲落實維護人民之人性尊嚴，保障人民之權益，促進行政之效率，應廣泛檢討行政法規，增訂「視爲核可」之聲請案件類型、明定

註一〇二　外國類似立法例，如日本中小企業團體の組織に關する法律第二〇條第二項前段、農業協同組合法第六一條第二項前段； （西）德國建設法典第十九條第三項、市建設促進法（StBauFG）第十五條第六項。

註一〇三　參見蔡志方前揭（註七八）文，東吳法律學報， 六卷二期， 頁一八三以下； 同著者前揭（註一〇一）文，植根雜誌，六卷十二期，頁十以下。

註一〇四　參見蔡志方前揭（註七八）文， 東吳法律學報， 六卷二期， 頁一四八以下、一五八及該處附註四一、一六六。

註一〇五　參見蔡志方前揭（註七八）文，東吳法律學報， 六卷二期， 頁一六〇以下； 同著者前揭（註一〇一）文，植根雜誌， 七卷六期， 頁九。

各種行政事件之適當處理期限，如制定行政程序法，亦應訂定一般行政案件處理之最長期限（註一〇六）。

（七）行政自動化與人性尊嚴 ── 特別著重於決定之具體妥當性

「新的科技，解決了不少人類之舊問題，但亦帶來不少新問題」，「科技法律」（Recht der Technik）乃新科技環境之新法學領域。

本世紀以來，特別是自二次世界大戰末期，人類在自然科學及技術方面，有異乎尋常之發展，大有數十年銳於千載之勢。各種醫藥之發明，延長了人類之壽命，並增加人口，不但改變人口結構，形成老年、青少年問題，居住、交通、教養等無法預見之威脅（註一〇七）；各種精密之機械（如電腦、全自動化一貫作業機械、機器人、核能電廠用反應爐、冷卻器、影印機……等），在產業方面提昇其資本、技術、勞力品質、原料需求、市場供需關係，形成人口集中（城市化），影響就業（註一〇八）。在行政領域，因利用新技術化設施（如電腦），提高工作效率（精確及安全度）、速度，但亦造成緊張、依賴、健康、排斥、

註一〇六　國立臺灣大學法律學研究所受經建會經社法規小組之委託，所草擬之「行政程序法」（草案）第三二條，即採取此一做法。參見經社法規研究報告1007，行政程序法之研究，七十九年十二月。

註一〇七　Vgl. R. Zippelius, Allgemeine Staatslehre, 9. Aufl. S. 335, C. H. Beck, München 1985.

註一〇八　美日因新科技而增加工作機會，而（西）德國卻因此減少工作機會。Vgl. R. Lukes, in: R. Scholz (Hrsg.), Kongreβ: Junge Juristen und Wirtschaft- Handlungen in Technik und Wirtschaft als Herausforderung des Rechts, 1. Aufl. S. 41, Hans Martin Schleyerstiftung, Köln 1985.

資訊氾濫、侵害他人隱私（註一〇九），對公行政之合理化措施形成正反兩面之效應（註一一〇），並縮短各行政組織之異質性（註一一一）；在環境方面，因科技之利用，開發資源、製造產品、利用產品，形成自然環境之破壞及污染（環境法誕生之背景）（註一一二）。科技之進步（能發揮作用，人之智慧得以掌握及利用自然力），固然帶給人類不少方便，但亦因其潛在之危險（絕對安全之科技尚未發現），亦給人類蒙上種種陰影，如何有效、合理（即為人類社會之價值觀所可接受）（註一一三）予以利用、控制，乃形成「技術實現之時代」（Zeitalter der technischen Realisation）（註一一四）政府之立法、行政及司法之重大考驗。

在法治國家中，為有效、合理利用科技，使之不成為「法治國家之屠城木馬」（das trojanische Pferd des Rechtsstaates）（註一一五），兼顧科技之保護及助長之雙重功能，法律難免要藉不確定法律概念或概

註一〇九　Vgl. F. Kroppenstedt, Neue Technologien in der Verwaltung-Möglichkeit, Chancen und Gefahren, DöV 1982, S. 109 ff.

註一一〇　Vgl. W. Seibel, Die Entwicklung zum "technisierten sozialen Rechtsstaat", VerwArch. 1983, S. 325 ff.

註一一一　Vgl. J. Reese/W. Seibel, Technisierung und Entdifferenzierung von Verwaltungsorganisationen, VerwArch. 1987, S. 381 ff.

註一一二　Vgl. R. Schmidt, Einführung in das Umweltrecht, 1. Aufl. S. 1 ff., C. H. Beck, München 1987; M. Kloepfer, Umweltrecht, Rn. 2 ff., zu § 1, C. H. Beck, München 1989.

註一一三　Vgl. A. Roßnagel, in: ders. (Hrsg.), Recht und Technik im Spannungsfeld der Kernenergiekontroverse, 1. Aufl. S. 15 ff., Westdeutscher Verlag, Opladen 1984.

註一一四　Vgl. E. Forsthoff, Der staat der Industriegesellschaft, 1. Aufl. SS. 30 ff., 42 ff., C. H. Beck, München 1971.

註一一五　Siehe, Soell, VVDStRL. HF 34, S. 313, zitiert nach T. C. Paefgen, Gerichtliche Kontrolle administrativer Prognoseentscheidungen, BayVBl. 1986, S. 515.

括條款(註一一六)，或爲裁量之授權(註一一七)，或爲具體化之授權（註一一八），迤邐而下，其對行政法之適用或行政救濟之運作，均發生直接或間接之影響。

利用科技之設施，以處理紛至沓來之行政事件，可以臻至迅速及安全之效果（註一一九），就人民享有行政服務之迅捷性(Beschleunigkeit)而言，頗符人性尊嚴之理念，但將公權力之行使，特別是命令權轉予無是非善惡、不能因地制宜，追求個案正義之機器人（Roboter），使人受物之支配，但責任由人負擔，學者認此有違人性尊嚴之原則（註一二〇）。再者，行政法之適用，須正確解釋法規及掌握正確之事實（另詳本文四、㈠、1），前者並非單純之電腦程式所可取代，矧言，機件故障時，其缺失更大。再者，爲追求正義之具體實現，行政法常以裁量或不確定法律概念表現，如以自動化機器代勞，必無法兼顧決定之合法性及合目的性，而臻至妥當（註一二一）。例如：以紅綠燈代替交通警察指揮交通，則其以時間間斷性電流，變換燈號，如兩路交叉，一方行車稀少，另一方車水馬龍，而號誌固定變換，不能機動調整以疏解流量大之一方，必造成不能實現交通法規所欲實現之眞正目的，而有損人性尊嚴。

註一一六　Vgl. R. Lukes, Das Atomrecht im Spannungsfeld zwischen Technik und Recht, NJW 1978, S. 244 ff.; ders., in: R. Scholz (Hrsg.), aaO. (Fn. 108), S. 47 ff.

註一一七　Vgl. H. Schattke, in: A. Roβnagel (Hrsg.), aaO. (Fn. 113), S. 110 ff.

註一一八　Vgl. R. Lukes, aaO. (Fn. 116), NJW 1978, S. 242. ff.; ders., in: R. Scholz (Hrsg.), aaO. (Fn. 108), S. 47 ff.

註一一九　Vgl. W. Seibel, aaO. (Fn. 110), VerwArch. 1983, S. 339.

註一二〇　Vgl. I. V. Münch, in: H. U. Erichsen/W. Materns, aaO. (Fn. 20), S. 60.

註一二一　類似指摘，請參見 W. Seibei, aaO. (Fn. 110), VerwArch. 1983, S. 343〜344.

四、人性尊嚴與行政救濟法之規範體系

　　基於人性尊嚴之理念，確立了民主原則、法治國原則及社會國原則，此三大原則具有拘束所有國家權力之效力。基此三大原則，得以導出國家爲人民而存在、國家公權力（特別是行政及司法）受人民總意（Volonté générale）之具體形成的法之拘束、法依人性尊嚴之理念，確立人與人間本分之分際（定分），公權力則依此而止爭，並就個人與團體間之正義關係，維護個人應有之權利與自由，此等事項除在一般行政程序上爲並行（mitlaufend）、事前之保障以外（參見本文三），如造成違反法規範，侵害人民之權益，自應予以完善之嗣後救濟，始克確保人民做爲國家主人之本旨。以下所探討之行政救濟制度，包括行政系統之內部控制（innere Kontrolle）及司法系統之控制。唯前者限於本於申請（auf Antrag）之被動的訴願制度；後者限於由行政法院所提供之保護。

（一）行政救濟制度中人民法主體性之確立與人性尊嚴

　　欲建立民主法治國家之行政救濟制度，首先應探求該制度創設之根本目的所在，然後始研設有效達成該目的之最恰當及有效之方法，如此庶不致本末倒置，甚至又淪入專制時代之舊轂，而爲獨裁者壓制人民之方法而已。

　　現代民主法治國家之主權（Souveranität; Sovereignty），既屬於全

體國民，則所謂法治原則 (Rule of law; Herrschaft od. Primat des Rechts)， 其根本目的在於控制國家之機器——政府， 以達服務全體國民，而非出主入奴，使國家之政府單方的統治役使人民而已，所謂公法主要目的在規範國家服務人民之準則，而私法則在規範各個別人民間之「本分的分際」（權利與義務），在此意義下，一切人類社會的法，其主體卽係爲該社會成員之人民，唯有如此，人性尊嚴才得以獲得確保；在行政救濟制度爲國家法律制度之一環，其法規範之主體，自係人民，而非只係國家，更非只是其政府機關。唯其如斯，人性尊嚴在民主國家中方能獲致實現。

　　本人曾於「 從司法的現代化， 論我國憲法關於司法制度的改革方向」一文中， 從我國憲法第一條、 第二條及第十六條之規定， 綜合推知：「司法權屬於國民全體所有，司法救濟利益亦歸國民全體享有。因此，法治國家的司法，其一切措舉悉以實現國民利益爲著眼，其最特出處，是司法保護完備的要求，而這又係用以實現人民基本權利的擔保。昔日訴訟制度僅爲防止自力救濟及國家達成統治目的，今則爲保障人民免於受違法公權力的侵害，司法乃成爲國家與人民間公正的裁斷者。在法的根本理念上， 也就是必須確立人民是法的眞正主體， 而不是統治者或國家公權力機關支配的客體而已，也就是國民法主體性的建立。」（註一二二）此文因係針對司法制度之改革而發， 但此一基本理念之妥當性， 並不侷限於司法制度本身，在此本文須明確地指出，此等理念亦可適用於包括訴願制度在內之一切行政救濟制度，甚至在訴願制度上更應強調。

註一二二　參見蔡志方前揭（註一）文， 律師通訊， 一三九期， 頁三一、 三二。

1. 行政救濟制度爲人民而存在──行政救濟功能之再檢討

「民主國家之司法、立法及行政,均爲人民而服務」,行政救濟制度基於民主原則, 必須契符民主之要求(民主化), 其第一步即係確立行政救濟制度爲人民而存在,一切制度改革皆應以國民之利益爲出發點,而非爲行政或司法機關及其人員本身之安逸著想。基於此一認知,不僅行政訴訟之眞正功能(目的之取向),在於保護人民之權利(權利保護說)(註一二三), 即訴願之眞正功能, 亦在乎此。 就我國現行訴願法之規定觀之, 除少數特別法之規定外(註一二四), 均採(權利)被害者訴願類型之訴權體制(註一二五), 即訴願法第十四條第二 項 但書、第十七條第二項及第二十三條規定之職權主義,其終極目的亦在維護全體人民之權利,再者,即實務之看法,似亦以此爲導向。例如院字第一五五七號謂:「訴願之決定,有拘束原處分或原決定官署之效力,苟原處分原決定或再訴願官署,於訴願再訴願之決定確定後, 發見錯誤或因他種情形, 撤銷原處分另爲新處分, 於訴願人、 再訴願人之權利或利益並不因之而受何損害時, 自可本其行政權或監督權之作用另爲處置。」及行政法院六十二年判字第二九八號判例:「依行政救濟之法理,除原處分適用法律錯誤外,不得爲更不利於行政救濟人之決定。」唯此等論點,似皆偏向於各個別人民(個人)權益之保障而已, 本文以爲從

註一二三　關於行政訴訟功能──法規維持說與權利保護說之爭辯及其正辯之理論與實際, 詳請參見蔡志方前揭(註七八)博士論文, 頁六以下; 同著者, 前揭(註一)文, 律師通訊, 一三九期, 頁三四; 同著者, 我國憲法上行政訴訟制度之規範取向, 憲政時代, 十四卷四期, 頁一以下。

註一二四　如商標法第四十六條、第五〇條、專利法第三二條及第三七條。

註一二五　訴願法第一條。

行政訴訟制度存在之根本前提——依法行政 原則觀之（註一二六）， 依
法行政之原則旣在維護全體國民（＝人民）之權益，則行政訴訟制度自
亦係爲人民而存在。行政旣爲服務人民而存在，則訴願制度之功能，最
終自亦在於爲人民權益之保護而存在。合此可知，全部行政救濟制度均
係爲人民而存在，其功能亦均在維護全體國民之權益也。

2. 人民參與行政救濟制度之運作

　　現代化之行政救濟制度，不但須建立在人民法主體性之基礎以外，
尚必須受國民之督監（消極面）及允許國民參與司法（積極面）。前者
包括受間接來自民意之議會監督（有界限－審判獨立）及受法的拘束。
「司法權在國家諸權中， 向係最弱的一環， 旣無實（武）力， 復無財
力爲後盾，在諸權中權力色彩最淡，完全憑他人的尊重始能健全存續，
則除其直接受法的支配，而表現受國民間接的監督外，若欲獲致國民的
支持與同情， 則又不能不顧國民對其反應而爲所欲爲； 甚者， 代表國
民良知的學術界，亦自必須對司法的善良面予以贊許，對頹敗面予以批
評」，其根據民意表現之法律爲裁判時，必須運用「眞正存在於人間的活
法」，注重人民對法律所表現之確信， 法律不能脫離其所由存在的社會
而存在。凡此，均可達到司法受國民監督之要求。我國行政訴訟權(力)
向復爲諸司法權中最弱者，其欲獲致尊重，則尤須如此。至於訴願，向
只被認係行政自我反省之制度，如不能如同司法一樣受各型態之監督，
則其必無法發揮其在民主法治國家中之經世濟民的功能，而爲「法治國
家之贅瘤」。

註一二六　關於依法行政原則與行政訴訟制度之密切關係，詳參見蔡志方前揭
　　　　　（註一二三）文，憲政時代，十四卷四期，頁六以下。

就允許國民參與司法或訴願（準司法）之制度言，包括國民經由考試、訓練而成為法官及法務官，或一般人民以「榮譽職」（外聘、兼任）擔任訴願審議委員（註一二七），參與行政救濟制度之運作。再者，在程序上之當事人及關係人，亦擺脫以往只被視為質（糾）問對象（客體），而成為協助法院或訴願審議機關發現真實、實現正義之助手，並以心證之公開（Eröffnung der Würdigung），促使國民以積極的態度，與國家之機關共同完成法的發現（Rechtsfindung）之活動。

（二）完善之行政救濟制度與人性尊嚴

現代化之行政救濟制度，除應求其民主化、法治化及人性化以外，尚必須追求「完善性」，只有完善之行政救濟制度，始克確保人性尊嚴在此一領域中之完整實現。完善之行政救濟制度之法理基礎，包括：(1) 有權利，即有救濟（Ubi jus, ibi remedium）、法律恆須規定救濟（Lex semper dabit remedium）、有權利而無救濟，就不是權利（Right without remedy is not right）; (2) 有救濟而無實效，就不是救濟（Ein Rechtsschutz ohne Effektivität ist kein Rechtsschutz）。所謂完善之行政救濟制度，必須使人民依法享有之權利被侵害時，提供完整之保護，不能存在死角（Defizit），而在依法行政及依法裁判之要求下，適用法律必須正確，恰如其分，勿枉勿縱。行政救濟途徑之利用或

註一二七　依「行政院暨所屬各級行政機關訴願審議委員會組織規程」第三條，訴願會委員採本機關人員派兼或調派制，但依訴願法第二六條第一項，則容許外聘委員，參以國家賠償法第四條及司法院大法官會議解釋第二六九號意旨（擴張解釋），應屬合法，且可避免先入為主，並吸取學術界之精英，而增進「事實上之獨立性」，掃除官官相護之印象，近年來各訴願機關已日漸採行。

進入 (Zugang)，應儘可能容易及便宜或經濟。行政救濟也必須及時而迅速，否則，遲來之正義，卽形同正義之拒絕(Justice delayed, justice denied; Gerechtigkeit verspätet, Gerechtigkeit verweigert)。最後，司法的或行政的行政救濟，均必須確實實現，否則，只係畫餅充饑而已。準此，完善之行政救濟制度，必須具備正確、完整、實現、經濟及迅速五大要求（註一二八）。

1. 正確之行政救濟與人性尊嚴

就權利保護之正確性言，基於法律賦與權利於先，而設救濟於後之要求，行政救濟制度所提供之權利保護，其形式、程序及結果，應完全契符法律規定之本旨。法律乃含有價值因素（追求人性尊嚴）在內之客觀秩序（爲存在性之當爲），行政救濟機關如何協調法之安定性與妥當性，具體再現法律規範，使行政法院之裁判或訴願審議機關之決定臻於「勿枉勿縱」，其所給與之權利保護完全合乎法律，無過猶不及之情形。在依法行政及依法審判之要求下，法律只有在要件事實具備之情況下，始能依正確解釋後之法規爲裁判（註一二九），不可只在迎合私益

註一二八　詳參見蔡志方前揭（註七八）博士論文，頁二以下。

註一二九　關於正確掌握法律之眞義 （Rechtsbesinnung, Rechtsgewinnung und Rechtsfindung） 的方法，可參考黃茂榮，法學方法與現代民法，頁二五七以下，自刊，一九八二年十月，增訂再版; K. Larenz, Methodenlehre der Rechtswissenschaft, Studienausgabe, S. 188 ff., Springer, Berlin 1983; F. Bydlinski, Juristische Methodenlehre und Rechtsbegriff, S. 428 ff., Springer, Wien 1982. 在行政法之領域，請特別參見 H. Blasius/H. Büchner, aaO. (Fn. 87). 關於正確事實之掌握，請參見黃茂榮上揭書，頁一八七以下；邱聯恭，值得當事人信賴的事實——基於防止發生突襲裁判之觀點批判形式的及實體的眞實主義，法學論叢，十一卷二期，頁一七九以下。

之事實之情況下，卽加以適用（註一三〇）。

　　爲提昇行政救濟之正確性，則在法律之解釋方面，應加強行政法院法官（評事）及訴願審議人員（法制人員）在行政法學方面之素養、獨立性之保障（註一三一）， 行政法院應建立審級制度（註一三二），訴願機關之決定，則不得爲最終審（與人民之行政訴訟權之剝奪有關，且有違憲法第二十三條之規定）， 在程序上應採取心證公開之制度（註一三三）。在事實之掌握方面， 除依舉證責任之分配及適時之闡明以外，對於專門（業）事實， 應善用鑑定制度（註一三四）， 特別是選拔適任之

註一三〇　Siehe, W. Berg, Zur Untersuchungsmaxime in Verwaltungs-verfahren, Die Verwaltung 1976, S. 165; gleicher Meinung, Vgl. F. O. Kopp, aaO. (Fn. 54), Rn. 2 zu 24; C. G. V. Pestalozza, aaO. (Fn. 88), S. 192.
　　　　　關於職權調查主義之深入探討，請參見蔡志方前揭（註九二）文，頁七〇以下。

註一三一　法官之獨立保障，已有憲法及法律之保障。請參見我國憲法第八〇條、 行政法院組織法第十一條及司法院大法官會議解釋第一六二號。
　　　　　訴願雖被稱爲準司法，但通說及實務均否定訴願審議人員享有（特別是內部的）獨立保障。唯本文以爲基於依法行政之憲法原則，應具有對內及對外之獨立保障，但無終身職之保障（卽法官亦非必須以終身職保障其獨立性。請參見蔡志方，律師通訊，一三九期，頁三六以下）。

註一三二　關於行政訴訟審級制度，請參見蔡志方前揭（註七八）博士論文，頁一五三以下。

註一三三　詳參見蔡志方前揭（註九二）文，頁一一二以下。

註一三四　關於鑑定制度在行政程序及行政訴訟程序上之運用，請參見 K. Jessnitzer, Der gerichtliche Sachverständige, Carl Heymanns, Köln 1980; K. Müller, Der Sachverständinge im gerichtlichen Verfahren, 2. Aufl. 1978; W. Skouris, Grundfragen des Sachverständigenbeweises, im Verwaltungsverfahren und im Verwaltungsprozeß, AöR 1982, S. 216ff.

專家及掌握其中立性、獨立性（註一三五）， 甚至法官之科技專才之訓練或引進（註一三六）， 最少亦須能達到科技概念之溝通（註一三七）。

2. 完整之行政救濟與人性尊嚴

有權利，即有救濟；有權利，而無救濟，有損人性之尊嚴。行政法規範乃用以維繫行政領域法律生活之秩序，基於依法行政之原則所衍生之行政救濟體系，其提供保護之範圍愈完整，則該秩序更能有效發揮，而臻至有條不紊。行政救濟制度所提供之權利保護是否完整，首視行政救濟程序法規能否完全涵括所有實體行政法，進而行政救濟效力所及之廣度 (Intensivität) 及密度 (Dichte)（註一三八），不存在缺陷或死角。

行政救濟制度提供之權利保護 欲臻於完整， 則行政裁判 權必須眩括、訴訟種類必須充分、訴權範圍必須相當（註一三九）。

註一三五　Vgl. F. Nicklisch, Sachkunde, Neutralität und Unabhängigkeit technischer Sachverständiger und Sachverständigenorganisa- tionen- am Beispiel des Kraftfahrtzeugwesens -, BB 1981, S. 1653 ff. ; P. Bleutge, Der öffentlich bestellte Sachverständige, DRiZ 1977, 170 ff. ; W. Skouris, aaO. (Fn. 134), S. 227.

註一三六　Vgl. E. Schmidt, Gehört der Sachverständige auf die Richterband? JZ 1961, S. 585 ff. ; K. Louven, Die Abhängig- keit des Richters der Sozialgerichtsbarkeit von ärztlichen Sachverständigen, DRiZ 1988, S. 241 ff.

註一三七　Vgl. P. Marburger, Technische Begriffe und Rechtsbegriffe, in: B. Rüthers/K. Stern (Hrsg.), Freiheit und Verantwortung im Verfassungsstaat-Festgabe zum 10 jährigen Jubiläum der Gesellschaft für Rechtspolitik, S. 275 ff., C. H. Beck, München 1984.

註一三八　詳請參見蔡志方前揭（註七八）博士論文，頁一〇四～一三一；V. Götz/F. Klein/Ch. Stark (Hrsg.), Die öffentliche Verwaltung zwischen Gesetzgebung und richterlichen Kon- trolle, C. H. Beck, München 1985.

註一三九　就此三者之基本概念及比較法之研究，詳請參見蔡志方前揭（註七八）博士論文，頁一〇四以下、九五以下、四七以下。

就行政（訴訟及訴願）裁判權之賅括言，得以提起行政救濟之事項或行政訴訟與訴願得以審理之行政事項，其範圍應盡可能放寬至得以涵括依法行政原則所及之範圍（註一四〇）， 故人民得以 對之提 起訴願及行政訴訟之事項，原則上應以概括條款加以規定，使一切可能涉及人民直接或間接權益之行政事項，皆受訴願審理機關，特別是行政法院之控制或監督。 其次， 應限縮傳統上認為不受審查之範圍， 如不確定法律概念及裁量事項 、「特別權力關係」之事項、 統治行為之事項（註一四一）。甚至原認只係私法爭議之事項，亦可因公權力之介入，而轉而受行政救濟之支配（ 如公法上鄰人訴訟）（註一四二）， 即原已有民事救濟途徑之「假裝的私法紛爭」，亦應納入行政救濟制度之中，以統一規範秩序。

就訴訟（願）種類之充分言，由於訴訟（願）種類具有限制人民得以主張救濟之方法及受訴機關得以 裁判或決定方法之雙重 功能（註一四三），因此，訴訟（願）種類不可過少。 依本人參考各國法制，比較研究之結果，各國採取之方法有訴訟（願）種類明定主義及未明定主義二種， 而前者復有列舉主義及特別要件明定主義兩種（註一四四）。 綜合參較之結果， 當以特別要件明定主義為優， 換言之， 須具備特別要件者， 始予以明定，其餘則採不明定，以預留必要之發展空間。

就訴權範圍之相當言，由於行政救濟程序之發動，類皆因人民（特別是關係之人民）之要求所致，因此，何人具有促使訴願及行政訴訟裁判之機器發動的權限，攸關個別人民權益之保護，若係就全體人民與國

註一四〇　同註一二六。
註一四一　詳請參見蔡志方前揭（註七八）博士論文，頁一一四以下。
註一四二　詳請參見蔡志方前揭（註七八）博士論文，頁一三一以下。
註一四三　詳請參見蔡志方前揭（註七八）博士論文，頁九二以下。
註一四四　詳請參見蔡志方前揭（註七八）博士論文，頁九六以下。

家間之整體關係言，實宜擴大訴權，使行政儘量獲得監督，而可採民眾訴訟（Popularklage）之訴權類型，但爲避免人民因不甚熟悉法律之規定或濫用，而影響行政之靈活營運、法之安定性及行政救濟待處理量之過高，而阻礙其應有功能之發揮，故乃有限制。一般以採被害者訴訟（願）（Verletztenklage od. -beschwerde）類型最多，其次乃採取利害關係者訴訟（願）（Interessentenklage od. -beschwerde）類型（註一四五）。 依本文所見，若只係在維護各個別人民之權益，特別是已具體化之侵害狀態，則以被害者訴訟（願）類型爲已足，但若是防衛較大範圍可能受波及之人民的權益，則宜採利害關係者訴訟（願）類型。如係在維護公益或行政機關不易周全顧及之事項，則宜以眾人之耳目或智慧，協力監督行政可能之疏失， 此時最應採取公眾審查之民眾訴訟（願）型態， 抑且此一型態最可避免公權力之違失， 而無人得以制裁（註一四六）， 造成行政獨裁，形成反人性尊嚴之情形。

3. 得實現之行政救濟與人性尊嚴

「有救濟， 而無實效， 就不是救濟」（Ein Rechtsschutz ohne Effektivität ist kein Rechtsschutz），權利救濟之有效性，乃法治國家之重要原則。有效之行政救濟， 最重要者， 莫過於行政救濟之內容得以

註一四五 　詳請參見蔡志方前揭（註七八）博士論文，頁四七以下；W. Skouris, Verletztenklagen und Interessentenklagen im Verwaltungsprozeβ, Carl Heymanns, Köln 1979; D. Neumeyer, Die Klagebefungis im Verwaltungsprozeβ, Duncker & Humblot, Berlin 1979.

註一四六 　關於造成不易受控制之原因，請參見 W. Krebs, Kontrolle in staatlichen Entscheidungsprozessen, S. 68 ff.; C. F. Müller, Heidelberg 1984.

確實實現。

行政救濟恆以行政權爲對象，加上欠缺直接、強制實現其內容之實力，故行政救濟內容之實現輒賴行政官署之善意、主動合作，始克有濟，亦正因如此，產生不少弊端，而普受詬病。就當代法治國家之行政救濟請求權而言，自應包括確保行政救濟內容實現之請求權（註一四七）。各國之行政救濟制度爲擔保行政救濟結果之實現，乃有各種配合措施，如法國報告官（Rapporteur）及強制罰（Astreinte）制度（註一四八）、（西）德國之強制金（Zwangsgeld）制度（註一四九）、奧國之怠慢訴訟（Säumnisbeschwerde）及義大利之強制訴訟（il giudizio di ottemperanza）（註一五〇）。若依人性尊嚴產生之根本理念，國家旣爲人民而存在，則其與人民並不存在眞正之敵對關係，且其受依法行政及依法審判原則之支配，行政權並無拒絕行政救濟結果實現之法律上理由及事實上之必要。基於人性尊嚴或其下位概念之民主原則、法治原則，遲延實現行政救濟之內容，已嚴重損及人民之人性尊嚴，矧言係拒絕其實現耶！準此，行政權應主動、善意協助行政救濟內容之實現，立法者亦應創設有效確保行政救濟內容實現之制度，始契合人性尊嚴之要求。

4．得便宜獲致之行政救濟與人性尊嚴

就行政救濟之是否能便宜獲致言，權利之享有，恆具有一定之有形、無形之價值或利益。其享有乃法律所預先賦與或承認，一旦受侵

註一四七　詳請參見蔡志方前揭（註二五）碩士論文，頁一一四九、　七五註八三；同著者前揭（註七八）博士論文，頁六九。
註一四八　詳請參見蔡志方前揭（註七八）博士論文，頁七〇以下。
註一四九　詳請參見蔡志方前揭（註七八）博士論文，頁七二以下。
註一五〇　詳請參見蔡志方前揭（註七八）博士論文，頁七四以下。

害，亦應允以最簡易、便捷之方法予以回復，就所失利益及回復權利所支出之代價，亦應予以補償（註一五一），否則，費九牛二虎之力或超乎原權利享有之效益的代價，始能得其內容於萬一，此無異於另課負擔，迫使放棄正當之權利保護途徑，而助長邪道（在立法政策上，不應禁止或限制任何權利之救濟管道，而只能就法益價值輕重，設予相當之救濟方法），此對人性尊嚴有重大之傷害，爲防止此一缺失之方法，乃各國行政救濟制度上之經濟原則及措施（註一五二）。

所謂行政救濟之經濟原則（Prinzip der Ökonomie od. Wirtschaftlichkeit），乃以最少之人力、物力及時間，達成最佳及最終之解決紛爭的理念。就行政訴訟之領域，與此有關或值得採取之制度，包括訴願、職權進行與職權調查主義、集中審理原則、變更性裁判權、程序之中止、獨任法官與小法庭、書面審理、中間裁判、訴之合併、訴之變更及程序上之合併與分離、和解、參加、共同訴訟與團體訴訟、模範訴訟與抽象規範審查、依附訴訟與附帶訴訟、訴之撤回、認諾與捨棄、法院裁決、律師或代理強制、裁判理由之減輕、躍級訴訟與限縮審級及心證之公開（註一五三）。以上之制度，除訴願、獨任法官與小法庭、和解、法院裁決以外，亦得移植至訴願之制度內。

5．得迅速獲致之行政救濟與人性尊嚴

就行政救濟之迅速性而言，如前所述，遲來之正義，乃正義之拒

註一五一　Vgl. C. H. Ule, aaO. (Fn. 60), S. 390 ff.; P. Oberndorfer, aaO. (Fn. 59), S. 204 ff.; F. Gygi, Bundesverwaltungsrechtspflege, 2. Aufl. S. 328 ff., Stämpfli & Cie, Bern 1983.

註一五二　對於行政訴訟經濟制度之深入探討，詳請參見蔡志方前揭（註九二）文，東吳法律學報，七卷一期，頁六七～一二三。

註一五三　Ibid.

絕。權利保護若無法及時予之，則事過境遷，既失其實益，更有損人性
尊嚴及人權。今各國普遍存在訴訟過量、法院負擔過重，致結案遲緩，
如何予以改善，頓成行政法之重要新問題（註一五四）。在訴願之領域，
其情形相埒（註一五五）。

　　為加速獲致行政救濟，除加強訴願審議人員及行政法院法官之素
質、法規之明確及完備、簡化程序、強化參與人之協力義務及主管機關
之科技設備以外（註一五六），可以採取之制度，包括先行程序（Vor-
verfahren）（註一五七）、法院負擔之減輕（註一五八）、加速程序（採取
集中審理原則、訴之合併及裁判理由之減輕）及暫行權利保護（Vorläu-
figer Rechtsschutz）（註一五九）。此其中，又以暫行權利保護之制度
與人性尊嚴之關係最密切。

　　由於行政救濟之最終獲得，可能因各種原因而姍姍來遲，而權利救
濟方法之提出，又往往無停止公權力措施之效果，致易形成「既成事

註一五四　詳請參見蔡志方前揭（註八〇）文，植根雜誌，七卷三期，頁一〇
　　　　　三以下。
註一五五　我國每年之訴願、再訴願案件數量頗大，即以經濟部八十年度（七
　　　　　十九年七月一日～八十年六月三十日）訴願業務為例，新接案六四
　　　　　八二案，上年度未結案件一四三八案，共計七九二〇件，結案五六
　　　　　三五件，其中三個月內審結者四八九四件（占79.46％）、三個月至
　　　　　五個月內審結者一〇八四件（占17.60％），逾五個月審結者一八一
　　　　　案（占2.94％）。詳參見陳寶鑑，經濟部訴願業務簡報，八十年九月。
註一五六　詳參見蔡志方前揭（註八〇）文，植根雜誌，七卷三期，頁一一九
　　　　　以下。
註一五七　詳請參見蔡志方，從訴願前置主義與行政訴訟審級之關係，論行政
　　　　　訴訟先行程序單軌制與雙軌制之優劣得失，自刊，七十七年七月十
　　　　　三日。
註一五八　同註一五五。
註一五九　參見蔡志方前揭（註七八）博士論文，具七六以下；林明鏘，人民
　　　　　權利之暫時保護 —— 以行政訴訟程序為中心，臺大法研所碩士論
　　　　　文，七十六年六月；F. Schoch, Grundfragen des verwaltungsge-
　　　　　richtlichen vorläufigen Rechtsschutzes, VerwArch. 1991,
　　　　　S. 145 ff.

實」 (vollendete Tatsachen; fait accompli) (註一六〇)，爲防止不可回復之損害 (Irreparabele Shäden)(確保之功能《Sicherungsfunktion》) 及分配危險 (Risikoverteilung) （卽分擔瑕疵決定之危險＝過渡性促成和平之功能《interimistische Befriedungsfunktion》)（註一六一），乃有暫行權利保護之制度。此制度本包括執行之停止、保全措施、先行執行（卽時執行）及預防的不作爲之訴或權利保護（註一六二），但目前一般不論及最後一者（註一六三）。

（三）我國行政救濟法人性尊嚴成就率之評估與檢討

理念有賴安定之制度，以爲實現之屏幛，以免有名無實。前面已探討行政程序法及行政救濟法與人性尊嚴間之關係，並獲致初步之認識與瞭解，茲擬進一步評估我國行政救濟兩大法規之訴願法及行政訴訟法與兩法之修正草案，對促進我國人民人性尊嚴之具體貢獻及可能之缺失，並提出具體可行之建議，以供有司參考及全民之監督依據。

1. 訴願法及修正草案

現行訴願法凡二十八條，爲六十八年十二月七日總統令修正公布第二十六條條文後之狀態。

註一六〇 關於旣成事實之概念及防止，Vgl. F. Panholzer/E. Wolny, in: Fröhler/Pindur （Hrsg.）, Rechtsschutz bei "vollendeten Tatsachen", Kommunale Forschung in Österreich; F. Schoch, aaO. (Fn. 158), S. 155 ff.

註一六一 Vgl. F. Schoch, aaO. (Fn. 158), S. 157 ff.

註一六二 Vgl. K. Finkelnburg/K. P. Jank, Vorläufiger Rechtsschutz im Verwaltungsverfahren 3. Aufl. S. 12 ff., C. H. Beck, München 1986.

註一六三 其他之制度，請參見蔡志方前揭（註七八）博士論文，頁七九以下。

　　訴願法第一條但書之規定，使得因違警提起再訴願（及行政訴訟）之機會被剝奪（註一六四），違反憲法第十六條及第二十三條規定之精神，並傷及人性尊嚴之情形，因社會秩序維護法之公布施行，而告消失，並使專利法第三十二條及第三十七條之規定，獲得協調，而強化了人性尊嚴之貫徹。但只限於行政處分始有救濟，則又遜色矣!

　　訴願法第二條第一項對行政處分之立法定義，不包括「措施」或「自動設施」所發生者，配合第一條之規定，又再度限制行政救濟之機會，此有損人性尊嚴。同條第二項中之「法定期限」，因現行法缺乏一般性之處理期限，致喪失原先所欲追求之目的。抑有進者，因執於撤銷型訴願一種，更使此項所創設之擬制行政處分制度，流於有名無實，而有損人性尊嚴。為此，必須予以調整性之填補（詳見本文三、(六)），始克有濟。

　　訴願法第三條、第四條、第十八條及第二十七條所確立之再訴願制度，如未能改善體制，使之發揮完善之功能，則反有失保障人性尊嚴之本旨，甚至因妨礙迅速提起行政訴訟，而有違人性尊嚴之要求。

　　訴願法第七條之規定，使得人民不致因原處分機關裁撤或改組，致無法行使救濟，故頗契合人性尊嚴之要求。

　　訴願法第九條第二項之規定，欠缺適切性，宜另謀對策（註一六五），始契符人性尊嚴之要求。

　　訴願法第十條之規定，使人民个因路途之遠近，而發生不平等之情形，甚符合人性尊嚴之要求。

　　訴願法第十一條之規定，顧及我國人民法律知識之不足，而規定視

註一六四　參見前「違警罰法」第四七條第二項及現行行政訴訟法第一條第一項。

註一六五　詳參見蔡志方前揭（註七八）文，憲政時代，十六卷二期，頁八三。

同於法定期間內提起訴願，甚契符人性尊嚴之精神，甚至可謂爲訴願法中最人性化之規定。

訴願法第十四條第二項但書之規定，減少不必要之程序浪費，減輕人民之訟累，頗契符人性尊嚴之要求。

訴願法第十七條第一項未規定應指導其補正之方法，有爲德不足之嫌。同條第二項之規定，貫徹依法行政之原則，過則勿憚改，符合人性尊嚴之理念。

訴願法第二十條規定訴願決定最後時限，使人民享有適時之行政救濟利益，符合人性尊嚴之理念。

訴願法第二十一條之規定，姑不論再訴願制度之妥當性，則此條乃前條之必要配合措施，堪稱符合人性尊嚴。

訴願法第二十二條第三項規定權利救濟方法之教示，對於法律知識不甚完足之我國人民，尚堪稱符合人性化之要求，但違反時之效果如何，則缺乏類似德國法制，爲一大缺陷。

訴願法第二十三條之規定，於照料公務，服務全民頗有必要，但未確實斟酌法益輕重爲彈性之規定，易使行政機關保守從事，機械地認定，而發生既成事實之情形，不甚符合人性尊嚴之要求。

行政院爲改善訴願制度，乃依第一八六三次會議決議，成立訴願法研修小組，嗣司法院於七十四年函送「行政法院組織法修正草案」，請求表示意見，乃配合行政訴訟二審級及雙軌制，研議訴願法之修正，目前仍在進行中，由其初步提出之修正草案立法原則十五點，其中第一點認爲行政救濟制度改採雙軌制（註一六六），則訴願、再訴願制度，宜

註一六六　關於雙軌制之缺失，請參見蔡志方前揭（註一五七）文，頁二一以下；同著者，前揭（註一二三）文，憲政時代，十四卷四期，頁十六，註五二。

採司法化，應係正確之決定。其第二點雖認為訴願法不宜全面改採言詞審理主義為原則，但認為宜增設當事人到場陳述意見之機會，並由訴願審議委員會推派委員代表聽取意見，應屬可取。其第三點認為訴願法為免當事人逐一舉證，並發揮職權進行功能，不必增設有關證人、鑑定人及勘驗程序等證據法則，但訴願案件中不乏採當事人進行主義者（如專利異議案件），抑且因社會環境之日趨複雜、事務日形專門，從事職權調查，而不強化關係人之協力義務，必造成過度負擔，不利程序之進行（註一六七）。其第四點認為為增進訴願之公正，宜明定訴願審議委員及承辦人應行迴避之事由，堪屬正確。其第六點認為為促進審議結果之超然公正，並健全組織，使充分發揮其功能，宜明定各機關訴願審議委員會委員得邀請外界學者、專家參與，亦屬正確。其第七點認為訴願法宜規定各機關訴願委員會委員、承辦人員職權行使之獨立性，頗為正確。其第九點認為宜增列給付訴願及確認訴願，增加人民主張保護權利之機會，應屬正確。其第十一點認為是否增設類似訴訟參加之制度，雖有助於訴願經濟及防止歧異決定之功能，但持保留態度，殊屬可惜。其第十二點認為有必要增訂原行政處分停止執行之要件，堪稱正確。其第十三點否決訴願人閱卷及對原處分之答辯有一次再答辯之機會，限制必要之瞭解案情，值得研議。其第十四點認為有必要採取訴願承受之規定，足以解決程序之遲滯，應屬正確。其第十五點認為有增訂選任當事人，以達訴訟經濟之目的；增訂共同訴訟制度，以防止紛歧決定；訴願代理人及輔佐人之增訂，符合實際需要；許之變更、追加及反訴，基於訴訟經濟之原則，認有採行必要，但反訴制度本文認為似不符行政救濟

註一六七　詳請參見蔡志方前揭（註九二）文，東吳法律學報，七卷一期，頁七二以下；同著者，前揭（註八〇）文，植根雜誌，七卷三期，頁一一六。

制度之本旨；情況裁決之增訂，認有調和公、私益之作用，但本文以爲此將形成以眾暴寡（以違法之公益殘殄合法之私益之虞），不宜採行（註一六八）。

2. 行政訴訟法及修正草案

現行行政訴訟法係六十四年十二月十二日總統令修正公布者，全文共計三十四條，其缺失及改革之建議，已有不少之探討（註一六九），在此僅就與人性尊嚴之維護有密切關係之部分，加以檢討。

行政訴訟法第一條第一項之逕行行政訴訟，有助於人民迅速採行司法的行政救濟之機會，符合人性尊嚴之要求。

行政訴訟法第二條之規定，表面上附帶之訴有助於訴訟經濟與人民損害之填補，但在採取「行政處分中心主義」及「訴訟種類明定主義」（註一七〇），則反而限制給付之訴存在之機會，且第二項之規定，加上採取訴願前置主義，更易淪入形同虛文之情況，值得檢討。

行政訴訟法第三條採一審終結之制度，排除審級制度，無法救濟可能發生之瑕疵裁判，於人性尊嚴有重大損傷。

行政訴訟法第十條第一項允許因不可抗力之回復原狀，例外可補行

註一六八　詳請參見蔡志方前揭（註七八）博士論文，頁三二以下。
註一六九　請參見陳秀美，改進現行行政訴訟制度之研究，司法院，七十一年四月；同著者，我國現行行政訴訟制度之研究，文化法研所碩士論文，七十一年四月；蔡志方前揭（註七八）博士論文，頁一八〇以下。其他論文不勝枚舉，在此予以省略。
註一七〇　本文以爲我國之行政訴訟種類，應係採特別要件明定主義，換言之，並非列舉主義。請參見蔡志方前揭（註一二三）文，憲政時代，十四卷四期，頁九；同著者，前揭（註七八）文，東吳法律學報，六卷二期，頁一六一。

行政訴訟,於人性尊嚴大有助益。

行政訴訟法第十一條採取視同在法定期限內起訴,對於人民知法不多之情形下,甚契合人性尊嚴之實現。

行政訴訟法第十二條對起訴是否停止原處分或原決定之執行,欠缺明確之規定,易生行政法院之濫用,特別是消極與態度保守,對人性尊嚴之實現有損。

行政訴訟法第十四條欠缺充分教示之規定,美中之不足也。

行政訴訟法第十九條採取書面審理爲原則、言詞辯論爲例外,蔽於訴狀之推求,不予當事人公開及充分表示意見之機會,對當事人人性尊嚴有莫大之威脅(註一七一), 特別是此條嚴重影響第二十條 規定 之適用機會。

行政訴訟法第二十四條之規定,使得人民享有司法的行政救濟更爲迅速;對人性尊嚴有正面意義,唯潛在缺失乃違反審限規則,人民並無救濟之途徑,或者欲益反損,欲速不達,影響裁判之正確性。

行政訴訟法第二十五條之規定,足以防止不正確之裁判及程序之浪費,於人性尊嚴亦有正面之意義。

行政訴訟法第二十六條應認係撤銷之訴及附帶損害賠償之訴裁判要件之特別規定,否則,將如通說及實務之誤解,造成人民權利保護機會之限制或剝奪,於人性尊嚴有重大妨害。

行政訴訟法第二十七條不利益變更之禁止(Verbot der reformatio in peius)之規定,對原告之人民有保障之作用,一般均予以肯定,但若就全體人民之立場及依法行政原則之本旨言,則不無妨礙人性尊嚴普

註一七一　此原則之缺失,詳參見蔡志方前揭(註七八)博士論文,頁一七一以下;同著者,前揭(註九二)文,東吳法律學報,七卷一期,頁八四以下。

遍化之嫌。

行政訴訟法第三十三條之規定，減輕立法者之負擔有餘，造成法院及人民之負擔更多， 就法治國家立法之完足性（Vollständigkeit）及明確性（Klarkeit od. Bestimmtbarkeit）要求，則顯不足。

司法院爲強化行政訴訟制度之功能，以保障人民之權益，於民國七十年七月間著手研修行政訴訟制度，歷時七年餘，先後提出「行政法院組織法修正草案」及「行政訴訟法修正草案」，就整體言之，相當具有前瞻性、妥當性， 改革之幅度， 亦令人激賞（註一七二）。 其對人性尊嚴之維護，具有正面意義者，包括：（1）增加行政訴訟之審級，（2）增加訴訟種類，（3）修訂參加制度，（4）一審改採言詞辯論之原則，（5）給付訴訟採用情事變更原則，（6）增設重新審理之制度，（7）採納假扣押、假處分之制度，（8）增訂強制執行程序，以實現裁判內容，最後特別重要者，乃是（9）擴張得提起行政訴訟之範圍（註一七三）。 其對人性尊嚴之貢獻不足或有損者，如（1）訴訟種類採列舉主義（第三條），（2）請求應爲行政處分之訴訟（ 第五條 ）， 只係違法不作爲之確認而已，（3）採取情況裁判制度（第一百九十七條以下），易形成以眾暴寡之情形，（4）撤銷判決之執行（第三百零二條），不易周全，（5）缺乏心證公開之完整規定。

註一七二　行政訴訟法修正草案缺失之整體檢討，本人在七十七年間已代表政戰學校法律系提出改革建議，其他部分、局部之檢討及改革建議，請參見蔡志方前揭（註七八）文，東吳法律學報，六卷二期，頁一六三以下； 同著者， 前揭（註九二）文，東吳法律學報，七卷一期，頁一一三以下。

註一七三　詳參見司法院行政訴訟制度研究修正委員會，行政訴訟法修正草案總說明暨條文對照表，頁二以下，司法院，七十七年八月。

五、結論——我國行政法、行政法學及行政法學教育之新方向

依本文之研究，可以發現：行政法一如其他法律，其發生之根本基礎，乃在人性尊嚴，特別是在民主法治國家，行政法之發生、存續及發展，均受人性尊嚴之支配，甚至吾人可謂「行政法乃人性尊嚴之具體化」(das Verwaltungsrecht als die Konkretisierung der Menschenwürde)，行政法同時負有實現憲法本於人性尊嚴之最高理念所確立之基本價值，位階在憲法以下之行政法，其形成與適用，更應受人性尊嚴理念所形成之民主原則、法治原則及社會國（民生主義）原則之約束，消極上不牴觸，積極上則儘量予以實現。綜觀我國行政法部分尚未盡符合人性尊嚴之要求，在法益之斟酌上，更大部分未意識到。人性尊嚴之原則，應具有拘束全體人民及國家諸權之效力，立法者尤應特別注意。

就行政法學之研究言，溯自我國引進近代行政法之概念以來，以迄於最近出版之新著作，似乎皆乏有以此一理念出發，以形成其理論架構之基礎者，迤邐而下，在行政法學教育上，似亦大部分仍存在於 Otto Mayer 時代之「概念行政法學」(Begriffsverwaltungsrechtswissenschaft)（註一七四），以至於學子所學亦不知所以，其擔任實務工作時，自亦難覩其有特別之表現。

註一七四　關於行政法學方法論之變遷，詳請參見 W. Meyer-Hesemann, Methodenwandel in der Verwaltungsrechtswissenschaft, Insbesondere, S. 17 ff.; C. F. Müller, Heidelberg 1981.

　　吾人以爲，值此吾國憲政改革，爲法治植根之時期，欲建立眞正之民主立憲的法治國家，泯除專制，蠲棄暴力，則我國行政法之制定、行政法學之研究及行政法學教育，必須以建立及實現人性尊嚴爲最高鵠的，以迎接中國自我獨立時代之到來。願我公法學者知所從事，全力以赴，爲斯土斯民造福，爲天地立心生民立命，爲宇宙萬世開太平!

（本文原載於植根雜誌八卷一、二、三期）

柒、我國現行行政訴訟制度之檢討與修正草案之評估

一、前　言

二、行政法院組織方面之缺失

三、行政法院權限方面之缺失

四、行政訴訟程序方面之缺失

(一) 行政訴訟法矛盾及疑義部分

(二) 行政訴訟法規定不當部分

(三) 行政訴訟法未斟酌部分

五、我國行政訴訟制度之改進方向

(一) 行政法院之組織方面

(二) 行政法院之權限方面

(三) 行政訴訟之程序方面

六、行政法院組織法修正草案之優劣

(一) 優　點

柒、我國現行行政訴訟制度之檢討與修正草案之評估

一、前　　言

　　行政訴訟，乃保障人民對抗違法的公權力侵害之最重要的法律制度，其發展以法國爲嚆矢，而廣及歐陸，迤邐而下，輾轉東傳，而爲我國所繼受（註一）。戰後各國紛紛致力於行政訴訟制度之改善，以加強人權之保障（註二），相形之下，我國由於國事蜩螗，缺乏改革之良好環境，致與先進國家之制度稍事比較，卽難免顯得保守、落後與簡陋，而國人對此亦頗多訾議。近年來，我國政經環境改變甚巨，行政救濟制度之需要改革，亦日益迫切，且條件亦益加成熟，是以司法院乃於民國七〇年七月一日成立「司法院行政訴訟制度研究修正委員會」，延攬學者專家，共同參與研修工作，並分區舉行座談，廣徵意見，經全面愼重

註　一　關於我國繼受歐陸行政訴訟制度之歷史概況，請參見蔡志方，我國第一個行政訴訟審判機關——平政院，憲政時代，十一卷一期，頁二〇以下，收於本書頁二四一以下。

註　二　關於戰後各國行政訴訟制度之改善，文獻請參見蔡志方，從權利保護功能之強化，論我國行政訴訟制度應有之取向，頁三〇以下，臺大法研所博士論文，七十七年六月；蔡志方，論行政訴訟過量與行政法院負擔過重之原因及解決之道，植根雜誌，七卷三期，頁二二以下；蔡志方，歐陸各國行政訴訟發展之沿革與現狀，頁六以下、三六以下、五三以下、六三以下、七三註四～五，東吳法律學報，七卷二期，收於本書頁一以下。

研究檢討，於民國七十四年間完成「行政法院組織法修正草案」，凡四十六條，並於民國七十七年完成「行政訴訟法修正草案」初稿，凡三百零三條，嗣為因應雙軌制，又擴充條文至三百零七條（註三）。茲正俟行政院修正訴願法之研擬工作完成，即可由立法院同時進行立法程序（註四）。究竟現行行政訴訟制度之缺失何在？司法院行政訴訟制度研究修正委員會所草擬之「行政法院組織法修正草案」及「行政訴訟法修正草案」，是否契符我國憲法相關規範之要求，戰後各國行政訴訟制度發展之趨勢及法治國家行政訴訟制度完善性之要件（註五），以下將分別加以檢討，並提出若干改進之意見，以供參考。

二、行政法院組織方面之缺失

　　我國目前形式意義之行政法院，只設一所（註六），但實質（功能）

註　三　詳細內容，請參見司法院行政訴訟制度研究修正委員會，行政訴訟法修正草案總說明暨條文對照表，七十七年八月。

註　四　行政院為配合行政訴訟法之修正，而進行之訴願法研修工作，即將完成，且將有重大改革，其中最重要者，厥為配合行政訴訟之改採二級二審，訴願採雙軌制，並增加訴願言詞辯論及各級訴願審議委員會將增聘學者專家，以提高訴願之公正性與客觀性。請參見蔡志方，我國憲法上行政訴訟制度之規範取向，憲政時代，十四卷四期，頁十六，註五二，收於本書頁三一九；記者王美玉報導，確保民眾權益，政院司院決定大幅修正訴願法及行政訴訟法，採二級二審，增設地區行政法院，中國時報，八十一年六月四日，四版；記者鍾雲蘭報導，訴願將採雙軌制，行政訴訟確立二級二審，司法救濟管道更為暢通，聯合報，八十一年六月四日，一版。

註　五　關於此等問題，請參見蔡志方，上揭文，憲政時代，十四卷四期，頁一以下，本書頁三一九以下；蔡志方，前揭（註二）博士論文，頁二三以下；蔡志方，戰後行政訴訟制度發展之趨勢，頁一以下，收於本書頁九九以下；蔡志方，從人性尊嚴之具體化，論行政程序法與行政救濟法之應有取向，植根雜誌，八卷三期，頁八以下，收於本書頁三五一以下。

註　六　從行政法院組織法本身觀之，不能推知只能設一所，但因其欠缺審級與分院之規定，故結果亦同。

意義上之行政法院，　則尚包括公務員懲戒委員會、　財務法庭、　交通法庭、選舉罷免訴訟專庭、國家賠償訴訟專庭，而就事項言，應歸行政法院（若依現行行政訴訟法第一條之規定，自無法做如是觀），但事實上之組織不具法院之要求者，　有律師懲戒委員會及其覆審委員會、　會計師、　建築師及醫師懲戒委員會及其覆審（議）委員會（註七）。

　　就行政法院之組織言，　雖係我國憲法第八十二條 規定之間接 結果（註八），　姑不論其是否契符憲法第七十七條之要求（ 解釋上憲法第八十二條及行政法院組織法應以憲法第七十七條爲依歸，唯實際運用上，則頗遷就既存狀態），　只就行政法院之組織體例言，　上述各實質（ 功能）意義上之「行政法院」，非欠缺行政訴訟裁判專業化之條件（法官公法能力）（ 如普通法院兼理者；　目前行政法院評事之養成教育，　亦屬有問題），　即不符司法獨立之要求（如各種專門職業人員之懲戒委員會，其亦非參審制度下之法院）（註九）。

　　其次，就各種行政法院之裁判官言，多不具行政法之專門知識，即得充任，有違專業化之先決要件（註十），　即乏獨立性之保障，至於以

註　七　我國憲法第七七條、公務員懲戒法第十八條以下、公務員懲戒委員會組織法、財務案件處理辦法第九條以下、道路交通管理處罰條例第八八條、動員戡亂時期公職人員選舉罷免法第一〇八條、國家賠償法第十二條、律師法第四二條及第四四條、會計師法第四二條及第四四條以下；醫師法第二九條第二項、建築師法第四七條以下。
　　　　依司法院大法官會議第二九五號解釋，會計師懲戒委員會及覆審委員會，只相當於訴願及再訴願審議委員會。
註　八　司法院組織法第七條、行政法院組織法。
註　九　此等職業從業人員之懲戒，涉及人民之工作權（憲法第十五條），就懲戒事項只能申請覆審（議），不免有違憲法第十八條訴訟權及法治國家司法保護之要求。若依司法院大法官會議第二九五號解釋，此等情形，將不復能夠存在也。
註　十　自民國八十年起之司法官考試，雖已增考行政法一科，但對行政法院法官尚未發生立即性作用。

實體（行政）法為法院權限之賦與，而非以法院組織法為之，本非無可議之處（註十一），而以行政命令為之（如財務案件處理辦法）， 更屬有違法之嫌（註十二）。

三、行政法院權限方面之缺失

行政法院之權限（行政訴訟裁判權），攸關人民權利保護之範圍，因此，有關其權限之規範，特別值得吾人注意（吾人可謂：行政法院權限之擴大，表面上係司法權對行政權之擴張，實則依司法之被動性言，乃係人民權利保護之強化而已！）。

依我國憲法第十六條、第七十七條、第二十二條之綜合規定及法治國家原則以觀，行政法院就行政訴訟之裁判，享有充分之權限，乃極自然之結果，即從憲法第八十二條、司法院組織法第七條及行政法院組織法第一條觀之，其結果亦同。但若從行政訴訟法第一條、第二十六條及第二十七條迂迴觀之（我國缺乏如德國行政法院法第四十條之規定），則其權限即大受限制。若再從國家賠償法第十二條、財務案件處理辦法

註十一　余於民國七十七年，曾以「目前民事法院、刑事法院依法院組織法第一條，只能審判民事、刑事訴訟案件，並依法律所定管轄非訟事件，準此，『國家賠償訴訟』及『選舉罷免訴訟』，除定性為民事訴訟案件，如何有權審理？ 至少法院組織法第一條應修正為： 法院審判民事、刑事訴訟案件，並依法律所定管轄非訟事件及其他訴訟事件」，民國七十八年十二月二十二日修正公布之法院組織法第二條，即修正為「法院審判民事、刑事及其他法律規定訴訟案件，並依法管轄非訟事件」，意旨甚為符合。

註十二　參見憲法第二三條、中央法規標準法第五條以下。依司法院大法官會議第二八九號解釋，亦同此意旨，認財務案件處理辦法違憲，基於法制未備之不得已情況，限期二年法制化，否則即自動失效。

第九條、道路交通管理處罰條例第八十八條、動員戡亂時期公職人員選舉罷免法第一○八條、律師法第四十二條及第四十四條、會計師法第四十二條及第四十四條、醫師法第二十九條第二項、建築師法第四十七條以下及前違警罰法第四十七條第二項，甚至實務上有關特別權力關係之判（決）例（註十三），則其權限將更形狹隘。我國此等法律（規）規定之結果，不但限制行政法院之權限，造成事權之不專，形成司法分歧，且在欠缺專業化之先決要件下，亦危及裁判之正確性，而實務上之見解，則限制行政法院之權限。以上兩者交織後之結果，乃影響人民權利保護之正確、完整、迅速，是其最大缺失所在。

依本文所見，當前行政法院權限上不當之限制，主要來自行政訴訟法第一條第一項之採取以「違法之行政處分」為中心之「狹隘的概括權限主義」及「訴願先行主義」、第二十六條裁判方法之限制於列舉主義。雖然國家賠償法第二條第二項，使實質之行政裁判權擴大，但就第一次權利保護制度言，反而被限縮。目前行政機關所採取之行使公權力方式，既不限於行政處分，而其行為亦可能侵害人民之權利，行政訴訟法第一條第一項規定之結果，不但有違現代法治國家權利保護完整性之

註十三　我國實務之解釋及判決，如院字第三一一、三三二、三三九、三四七、一二八五、二九八六、三二四六號解釋、行政法院四五裁二、四五裁五、四六裁二八、四七裁二五、四八裁五四、五一判五二七、五二裁二二、五二判一○一、五二判二○九、五三判三、五四判一九、五四裁六四、五四裁七九、五五裁七八、五九判二○三、五九判四○○、四三裁七、四一裁九、四三裁一八、五一裁五、五五判三三五、五七判一二七、五七判四一四、四○判一九、五○判二九、二五裁一一三、四七裁五九、五一判三九八、四四判七一、四六裁二七、四七裁六五、四八判一一、五○判九八、五一裁三八、六一裁一九二、六○判七八三等號判例。最近如行政法院七十一年五月十四日裁字第二七一號、七十一年國字第○一二號裁判；司法院大法官會議釋字第一八七號、第二○一號、第二四三號及第二六六號解釋。

要求，與我國憲法第十六條及第二十二條合併以觀後之取向，亦有未恰
（註十四）。

四、行政訴訟程序方面之缺失

我國現行行政訴訟法（民國六十四年十二月十二日修正公布之全
文），只有區區三十四個條文，顯然無以因應一完善行政訴訟制度之所
需，卽就其合憲性、需要性及妥當性言，仍不乏矛盾、疑義、不當及疏
忽之處，以下依次加以分析及檢討。

（一）行政訴訟法矛盾及疑義部分

現行行政訴訟法之規定本身，具有下列之矛盾或疑義之條文，羅列
於下，並予以條分縷析：

1. 第八條是否區分必要參加與任意參加，文義不明：由條文觀
之，行政法院得命有利害關係之第三人參加訴訟，似應限於必要參加，
但若係法律關係必須合一確定，則行政法院之裁量應限於合義務性之裁
量。就得因第三人之請求允許其參加，則似及於任意參加。就實務觀
之，則只允許「輔助參加」，而禁止「獨立參加」（註十五），此在第

註十四　參見翁岳生，行政法與現代法治國家，三版，頁三九二以下；陳秀
　　　　美，改進現行行政訴訟制度之研究，頁八二以下所引學者見解，司法
　　　　院，七十一年四月。

註十五　如行政法院四十四年判字第八二號、四十四年裁字第四八號、五十年
　　　　裁字第三七號判例。

三人效力之行政處分，將失去實益，且亦未顧及訴訟經濟之原則（註十六）。

　　2. 第十條第一項前段規定行政訴訟之提起，應於再訴願決定書送達之次日起二個月內為之，此與同法第一條第一項規定再訴願逾三個月不為決定或延長再訴願決定期間二個月不為決定，得向行政法院提起行政訴訟之法意（避免再訴願決定機關延宕不為處理，致妨礙被害人民行政訴訟權之行使）不符，矧言，不為再訴願之決定，則何來再訴願決定書之送達，此非顯係因疏忽所造成之矛盾，即只能善解之，而謂「此一規定不適用於逾期不為再訴願決定之情形，而即使逾期始為決定，則人民仍得於再訴願決定書送達後二個月內起訴」（註十七），換言之，人民得選擇即時起訴或靜待再訴願決定後（決定書送達起二個月內）起訴，苟如此，乍觀之，似延長起訴期間，對人民有利，但若人民即時起訴，行政法院審理中再訴願始為決定，將易干擾程序（如以情事變更，訴訟標的已不存在，駁回訴訟，或以訴欠缺實益，予以駁回，或以訴訟標的變更，為訴之變更或理由之追加），若再訴願一直不決定，而人民亦未起訴，法律既未規定其起訴期限，則其隨時可起訴，非造成既成事實（如處分已執行），即易造成法之不安定（如撤銷處分，恢復未執行前之狀態），不免有違第一條第一項規定之本意及法治國家之法安定性原則。

　　3. 第十八條規定被告機關未委任訴訟代理人或未提出答辯書，經行政法院另定期間，以書面催告，而仍延置不理者，行政法院得以職權調查事實，逕為判決。考其用意，雖在於保護公益，而賦與行政法院「職權調查」之權，而非在「代理強制」（我國行政訴訟制度，除外國

註十六　關於訴訟參加在行政訴訟上之經濟效益，請參見蔡志方，行政訴訟經濟制度之研究，東吳法律學報，七卷一期，頁六七以下。

註十七　此時訴訟程序標的及訴訟種類，將有所不同。

人申請商標及專利事件採取外， 現行法不採代理強制）（註十八）， 應係在答辯強制（註十九）， 然衡以第十九條所採之原則， 則行政法院得指定期日傳喚被告到庭爲言詞辯論，而被告以行政機關之首長爲法定代理人， 如其屆期又不委任代理人， 亦不自行出庭， 如何爲言詞辯論？（依第三十三條準用民事訴訟法第二六九條命被告或法定代理人到庭？）或爲一造辯論？ 其實第十八條之重點在於答辯書之獲取， 以利於「準備程序」， 故， 不必將「未委任訴訟代理人」， 列爲職權調查之先決條件。卽使被告機關已委任訴訟代理人或已提出答辯書， 於必要時， 仍可依職權調查證據。此外， 亦可見我國行政訴訟法上有關職權調查主義之規定（如第五條、第六條、第八條、第十二條、第二十一條、第二十五條、第十八條及第二十二條， 尤其最後兩條）， 尙未得其肯綮（註二〇）。

4. 第二十條規定原告、被告及參加人於言詞辯論時， 得補充書狀或更正錯誤及提出新證據。若反面解釋， 是否在審理程序終結前， 其未行言詞辯論者， 卽不得補充書狀或更正錯誤及提出新證據？ 在講求發現實質眞實之行政訴訟， 似不可如是解釋！ 再者， 此一規定若倂以第十九條， 一方面可知第十九條所採「書面審理爲原則， 言詞辯論爲例外」之不當（使第二十條不切實際， 亦不易發揮其應有之作用）， 其次， 第二十條原法意雖美， 但缺乏防止濫用之規定， 易造成拖延訴訟及準備程序之困難， 間接亦損及訴訟之經濟（集中審理原則）。

5. 第二十六條對於判決未規定須附理由， 依第三十三條準用民事

註十八　商標法第八條第二項、專利法第十三條第二項。
註十九　並參見同法第十五條、第十七條。
註二〇　關於行政訴訟上「職權調查主義」之眞義與作用， 請參見蔡志方， 前揭（註十六）文， 東吳法律學報， 七卷一期， 頁七〇以下。

訴訟法第二二六條，自須附理由（註二一），　實務上亦如此，似不造成嚴重問題，但相形之下，第十四條第一項規定裁定駁回須附理由，究為強行規定或訓示規定？從文義上，使用「應」字，參以民事訴訟法第二三七條，自應認係強行規定。準此，第二十六條是否亦獨立規定判決應附理由，或第十四條第一項應如民事訴訟法第二四九條第一、二項為分別，將「不應提起行政訴訟」分無裁判權（註二二）及顯無理由，前者以裁定，後者以判決為駁回？

　　6. 第三〇條規定行政法院之裁定，有第二十八條第一項之情形者，準用該條及第二十九條之規定，聲請再審。然細察第二十八條並無第二項之規定，則此所謂之第一項，當係贅字或為第一款之誤？考其法意，當係贅字。

（二）行政訴訟法規定不當部分

　　從法治國家完善權利保護制度之要求及我國憲法對行政訴訟制度之規範觀之，現行行政訴訟法存在若干不妥當之處，以下逐點分析之：

　　1. 第一條第一項對於涉及訴權（適格）之「權利損害」規定之範圍太窄，此雖不能以訴願法第一條（利害關係者訴願）為據，但從憲法第二十二條及行政訴訟法第八條對訴訟參加之規定，允許利害關係者參加訴訟，在行政處分具第三人（負擔或不利）效力日多之今日，若不允許將「權利」擴及「法律所保護之利益」或「值得法律保護之利益」，列為得起訴之範圍，而只許參加，特別是只許為輔助參加，權利之保護顯有漏洞，短言，現行實務及法律已有擴張（註二三），本條自應改弦

註二一　事實部分可能無法完全準用，見民事訴訟法第二二六條第二項。
註二二　行政訴訟法第五條參照。
註二三　實務如行政法院五十九年判字第一九二號判例、司法院大法官會議解釋第一五六號；法律之特別規定，如商標法第四六條。

更張，尤其如專利法第三十二條之「公眾異議」及第三十七條之「民眾訴訟」制度，行政訴訟法應倣訴願法第一條設一但書。

2. 第一條第一項只限於對違法之「行政處分」侵害權利，經再訴願程序，始得提起行政訴訟，以今日行政任務廣泛，行爲方式複雜，而俱有侵害人民權利之可能，徒以「行政處分」爲訴訟對象，於人民權利之保護未免不週，依法行政原則亦難貫徹，矧言，在民生主義之福利國家，行政積極爲民謀福利，其作爲與不作爲，俱可能違法侵害人民之權利；此外，排除所謂之特別權力關係之權利救濟（註二四），易形成怨氣，肇致國家及社會之不安。再者，此一規定雖爲概括權限條款，但太狹隘，與列舉權限條款相較，所去無幾，未蒙其利，先受其害。

3. 第二條第二項規定所失利益不在附帶損害賠償之列，與國家賠償法第五條適用民法第二一六條之標準不一，形成附帶損害賠償之制度，將流於具文。蓋依國家賠償法第十一條第一項但書，不可能只就所失利益部分，另行提起國家賠償訴訟，卽使許可，亦有失訴訟經濟之原則（註二五）。

4. 第三條規定對於行政法院之裁判，不得上訴或抗告，第三十條允許再審，就裁定言，旣不符經濟原則，亦不合救濟之迅速要求。甚者，目前行政訴訟之提起，雖須先行訴願及再訴願，但對行政法院之裁判不許上訴或抗告，裁判旣不可絕對正確，因此，難免有違失而無救濟之情形（今日從再審案件提起之多，可以想像），不符權利救濟正確性

註二四 實務上已有改善措施，請參見司法院大法官會議解釋第一八七號、第二〇一號、第二四三號及第二六六號。

註二五 關於國家賠償法第十一條第一項但書之諸多問題，另請參見蔡志方，國家賠償法第十一條但書疑義之研究。

及司法審判缺失之糾正要求（註二六）。

　　5. 第四條規定行政法院之判決，就其事件有拘束各關係機關之效力。此爲行政訴訟判決（主觀的）擴大之既判力範圍規定。然在俱第三人效力行政處分之撤銷情形，除藉參加制度擴大其既判力範圍外，如不同時規定必要參加及任意參加制度、特定訴訟（特別是第三人效力行政處分之撤銷）之判決具第三人（或對世）效力，將有違權利保護實現性之要求（當然此在利害關係者訴訟較易發生）。

　　6. 第七條第一項將參加人列爲行政訴訟之當事人，其始意在因應參加制度及擴充既判力之主觀範圍（註二七），然衡以第八條所規定之訴訟參加（輔助參加）及當事人在程序上權利平等性原則，實不宜以當事人稱之，至多爲參與人或次要當事人（註二八）。

　　7. 第八條未明確區分必要參加及任意參加，實務上不許獨立參加，既不符訴訟經濟之要求，亦未貫徹參加人權利之保護、防止裁判不正確或矛盾，更無法應付第三人效力行政處分之權利保護，已如前述第 5 點之說明。

　　8. 職權主義之規定既不統一，亦不周全，明文論及者，計有第五條、第十二條、第十八條及第二十五條；間接含有者，計有第六條、第八條、第十四條第二項、第十五條、第十七條、第二十一條及第二十二條。但缺乏其界限之規定，易形成過求及程序參與人之誘責，亦無法平衡兩造之武器不平等現象（註二九）。

註二六　關於審級制度之功能，請參見蔡志方，戰後行政訴訟制度發展之趨勢，收於本書頁九九以下。
註二七　並參見民事訴訟法第四○○條第一項及第四○一條第一項。
註二八　此與德國行政法院法第六三條因有公益代表人（第三人），而稱 Beteiligte 者不同，與我國民事訴訟法第五八條，第一篇第二章之體例雖合，但與行政訴訟法第二○條、第十六條亦不易調和。
註二九　另請參見蔡志方，前揭（註二○）文，頁七一以下。

9. 書面審理爲原則，言詞辯論爲例外之規定（第十九條），不易發現實體之眞實（註三〇）， 而可能違反直接審理主義， 使第二十條流於形式。

10. 第十二條限於起訴後始得爲暫行權利保護，對於人民權利之保護難免不週；起訴不停止執行之原則，偏勞於原告，加上缺乏一般給付之訴，易形成既成事實狀態（註三一）。

11. 第二十六條之規定，使訴之種類間接受限制，不易對行政廣泛之違法型態提供適當之救濟，例如結果之除去。

12. 第三十三條之準用規定不明確，加上行政訴訟法欠缺完整之規定下，易滋疑義，特別是在和解、自由、認諾、證明負擔、訴之變更與追加等方面。

13. 缺乏確保訴訟經濟之完整性規定，如集中審理（實務採之）、獨任法官或小法庭制度（審理簡易案件）、團體訴訟等（註三二）。

（三） 行政訴訟法未斟酌部分

從戰後各國行政訴訟制度 發展之趨勢所 獲得之啟示 （註三三），吾人知悉在追求改善行政訴訟制度之過程，必須截長補短、見賢思齊，但亦應記取前車之鑑，而且亦應未雨綢繆。現行行政訴訟法未能斟酌此等要求，而爲規定者，約有下列數端，茲分析如下：

註三〇　此與辯論主義無關，蓋裁判之依據不限於已經辯論者。
註三一　我國現行法規規定行政救濟具有停止效力者，如稅捐稽徵法第三九條及第四〇條、財務案件處理辦法第八條。
　　　　對於此制度之比較及批評，請參見蔡志方，前揭（註五）文。
註三二　詳參見蔡志方，前揭（註十六）文。
註三三　請參見蔡志方，前揭（註二）博士論文，頁一七三以下。

　　1. 各法院系統間權限之劃分，特別是國家賠償訴訟之審理法院就公權力行使違法性之認定權（先決問題）。以欠缺審判權為由之事件，如尚未向有權限法院起訴者，是否應在裁判書中指明該管法院，始能駁回？如其他法院已以同一理由駁回在先，而行政法院亦欲以同一理由駁回，應否課其停止程序，就消極權限之衝突，先申請司法院大法官會議解釋，未予以斟酌。若又不許人民聲請司法院大法官會議解釋，則易形成權利之拒絕（Rechtsverweigerung）（註三四）。

　　2. 程序參與人之協力義務及其違反時之效果，缺乏明文，易形成當事人之拖延訴訟、法院之負擔過重及程序進行遲緩（滯）（註三五）。

　　3. 未考慮增加審級與 統一裁判 之見解（註三六），無法確保 裁判之正確及迅速。法國及義大利之增加審級以加速程序及確保裁判之正確性，可資取法（註三七）。

　　4. 未注意訴訟之經濟與法院負擔之減輕， 而只知增設法庭（註三八）。

　　5. 訴願法第二條第二項之規定與行政訴訟之關係未顧及（視為駁回？其與訴訟種類——不作為違法確認之訴、課予義務之訴——間之關

註三四　基於憲法第十六條與第二二條所蘊涵之有效權利保護的司法受益權或請求權， 應許人民依司法院大法官會議法第四條第一項第 二 款為請求。

註三五　請參見蔡志方，論行政訴訟過量與行政法院負擔過重之原因及解決之道，植根雜誌，七卷三期，頁三六以下。

註三六　現制只以判例之編訂及於有違憲之虞及有統一解釋法令之必要時，申請司法院大法官會議解釋。

註三七　請參見蔡志方，前揭（註三五）文，頁二七、二九。

註三八　見行政法院組織法第三條第一項。

係）（註三九）。

6. 不顧及違法所致事實（損害）狀態之除去請求──結果除去請求權 (Folgebeseitigungsanspruch) 及訴訟權（註四〇）。

7. 不考慮訴願先行原則之例外：躍級訴訟，以加速權利救濟，並節省行政浪費（註四一）。

8. 未考慮採行律師強制（註四二）及課徵訴訟費（註四三），以強化裁判之正確、程序之順利進行（此與律師養成教育有關）及防止因濫訴而妨礙他人及時權利保護機會（訴訟過量、程序遲緩，最易造成）。

9. 未考慮程序告知之效力及義務，是否亦規定於行政訴訟（註四四）。

10. 擴大利害關係者訴訟之權於獨立之訴（非參加），為憲法第二

註三九　請參見蔡志方，論行政處分之存在與訴願之提起──訴願法第二條第二項與第九條規定間之齟齬，憲政時代，十六卷二期，頁八〇以下；蔡志方，擬制行政處分制度之研究，東吳法律學報，六卷二期，頁一六〇以下。

註四〇　Vgl. O. Bachof.

註四一　請參見蔡志方，論訴願在我國行政救濟制度上之地位，植根雜誌，八卷九期，頁七以下。

註四二　目前德國聯邦行政法院之程序採取律師強制；法國除越權訴訟及少數例外（§ 79, Règlement, CTA）不採律師強制；若不自行訴訟時，與其他訴訟同，採律師獨占制；義大利之行政訴訟，被告方面採國家律師代理強制，原告方面採律師獨占制度。
　　　　關於行政訴訟上之律師強制，另請參見蔡志方，前揭（註十六）文，頁一〇七以下。

註四三　目前只有我國及法國採行政訴訟無償主義。參見國民政府公報，第二八三六號；Décr. n° 78-62 du 20, Janv. 1978, art. 31.

註四四　亦即訴願法第二二條第三項與行政訴訟法第二七條之關係，違反訴願法第二二條第三項（及第二七條準用之結果），是否仍應適用行政訴訟法第十條之起訴期間及回復原狀之規定？
　　　　關於程序告知在程序法上之效力，另請參見蔡志方，從人性尊嚴之具體化，論行政程序法與行政救濟法之應有取向，植根雜誌，八卷二期，頁五九以下。

十二條所容許，但爲行政訴訟法所忽略。

11. 團體訴訟之有限度採行，以保護公益（社會權、環境權），未被顧及（註四五）。

12. 未注意大量程序之預防（註四六），以紓解法院之負擔。衡以我國大型建設次第展開，其發生之可能性大增，應預爲之謀。

五、我國行政訴訟制度之改進方向

我國現行之行政訴訟制度之缺失，已略如前述，茲進一步探討其改進之方向。首先必須確認者，乃是在改進之方向上，必須以我國憲法及現代法治國家行政訴訟制度之共同價值取向爲指導，亦卽以強化人民權利之保護爲最高目的，而以權利保護之正確、完整、實現、經濟及迅速五大要求之促進爲目標。

（一）行政法院之組織方面

針對我國行政法院組織方面之缺失，參覈先進國家之良制，輔以學說及個人思慮所得，就行政法院組織方面之改進方向，臚陳淺見數點如

註四五　行政法院四十七年裁字第五十四號判例，採否定之態度。
註四六　司法院大法官會議釋字第一五六號解釋：「主管機關變更都市計畫，係公法上之單方行爲，如直接限制一定區域內人民之權利、利益或增加其負擔，卽有行政處分之性質，其因而致特定人或可得確定之多數人之權益遭受不當或違法之損害者，自應許其提起訴願或行政訴訟以資救濟……」，似已注意大量程序之存在，但該號解釋之重點在「行政處分之定性」及「訴權範圍」。

後：

1. 行政法院組織之級次，至少須有二級：行政法院只有一級，既不足以容許上訴及抗告制度，以確保裁判之正確，亦不足以減輕法院之負擔，以應付日益增加之行政訴訟（註四七）。為配合行政訴訟程序採取上訴及抗告制度，至少應設二級。如設三級，則較重要或省級以上機關涉訟或宜求速結之案件，以第二級行政法院為初審。

2. 各實質行政裁判權，統由行政法院設專業法庭裁判，較常發生或數量較多之案件，其專庭採固定庭，否則只採臨時任務編組（唯應顧及分案之保密性），以確保司法裁判之一致、正確及迅速。專庭如財力許可及有充分之專才，則在各級行政法院普設，否則只在最上級行政法院及最常發生專業性（特高）案件之地區初級行政法院設置。後者如其評事（法官）多為此方面之專才，亦可免設固定之專庭。顧及因評事廻避致評事不足，宜採任務庭，但應徹底貫徹合議制度。

3. 嚴求評事（法官）之資格，注重評事（法官）之養成教育：所有行政法院評事（法官）任用前，必須先以考試選拔，應考人必須曾修習憲法、行政法、訴訟法，而得有畢業（學分）證書，考試科目包括憲法、行政法、行政訴訟法、民事訴訟法及民法。考取後，須另受一定期間之專業訓練（註四八）。

註四七　參見林紀東，訴願與行政訴訟，頁一七六以下，正中，六十五年十月；翁岳生，前揭（註十四）書，頁三九五以下；古登美，行政救濟制度，頁一八七以下，文馨，六十六年三月；駱永家，對於司法改革之幾點意見；耿雲卿，對修改法院組織法十七點建議，分別收於司法院第四廳編，司法制度與法院組織專論選輯，頁七六、三四四；陳秀美，前揭（註十四）書，頁一九九以下；陳秀美，我國現行行政訴訟制度之研究，頁二五一以下，文化法研所碩士論文，七十一年四月。

註四八　參見林紀東，上揭書，頁一八〇以下；翁岳生，前揭（註十四）書，頁四〇七以下；陳秀美，前揭（註十四）書，頁二〇二以下。

（二）行政法院之權限方面

基於同一理念，在行政法院之權限方面，爲確保「法律賦與（或承認）權利於先，必設救濟於後」及「權利保護必須完善」之要求，行政法院之權限必須改採概括權限條款，且訴訟種類亦應擴大（另詳下述（三）），其權限之規範條款，可規定如下：「行政法院審判一切非憲法性質之公法上爭議，但法律另有規定者，不在此限」。此處所謂「另有規定者」，原僅指刑事訴訟，唯在大改革有困難之情況下，暫認爲現行一切法律另有規定者，均包括之。

（三）行政訴訟之程序方面

行政訴訟之程序，在於遂行行政訴訟制度所追求之目的，如何使我國之行政訴訟制度臻於完整、正確、實現、經濟及迅速之要求，吾人以爲至少應謀下列各點之改善：

1. 就訴權方面，權利被違法之行政行爲侵害，只能做爲權利保護之最低保障，因此，就抗告訴訟以之爲最高要件。就具有第三人效力之行政行爲，應允許「利害關係者訴訟」。就確認之訴之提起，以具有值得法律保護之利益爲已足，例外應考慮加入團體訴訟（註四九）。

2. 訴訟種類至少應包括撤銷之訴、給付之訴及確認之訴，且訴訟種類有必要規定其要件者，亦只認係例示性規定，以配合新權利滋長之發展空間。

註四九　參見陳秀美，前揭（註十四）書，頁一二二以下。

3. 就先行程序言，在抗告訴訟宜保留一級（訴願），向原處分機關提起，如其在一定期間不自行撤銷或變更，而認為訴願無理由者，應送其直接上級機關裁決（如此可兼顧行政之自我反省及其上級監督權之行使），如其為最高行政機關，於一定期間內未裁決，即可直接起訴。前述送上級機關裁決，逾法定期間仍未為之者亦同。其他訴訟，原告得選擇先行訴願，一經選擇，應俟裁決或逾法定裁決期間仍未裁決後，始可起訴（註五〇）。附帶一言者，訴願作為行政訴訟之併行程序者，得保留二級制（註五一）。

4. 就「審」級數言，應允許至少一上訴及抗告，而再審制度亦保留。上訴審就法律及重要事實得再重新審查（註五二）。

5. 初審程序採言詞審理之原則，但程序審理不在此限；上訴審程序以書面審理為原則，但必要時得依職權或因程序參與人之聲請，命為言詞辯論（註五三）。

6. 行政法院受理訴訟後，應指定一名評事（法官）先行審查，凡被訴事項之合法性嚴重可疑時，起訴具停止效力，不得命即時執行；訴訟顯不合法或顯無理由者，起訴不生停止效力，亦不得申請假命令。如上述情形無法判斷時（被訴事項之合法性無嚴重可疑，訴訟非顯不合法

註五〇　類似見解，請參見翁岳生，前揭（註十四）書，頁三九五以下；陳秀美，前揭（註十四）書，頁六五以下。

註五一　關於訴願作為「併行程序」之性質，文獻請參見蔡志方，前揭（註四一）文，植根雜誌，八卷八期，頁十五以下。

註五二　參見林紀東，前揭（註四七）書，頁一七六以下；翁岳生，前揭（註十四）書，頁三九六；古登美，前揭（註四七）書，頁一八七。

註五三　參見林紀東，前揭（註四七）書，頁一七八以下；翁岳生，前揭（註十四）書，頁三九八以下；駱永家，前揭（註四七）文，頁七六；古登美，前揭（註四七）書，頁一八八；陳秀美，前揭（註十四）書，頁一四〇以下。

或無理由），則依涉案利害關係之輕重定之。

　　7. 行政訴訟之裁判須為執行者，由被告機關限期依法院之法律見解執行之，如有困難，得請求法院協助或准予延期。無上述情形，不為執行或遲延執行，除原告因此所生之損害，由國家負賠償責任外，執行機關之首長及負責執行之公務員，應以強制罰使其負個人責任。如另有刑事及懲戒責任，亦依法課處。

　　8. 應明文規定程序參與人有協力之義務，違反時，就因此所致之損害及支出之費用，負償還之責任。

　　9. 提起行政訴訟，如顯無理由或顯不合法或有重大過失，而受敗訴之判決者，原告應負擔裁判費用。行政法院得命原告預付裁判費用。裁判費用之徵收，另以法律定之（註五四）。

　　10. 應明文區別必要參加與任意參加，前者允許為獨立之攻擊及防禦方法。

　　11. 提起行政訴訟須先為訴願或已提起訴願，而裁決機關不於法定裁決期間內為裁決者，自法定期間屆滿之次日起二個月內（得）提起行政訴訟，以兼顧原告之權益，並謀法之安定性。

　　12. 附帶損害賠償之訴之賠償範圍與國家賠償同。於給付之訴容許後，就損害賠償之請求，以訴之合併、追加之方式為之。

　　13. 撤銷之訴之判決具有對世效力，但因不可歸責於己之事由，致其權利受侵害者，得提起再審之訴。

　　14. 行政訴訟之審理採公開之原則（有危及公共秩序或守秘之必要者，不在此限）及合議制，但訴訟顯不合法或顯無理由者，由獨任評事（初審）及小法庭（上訴審）裁判。案件具有原則性之意義或將變更判

註五四　同說，陳秀美，前揭（註十四）書，頁一五五以下、頁二三一以下。

例者，由大法庭裁判。大法庭之組成，以合議庭加上同院其他庭庭長及院長形成。合議庭爲五人制者，其三位評事組成小法庭。

15. 行政法院以無裁判權爲理由駁回訴訟者，應於裁判主文諭知有裁判權之法院，如該訴訟已爲其他法院以同一理由駁回者，應中止程序，依職權向司法院大法官會議解釋。原告向行政法院起訴，有上述情形者，視爲起訴時已向該管法院起訴，反之，亦同。原告同時向不同法院起訴者，應向各該法院陳明，其受理在後之法院應中止程序，俟該他法院裁判後，始得進行程序（註五五）。

16. 訴願裁決機關違反教示義務者，起訴期間之時效不開始進行，但原告因重大過失遲誤起訴期間者，不在此限。

17. 公益團體在法律所定之範圍內，就依存續目的爲行政行爲違法侵害者，得提起訴訟。

18. 就同一違法之行政行爲或以同一行爲爲原因提起行政訴訟，其原告人數逾一百人或訴訟數量逾五十件者，受訴法院得先行篩選不同類型案件，進行模範訴訟程序（註五六）。

六、行政法院組織法修正草案之優劣

行政法院組織法，乃行政訴訟制度之靜態及配備性法規，其規定之良窳，攸關行政訴訟法能否發揮動態及功能之完善運作，既深且鉅。從組織法之規範功能言，其除須契符憲法之規範取向外，尚須與其他司法

註五五　參見翁岳生，前揭（註十四）書，頁四○一以下。
註五六　關於模範訴訟，請參見蔡志方，前揭（註十六）文，頁一○○以下及所引文獻。

人事法規、權限法規及程序法規配合無間，始能確保一具有效率及功能之行政訴訟體制。以下就司法院行政訴訟制度研究修正委員會草擬之「行政法院組織法」修正草案，分析其優劣，並提出若干改進之建議。

(一) 優　點

1. 增加審級，由原單一審級，增加為二審級，在地方設地區行政法院，在中央設中央行政法院，允許上訴及抗告制度（第二條、第七條、第十二條）。行政訴訟審級之增加，具有確保裁判之正確及統一法律見解之功能，此外，亦有使當事人折服，進一步保障不受瑕疵之事實認定及錯誤之法律適用，而提供適當之法的安定性，在一定條件下，並有減輕（上級）法院負擔之功能。唯審級數究應以多少最為恰當，並非單一因素所可決定，各國憲法小多持沈默之態度。唯吾人若基於司法本質之（正確性）要求，則應肯認至少應有二審級，從各國發展之趨勢言之，亦有二審級制為原則之傾向（註五七）。

2. 確立地區行政法院設立之基準，以省、直轄市及特別區域為其設立地域，並視事務繁簡、區域大小而調整（第六條），頗具彈性，可因應人民利用司法之便利、法院之負擔及國家財力之負擔。

3. 地區行政法院得設專業法庭（第九條），此有助於裁判正確性之提昇及迅速性之促進，唯此以配備專業法官為前提。

4. 明定判例之編列及變更，以為法律上之依據（第十六條），可除去向來行政法院判例之編訂，只以司法行政命令為根據之弊端。

5. 評事任用資格之增訂及調整，允許法學教授得被遴用，有助於

註五七　請參見蔡志方，前揭（註二）博士論文，頁一五八以下。

杜絕現行法第六條第五款之浮濫（第十七條、第十八條），配合司法人員人事條例及「法官法」之制定，將使行政法院之素質更爲提昇。

6. 評事遴用特重經驗與行政法學之素養（第十九條），可一矯以往評事行政法學專知不足之弊。

7. 處務規程由中央行政法院統一擬訂（第二十八條），可兼顧統一、專業、彈性之優點。

8. 明定法院組織法之準用（第四十五條），有助於立法之經濟及法規之完整性。

（二）缺點及改進之建議

1. 第三條規定合議庭評事數，但未顧及特別重要案件（如將不同於案例，而爲裁判）或簡易案件（如顯無理由或聲請鑑定、停止執行），是否調整裁判庭之成員數，以利正確、迅速及經濟，似可倣德、奧、義諸國之先例，成立大法庭、小法庭或允許獨任評事，質言之，在各級法院設大法庭，在中央行政法院設小法庭，在地區行政法院設獨任評事。

2. 是否採固定庭或變動庭不明確，因採固定庭，則因廻避時，是否案件須轉庭，亦乏明文。依淺見，宜採固定庭，如廻避之庭員超過半數或致曾任法官之評事不足法定額，則轉他庭處理。

3. 第六條未考慮設分院或駐外庭，以省組織費用及名稱之難定。

4. 中央行政法院未考慮設專業法庭，中央行政法院所轄雖主在法律問題，但及於全國，其專業性之需要必不亞於地區行政法院，因此可倣法國設機動專庭，例外打破固定庭之模式。

5. 第十條所謂曾充司法官之文義不明，蓋從憲法第七十七條及第八十一條觀，則包括曾充公務員懲戒委員會委員及行政法院評事，但從

本草案該條理由三視之，似指限於爲普通法院之民、刑庭推事（法官），果如此，則其法律知識雖豐，行政法學涵養未必佳，故宜明定曾任行政法院裁判工作達二年（或四年）以上者，不得少於二人，或曾充任民、刑法院法官者，不得少於二人。第十五條關於中央行政法院之庭準此。

6. 第十七條及第十八條似均不採大學行政法教授或副教授兼任行政法院法官之制度（註五八），則因大學或獨立學院之教授或副教授願中途轉任法官者，非意願不高，即係條件不易具備（註五九）。再者，第十七條第三款及第十八條第三項所謂「講授主要法律科目」，究指何等法律科目，文義不明（註六〇）。

7. 第十八條未明文增列曾任地區行政法院評事者，具有爲中央行政法院評事之資格，雖可能以第三款解釋得之，但仍不明確，且阻礙地區行政法院評事之晉陞管道及利用其行政訴訟裁判實務經驗之長。故，宜倣法國制度保留一定名額，由地區行政法院評事（資深而傑出者）中遴選。

8. 第三十六條規定之妨害公務，是否依職務移送刑事法院，文義不明。本文認爲應採肯定看法，以明行政法院與刑事法院權責。

註五八　德國有所謂兼職法官（Nebenamtrichter），允許大學公法教授兼任法院之法官。Vgl. E. Schmidt-Jortzig, "Ordentliche Professoren des Rechts" als Richter an den Verwaltungsgerichten, in: FS f. C.-F. Menger zum 70. Geburtstag, S. 359 ff., Carl Heymanns 1985. 我國公立大學教授格於兼職時數，亦不易以兼任之方式達成。

註五九　依司法人員人事條例第九條～第十二條，公私立大學教師欲「轉任」法官，除須講授一定期間之法律科目、專門著作及審查合格以外，尚需具備公務員任用資格。

註六〇　依律師法施行細則第三條、律師檢覈辦法第六條，乃指民法、刑法、民事訴訟法、刑事訴訟法、強制執行法、破產法、國際私法及商事法；依司法人員人事條例第六條，則增列行政法一科。

9. 第四十二條宜改爲本章各條之規定，不得影響審判權之獨立行使。

七、行政訴訟法修正草案之優劣

　　行政訴訟法乃具體實現人民行政訴訟權之程序法規，現行行政訴訟法只有區區三十四條文，且多爲民初時期之法制，不但與憲法之規範意旨不符，且與戰後各國行政訴訟制度發展之趨勢不合，司法院行政訴訟制度研究修正委員會所草擬之「行政訴訟法修正草案」與現行法相較，顯有大幅進步，唯仍存有若干容有疑義之處。以下分別就該草案之優劣點，逐一分述如下，並提其改進之建議。

（一）優　點

　　1. 擴大行政訴訟裁判權之範圍（第二條），及於已有特別規定之事項以外之一切公法上爭議，杜絕公法上權利保護可能存在之闕漏。此一規定，可謂係此一修正草案之最重要規定，若配合第一條觀之，將從此使我國之行政訴訟制度自此眞正發揮完整保障人民權益，並促使依法行政原則徹底執行之角色。

　　2. 增加訴訟種類（第三條～第十條），及於撤銷訴訟、確認訴訟及給付訴訟三大類，就提供人民有效之行政訴訟途徑，亦具有重大之貢獻。

　　3. 增訂上訴及抗告審程序（第二三四條～第二六七條），具有確保裁判之正確性、統一法律見解、使當事人折服、保障不受瑕疵之事實

認定及適用法律錯誤，所致之法律不安定。

4. 增訂「重新審理程序」（第二八二條～第二九○條），使有利害關係之善意第三人，亦得對於確定之終局判決聲請救濟。

5. 加強保全程序（第二九一條～第三○一條），增設假扣押及假處分程序，以確保權利保護之迅速性及確實性。

6. 增訂強制執行程序（第三○二條～第三○六條），確保行政法院裁判內容之實現。

7. 加強言詞辯論審理程序（第一二一條～第一三二條），可促進訴訟之迅速、提昇裁判之正確性、達成審判公開、保障訴訟之經濟、提高當事人之折服率（避免發生突襲性裁判）、確保職權調查主義之功能。

8. 明定程序規定及準用民事訴訟法之條文，確保行政訴訟法之自主性、明確性，並兼顧立法之經濟。

（二）缺點及改進之建議

「行政訴訟法修正草案」之缺失，可分為體系及立法政策上之缺失與個別條文規定之缺失，分述之如下：

1. 體系及立法政策上之缺失

（1）行政訴訟先行程序單軌制與雙軌制

訴願做為行政訴訟中抗告訴訟之先行程序（Vorverfahren）（註六

一），具有多重之功能（註六二），但此必須在完善之訴願制度下，始足當之。司法院行政訴訟制度研究修正委員會就行政訴訟之先行程序與審級之設計，原擬採單純之「二級二審制」及「訴願一級之單軌制」，嗣為因應行政院之主張，乃改採「二級二審」與「一級一審」併行之雙軌制（註六三）。就單軌制之特色言，乃在將行政訴訟之前置程序，由原先之訴願及再訴願二級，縮減為訴願一級，而行政訴訟則由原先之一級一審，擴張為二級二審。反之，所謂雙軌制，其特色在於部分採取訴願一級及行政訴訟二級二審，部分維持現行之訴願、再訴願及行政訴訟一級一審，而在個案爭訟中，允許人民自行選擇前者或後者（註六四）。我國之行政訴訟制度，究應採取單軌制或雙軌制，必須從法規範之體系及現實之利弊得失，綜合考慮，始克有濟。

依本文所見，雙軌制涉及之問題，計有：做為訴訟先行程序之訴願如何定位、維持再訴願前置主義之合憲性與合理性、視同再訴願之處理方式、具第三人效力行政處分之訴訟，是否將發生選擇途徑不一，致生裁判與再訴願決定分歧之情形、共同訴訟或參加訴訟之先行程序，是否應限制選擇權之行使、雙軌制究為使行政機關為事實審或減損審級、訴願與再訴願逾法定期限不為決定時之處理、訴願制度有缺陷，是否將使

註六一　關於訴願與行政訴訟間之關係，請參見蔡志方，從訴願前置主義與行政訴訟審級之關係，論行政訴訟先行程序單軌制與雙軌制之優劣得失，頁十一以下、十六以下，自刊，七十七年七月；蔡志方，前揭（註四一）文，植根雜誌，八卷八期，頁三以下。

註六二　參見蔡志方，前揭（註二）博士論文，頁一八四以下。

註六三　詳見聯合報，七十七年四月三十日，第二版；同報，七十七年五月一日，第二版之報導。

註六四　司法院行政訴訟制度研究修正委員會，前揭（註三）書，頁二、四七以下。

雙軌制形同虛設、雙軌制是否將使行政訴訟法及制度複雜、混亂等問題，值得深省（註六五）。

　　我國之行政訴訟制度究應採單軌制或雙軌制，亦以孰較能有效提供權利保護及法規之正確適用爲斷。此外，並應比較採行何一制度之利弊得失。首先，吾人必須探討單軌制縮減訴願審級與增加行政訴訟審級之妥當性及雙軌制維持再訴願前置主義之合憲性與合理性，忻述之，包括：①過多之訴願審級是否無助於權利保護之加強；②過多訴願審級是否阻礙權利保護之實效；③目前行政訴訟之審級是否不足以確保裁判之正確性；④再訴願前置主義之合憲性，卽做爲先行程序時，是否符合憲法第二十三條；⑤維持再訴願前置主義之合理性；⑥維持訴願前置主義是否將抑制行政訴訟權之行使；⑦視同再訴願在單軌制與雙軌制上之處理；⑧對具第三人效力行政處分之行政訴訟的先行程序與審級制度；⑨訴願程序能否做爲行政訴訟審級之一部分；⑩訴願制度如有缺陷，而行政訴訟制度全面革新，從國民心理之考慮，雙軌制是否將形同虛設？或者因雙軌制而促使訴願制度亦全面革新？⑪訴願或再訴願逾法定期限不爲決定時之處理；⑫從法律之明確性要求，關於程序要件、起訴期間、對於視同在法定期限內提起行政訴訟、關於訴狀應記載事項及對於同時向地區行政法院起訴與向行政機關提起再訴願、訴訟程序之處理等之規定，以何種制度較優（註六六）。

　　依本文之初步綜合判斷，在我國現行體制下，似以採行單軌制較優，若採取雙軌制，則至少存在下列十項缺失，有待克服：①違反增設行政訴訟審級之根本目的，卽裁判正確性之提高；②造成行政訴訟法之

註六五　參見蔡志方，前揭（註六一）文，頁六以下；蔡志方，前揭（註四一）文，植根雜誌，八卷九期，頁十九以下。
註六六　並請參見蔡志方，前揭（註六一）文，頁二〇以下。

繁冗龐雜；③與單純之二級二審單軌制比較，過多之訴願審級，既有違精簡行政之要求，亦可能阻礙權利保護之實效；④未改善訴願制度，而維持再訴願前置主義，與革新現行行政訴訟制度之訴求不符；⑤「視同再訴願之訴願」，使雙軌制精神所在之「選擇救濟途徑」有名無實；⑥不得再訴願之事項，如違警罰法第四十七條第二項、所得稅法施行細則第七十四條，是否仍排除其行政訴訟之權，或只能向地區行政法院起訴，易滋疑義（註六七）；⑦易誤導人民以為再訴願程序為行政訴訟之事實審；⑧依憲法第一百零七條第四款，司法制度為中央立法並執行之事項，包括地區行政法院，均屬中央機關，在依法行政與依法審判原則之支配下，無需忌諱其審判中央機關為被告之行政訴訟案件，雙軌制雖可避免中央政府所在地之地區行政法院負擔過重，但卻增加中央行政法院之負擔；⑨易使中央行政法院之角色趨於複雜；⑩新設二審級制，中央行政法院應儘量居於地區行政法院之指導者地位，雙軌制易抑制之（註六八）。

（2）情況裁判制度之採取

情況裁判制度為日本所首創，並為韓國所承襲，其創設之始意，在於維護公益（註六九），今則在兼顧公私益之均衡。唯情況裁判制度涉及多項問題（註七〇），但值得注意者，乃是情況裁判制度不免有違反

註六七　前一法律，依司法院大法官會議第一六六號及第二五一號解釋，被認定違憲，自民國八十年六月二十九日社會秩序維護法生效後，已告失效；後者根據司法院大法官會議第二二四號解釋，已於民國七十九年三月二日經行政院公告刪除。

註六八　同註四，蔡志方所著文。

註六九　參見司法院行政訴訟制度研究修正委員會，前揭（註三）書，頁三以下、頁二九以下。

註七〇　請參見蔡志方，前揭（註二）博士論文，頁三四以下。

依法行政原理及行政爭訟保護國民權利之目的，或爲變相之公用徵收，欠缺實體法上個別之規定，有牴牾法治主義之嫌，且有以眾暴寡之疑；再者，情況裁判難免發生違背處分主義下原告聲明外爲裁判（訴外裁判）與司法消極、保守性之要求。依本文所見，日本之情況裁判制度，無論從眞正之公益立場或行政訴訟制度之完整要求言，均不能謂爲良制。

（3）訴訟種類採取列舉主義之得失

訴訟種類在行政訴訟制度上，具有加強人民權利保護及強化法院裁判方法之雙重功能，而訴訟種類明定之模式，具有明確之優點，但若採取列舉主義，則可能抑制人民因新種類權利之滋生，所得主張之適當的訴訟新類型，並妨礙法院因應需要，爲法的發展（Rechtsfortbildung）（註七一）。

（4）未一併調整實質之行政訴訟制度

司法院行政訴訟制度研究修正委員會擬具之「行政訴訟法修正草案」第二條，雖將行政訴訟之裁判範圍擴大，第十條亦擴及選舉罷免訴訟，但爲顧及現狀，均有「除法律別有規定外」之除外條款，致若干實質上屬於行政訴訟之裁判制度，未能一併調整，將有引發司法分歧之危險。

註七一　請參見蔡志方，前揭（註二）博士論文，頁九五以下；蔡志方，前揭（註四）文，憲政時代，十四卷四期，頁九。

2. 草案個別條文之缺失、疑義與改進之建議

(1) 關於第一條

行政訴訟制度之創設與存續目的，固以保障人民之權益及確保國家行政權之合法行使爲主，亦卽兼採「權利保護說」與「法規維持說」之要旨（註七二），但似亦不必專條爲「宣示性規定」，而應將其精神與目標落實於有關之規定中，始較爲確實，否則，難免發生如奧國聯邦憲法第一二九條之字義上誤會。例如：國家以人民違反公法契約爲由，提起行政訴訟，則草案第一條所列之宗旨，似不能賅括。

再者，司法功能之增進，乃所有訴訟法應共同致力之處，非行政訴訟法所獨有，而行政訴訟制度之改善，乃法治國家功能增進之當然結果，初不待於明文規定。因此，本條似只具標榜之形式作用，故建議刪除本條，而將其落實於有關之規定中。

(2) 關於第三條

訴訟種類之明定，具有明確規定人民權利保護及行政法院裁判方法之雙重作用，但若其採取列舉主義，則同時生限制之作用。

草案第三條倣日本行政事件訴訟法第二條之立法例，形式上似採訴訟種類列舉主義，苟耳，則本條將抑制新訴訟種類之形成及發展空間，妨礙權利之完整保護。準此，本條之訴訟種類只有撤銷訴訟、確認訴訟及給付訴訟，而第四條、第六條及第八條亦分別規定其要件。至於第七

註七二　事實上，行政訴訟之主要目的及功能，在於人民權利保護，詳參見蔡志方，前揭（註二）博士論文，頁六以下。

條只係第八條給付訴訟之一種，而第九條之公益訴訟及第十條之選舉罷免訴訟，亦只係撤銷、確認或給付訴訟（第十一條參照）。至於第五條請求應為行政處分之訴訟，究為特殊之給付訴訟或類似「確認訴訟」（因不符合第六條之要件），在本草案有關裁判之方法欠缺明文下，不易判定。

若係採取列舉之訴訟種類，則具有高度預防訴訟及經濟效用，為我國法規範體系所欠缺，而為德國行政法院法第四十七條所規定之抽象規範審查，將無適用之餘地。

建議刪除本條，使草案第四條以下成為例示性規定及訴訟種類之特別要件規定。

(3) 關於第四條

本條採取二級二審與一級一審併行之雙軌制，其一般性缺失，已如前述。此外，以雙軌制之設計言，本條第一項、第二項、第四項及第五項之「法律上之利益」，文義不明，易引起爭議。建議採保護規範說之意旨及德、義之立法例，改為「法律保護之利益」。

第二項採取雙軌制，再訴願程序只係以中央行政法院為初審時之「先行程序」，或者選擇再訴願途徑，對決定不服或逾期不為決定，只能向中央行政法院起訴，其引起之缺失，有如前述。建議改採單軌制，刪除第二項。

第三項規定於撤銷訴訟，固無不當，但其他條文欠缺類似規定，易使人誤以為其他行政行為縱然逾越權限或濫用權力，並不違法。建議另以獨立條文，規定：「逾越權限或濫用權力之行政行為，以違法論。」

第四項是否包括訴願人已提起行政訴訟於地區行政法院，或雖已提起再訴願，但已逾法定期限之情形，易滋疑義。建議改採單軌制，而刪

除本項及第五項。

第六項在採取雙軌制之行政訴訟，形同限制審級，並使訴訟途徑之選擇，形同虛設或有名無實。建議改採單軌制，而刪除第六項。

(4) 關於第五條

本條之立法，類似德國行政法院法第四十二條第一項之課予義務之訴（Verpflichtungsklage）及奧國聯邦憲法第一百三十二條之怠慢訴訟（Säumnisbeschwerde），唯在草案上有關判決之方法欠缺相應之規定，從法文觀之，具有確認之訴的特質，而又與確認之訴的法定要件不符；其與第八條之給付訴訟之要件，又復未恰，似只能認係特別種類之給付訴訟（註七三）。由此觀之，本草案第三條至第十條關於訴訟種類之規定，只係例示及特別要件之規定。

依本條之文義，則不但非因人民依法申請所致之單純違法不作為（應主動作為之情形）及對於行政處分依法提出訴願，逾法定期間不為決定之情形，均不能適用，即如所得稅法第五十六條第二項、關稅法第五條之一第一、二項及動員戡亂時期集會遊行法第十二條第三項之特別規定（擬制核可之情形），亦均不能適用，而只有就「人民因中央或地方機關對其依法申請之案件，於法定或相當期間內應作為而不作為」，包括完全不作為、未完成全部作為及無價值之積極作為（註七四），亦即對於明示駁回依法申請者，亦得依本條規定起訴，並非必須提起撤銷之訴。唯若現行訴願法第二條第二項之規定未修正，則必須合併撤銷訴

註七三　觀本條之立法理由，則本條之立法目的，似只在藉由行政訴訟之方法，促使行政機關履行程序上之准駁義務，而不及於實體上之決定。苟耳，則人民權利保護之實效性，將可能被大打折扣。

註七四　請參見蔡志方，前揭（註三九）文，東吳法律學報，六卷二期，頁一八〇以下。

訟及求為一定作為之訴訟，始臻完密。此外，本條關於訴權之規定，使用「法律上之利益」，文義欠明。故，本文建議明文排除訴願不為決定之情形，以免與第四條之規定衝突，而其先行程序之規定，亦不必規定經前條第二項再訴願程序，毋寧只有在人民之申請應以行政處分為之之情形，規定經再訴願程序即可，蓋前條第二項乃對於積極之違法行政處分之撤銷訴訟所為之規定，本條則係針對消極違法不作為（不限於行政處分）所為特別規定，宜分別規定其先行程序，避免援用，致生虬結。「法律上之利益」應改為「法律保護之利益」。

（5）關於第六條

本條第一項前段使用「法律上利益」，文義不明。建議改為「法律保護之利益」。

違法之事實行為，有為確認之必要者，似可考慮納入，以應結果狀態除去之請求或做為私法關係先決問題之判斷。

（6）關於第七條

結果之除去請求，是否得以合併請求，文義不明。建議草案第八條若不列入結果除去之請求訴訟，則本條即應納入結果除去之請求。

（7）關於第八條

第一項宜納入結果除去之請求的給付訴訟。第二項是否有取代現行國家賠償訴訟制度之作用，從草案第二條及國家賠償制度不同目的及要件，似宜採否定看法。建議再行通盤考量後，明文予以採納或排除。

（8）關於第九條

本條之訴權主體是否只限於自然人？其與草案第三十五條之關係如何？文義不明。再者，本條之訴訟種類依草案第十一條，似不易有效達成公益之維護。建議從寬認定「人民」一詞之範圍；訴訟種類適度增加或採例示主義。

（9）關於第十一條

公益訴訟只準用該等規定，似無法發揮維護公益之功能。建議放寬有關時效、先行程序、訴訟種類等之限制，或者考慮單獨爲其規定特別之要件。

（10）關於第十五條

公法上之地役權或公共通行地役權，特別是因時效取得者（註七五），是否從此專屬於行政法院管轄，易滋疑義。建議適度予以澄清或留予學理或實務發展。

（11）關於第三十一條

被選定或被指定之人全部死亡或因其他事由，喪失其資格時，應如何處理，欠缺可資準據之明文，除依草案第一百七十九條第二項停止程序外，似應明文規定補救之道。建議增列第二項，規定「被選定或被指定之人全部死亡或因其他事由喪失其資格時，具有共同利益之人應在適當期間內補選或再指定當事人或承受訴訟」。

註七五　我國行政法院及最高法院之判例肯認之，但在公法理論之架構上，值
　　　　得再研議。詳參見蔡志方，論公共地役權與旣成道路之準據法，法律
　　　　服務，二十期，頁二九以下。

(12) 關於第三十五條

本條第一項只限於社團法人得行使「利己的團體訴訟」（egoistische Verbandsklage），財團法人則被排除，其原因何在？ 依草案第二十二條之規定，財團法人只能行使「利己的訴訟」，至於其以公益為目的，能否以其章程之目的被妨礙為由，行使「公益訴訟」，文義不明。此外，依第一項之規定，社員之訴訟實施權，能否為抽象的、概括的一次授與？ 授與後能否再由個別之社員行使訴訟權？ 建議在環境保護、消費者保護之類似領域，宜考慮允許社團法人之「利他的團體訴訟」(altruistische Verbandsklage)，以防止大量訴訟。社團法人之社員非經合法退社，既經授權，應限制其再行起訴。

(13) 關於第五十四條

依第二項所生之權利義務關係，既不能依無因管理之規定，似亦不能依委任關係處理，究以何法律為準據，文義不明。建議明文規定在此期間內，委任關係視為繼續存在。

(14) 關於第一百零六條

本條之規定與第四條間之關係如何？ 特別是第四條第一項對於訴願逾法定期限不為決定時，是否不適用，文義不明。建議為謀行政處分之早臻安定，並保障人民之權益，應增訂提起訴願逾三個月不為決定，或延長訴願決定期間逾二個月不為決定者，自應為決定之最後期限屆滿之日起四個月內提起訴訟。

(15) 關於第一百零七條

本條採取雙軌制行政訴訟，為防裁判與再訴願決定分歧所設之限制

（第二六八條第二項亦同），如原告先向地區行政法院起訴，同時或稍後再向中央管轄機關提起再訴願，能否藉目的解釋予以限制，文義不明。建議採單軌制，而刪除本條。

（16）關於第一百四十四條

本條所謂「國家高度機密」，究何所指，文義不明。建議依機密等級爲明確規定。

（17）關於第一百五十五條

證人之法定日費及旅費請求權，爲公法上債權，本條既明文保障之，則第一項後段所定「十日內」究爲何種時效之規定？是否過苛，宜再加以考量。建議酌量延長證人得請求法定日費及旅費之權，俾免因法院與其雙方之疏忽，致易生失權效果。

（18）關於第一百六十四條

本條之缺失及建議，同第一百四十四條。

（19）關於第一百九十五條

第二項之規定，無法阻止行政機關與人民串通爲違法之處分，與第一百九十七條情況裁判之法意相較，存在立法政策上之矛盾。建議第九條增訂「人民爲維護公益，就他人與行政機關通謀爲違法之行爲，得提起行政訴訟」爲第二項，第一百九十五條第二項就攸關公益及財稅訴訟，設其例外。

（20）關於第二百二十七條

本條第一項中之「概」字，似屬贅字，建議刪除。

(21) 關於第二百五十條

本條第二項與第二三九條 間之關係如何？ 所謂依其他 理由認爲正當，似只指原判決之結果而言，而不及於原判決理由之合法性。建議在第二項「認爲」二字下加入「其結果」三字。

(22) 關於第二百五十二條

本條第二項因第一項規定之結果，所謂因地區行政法院無管轄權而廢棄原判決者，似應專者違背專屬管轄之情形。建議第二項以「違背專屬管轄權」取代「無管轄權」之字義。

(23) 關於第二百六十八條

本條第一項之規定， 於逾法定期間不爲再訴願之決定， 似不能適用。建議做第一百零六條之建議改進，但如改採單軌制，則本條刪除。

本條第二項如訴願法規定適當之教示，則本項卽無存在之必要。建議修訂訴願法後，刪除本條。

(24) 關於第三百零二條

依本條之規定，如何確保其實現？ 建議參考法國之報告官（Rapporteur）及強制金（Astreinte）之制度改進（註七六）。

(25) 關於第三百零三條

註七六　請參見蔡志方，前揭（註二）博士論文，頁七〇以下，本書頁以下。

本條第三項於無上級機關時，如何確保？建議參考法國及德國之強制金（Zwangsgeld）之制度改善（註七七）。

八、結　語

戰後各國行政訴訟制度之主要發展趨勢，固有多端，然綜合歸納之，不外乎行政訴訟權利保護功能之強化、訴訟種類之增加、行政裁判權之擴大及行政裁判之司法化（註七八），甚至吾人可以謂：戰後行政訴訟制度發展之重要趨勢，只在於強化人民權利之保護一端而已（註七九）。

戰後各國行政訴訟制度勠力之目標，均在於建立完善之制度，以保障人民之權利。所謂完善之行政訴訟制度，應同時兼顧權利保護之完整、正確、實現、經濟及迅速五大要求，其無法得兼時，依其輕重緩急之優先順序，應係完整、正確、實現為第一優先，經濟及迅速其次，或者依個別順序，則為正確、完整、實現、經濟、迅速。準此，論及我國行政訴訟制度之改革，其理想方向，自亦應在謀求我國行政訴訟制度得以提供完整、正確、實現、經濟及迅速之權利保護。

就權利保護之完整性言，基於「有權利，即有救濟；有救濟，斯有權利」之法理，應顧及依法行政原則與行政訴訟制度之密切關係（註八○），擴大行政訴訟裁判權之範圍、人民訴權之範圍及訴訟種類。

註七七　請參見蔡志方，前揭（註二）博士論文，頁七二以下。
註七八　請參見蔡志方，前揭（註二）博士論文，頁三〇以下。
註七九　請參見蔡志方，前揭（註二）博士論文，頁六以下，特別是頁十六以下。
註八〇　請參見蔡志方，前揭（註四）文，憲政時代，十四卷四期，頁六以下。

就權利救濟之正確性言，應嚴求行政法院之獨立性、專業化、審級之適度及程序之適切化，特別是職權主義與言詞審理之落實。此外，鑑定制度之公正性及確實性，應予以加強，並設一完密之規範。

就權利保護之實現性言，必須建立擔保行政訴訟裁判得被確實實現之制度，並力求其多元化。

就權利救濟之經濟言，應加強行政訴訟先行程序之精簡與確實、職權進行及調查主義、集中審理原則、變更性裁判權、程序之中止、獨任法官與小法庭、書面審理、中間裁判、訴之合併、變更、追加、和解、參加、共同訴訟、團體訴訟、模範訴訟、抽象規範審查、依附訴訟、附帶訴訟、訴之撤回、認諾及捨棄、法院裁決、律師或代理強制、裁判理由之減輕、躍級訴訟、限縮審級及公開心證等等制度，亦應善為應用（註八一）。

就權利救濟之迅速言，除應善用訴訟經濟之制度及強化法官之素質外，德、法、瑞、奧所採取之特殊制度，亦足供參酌（註八二）。當然若能加強法治教育、強化公務員素質及完備行政法規，發揮充分之防訴效果，則必要之訴訟始能儘可能迅速進行也。

註八一　另詳蔡志方，前揭（註十六）文，東吳法律學報，七卷一期，頁六七以下。

註八二　另請參見蔡志方，前揭（註三五）文，植根雜誌，七卷三期，頁二五以下。

捌、中共行政訴訟法之評析

一、引　言

二、中共制定行政訴訟法之背景與意義

三、中共制定行政訴訟法之過程

四、中共行政訴訟法之特點

　　（一）行政訴訟制度之功能方面

　　（二）行政訴訟裁判權之歸屬方面

　　（三）行政訴訟之訴權方面

　　（四）行政訴訟裁判之實現方面

　　（五）暫行權利保護措施方面

　　（六）訴訟種類方面

　　（七）行政裁判權之範圍方面

　　（八）行政訴訟之程序方面

五、中共行政訴訟法實行所面臨之困難

捌、中共行政訴訟法之評析

一、引　言

中共自統治大陸以還，已歷四十餘載，其間施行所謂之「人民民主專政的社會主義」，並宣示「中華人民共和國的一切權力屬於人民」（註一）；此外，中共憲法第四十一條尚規定：「中華人民共和國公民對於任何國家機關和國家工作人員，有提出批評和建議的權利；對於任何國家機關和國家工作人員的違法失職行為，有向有關機關提出申訴、控告或者檢舉的權利，但是不得捏造或者歪曲事實進行誣告陷害。對於公民的申訴、控告或者檢舉，有關國家機關必須查清事實，負責處理。任何人不得壓制和打擊報復」。唯長久以來，中共與其他社會主義國家一般，欠缺完善之行政救濟制度（註二），直至一九八二年三月八日中共第五屆「全國人民代表大會常務委員會」第二十二次會議通過，同年十月一日起試行之「民事訴訟法」第三條第二項，才承認行政訴訟（註三），但仍缺乏一部真正能使人民與行政官署立於平等地位，遂行行政訴訟之適當及有效之法律。一九八九年四月四日中共通過「行政訴訟法」，並自一九九〇年十月一日起施行。由於此一法律關係中國大陸十餘億同胞及其他在大陸有關人士之權益，本文擬從其制度背景與意義、制定過程、其特點等，加以分析，並評論其優劣及其施行上可能面臨之困擾，聊供研究兩岸法律關係之參考。

註 一 參見中共憲法第一條第一項及第二條第一項。

註 二 關於東歐各國在放棄共產專政以前所實施之行政救濟制度，有關文獻
請參見 H. Krüger, die Funktionen der Verwaltungs-und
Verfassungsgericht in einigen Staaten Osteuropa, DöV 1986, S.
45 ff.; C. H. Ule, Gesetzlichkeit in der Verwaltung durch
Verwaltungsverfahren und gerichtliche Kontrolle in der DDR,
DVBl. 1985, S. 1029 ff.; Z. Janowicz, Die Novellierung des
Verwaltungsverfahrensgesetzbuches in Polen, Die Verwaltung
1981, S. 123 ff.; J. Letowski, Die Verwaltungsgerichtsbarkeit in
Polen, ROW 1981, S. 241 ff.; E. Ochendowski, Zur Novellierung
des allgemeinen Verwaltungsverfahrens in Polen, Die Verwal-
tung 1978, S. 233 ff.; ders., Allgemeine Verwaltungsgerichts-
barkeit und neues Verwaltungsverfahren in Polen, DoV 1981, S.
167 ff.; M. Wyrzkowski, Die Problematik der Verwaltungsge-
richtsbarkeit nach der Novellierung des Verwaltungsverfahren-
sgesetzbuches in der Volksrepublik Polen, AöR 1982, S. 93 ff.;
S. Lammich, Die gerichtliche Kontrolle der Verwaltung in
den sozialistischen Verfassungssystemen, VerwArch. 1973, S.
246 ff.; K. -J. Kuss, Staatstheoretische Grundlagen und
historische Entwicklung des gerichtlichen Verwaltungsrechts-
schutzes in den sozialistischen Staaten, Diss., Berlin 1984;
ders., Das Schwerde- und Antragsrecht in der sowjet ischen
Verwaltungspraxis, S. 128 ff.; ders., Marxistisch- und Lenin-
istische Staatstheorie und Verwaltungsgerichtsbarkeit, Die
Verwaltung 1985, S. 437 ff.; Rechtsstaatliche Wurzeln in den
osteuropaischen Staaten, JöR 1985, S. 589 ff.; ders.,
Gerichtsverfahren zwischen Behörden und Bürgern in der
Sowjetunion, AöR 1986, S. 128 ff.; ders., Verwaltungsrechts-
schutz in Südosteuropa, AöR 1986, S. 414 ff.; ders., Die
sowjetische Diskussion um den gerichtlichen Verwaltungsrecht-
sschutz, VerwArch. 1986, S. 145 ff.

註 三 該條項規定：「法律規定由人民法院審理的行政案件，適用本法規
定」。彼時法律明文規定者，如「中華人民共和國全國人民代表大會
和地方各級人民代表大會選舉法」第二五條、「中華人民共和國中外
合資經營企業所得稅法」第十五條、「中華人民共和國個人所得稅
法」第十三條、「中華人民共和國經濟合同法」第四八條、「中共中
央、國務院關於保護森林、發展林業若干問題的決定」第一條、「國
家建設徵用土地條例」第二五條。請參見王珉燦主編，行政法概要，
一版七刷，頁一五〇以下，法律出版社，一九八八年九月。

二、中共制定行政訴訟法之背景與意義

一九八九年四月四日，中共第七屆「全國人民代表大會」第二次會議，通過全文共七十五條之「行政訴訟法」（以下簡稱本法），自一九九〇年十月一日起實施（本法第七十五條參照）。

本法之制定背景，緣於中共八〇年代所逐行之政治體制改革，而其具體制度計畫，則係一九八七年十月，中共召開第十三屆黨代表大會時，由彼時之黨總書記趙紫陽所提出，目的在於擺脫經濟、行政之集權主義，而樹立足以在行為上自負責任之經濟、社會及行政之單位，卻除以往行政官署只監督、管制人民之角色，而轉為依法提供服務之單位（註四）。欲臻乎此，則首先必須明確確立行政官署之權限、規範人民與組織間之權利與義務（註五）。中共為進行現代化，則如何建立一套法制，以保障人民之權利、確保及促進行政之合法，並強化行政之效率，乃屬當務之急（註六），而行政訴訟制度（所謂民告官），又恰為其要者，是以有行政訴訟法之制定。故本法之制頒，在大陸或被譽為「是社會主義法制建設的一件大事，是加強社會主義民主政治建設的一個重要步驟」（註七），或甚至被譽為「走上社會主義法治軌道的重要

註　四　參見肖峋、鄭淑娜、王勝明，行政訴訟法律常識，前言，新華出版社，一九八八年十一月，第一版；王禮明、張煥光、胡建淼，行政官司漫談，前言，人民日報出版社，一九八八年十月，第一版；R. Heuser, Das Verwaltungsprozeβgesetz der Volksrepublik China, VerwArch. IV. 30(1989), S. 438.

註　五　Vgl. R. Heuser, aaO. (Fn. 4), S. 439.

註　六　Vgl. R. Heuser, aaO. (Fn. 4), S. 438.

註　七　參見牛太升編，行政訴訟法簡明讀本，第一版第一刷，編寫說明，頁一，浙江人民出版社，一九九〇年七月。

標誌」（註八）。

三、中共制定行政訴訟法之過程

一九八六年在中共「全國人民代表大會常務委員會法律委員會」之委託下，成立一專家小組，負責「行政訴訟法」之研擬，翌年八月，該小組乃向「全國人代會常務委員會」提出一份草案，經該委員會諮商採納後，在一九八八年十一月公布一份徵求意見之草案本，迄至同年底，經有興趣之行政、司法、學術、社會組織及傳播媒體各界之討論後，在結構及用字上，重新整理，並擴大規範面，而由中共第七屆「全國人民代表大會」決議通過，並予以公布（註九）。

四、中共行政訴訟法之特點

本法全文七十五條，分十一章。第一章總則、第二章受案範圍、第三章管轄、第四章訴訟參加人、第五章證據、第六章起訴和受理、第七章審理和判決、第八章執行、第九章侵權賠償責任、第十章涉外行政訴訟及第十一章附則。

本法為中共政權之第一部行政訴訟法典，其立法以滿足其自身需要

註　八　參見人民日報評論員，一九八九年四月十日，人民日報，第一版。

註　九　參見王漢斌，關於〈中華人民共和國行政訴訟法（草案）〉的說明，人民日報，一九八九年四月十日，第二版; R. Heuser, aaO. (Fn. 4), S. 441.

爲目的，立法力求簡化，雖其並非閉門造車，而忽視外國之經驗，但亦不以因襲外國法典爲能事（註十），其特點何在，值得吾人注意。以下擬分成八大部分，分別就行政訴訟制度之功能方面、行政訴訟裁判權之歸屬方面、行政訴訟之訴權方面、行政訴訟裁判之實現方面、暫行權利保護措施方面、訴訟種類方面、行政裁判權之範圍方面及行政訴訟之程序方面，予以分析，並評述其利弊得失。

（一）行政訴訟制度之功能方面

根據本法之制定背景及本法第一條之規定，無疑地，本法所確立之行政訴訟制度，其功能導向，同時兼具「權利保護說」及「法規維持說」之要旨（註十一）。唯若從本法有關之規定觀之，「權利保護說」之色彩，似乎較濃，此從本法第二條、第十一條、第四十一條、第四十四條、第四十八條、第六十五條至第六十八條及第七十四條之規定，得以瞭解。但同法第五十條及第五十一條之規定，則頗富「法規維持說」之色彩。事實上，在採取行政訴訟之國家，由於立法技術之先天上限制，行政訴訟制度之功能，絕不可能不分軒輊地兼顧法規維持說及權利

註　十　參見王漢斌，人民日報，一九八九年四月十日，第二版；R. Heuser, aaO.（Fn. 4），S. 441.

註十一　大陸學者有認爲行政訴訟之作用，計有：促進安定局面之形成和發展、提高行政效率、補充立法之不足；而建立行政爭訟制度之現實意義，則在於健全社會主義法制之需要、貫徹實施憲法之需要、調動廣大人民羣眾積極性、促進社會主義現代化建設之需要、保障公民合法權益，實現行政監督之需要、有利於克服官僚主義，互相推諉等不良現象，經濟體制改革、政治體制改革之需要（參見王禮明等揭（註四）書，頁五以下）；亦有學者從本法第一條析述爲：保證人民法院正確、及時審理行政案件、維護和監督行政機關依法行使職權、保護公民、法人和其他組織的合法權益（參見牛太升前揭（註七）書，頁五以下）。

保護說之精髓（註十二）。

（二）行政訴訟裁判權之歸屬方面

中共在籌設行政訴訟制度之過程中，曾考慮設置獨立之形式意義的行政法院，雖囿於人力及物力之不足，此議乃被打消（註十三），而將行政訴訟裁判權委予人民法院之行政審判庭（本法第三條第二項），此制類似日本東京及大阪地院之制度。中共此種設計，雖有確保司法統一性之優點，但缺乏裁判專業化，值得注意。若此只係過渡時期應急之措施，則苦衷不難為吾人所理解。

（三）行政訴訟之訴權方面

行政訴訟之訴權歸屬，依關人民權利保障之機會，並影響行政訴訟之功能。依行政訴訟訴權之歸屬，可大別為被害者訴訟（Verletzten-klage）、利害關係者訴訟（Interessentenklage）及民眾訴訟（Popular-klage）三大類型（註十四）。

吾人若從中共憲法第四十一條及行政訴訟法第一條之規定觀之，則其行政訴訟之訴權，自應及於民眾訴訟，但若從行政訴訟法第二條及第十一條觀之，則中共行政訴訟權能之規範類型，事實上只有權利或利益（合法權益）被害者訴訟。依行政訴訟法第二條之規定：「公民、法人

註十二　請參見蔡志方，從權利保護功能之強化，論我國行政訴訟制度應有之取向，頁六以下，臺大法研所博士論文，七十七年六月。

註十三　Vgl. R. Heuser, aaO. (Fn. 4), S. 442 und Fn. 23.

註十四　參見蔡志方前揭（註十二）文，頁四七以下。

或者其他組織認爲行政機關工作人員的具體行政行爲侵犯其合法權益，有權依照本法向人民法院提起訴訟」，則亦只有立於人民地位之公民（註十五），始爲具有訴權之主體。

（四）行政訴訟裁判之實現方面

司法裁判重在實現，行政訴訟之裁判亦無例外。唯行政訴訟之裁判，有需執行始能實現，有則無需執行者（註十六）。行政訴訟之裁判需執行，始能實現者，厥爲給付判決（包括課予義務之訴及一般給付訴訟之判決）。中共行政訴訟法並未明定訴訟種類，而只能從訴因（本法第十一條）及裁判方法之規定（本法第五十四條、第六十七條）中得知。

中共當局爲確保行政訴訟裁判之實現，特於本法第五十五條規定：「人民法院判決被告重新作出具體行政行爲的，被告不得以同一的事實和理由作出與具體行政行爲基本相同的具體行政行爲」，以確保課予義務之裁判的實現。同法第六十五條規定：「當事人必須履行人民法院發生法律效力的判決、裁定。

公民、法人或者其他組織拒絕履行判決、裁定的，行政機關可以向一審人民法院申請強制執行，或者依法強制執行。

行政機關拒絕履行判決、裁判的，第一審人民法院可以採取以下措施：

（一）對應當歸還的罰款或者應當給付的賠償金，通知銀行從該行

註十五　依中共憲法第三三條第一項之規定，其公民實爲人民之誤，此從同憲法第一章之規定可以知之。
註十六　參見蔡志方前揭（註十二）文，頁六九。

政機關的帳戶內劃撥;

（二）在規定期限內不履行的，從期滿之日起，對該行政機關按日
處五〇元至一〇〇元的罰款;

（三）向該行政機關的上一級行政機關或者監察、人事機關提出司
法建議。接受司法建議的機關，根據有關規定進行處理，並
將處理情況告知人民法院;

（四）拒不履行判決、裁定，情節嚴重構成犯罪的，依法追究主管
人員和直接責任人員的刑事責任。」

由此可見，本法確保行政訴訟裁判之方法，計有強制執行（對人民
及行政機關）、強制罰（對行政機關）、司法建議（類似告發）及刑事
追訴（職權追訴）。一般言之，此種多元化之設計，尚稱完備。

（五）暫行權利保護措施方面

在行政訴訟制度上，暫行權利保護之措施（註十七），最重要者，
莫過於起訴是否具停止效力之問題（註十八）。由於此涉及人民之私益
與行政之公益間如何衡量，各國莫不謹慎從事。就中共之行政訴訟制度
言，乃採起訴不停止原處分之執行的原則及停止執行為例外之規定。本
法第四十四條規定:「訴訟期間，不停止具體行政行為的執行。但有下
列情形之一的，停止具體行政行為的執行:

（一）被告認為需要停止執行的;

（二）原告申請停止執行，人民法院認為該具體行政行為的執行會

註十七　關於行政訴訟之暫行權利保護制度，詳請參見林明鏘，人民權利之暫
　　　　時保護——以行政訴訟程序為中心，臺大法研所碩士論文，七十六年
　　　　六月。
註十八　參見蔡志方前揭（註十二）文，頁七六以下。

造成難以彌補的損失，並且停止執行不損害社會公共利益，裁定停止執行的；

（三）法律、法規規定停止執行的」。

就此一規定言，雖人民私益之保障不甚完善，但尙屬合理，就停止執行部分，要件之規定，旣明確，又屬合理，係一良好之規定。

（六）訴訟種類方面

行政訴訟之種類，決定人民得以起訴及主張之方法與範圍，並決定法院得以裁判之權限（註十九）。本法未明定訴訟之種類，故有關訴訟種類之規定模式，乃採不明定主義；其缺失在於不明確，優點則在於可隨需要而發展（註二〇）。中共行政訴訟制度上之訴訟種類，得以從本法第十一條及第五十四條之規定中間接窺之，而知包括撤銷訴訟、課予義務訴訟及一般給付訴訟。

本法第十一條規定：「人民法院受理公民、法人和其他組織對下列具體行政行爲不服提起的訴訟：

（一）對拘留、罰款、吊銷許可證和執照、責令停產停業、沒收財產等行政處罰不服的；

（二）對限制人身自由或者對財產的查封、扣押、凍結等行政強制措施不服的；

（三）認爲行政機關侵犯法律規定的經營自主權的；

（四）認爲符合法定條件申請行政機關頒發許可證和執照，行政機關拒絕頒發或者不予答覆的；

註十九　詳請參見蔡志方前揭（註十二）文，頁九二以下。
註二〇　參見蔡志方前揭（註十二）文，頁九六以下，一〇一以下。

（五）申請行政機關履行保護人身權、財產權的法定職責，行政機
　　　關拒絕履行或者不予答覆的；

（六）認為行政機關沒有依法發給撫恤金的；

（七）認為行政機關違法要求履行義務的；

（八）認為行政機關侵犯其他人身權、財產權的。

除前款規定外，人民法院受理法律、法規規定可以提起訴訟的其他
行政案件」。

本法第五十四條規定：「人民法院經過審理，根據不同情況，分別
作出以下判決：

（一）具體行政行為證據確鑿，適用法律、法規正確，符合法定程
　　　序的，判決維持。

（二）具體行政行為有下列情形之一的，判決撤銷或者部分撤銷，
　　　並可以判決被告重新作出具體行政行為：

（1）要證據不足的；

（2）適用法律、法規錯誤的；

（3）違反法定程序的；

（4）超越職權的；

（5）濫用職權的；

（三）被告不履行或者拖延履行法定職責的，判決其在一定期限內
　　　履行。

（四）行政處罰顯失公正的，可以判決變更」。

（七）行政裁判權之範圍方面

關於法院在行政訴訟上所得審查之事項的範圍，即為行政裁判權之範圍。各國行政訴訟制度就此所採之模式，計有：概括權限條款與列舉權限條款兩大類（註二一），前者有助於人民權利保護之完整（此尚必須配合訴訟種類），故戰後各國之制度，大皆採取。

中共行政裁判權之範圍，依本法第十一條之規定，顯然採取列舉權限主義，唯列舉之範圍尚稱廣泛，此外，值得吾人注意者有二，其一乃是本法亦以「行政處分」（中共法律以具體行政行為稱之）為被訴對象；其二乃是明文排除若干行政訴訟裁判之範圍。依本法第十二條規定：「人民法院不受理公民、法人或者其他組織對下列事項提起的訴訟：

（一）國防、外交等國家行為；

（二）行政法院、規章或者行政機關制定、發布的具有普遍約束力的決定、命令；

（三）行政機關對行政機關工作人員的獎懲、任免等決定；

（四）法律規定由行政機關最終裁決的具體行政行為。」

由此等規定，可見統治行為、規章命令行為、特別權力關係之事項，均被排除於行政裁判權之外，即禁止行政訴訟之事項，亦同。此等規定，對於人民權利之保障，似嫌不足。

註二一　詳請參見蔡志方前揭（註十二）文，頁一○四以下。

（八）行政訴訟之程序方面

本法爲行政訴訟之程序法，故涉及訴訟程序之規定特多，在爲數七十五個條文中，有關訴訟程序，而特別值得注意者，第六條之兩審終結制、第九條之言詞辯論主義、第十條之人民檢察院對行政訴訟之法律監督權、第十三條至第十六條依案件種類及性質，定第一審管轄分屬不同之審級法院、第十七條之管轄雙軌制（選擇制）、第二十條關於管轄之「先來者先磨」原則、第二十四條之承受起訴權制度、第二十七條之利害關係者參加訴訟制度、第三十二條之被告舉證責任、第三十三條之被告蒐證限制、第三十七條之覆議（相當於訴願）先行選擇主義與法定主義併行制、第四十八條之視爲撤回訴訟申請與缺席判決制度、第五十條之行政訴訟排除調解之制度、第五十一條之撤回訴訟核可制度、第五十九條之書面審理之例外（以言詞審理爲原則、書面審理爲例外）、第六十二條之再審（申訴）制度、第六十四條之人民檢察院之抗訴（職權再審）制度、第六十七條至第六十九條之「國家賠償」制度、第七十條至第七十三條之涉外行政訴訟之準據規定、第七十四條之訴訟有償（收費）主義（註二二）。

上述規定中，最特殊者，爲訴願（覆議）前置主義（限於法定事項）與訴願選擇併行制、撤回訴訟限制主義及檢察院之職權再審（抗審）主義、訴訟有償主義，類似民初平政院時代之制度（註二三）。

註二二　關於中共行政訴訟之程序，詳請參見牛太升前揭（註七）書，頁九以下。

註二三　請參見蔡志方，我國第一個行政訴訟審判機關，憲政時代，十一卷一期，頁三一以下。

五、中共行政訴訟法實行所面臨之困難

　　中共於推行四十餘年之無產階級專政的社會主義（共產主義）後，已意識到行政訴訟制度之於民主和 法治的重要（註二四）， 而制定 行政訴訟法。就其推展民主、法治之建設言，不失爲一個良好之開始。唯行政訴訟制度能否臻於完善，經緯萬端，法律之制定只是其一端而已。從中共目前之法制觀之，欲有效施行本法，使之發揮應有之功能，必須有完備之周邊設備，始克有濟。依本文所見，中共目前之司法人員，無論於質於量，均仍嫌不足，而一般行政機關人員依法行政之法治觀又頗薄弱， 有關之法規， 猶待制定或修正， 一般人民之權利意識，亦仍屬不足。近二月來之實績顯示，中共行政訴訟之實行，仍存在不尠之意識型態所致之困難，值得中共徹底檢討。

（本文原載於植根雜誌七卷一期）

註二四　　人民日報於一九八九年四月十日社論，評論員曾提出： 「一個國家是
　　　　　否建立行政訴訟制度，是衡量這個國家民主和法治發展水平的一個重
　　　　　要標誌」。

三民大專用書書目——國父遺教

三民大專用書書目——法律